吉林大学哲学基础理论研究中心研究员自选集

孙利天 ◎ 著

在哲学根基处自由思想

中国社会科学出版社

图书在版编目(CIP)数据

在哲学根基处自由思想 / 孙利天著. —北京：中国社会科学出版社，2018.7

(吉林大学哲学基础理论研究中心研究员自选集)

ISBN 978-7-5203-3067-1

Ⅰ.①在… Ⅱ.①孙… Ⅲ.①哲学—文集 Ⅳ.①B-53

中国版本图书馆 CIP 数据核字(2018)第 196335 号

出 版 人	赵剑英
责任编辑	朱华彬
责任校对	张爱华
责任印制	张雪娇
出　　版	中国社会科学出版社
社　　址	北京鼓楼西大街甲 158 号
邮　　编	100720
网　　址	http://www.csspw.cn
发 行 部	010-84083685
门 市 部	010-84029450
经　　销	新华书店及其他书店
印刷装订	北京君升印刷有限公司
版　　次	2018 年 7 月第 1 版
印　　次	2018 年 7 月第 1 次印刷
开　　本	710×1000　1/16
印　　张	23.5
插　　页	2
字　　数	383 千字
定　　价	98.00 元

凡购买中国社会科学出版社图书，如有质量问题请与本社营销中心联系调换
电话：010-84083683
版权所有　　侵权必究

序　言

　　从 1978 年春考入吉林大学哲学系算起，我的哲学生涯已满四十年了。我曾在博士论文的后记中提出"做哲学的学生"的口号，这既是对胡塞尔号召的回应，也是当时已意识到的哲学作为职业或志业的根本性质，无论是做学生还是老师，选择了哲学就是选择了终生学习的生活方式。我也曾讲过自己不够勤奋、刻苦，算不上哲学的好学生，但自觉还算是对吉林大学哲学学术传统认真学习和传承的本土化学生。在做哲学教师三十多年的岁月中，粗略算发表了一百多篇论文，出版了几本哲学著作，这些著作和文章也产生了一些学术影响，其中大多都能看到吉林大学哲学的一些特色和观点的传承。2010 年武汉大学出版社出版了我的论文集《让马克思主义哲学说中国话》，书名用的是我大学二年级为毛泽东哲学思想课写的作业的标题，这篇作业经修改后也成了我公开发表的第一篇学术论文。这次出版的《自选集》有近半数文章已收录在该书中。此次结集的文章想集中呈现我对哲学基础理论的思考，故名为"在哲学的根基处自由思想"，这也更有吉林大学哲学的风格和特色。

　　吉林大学哲学学科始自 20 世纪 50 年代刘丹岩教授创建的哲学教研室，1958 年建立哲学系。传说当时刘丹岩老师有四大弟子，他们是高清海、邹化政、舒炜光和侯放。这四个人中侯放老师 1957 年被定为右派，下放农村劳动二十年，回校后已难有大的学术作为。其他三人分别成为吉林大学马克思主义哲学、外国哲学和科学技术哲学的奠基人。由于 50 年代特定的意识形态和苏联模式哲学教育的规范，当时的哲学研究基本上都是教条式的马克思主义哲学研究。但刘丹岩教导弟子们学哲学需要抓住根本、要独立思考、追根究底，并对苏联模式教科书提出质疑和批评。这种符合哲学本性的哲学思维方式和研究方式为弟子们奠定了哲学思想家的基础，同时也不可避免地为他们带来了人生的厄运。舒炜光老师少年成名，历经磨难，英年早逝。邹化政老师1957年定为右派，下放农场劳动，"文革"时定为反革命分子，在校图书馆扫地多年。高清海老师多次受到政治批判。幸运的是他们并未像侯放老师那样长期离开校园，仍能坚持读书思考。按照我的理解，高清海老师坚持史论结合，理论和现实结合的方法，力求为中华民族的发展创造符合时代精神的马克思主义哲学；邹化政老师则从西方哲学发展的逻辑出发，力求创造真正超越黑格尔唯心主义的思辨的马克思主义哲学；舒炜光老师则希望概括现代科学的发展成果，力求创造科学的马克思主义哲学。他们都在践行着自己的青春理想，都取得了原创性的重大的理论成就。我们入大学时，舒老师已患喉癌，发声困难，印象中只听过他几次讲座和会议发言。本科时对我影响最大的是邹化政老师，他给我们系统讲过两门课程，后来我旁听过一些他给研究生的讲课。1988年我考取高清海老师的博士研究生，从此与老师一起学习、讨论、研究，基本上是在追随高老师的思路思考和写作。

收入《自选集》中关于辩证法的几篇论文受邹化政老师影响最大。辩证法是区别于形式逻辑的内容逻辑或内涵逻辑，它的任务是要把握思想内容亦即事情本身的真理；辩证法因而是具体普遍的真理，不是僵死的抽象的共同点或共相；辩证法作为思辨推理的逻辑必然性只能在思想内容的自我否定、自己运动和自身发展中找到历史的根据，等等。这些关于辩证法的理解都是邹老师在课堂上教给我们的。我的论文尝试作一些更具体的分析，比如，在思辨推理中，分析与综合是如何统一的；为什么说一切科学都是应用逻辑；怎样理解生命和精神是辩证法的本体基础；社会主义特别是中国特色社会主义的辩证法应有的理论内容和理论形态是什么，等等。我自己认为，我对辩证法的思考有新意的观点是，辩证法作为具体普遍的真理，它的具体性也应包含丰富的感性具体，因而辩证法必然是包含着直觉或直观，是直觉与逻辑的统一；辩证法的真正主体或实体是精神和生命，辩证法是对生命的领会和精神的自觉。因而，辩证法既是认知概念框架的思维方式，也是价值态度框架的人生理想。遗憾的是对这些观点的论证还很简略，希望以后还有精力作得更扎实一些。

吉林大学的哲学传统影响使我总是留恋哲学中那些最基本的形而上学问题。但从我们学习哲学不久，现代西方哲学各派学说先后介绍到国内，而整个20世纪西方哲学的主流即是拒斥和消解形而上学，这与我的哲学兴趣和倾向发生冲突。从1991年发表的《哲学的合法性论纲》起，我有多篇论文讨论后形而上学思想，力求在与现代西方哲学的对话和争论中确立起我能认可和接受的哲学观，特别是马克思主义的哲学观。后形而上学思想既有充分的学理根据反对传统形而上学，也有大众文化和时代精神的根据拒斥同一性哲学和绝对理性的傲慢和专制。没有外在于世界的神的目光能看穿并告诉我们世界的本质、规律和原理，人只能内在于世界，在自己的实践和经验基础上去获得可能的相对真理。人总是会犯错，20世纪哲学被称为"分析的时代"，表现的是有限的、谦虚的理性精神，这些都是我所认可的。至于说同一性哲学是死亡哲学，形而上学必然带来思想的专制和恐怖，我认为这些夸大其词。哲学思想只是潜在的具有为某种政治力量利用的可能性，其本身不具有直接的现实性力量。我的思考更关注的是在否定了绝对主义的形而上学之后，是否仍需形而上学的追求？在后形而上学的时代哲学的理论形态应是如何？我认为后现代主义哲学包括罗蒂的《后形而上学希望》、哈贝马斯的《后形而上学思想》都患上了形而上学的恐惧症，他们总担心染上形而上学的毒素，总是以知性思维的片面性单纯否定形而上学，而不能真正扬弃形而上学。因此，在人类知识和价值的终极解释上，陷入了怀疑主义的"不确定性之痛"。我在《后形而上学思想的确定性》《多元基础主义的哲学观》等文章中指出，后形而上学思想自身就具有知性的确定性，而知性确定性也是一种形而上学，任何否定性的怀疑主义的哲学必是自我解构的。哲学永远是终极确定性的寻求，哲学也必定是基础主义的理论形态，真正改变的是哲学不再是柏拉图主义的唯一标准形态，而是多元的基础主义哲学在对话和论辩中的相互竞争。这是真正的世界哲学的时代，在"信仰的对话"中，每一种哲学都在引入和进入他者的视界，从而不断拓展理解的地平线，并使自己一元的基础主义得到新的论证和充实。这大致是我的哲学观。

在我们的哲学语境中，多元基础主义的对话和竞争主要是中西马哲学的相互关系。我认为在今天没有谁真能做到会通中西马，因为这已经超出了一个学者可能的学习能力和研究能力，也许未来会借助人工智能创造出会通中西马哲学的机器哲学家，但那是以后的事情了。我们现在能做的是在中西马哲学的比较研究中，深化某些哲学问题的思考，拓展思想的可能空间，寻绎新的思想道路。在与西方哲学的比照中，我提出中国传统哲学的根本是区别于希腊理性精神的德性精神，它始于对人的道德能力或实践理性的自觉，形成了天人合一的道德世界观，其中心任务是人格完善和道德完成的修养论和实践论，也就是儒家的修齐治平之学。马克思主义哲学所以成为中国的主流哲学，除了政治经济等现实原因外，也在于马克思主义哲学在西方的哲学革命，实现了理性精神向实践精神和德性精神的转向，契合了中国知识分子救国救民的精神需要，并且引导中国知识分子从古典的道德精神向现代的科学理性精神的转变。在我看来，希腊的理性精神、中国的德性精神，马克思主义的实践精神都有着客观的人性基础。人的理性能力、道德能力和实践能力，古今中外人人皆有。只是哲学反思的不同方向突出了某种人性自觉，从而形成中西马哲学的不同特质。在今天这样的全球化时代，人们的衣食住行的物质生活日益趋同，决定一种哲学和文化特质的深层体验结构也必将日益接近，中西马哲学作为人类文明的宝贵财富也将超越民族文化的界限而为人们所共同分享。《自选集》最后一篇文章是由学生整理发表的，我最想说的是主体修养是西方现象学缺少的思想维度。原因在于，仅从知识论的视野去讲本质直观，虽然如胡塞尔指示的那样也可做些思想训练，但直观能力难以提升。从中国传统哲学的思路看，主体在艰难困苦中的磨练和修养及人生境界的提升才是根本。由定而静，由静而慧，在对生命和生活情境的悟觉中无蔽的本质才会朗然显现。

我的哲学研究深刻着我们这代人的命运。我读初中二年级时"文革"爆发，从此离开课堂，尔后当农民、做工人、还当过两年干部，直到恢复高考才重入课堂。青年时期在农村和县城无人指点，遇到什么书就随意翻看，不求甚解。上大学后已是成年，积习难改，难以再做学院式的系统、专门的深入研究。到今天还是随意翻书，自由思想。书中的许多观点缺少扎实的论证，甚至会有许多知识上的错误，希望读者批评指正。

孙利天
2018 年 7 月

目 录

第一编 哲学观讨论

哲学的合法性论纲 …………………………………………（ 3 ）
纯粹理论生活的理想 ………………………………………（ 12 ）
哲学体系的自身区分及其循环论证 ………………………（ 22 ）
多元基础主义的哲学观 ……………………………………（ 32 ）
哲学理论如何落到实处 ……………………………………（ 42 ）

第二编 马克思主义哲学新探

马克思的哲学观变革及其当代意义 ………………………（ 55 ）
对马克思哲学革命的多重理解及思想意义 ………………（ 69 ）
马克思的唯物史观对黑格尔辩证法的颠倒 ………………（ 79 ）
马克思主义哲学研究认识论转向的意义
　——纪念改革开放30周年 …………………………………（ 89 ）

第三编 辩证法研究

现代哲学革命和当代辩证法理论 …………………………（103）
语言转向和语言的辩证法 …………………………………（116）
辩证法与后现代主义哲学 …………………………………（129）
论辩证法的人生态度和理想 ………………………………（142）
生命与精神的自身运动：分析与综合统一的本体基础 ……（151）

一切科学都是应用逻辑 ……………………………………………（160）
社会历史的辩证法
　　——辩证法的高阶问题与当代处理 …………………………（169）

第四编　后形而上学思想批判

后形而上学思想的确定性 ……………………………………（183）
后现代主义哲学与东方思想 …………………………………（193）
生存论的态度与本体论的理解 ………………………………（204）
形而上学的转向：论海德格尔"思想的移居" ………………（215）
我们如何走出人的自身生产带来的自身毁灭的危险
　　——回答海德格尔对马克思人的学说的评论 ………………（225）
多元与超越
　　——人类的理性信念和历史理解 ……………………………（236）

第五编　中国传统思想探索

中国哲学史研究的主体自觉 …………………………………（251）
实践理性的自然基础
　　——中国哲学对意识能动性的理解 …………………………（261）
向自然学习的智慧
　　——现代性遮蔽的精神维度 …………………………………（270）
寻求根基性的存在经验 ………………………………………（281）
自发自觉的辩证法：论中国传统文化的现代转化 …………（292）

第六编　中西马哲学会通的基础和方法

21世纪哲学：体验的时代？ …………………………………（307）
朴素地追问我们自己的问题和希望
　　——中国哲学、西方哲学和马克思主义哲学会通的基础 ………（316）

哲学的人性自觉及其意义
　　——中西马哲学会通的一个内在性平面 ……………………（326）
生命领会和精神自觉
　　——中西马哲学会通的辩证本体基础 ……………………（336）
信仰的对话：辩证法的当代任务和形态 ……………………（347）
从现象学看中国传统智慧 ……………………（355）

第一编

哲学观讨论

哲学的合法性论纲

一 问题的提出：对哲学合法性的质疑

美国哲学家罗蒂提出"后哲学文化"的概念，这既是对当代西方发达国家文化世俗化、大众化、多元化特征的概括，也是一种没有主导原则、没有核心、没有结构、没有一级真理，亦即没有传统意义哲学的文化构想。这实质是对传统哲学的合法性进一步的质疑，是对哲学的性质和功能的新理解，是现代西方哲学从维特根斯坦、卡尔纳普、艾耶尔等人明确提出"拒斥形而上学"以来，不断消解传统哲学，不断对哲学作为最高智慧、第一原理的合法性，对哲学的认识论上、真理观上和学科上的"帝国主义"优先地位的不断否定，其结论是并不存在一个知识的等级表，哲学不是这个等级表上天然合理的一级知识。

对传统哲学合法性的质疑和否定，是理解现代西方哲学的一个基本线索，也是现代西方哲学运动的一个基本趋势。怀特在《分析的时代》和艾耶尔在《二十世纪哲学》的第一章，都以反叛黑格尔作为现代西方哲学的起源，西方20世纪哲学家大都对黑格尔"这个该死的绝对"（詹姆士）深恶痛绝。科学主义思潮自罗素之后，明确地把哲学的任务转向语言分析、逻辑分析、科学结构分析，把哲学看作是一种分析的活动，而不是凌驾于科学之上的真理体系或知识形态。但罗蒂认为，实证主义和分析哲学在向后哲学文化运动中半途而废了，因为它在其科学概念及其"科学哲学"概念中，仍保存着一个"神"，即对哲学和逻辑的盲目崇拜。在德里达看来，这仍未摆脱西方思想传统的"逻各斯中心主义"，因而仍需要解构和消解。黑格尔之后的人文主义思潮，从文学、艺术等文化形式中、从直觉和体验中吸取灵感，对近代西方哲学的理性主义传统提出质疑，用情感、意志、生命等非理性因素显示人生的真理，并进而提出某种一元论的世界观。在分析哲学家看来，这派哲学仍然是要对宇宙人生给出一种整体的观点，因而仍是传统哲学的旨趣和工作方式。但在我们看来，它是在以文学、艺术等文化形式取代和消解哲学，它也是使哲学非哲学化的一种努力。

对哲学合法性的质疑，可看作是非哲学化（如科学、逻辑、文化、艺术、宗教）对哲学文化唯我独尊地位的抗议，是现代西方文化多元化、大众化、世俗化的必然结果，是文化上的自由主义和平等原则的体现，不容许任何文化形式、学科的"专制主义"，实际上是对任何文化主体的优先地位和特权地位的否定。在这个意义上，它宣告了作为最高智慧和意识形态的旧哲学的终结。我们认为，这是西方文化发展的一个重大进步，也是哲学自我意识的一个巨大进步。但是，非哲学文化对哲学的抗辩只有化为哲学自身的对话和主题才能消解哲学、改造哲学。因而在向后哲学文化的运动中，对传统哲学的质疑中，不可避免地出现用哲学消解哲学、用理性反对理性、用逻各斯反对逻各斯中心主义的悖论。这表明哲学作为人类把握世界的一种方式有着文化上的合理性，几千年的哲学思维和理论样式是人类生活方式的一部分，它不能被消解和解构。

二 传统哲学合法性的自我申辩

与日常意识和近代实证科学不同，甚至与文学、艺术、宗教等文化形式也不同，哲学是需要为自身存在的权利进行申辩的。而前者凭借它的生活效用直接表明了自己存在的价值和合法性。因此，古今中外的各派哲学大都包含着三个方面的内容，一是自己的理论体系；二是自己对哲学的独特理解；三是对自己哲学意义和价值的申辩，即自己哲学合法性的论证。

古代哲学的天然合法性似乎是不证自明的。前苏格拉底的自然哲学作为知识的总汇，与日常意识的区分仅仅是基于分析和概括的知识形态的命题与日常经验话语的模糊界限，而科学——哲学的警句和最早的实证知识的萌芽，总是能够得到人们的惊奇和赞赏，显示出古代人对智慧和概括的热爱和追求。爱智者即哲人的沉思的生活样式是古希腊自由人的时尚和理想。苏格拉底"认识你自己"的要求是古希腊理智活动的必然结果，也是对自然哲学非反省态度的第一次质疑，是古代哲学主体性意识的觉醒，它最后导致了破坏性的怀疑主义、相对主义。这是哲学的第一次自我否定。

亚里士多德以"人本自由"的主题观念为基础，第一次对知识的构成进行了划分，他把了解所有事物普遍原理和原因的形而上学看作最高智慧，看作最能表达人的自由本性的自由学术。亚氏逻辑克服了朴素辩证法和怀疑主义的冲击，以形式逻辑的确定性为哲学和知识的合法性做出了认识论的证明。而人本自由和哲学作为最自由的学术，实际上也是哲学合法性的人性论证明。

近代自然科学的兴起和它的重大社会历史作用不证自明地显示了自己的价值和意义，显示了科学和理性的威力。科学的成功把哲学从人类智力活动的前台推到了幕后，近代哲学的认识论或知识论追随于科学之后，力图对科学给出方法论的说明。哲学先后效法数学方法、力学方法，而在对力学方法实质的理解中引发了唯理论和经验论的对立。力学的成功是经验观察和数学描述的完美结合，是归纳法和演绎法的综合运用，力学的两个因素中何者是更为基本的？认识论对科学知识实质和最终确定性的追究，导致了休谟的怀疑主义，这是近代哲学的一次自我否定。

休谟的怀疑主义把康德从独断中唤醒。康德哲学的划时代意义以及他对现代西方哲学的持久影响，可能在于康德是第一个自觉寻求哲学特有方法，改变哲学提问方式的哲学家。康德认为，贯穿于人们的经验意识和科学知识中的"理性的秘密判断"即先验统觉是哲学反思的对象，是哲学特有的内容和题材，分析这些"自明性的东西"是"哲学家的事业"。康德不是去为科学家提供方法，而是用自己的先验方法去追问知识何以可能，从而使"知识合法化"。

康德之后的德国古典哲学的中心任务是解决康德哲学中造成的主观和客观、现象和主体（自在之物）的分裂，亦即力图达到精神和自然的"和解"。从费希特经谢林到黑格尔，基本上是关于自然精神化和精神客观化的哲学努力。康德哲学基本上做到了第一点，在"人为自然立法"的意义上对人显现的自然具有精神性的本质，但这不是外在于人的客观的自然。康德哲学的主体性、主观性和自由性缺少客观的环节，因而缺少"实在性"。谢林和黑格尔的自然哲学设定了直观到自然的精神实质，逐步把自然提升到自我意识的精神水平。从而达到思维与存在的同一。费希特、谢林的直观和黑格尔的辩证法，既是解决这一哲学任务的手段和方法，也是理论体系本身。直观的方法和辩证的方法是哲学寻求自己方法的重大贡献，也是哲学为自身和理性的有力申辩。在黑格尔看来，哲学有了自己的方法才能有自身的存在。

黑格尔的辩证法是绝对的方法，是绝对理念的自我运动，是关于整个世界和自我意识内容的一般真理，即绝对真理。黑格尔的绝对真理不是终结了包括科学认识在内的人类认识，不是否定了实证科学认识发展的可能性，而是使科学认识得以可能的最后根据。绝对精神在静止的意义上是人类认识的"坚定的自信"，是时代在思想中的最后把握，是人类精神生活和全部文化的最高依据。但是黑格尔的辩证法是绝对运动的历史主义方法，而历史主义则已埋藏着"怀疑主义的黑色野兽"，黑格尔哲学已经包含着消解自身，走出自身的因素。黑格尔从精神现象的历史发展中，明确地把哲学高举在自我意识的最高环节上，毫不怀疑地肯定了哲学的认识特权。在承认每一个主体精神经过艰苦的精神劳作都能达到哲学的境界而言，黑格尔是不同于谢林的认识论上的民主主义者；在肯定哲学在人类精神现象中的特权地位的意义上，黑格尔又是文化上的专制主义者。这就决定了黑格尔哲学在现代的历史命运。

三　现代哲学革命和哲学观变革

黑格尔在世的时候，叔本华即已开始了对黑格尔哲学的挑战，他以具有东方佛学意味的意志论对抗黑格尔的理性，由此开始了非理性主义哲学对情感、生命、意志的关注，是一种所谓诗化哲学由微而显。我认为，这在一定意义上可以看作现代文化对哲学特权的一种抗议，它通过具有艺术气质的哲人把这种抗议化为对理性哲学的消解。近代哲学本质上可以看作是"理性威力的学说"（奥伊泽尔曼），以自然科学的样式和方法建立伦理、社会、政治的严谨科学，从而使全部人类生活按照科学、理性的程序和尺度去运转，这是几个世纪哲学家的梦想。这里我们可以看到，理性和自由的一个深层悖谬：理性的本质是自由思考，而理性自由思考所建构的东西，却反转成为压抑自由思考的枷锁；打破理性的统治和逻各斯的框架，必然成为自由理性的强烈冲动。

用黑格尔的说法，青年人总有改变现实的冲动，而老年人则有与现实合解的智慧。正是这种改变现实的冲动，首先是使费尔巴哈接着是马克思断然与黑格尔哲学决裂。由此开始了一场真正的哲学革命。这场革命的实质在于不是用一种理论体系取代旧的体系，而是对全部旧哲学理论的方式和功能的否定，是对解释世界的哲学样式的否定。这是由对哲学功能的反省进而到对哲学性质、对象的全新理解。哲学需要从社会存在得到说明自己存在权利的证明，生产力和经济生活具有不可辩驳的优先地位。历史唯物主义作为社会科学的发现，把哲学作为社会意识形态的一种形式，它必须以自己对社会存在反作用的方向和力度为自己提供合法性的证明。在这样的意义上，旧哲学终结了。

20世纪初，英国剑桥大学的罗素和摩尔领导了对黑格尔哲学的反叛，这场叛乱的武器是逻辑分析和语言分析。摩尔对贝克莱著名的命题"存在就是被感知"的精细分析，示范了一种新的技术性的哲学工作方式，并由此开始了所谓的"分析哲学革命"。分析哲学的基本哲学观是：形而上学命题既不是分析的重言式命题，也不是可证实的综合命题或经验命题，因而是无意义的。无意义是指不具有知识和科学的意义，尽管它可能具有表达信念、意愿和情感的生活意义，就像诗歌和艺术品一样。但哲学不同于诗，它以知识的形式混淆了知识的界限，因而必须予以澄清和拒斥。研究哲学恰恰是为了取消哲学，这样哲学的任务就成为一种批判和澄清的活动，它不是对现实世界作出什么经验判断（命题），因而更不是什么世界观。

与逻辑实证主义和科学哲学相反，卡西尔的文化哲学、符号哲学已经开始寻求"多重文化变奏的主旋律"，即在多种不同的文化形式中（如语言和神话）、符号形式中，寻找人这种符号化动物的功能统一性。海德格尔实现了解释学由认识论转向本体论的转变，带给对象以意义的生存论根据。解释学努力的意旨在于为人文科学和自然科学寻求统一的理解的前提，这一方面使自然科学人本化，否定自然科学的工具理性的无根状态；另一方面也为人文科学的合法性，哲学的合法性作出证明。在一种历史的视野中或"地平线"上，理解和解释由前提所带来的"偏见"获得了合法性的辩护。

解释学无法摆脱的主观主义倾向引起了结构主义的抗议，寻求神话、原始思维、语言、艺术等的深层结构，在语言学、人类学、神话学、文学批评和马克思主义的广泛领域中兴起了结构主义思潮。但是，解释学和结构主义的共同特征都是要找到某种确定的意义。同样分析哲学也未经批判地肯定了逻辑和科学的优先地位。在德里达看来，这一切都未摆脱西方思想传统的"逻各斯中心主义"，这仍然肯定了某种"中心结构"。罗蒂则认为，哲学在后哲学文化中成为理解不同理解方式，沟通不同理解方式的对话和文化批评。哲学的优先地位和特权被否定了，哲学的活动和功能却保留着。传统的作为最高智慧和第一原理的哲学在多元的文化中消解了，却没有消失。

四　一种特殊的文化形式

现代哲学对传统哲学合法性的质疑，是从哲学作为知识形态的虚假，意识形态的社会根源的揭露，理性威力盲目自信的否定、人生体验真实的强调，哲学的学科帝国主义的批判等多方面展开的。这是对哲学的性质、方法和功能的全面反思。这种批判和反思，具有多元化、相对主义和经验论的倾向，几乎都陷入不可解说的悖论之中。从对形而上学的拒斥，导致对用以拒斥形而上学的科学和逻辑的质疑；用情感意志否定反逻辑主义的理性哲学，却又必须把情感、意志作为理性的可理解的东西，非理性主义只能用理性的形式反对理性（宾克莱：《理想的冲突》）；哲学作为一种文化形式却要理解全部文化形式，等等。这说明现代哲学对哲学合法性的质疑并不能真正取消哲学，对传统的形而上学问题的关注有着不可消解的人性根源。哲学的思考根深蒂固地存在于我们的文化方式、说话方式和存在方式之中。

哲学作为人类把握世界的一种方式，是一种特殊的文化形式，它的特殊性就在于它有自己特殊的问题和方法。哲学问题的特殊性在于它的形而上学性质，它是人们对世界和生活最终意义的追究。它不满足于日常经验和科学认识对世界和生活的分裂的认识，而要求用一个统一的原理和体系对世界作出解释。就哲学作为知识论和认识论说，它要给出一个说明全部人类认识活动和成果的阿基米德点，以终止解释的倒退；就哲学作为逻辑学说，它要透过思维形式的表层，探究思维与存在的统一性中的思维自己运动的客观逻辑；思维规律也是存在的规律，任何关于存在的规律都已经过思维规律的中介，在这种意义上哲学是反省的世界观；就哲学作为人类社会生活得以可能的伦理学说，它是人生意义的最后回答。这一切都是不能用实证的方法做出判决的。

哲学的问题可以在艺术、宗教的形式中被体验和表达，以致哲学的外在形式也仅有模糊区别的界限。警句、格言、哲理诗或小说、戏剧都可能有真正的哲学智慧，但是纯正的哲学形态却总是一个严谨的理论体系，它具有黑格尔所说的思想的"整齐"和"单纯"。赖欣巴哈攻击形而上学："逻辑与诗搅混了，许多哲学体系是一首杰出的诗，但没有科学解释所具有的那种说明问题的力量。"就哲学缺少实证科学意义的确定性而言，这种责难是对的。但哲学追求的是另一种意义的真实和真理，它需要高度思辨水平上的逻辑的严谨和一致，它有哲学意义的确定性。

哲学提问和哲学语言的特殊性，表现为哲学反思的建构和还原，表现为哲学理论在哲学史上自己的运动和展开。哲学作为一种追本溯源的思考，它是有鲜明的批判性，并且是一种前提的批判，即对那些"自明的东西"的分析。哲学的前提批判，既是一种反思的规定，是一种建设性的批判，这当然也是对常识、科学和先前哲学形态的否定和消解。康德的说法是正确的，没有建设性的批判是无效的。没有一个新的哲学原则和体系是无法真正取代旧体系的。由此，哲学就是哲学史，是人类智慧不断寻求最高统一性的持续努力。

哲学批判在哲学史上的展开，哲学作为一种把握世界的方式，都依赖于哲学特有的方法。哲学没有区别于科学和其他文化形式的特有方法，哲学就失去了存在的权利。在古希腊哲学中，哲学方法就是区别于原始宗教意识的科学方法，即分析的、概念的认识方式；近代哲学曾力图为科学提供新的方法和工具，数学方法、力学方法都曾是哲学家极力效法的东西，由对伽利略和牛顿力学方法实质的新的领悟，出现了康德的哥白尼式的革命，哲学有了自己特有的先验方法。这是哲学与科学分离之后，哲学方法自觉的开始。此后，每一真正独立的哲学体系，都必有对自己特有方法的苦苦追求。费希特特别是谢林的直观辩证法，黑格尔的绝对理念的辩证法，这二者也都可以说是自我意识的辩证法；马克思的改变生存状态的实践辩证法、历史辩证法；胡塞尔的现象学方法；弗洛伊德的精神分析法；分析哲学的逻辑分析和语言分析方法；解释学的方法；结构主义的方法；解构主义的方法等等。哲学方法的自觉追求是现代哲学的重要特征，不能简单地把它看作是肤浅的标新立异，它实际上是在为哲学寻求一个在众多的文化形式中安身立命的根基。至于对这些方法价值的评价和取舍是另一问题。

哲学作为对世界和生活的整体理解，必然是对人类全部文化形式的理解，它要沟通不同的理解方式，需要自己特有的概念框架和方法，但是哲学理解毕竟是人的理解，它的理解方式和方法又不能脱离人的其他方式和方法，这表现出哲学方法的奇异循环。哲学方法要努力使自己与常识的认识方法和科学方法区别开来，它又摆脱不了后者的制约和限定。黑格尔强调哲学家要有"健全的常识"，胡塞尔晚年强调"生活世界"的优先性，日常语言学派对语言日常用法的关注，马克思对生活、实践的强调都有某些共同的意味：哲学需要向生活的归结和还原。中国传统哲学对此的理解可能是很深透的：即出世与入世的统一。哲学要取得自己的存在权利，必须是出世的，它高于日常意识的觉解，又必须是入世的，它能够在日常生活中见到或显示出自己的真理性。

总之，哲学有自己特有的问题、形式和方法，哲学作为人类把握世界的一种方式有存在权利的证明，但哲学又必须调整自己的自我意识，哲学应警策自己：我们只是在寻求世界和生活的最高统一原理，而不是已经完全拥有了这个真理，对哲学功能的过高期许，永远是哲学的不幸。

五 一种有限的哲学功能观

现代西方哲学对传统哲学合法性的质疑，主要是对它的允诺和自许的质疑，是对哲学"学科帝国主义"的厌恶和拒斥。自由的理性思考日益成为人们自己个人的精神事务，从而对限制个人自由思考的哲学教条也日益难以忍受。但是如果哲学的兴趣依然存在，哲学学科总是必然具有最高原理的性质和特点。哲学作为纯粹个人的精神事务只是一种个人内心的独白，只要说和写就要影响、干预别人的内心生活。个人的自由思考要成为可能，也总要凭借已有哲学的语言和概念。外在的哲学形态和个人内在的哲学思考是密不可分的。个人固然有哲学思考的自由，但他思考的结果也总离不开哲学的考察和评价。自由的、多元的哲学思考，并不意味着每一思考都具有同样的价值和合法性，因而不必然导致相对主义的态度和价值观。我认为，传统哲学的问题和方法可以作出自身合法性的辩护，但是它必须谨慎地、谦虚地去正视自己的价值和功能，必须有自我批判的哲学态度。具有一种有限的哲学功能观，是现代哲学对哲学合法性质疑的一个值得重视的批判成果。以一种有限的哲学功能观反转过来重新审视哲学的性质、对象、形式和方法，会给我们一些新的启示和教益。这将促使我们去思考和把握住哲学这一文化样式的特点，也将使我们意识到哲学与非哲学文化界限的模糊性，哲学家作为理解不同理解方式的"多能知识分子"，他的教养和工作方式必须是哲学的，而他的哲学的功能的实现却必然是在其他的理解方式和存在方式之中。

哲学在人类的生活中并不是无足轻重的，哲学是一种人类智慧和理性承认的权力，但是哲学权力、权威和尊严的实现和见证，必须诉诸理论改造人心的教化力量。理论的说服力量、启示力量是哲学功能的根本界限。从一种广义的存在哲学去看，哲学的力量在于哲学家的人格力量，哲学家某种生活方式的示范所具有的感召力量。

哲学的功能是有限的，这不仅因为人们的生活境界有着本质的差异，对于大多数人说，在闲暇中的反思或哲学思考是一种精神的奢侈。而且哲学功能是通过个体精神教养的途径来实现的。哲学作为个体的精神教养，既是发自本心，启发灵性的个体精神的发展和成熟，也是把外在的哲学理论化为内心自觉见证的理解过程。片面强调前者，容易陷入主观任性、自大狂和空疏的自由，片面地强调后者，又容易陷入教条、僵化、琐碎的名言之中。而这两种片面性，也正是非理性主义和逻各斯中心主义的偏颇。个体的精神教养和外在的哲学理论形态的矛盾也表明，哲学既是个人的精神事务，它需要自由的理性思考；哲学也是人类文化的一个方面，所以也有哲学存在的必然性与合法性。

（原载《吉林大学社会科学学报》1991年第4期）

纯粹理论生活的理想

经过一百多年对传统哲学的批判之后，形而上学已声名狼藉，被大多数哲学家所唾弃；随着席卷全球的现代化浪潮，被后现代哲学家们称为"利益最大化的宏伟叙事"替代了各种理想化的哲学原则，成为世界性的人生哲学。为学术而学术的自由理性思考，不为任何功利目的的纯粹真理的探求，亦即纯粹理论生活的理想日趋黯淡，它被视为不合时宜的古怪的生活样式而备遭冷落。尤其是在我国文化传统中本来就缺少纯粹理论生活的文化基因，哲学和其他纯学术理论学科的处境就更为困难。有鉴于此，本文以赞美理论的价值态度重申纯粹理论生活的理想，意旨不在争夺什么话语主权，而在于呼吁和坚持一种人类生活的维度，它将恢复和坚守人之为人的应有的灵性和尊严。

一 哲学家的存在方式

至少自苏格拉底以来，西方哲学史上一些伟大的哲学家似乎都感受到一种命运的召唤：自觉其人生使命就是做哲学思考。从而，哲学思考就不是偶然地、外在地随便想想，而是哲学家内在的、必然性的精神生活；哲学也不仅仅是哲学家的谋生手段或某种技能性的职业，几乎就是他们的全部生活，是他们的生活形式、生活目的和存在方式。黑格尔用他的精神辩证法（这也被后现代哲学家称为另一种宏伟叙事或元叙事）理解苏格拉底的原则，他说："苏格拉底的原则就是：人必须从他自己去找到他的天职、他的目的、世界的最终目的、真理、自在自为的东西，必须通过他自己而达到真理。这就是意识复归于自己。"① 不管黑格尔是否准确地理解了苏格拉底的原则，但有一点是肯定的，即苏格拉底确实奠定了西方文化中一种人生理想的基础，这就是，认识你自己，过一种内在自觉的有意义的生活，或者说是一种明明白白的理性生活。通过自己而达到真理，获得生活的内在坚定性，就是要从对外在的神谕、传统、习俗乃至法律道德规范等的盲从中解放出来，要由自己给出如何生活的理由，这也就是一种理论生活、理性生活和自由生活的理想。

自由自觉的生活需要真诚、不倦的理论思考，有时甚至要付出生命的代价。然而这又是使生命、生活获得意义的唯一途径，因而它的价值可能超过生命本身。苏格拉底以人们看来是有些极端的理性主义态度认定：美德就是知识，美德就是逻各斯，没有知识或识见至少就没有自觉的善的生活。"知识与生命彼此的绝对统一"，可视为纯粹理论生活理想的实质。生命的意义就在于获得知识并由知识而规定生命的意义，知识是使生命有意义的从而使生命值得珍惜的唯一理由。苏格拉底之死至今仍是哲学家们反复思考的重大事件，20世纪的存在主义哲学风靡世界，有人认为，苏格拉底就是一位真正的存在哲学家。理论与生活的彻底统一，自由自觉地决定自己的生活，真诚地践履自己的理论原则和理论信念，这就是哲学家的在世方式或存在方式。

苏格拉底之死使理论生活不再是单纯的主观精神活动，而被昭示为一种生活的样式和风格。博学而又具有现实感的亚里士多德虽然批评苏格拉底对美德的偏狭的理解，他也可能不赞同这位祖师的激烈的生活态度，但他更为理论化地论证了纯粹理论生活的理想。亚里士多德在《形而上学》中说："古今来人们开始哲理探索，都应起于对自然万物的惊异；……他们探索哲理只是为想脱出愚蠢，显然，他们为求知而从事学术，并无任何实用的目的。这个可由事实为之证明：这类学术研究的开始，都在人生的必需品以及使人快乐安适的种种事物都获得了以后。这样，显然，我们不为任何其它利益而找寻智慧；只因人本自由，为自己的生存而生存，不为别人的生存而生存，所以我们认取哲学为唯一的自由学术而深加探索，这

---

① [德]黑格尔：《哲学史讲演录》第2卷，贺麟等译，商务印书馆1960年版，第41页。

正是为学术自身而成立的唯一学术。"① 在这段颇有些历史唯物论味道的哲学起源和性质的论述中，哲学被看作是无任何实用目的的仅为自身而成立的唯一学术，哲理探索成为人的自由本性的唯一表征。如果说为了各种实用目的的人类活动受到人的基本需要的驱动，这些活动或生活形式是受必然性支配的，那么，哲理探索则是摆脱了自然必然性的束缚真正属于人自己的自由生活，为学术而学术的纯粹理论生活是人为自己的生存而生存的理想生活。

人为自己的生存而生存，通过自身而达到真理，这就是纯粹的理论生活态度。这种论证方式是海德格尔称之为"基础本体论"的生存论的论证方式。至少自柏拉图以来，西方哲学另一根深蒂固的传统是从存在论或本体论思路论证我们所说的纯粹理论生活的理想。众所周知的柏拉图的理念论认为，理念或模式是超越人的心理和思想的实体性存在，它是万物原始、永恒的原理，是世界的本质或实在，因而是思想的真正对象。在柏拉图看来，理念既是认识的目的，也是有价值生活的目的。理念既是真，又是善，柏拉图把哲学家定义为"渴欲观赏真理的人"，也把对于理念的考察当作绝对幸福或幸福生活的本身。② 此外，因为理念是永恒的实在，那么通过哲学练习可以不断地回忆和接近真实的理念世界，这就使哲学家的生活具有了神圣的不朽的意义。哲学是死亡的练习，死去的是不真的虚幻的感性生活，获得的却是永恒的神圣的理性生活。纯粹理论生活的理想具有了超凡脱俗的神圣光辉，而人的理性本身也具有了实在性的存在论意义。

随着科学技术和工业革命的发展，近代以来的哲学家逐渐失去了希腊哲学中那种虔诚的理性精神和理论信仰，然而纯粹理论生活的理想作为西方文化的传统或基因却不绝如缕，不断地被一些伟大的哲学家所坚持和弘扬。在第二次世界大战前夕，胡塞尔面对欧洲科学和哲学的危机，呼吁恢复普遍的希腊理性精神，他在自己哲学探索的关键时期，也在真诚地追问自己如何作为一个有价值的哲学而生存。哲学是生命意义所在，哲学和生命的统一是所有重要哲学家的共同特征，或者也可以说正是这种理论生活

---

① ［古希腊］亚里士多德：《形而上学》，吴寿彭译，商务印书馆1981年版，第5页。
② ［德］黑格尔：《哲学史讲演录》第2卷，贺麟等译，商务印书馆1960年版，第223页。

的真诚态度才使他们成为重要哲学家。哲学与生命的统一不仅在于哲学家们对自己生活使命的自觉，也直接表明为一种独特的生活形式，表现为生命不止哲学思考不止的事实上的统一。康德临终前用颤抖的手写下一些断断续续的句子："先验哲学是先验地联合在一个体系中的诸理性原则的综合……"① 黑格尔在给友人的信中曾说过"我已把自己奉献给科学"，他在年近花甲的时候，放弃了假期休息，放弃了和家人、亲友的团聚，表达了"必定、必定、必定"把《哲学全书》第二版改完的决心。② 由于消息闭塞，几年没有当代哲学家伽达默尔的音讯了，今年是他的百年诞辰，我们知道，他在九十多岁高龄的时候还在思索哲学究竟应该是什么。

二 理论生活的界限

人们说，理论是灰色的，而生活之树常青。理论如果仅仅是抽象的、僵死的普遍性，仅仅是操作性、工具性的符号系统，仅仅是书斋里或实验室的冥思苦想，那么它固然是乏味的、没有光彩的、枯燥的。但是如果理论真的成为学者们的生活形式和生命意义，那么理论生活就具有了外人无法知晓的紧张激越、梦绕魂牵的无穷魅力，它诱使古往今来的无数智者无怨无悔地选择了这种生活方式。科学史、思想史、哲学史都留下了令人迷醉的理论生活的鲜活的记录，显示着一种理想生活的可能方式。理论生活是人们可以选择的一种理想生活方式，但它肯定不是唯一可取的生活方式；并且理论生活的可能性需要更为原始的生活方式的前提，亦即理论生活有着自己的界限或限度。

亚里士多德早已指出哲理的探求只有在获得了生活必需品之后才有可能，马克思主义更为明确地指出了物质生活是精神生活的基础，纯粹理论生活的起源是建立在古希腊奴隶制度的基础上，理论生活方式的这种非人道的缘起抹去了智者们为理论生活涂上的神圣光辉，直到今天，它仍然受到人们的道德直觉或正义直觉的质疑，使纯粹理论生活的理想在道德上的合法性成了问题。从马克思主义的观点看，理论生活与物质生产活动的分

---

① ［苏］阿尔森·古留加：《康德传》，贾泽林等译，商务印书馆1981年版，第285页。
② 《黑格尔通信百封》，苗力田编译，人民出版社1981年版，第18、200页。

离与对立是以私有制为基础的生产关系的产物，是一种历史的现象，它将随着私有制的消灭而消除。马克思设想的脑力劳动和体力劳动差别的消灭以及每个人的全面的自由发展，将使纯粹理论生活的理想失去意义，但也同时获得了更为丰富的意义。

纯粹理论生活的理想不仅要有物质生活条件的基础和前提，也依赖于特定的政治制度的前提。叶秀山先生在分析希腊哲学起源时指出："不是一般的奴隶制度，恰恰正是古代希腊（雅典）的奴隶主民主制，提供了早期希腊哲学思想的产生、繁荣和发展的社会条件。"因为哲学的发展和繁荣需要自由讨论、辩论，而希腊城邦民主制度为各个学派提供了相对比较自由的论辩环境。① 法国古希腊研究专家让-皮埃尔·韦尔南在其所著《希腊思想的起源》中特别强调城邦民主制度与哲学的密切关联。"在哲学的黎明时期，正是这样一种受'法律面前人人平等'的原则调节的社会宇宙的图景，被伊奥尼亚的哲学家们投射到了自然宇宙上。……伊奥尼亚的自然哲学家们建立的新的世界模式，从其几何框架来看，是与城邦特有的制度形式和思想结构密切相关的。"② 这就是说，有了对人与人社会关系、政治关系的平等原则和秩序的理解，才有了对自然宇宙秩序的规律性理解，才有了包容自然与社会的普遍理性精神。韦尔南强调："不论就其局限性还是就其创造性而言，希腊理性都是城邦的女儿。"③

种种偶然的历史机缘造就了希腊理性精神，萌发了一种纯粹理论生活的理想。应该说，世界各民族都有自己的理论思维和理论生活，但纯粹的即不包含功利目的、为学术而学术的理论生活却是希腊思想的特色。仅以把思维形式作为研究对象的形式逻辑来说，亚里士多德就已基本完成了这门学科的理论体系，两千多年人们难以突破其理论框架。我国古代也有丰富的逻辑思想，但缺少系统的关于纯粹思维形式的研究，其原因至少有以下两点：一是逻辑伦理化和逻辑政治化妨碍了纯逻辑研究。汪奠基先生曾指出：中国古代的"名言"的逻辑艺术，基本上是为政治上的伦理"规

---

① 叶秀山：《前苏格拉底哲学研究》，生活·读书·新知三联书店1982年版，第3页。
② ［法］让-皮埃尔·韦尔南：《希腊思想的起源》，秦海鹰译，生活·读书·新知三联书店1996年版，第11页。
③ 同上书，第119页。

范"服务的,思维的形式和规律,都受制于伦理规范的。① 汪先生把"有名则治,无名则乱,治之在名"这种理论称为"名实的政治逻辑原理"②,由此我们知道了讨论逻辑问题的"形名"如何会与讨论政治的"刑名"法术连到了一起。二是中国古代的思想家们"有时重视经验的类比,而不信推理的全知","一般都认为推理不及经验可靠,推类的知识不及实践的知识可靠"③,这种对纯形式推理知识可靠性的怀疑,势必影响关于思维形式和规律的理论研究。重视伦理、政治实践的智慧,重视经世致用的经验知识,是中国古代思想的特色,它有益于经验性的实践理性的发展,却不利于纯粹理论学科的发展。

古希腊的城邦民主制度是希腊理性精神的前提,它不仅为哲学的探索提供了较为自由的外部环境,也为哲学思考提供了基于政治思维的思维框架,即对自然、宇宙和思维的规则和结构作几何学式的形式的思考,从而形成纯粹理论学科的雏形和框架。然而,纯粹理论态度的生活方式和理想,毕竟只是极少数智者所能持守的态度和理想,它不能成为现实的普遍的生活原则。所以,在文明的演进中它不可避免地发生蜕变。按照海德格尔的看法,希腊哲学特别是柏拉图的理念论哲学成为基督教的理论来源,基督教作为黑格尔所说的"绝对宗教",只能奠基于普遍理性或绝对理性之上;另外,希腊哲学的理性视野正是现代科学技术运作于中的视野,海德格尔认为现代科学技术是希腊哲学的完成④。这样,纯粹理论生活的态度发生了双重的转变,一方面,它已不再是始于惊异的探索和好奇,而成为绝对宗教的最高规范,从而封闭了自由探索的空间,理性转变为信仰。另一方面,古希腊哲学的爱智之忱并无实用的目的,虽然它已有人本自由的生存论领会,但并未把自由主体脱离存在,爱智慧的哲学探索是向存在的投入和归属。而近代哲学的主体则已确定了"思"的主体地位,存在成为思想规定中的范畴存在,从而以功利主义的态度去操纵、控制事物存在的技术统治时代到来了。

---

① 汪奠基:《中国逻辑思想史》,人民出版社 1978 年版,第 21 页。
② 同上书,第 25 页。
③ 同上书,第 46—47 页。
④ 参看海德格尔《哲学的终结和思的任务》,载孙周兴选编《海德格尔选集》,上海三联书店 1996 年版。

纯粹理论生活态度的上述演变从其后果方面表明了理论生活的界限。按照理论生活的自身逻辑，它必然要求理论构造的基础和前提，以终止解释的倒退，也就是要求一切事物最高原理和原因的第一哲学或形而上学，为全部知识奠定自明性的真理前提。但是，一旦把形而上学的最高真理凝固化、僵死化、教条化乃至实体化，理论就转变为信仰，探索性的描述就转变为绝对的规范，为学术而学术的自由探索精神即被扼杀，从而超出了纯粹理论生活的界限。对纯粹理论生活界限的超越也来自理论应用的冲动。单纯的惊异、好奇的理论动机难以抑制功利主义、实用目的理论动机，为学术而学术的理论生活过于清高和雅致，因而也显得娇贵、脆弱。亚里士多德限制在伦理生活中的实践智慧必然闯入理论生活的领域，特别是纯粹理论具备了技术应用可能性的情况下，贵族化的纯粹理论生活就必然转变为大众化的技术活动。

通过上述这种简要的分析，人类精神生活的一个维度、一个受到种种限制和挤压的纯粹理论生活态度的领域显露出来。我们认为，这是希腊哲学开拓的一片宝贵的精神空间，是希腊哲学贡献给人类的一份珍贵遗产。坚守这一看似狭小实则无限的精神领域，将使人类的精神生活和现实生活更有灵性、更有尊严、更有自由和欢乐，也将使人类保留应付挑战和劫难的更为丰富的理论资源。

三　理论生活的意义

询问纯粹理论生活有什么用处或者说有何意义，这本身就是一个有着特定前见的提问，即价值立场的提问。如亚里士多德所说，纯粹理论的思考并无任何实用目的，因而它也并不关心理论的用处和意义。但亚里士多德的论述中也回答了上述提问，那就是为了摆脱愚蠢，使人聪明起来。但是，聪明又有什么用处？这就使人们经常不得已地说哲学是"无用之用"。

用"无用之用"回答人们对哲学和其他纯粹理论的诘问似乎有无奈和搪塞的意味，但中外哲学家对此却都有深沉和系统的理论思考。海德格尔对技术时代的来临忧心忡忡，认为世界已进入午夜，时代的贫乏和危险已至极致，人类亟须拯救。拯救的道路何在？就是从西方哲学中脱离出来。他认为，哲学是西方特有的东西，哲学就是西方人和西方民族的命运。随着世界性的现代化席卷其他民族，哲学似乎也是整个人类的命运。西方哲学的开端（不是思的开端）就出现了思想对存在的脱离，因而造成思想规定存在，技术统治存在的主体性形而上学，这是全部今天所说的现代性弊端的总根源。出路只能是让思想重新归属存在，从主体的视界"跳跃"到存在的视界，让"思"和"诗"替代哲学的理性。海德格尔深知这种"思"的转换的巨大困难，他一再说要忍耐，要等待。但他以先知般的自信和坚定宣告其所思达到的精神深度和广度将从根本上改变西方乃至整个人类的历史和命运。果真如此，"思"的力量就是举世无双、无可比拟的强力。人总是理性的动物，理论学说和思想的力量总是要介入人的现实生活，从世界历史的大尺度看，理论和思想要比欲望和意志更为根本地决定了人的在世形态和历史方向。

福柯等后现代主义哲学家强烈地感受到现代性的压抑和统治，他们认为，理论和知识话语作为一种体制性或制度性的力量参与了现代性的统治，并使这种统治合法化。无论是福柯所揭示的知识和权力的合谋所建立的同一性对差异的压抑，还是利奥塔尔所说的种种"元叙事"对意义的独断，或是布尔迪厄所说的"文化资本"与各种资本的联合统治，后现代主义哲学家们都对源自希腊理性的启蒙理性进行了自觉的反叛和抗争。但是，用理论思维拒斥普遍性理论的结果必然是悖论性的，从而，他们对启蒙理性也必然是矛盾的态度。英国学者路易丝·麦克尼指出："值得注意的是，在《什么是启蒙》这篇极其重要的最后作品中，福柯更为明确地承认了他对启蒙思想的矛盾心理。他的目的是以这样一种方式重新解释启蒙哲学，以便拯救当代所需要的批判精神：'能将我们联系起来的线索不是对教条原则的信仰，而是一种态度的持续复活，即一种可以被描述为对我们历史时代进行持续批判的哲学。'"[①] 自由的探索精神和批判精神也正是我们所说的纯粹理论生活的本质精神。因此，当代理论生活的意义就与亚里士多德单纯智慧的向往不同，它有了更为严肃的沉重的使命，这就是批判、抗争和制衡的社会学效果。

福柯曾认为，哲学就是一种别样的思维方式。利奥塔尔主张一种

[①] ［英］路易丝·麦克尼：《福柯》，贾湜译，人民出版社1999年版，第9页。

"语言粒子的语用学"或"局部决定论"①，主张在语言游戏中使用新的语用学招数干扰理性的秩序。按照我们的看法，哲学作为一种别样的思维方式或语用学招数，就是一种思想道路的开拓。它打开自由思想的空间，探索区别于习惯和主流思想的可能的思想道路，形成对任何形态的僵死同一性的挑战和抗争，从而也为实际生活道路的选择提供思想的资源。最通俗地说，哲学或纯粹理论的作用就是要不断地警惕人们避免走入思想和行为的死胡同，不要一条道走到黑。人类的固执和偏狭往往不自觉地闭锁了自由思想的空间和真理的道路，这不仅是因为思想的懒惰，更可能是因为利益、信仰等欲望和热情。因此，纯粹的理论思考总是对"利益最大化元叙事"的制衡，是对信仰和盲从的警醒，是对绝对权力话语系统的批判和消解。自由的哲理探索展开了广阔的未知领域，它使人类的理性懂得了谦卑和诚敬。利奥塔尔在对现代知识状况考察后得出的结论说："一种政治显露出来了，在这种政治中，对正义的向往和对未知的向往都受到同样的尊重。"②

纯粹理论思考既是一种批判的、消解的、解放的力量，也是一种建构的、规范的力量，尽管这二者都不是纯粹理论的本来动机。与后现代主义哲学家们不同，20世纪最伟大的哲学家之一胡塞尔更强调普遍的希腊理性精神对于欧洲诸民族精神的根本的意义。在第二次世界大战爆发前夕，胡塞尔在多次讲演中发出了欧洲科学和哲学危机的警告。在他看来，希腊哲学精神是文化的欧洲的根本标志和历史基础，随着反理性主义精神困倦的出现，普遍的希腊理性精神受到了冲击和动摇，这就使欧洲病了，陷入了危机之中。不管胡塞尔对当时欧洲文明的判断是否准确，但希腊哲学与欧洲文明的关系乃至与现代性之间的关系却是真实的问题。哲学概括，难免大而化之的偏颇，但其理论的洞察力往往也有极强的效力。在我们看来，作为希腊精神特质的纯粹理论生活态度和理想，希腊哲学的普遍理性精神，至少构造了现代性的两个支柱，这就是我们讲了多年的民主和科学。海德格尔认为西方哲学开启的视野就是现代科学技术的视野。他没有

---

① [法]让-弗朗索瓦·利奥塔尔：《后现代状态——关于知识的报告》，槿山译，生活·读书·新知三联书店1997年版，第3页。

② 同上书，第140页。

强调纯粹理论兴趣与技术统治的区分，原因在于，对事物和存在的指示性理论描述，必然导致对事物和存在的规范性技术控制。但是，技术性应用毕竟是纯粹理论思考的衍生后果，它不是希腊哲学的本真精神。希腊理性、科学精神、技术统治虽然有历史的血缘联系，但我们认为，纯粹理性孕育的科学精神是现代性中更值得保留和弘扬的东西，也是我国现代化进程中最需要汲取和培育的精神素质。科学精神的实质即是对经过理性考察的普遍性原则和规则的自觉认同，对普遍的客观性法则的信赖和遵从。这不仅是科学教育事业发展的基础，也是民主和法治建设的基础。

我国历史上也有倡导法治的法家思想，但它终不能战胜儒家学说而成为主流政治文化，究其原因似乎在于，一是它缺少民主的理念，所以法治只是一种帝王之术；二是它缺少自然法或哲学理性的批判，亦即缺少法的正义性的哲学基础，所以，只能是荼毒天下的严刑峻法。较之有些民本主义精神的儒家政治思想它显然是更为落后的东西。如果上述看法是正确的，它也给我们今天的民主法制建设提供了重要的启示，科学精神、理性精神、自然法批判的精神亦即纯粹理论的态度，也是健全的民主法制建设所不可或缺的。

思索理论生活的意义，我们也一再感到现代性与后现代主义矛盾的纠缠，基于纯粹理论生活态度的普遍理性精神必然成为压抑和统治的力量吗？这里我们只能择其善者而从之，这就是坚持纯粹理论生活的态度，就是坚持哲学的态度，就是不懈地探索和思考，至于思考的理论结果还是把它当作"意见"吧。

（原载《吉林大学社会科学学报》2000年第6期）

哲学体系的自身区分及其循环论证

按照海德格尔和德里达等人的看法，作为知识形态的哲学是源自希腊的西方文化特有的东西，哲学即西方哲学，西方哲学之外无哲学。德里达明确表示，这绝无轻视东方文化之意，因为逻各斯中心主义的西方哲学正是他致力拆解的对象。海德格尔也提出哲学终结之后思的任务，超越哲学的思或德里达所说的思想也许是高于哲学形态的智慧。仅就西方哲学来说，它目前的处境十分艰难，在整个20世纪，英美分析哲学的主流是拒斥形而上学，认为知识形态的哲学仅具有知识的外观，而不具有可由经验检验及发现和预言新的经验现象的知识的本质，因而必须予以废弃。胡塞尔之后的欧洲大陆哲学其主流也是消解哲学，超越哲学。西方哲学当下的首要任务就是为自身存在的合法性提供证明。在非严格知识形态哲学的意义上，语言转向、生活世界转向或生存论转向等哲学变革，都是哲学顺时应变，维持自身存在的努力。但是，现代西方哲学的这些转向真的能够为自身存在提供合法性证明吗？上述哲学转向真的为哲学提供了新的坚实的理论基础了吗？本文认为，西方哲学的理论性质决定了它永远是一个开放的循环论证的结构，现代西方哲学转向并未给出绝对自明性的理论基石，相反它却需要古典哲学某些原理的论证和支持。所以，结论必然是：哲学或者真的被消解和超越，或者哲学并没有发生什么根本的改变，而只能在古典哲学仍作为西方哲学的主体或主要构架中展开思想道路的探索。

一 西方哲学的惟一问题：绝对确定性的寻求

用现代西方哲学的术语说，至少从苏格拉底开始，西方哲学即发端于一种生存论的自觉，即一种理性生活和理论生活的自觉。自己为自己而生存，不为别人生存，自己就是目的；传统的习俗法规不具有天然的合理性，必须对它进行追根究底的询问，找到指导自己生活的理性原则，并按此行为，从而才能过一种自觉的理性生活。理性、知识、智慧即是德行，德行即幸福，理性的生活是自律、自足的生活，是惟一符合人的尊严、值得人过的生活。苏格拉底把哲学与生活、与人的存在紧密联系在一起，人们称他为存在哲学家，其实这也正是生存论哲学的立意所在。但问题是如何获得指导生活的理性原则？如何使这种理性原则获得内在的确定性、坚定性乃至真诚和虔诚？苏格拉底的对话把西方哲学引向了漫长的追寻确定性的精神之旅，至今这条道路仍在筑基、开拓。

苏格拉底的生存论自觉，是理性的自觉，自由的自觉，道德的自觉，目的论的自觉，对理性生活原则的确定性寻求可以把哲学引向各个不同的方向，从而形成了哲学体系的内在区分。国内外哲学界通常把哲学区分为存在论或本体论或形而上学、认识论、逻辑学、方法论、伦理学、美学等各个部门或领域；从西方哲学发展的逻辑，人们把不同时期占主导地位的哲学形态作为划分哲学史的根据，从而提出古代本体论哲学、近代认识论哲学和现代生存论哲学的区分。无论是对哲学领域或部门的划分，还是对哲学史主导哲学形态的划分，都不能以现代学科专业的观念或是知性思维方式来理解，哲学只有一个，其不同领域和不同历史形态或不同哲学流派，总是围绕着终极的、绝对的确定性这个主题而展开，哲学区分是自身区分。

古希腊哲学家自觉到理性的存在，遂把人定义为理性的动物。依据理性的指导而生活，为了实现理性的能力而生活，理性甚至可以超越个体生命的有限性，成为永恒的接近神性的东西。所以，理性的生活不仅是最符合人性的人生理想，理性本身也具有了对人来说终极存在的本体论意义。但是，现实的理性只能具体地表现为具体个人的能力，理性能力的实现不仅受到个人自身感性欲望的遮蔽和干扰，而且也要求理性对象的确定性的证明。对指导生活的理性原则确定性的寻求，必然导致对理性所把握到的终极存在作为绝对确定性的寻求。我们可以说，古希腊哲学中发生了从生存论到存在论或本体论的转向，或者说古希腊哲学本体论有着深刻的生存论根源。

古希腊哲学至少到亚里士多德，哲学体系本身已有了奠基性的区分，形而上学、逻辑学、伦理学、美学或诗学、政治哲学等都已粗具规模，我们之所以说古代哲学是本体论哲学，那是因为理性形而上学是一切部门哲学的基础，它要为部门哲学提供存在论的终极基础。理性作为人的天赋能力可以说是人的本质，但理性能力只有在对象化的认知活动中才能实现自身、确证自己，或者说理性只有在理性所把握到的理性对象身上才能获得自身的确定性。从而，关于存在的学说即本体论具有了第一哲学的性质。存在总是对人显现的存在，或者说是为人的意识所表象的存在，理性形而上学的任务就在于扬弃和否定人的感性所显现的现象，而把握到真实不变的理念世界或本质世界，唯此才能为理性的确定性提供对象性的、客观化的证明。古希腊哲学已经自觉到感性和理性、认识的主观性和客观性等认识的内在矛盾，可以说古代哲学的本体论是已有认识论自觉的本体论，而非单纯直观的本体论。

如果说古代哲学的存在论或本体论已有生存论和认识论的自觉，那么，人们通常所说的近代哲学的认识论转向、现代哲学的生存论转向就不再像人们想象的那样革命和具有颠覆性的力量，毋宁说，认识论转向和生存论转向已经包含在希腊哲学的自身区分和论证结构之中，只是哲学寻求绝对确定性的视界的转换而已。

古代哲学存在论或本体论的合理性在于，哲学作为一种理性认识或理论认识，它的确定性只能建立在认识内容的真理性和客观性的基础上，即建立在对象或存在的明证性的基础上。所以，它必然是如黑格尔所说是思想内容的真理，是关于存在（作为思想内容的存在）的学说。

近代认识论哲学对哲学确定性的寻求也有自身的合理性，其理由大致如下：一切认识包括哲学本体论的认识，都是人的认识，关于存在的种种规定，都是人的种种观念。对包括本体论观念在内的一切认识进行反思，就会发现它们都依赖于人心固有的意识机能，所以，反思认识得以可能，反思本体论认识得以可能的认识的机能性原理，就是寻求认识终极确定性的可靠起点。

按照前期海德格尔的思路，生存论是基础本体论，这不仅因为只有生存着的人作为此在才追问存在的意义问题，所以，生存论优先于存在论；而且此在在有任何的自觉认识之先，已经获得了对自身生存的生存领会，所以生存论也逻辑的先于认识论；并且，只有获得本真的生存领会，我们才能获得一种终极的确定性，世界、自由和真理才能向我们敞开。

究竟从哪里才能获得哲学确定性的阿基米德点？哲学如何获得自明性的理论基础？在两千多年西方哲学的寻求中，存在论、认识论、生存论都曾作为哲学奠基的处所，从而它们之间的相互区分就不是哲学知识领域的区分，而是哲学奠基处所的变化，是哲学建立终极确定性的立足点的变化，或者说是哲学寻求终极确定性这一形而上学斗争中的自身区分。按照伽达默尔的看法，胡塞尔和海德格尔促成了20世纪西方哲学的决定性转折，即通常所说的生活世界转向或生存论转向。我国哲学界近年来也十分重视这一转向，并从马克思哲学的实践论变革这一理论背景理解西方哲学的生存论转向，我们似乎找到了当代哲学的稳固的基础。但在我们看来，西方哲学从本质上说起源于希腊的无限理性信念，从而决定了它必是一个无限循环的论证结构，生存论转向也同样不能终止哲学确定性寻求的无限过程。并且我国哲学界对生存论转向有多种理解，需要我们进一步思考和辨明。

二　作为起哲学奠基作用的生存论转向

近十年来，我国哲学界十分重视西方哲学的生活世界转向和生存论转向，就此发表了大量的研究论著。一些研究成果以科学进步式的思维看待生存论转向，一些成果以经验科学特别是经验人类学的思维研究生活世界和生存状态的问题，并以为这就是中国的生存论哲学。我们认为，这种自然科学的客观主义思维方式也许有马克思主义哲学的根据，但肯定与胡塞尔和海德格尔的生存论转向背道而驰。

胡塞尔与海德格尔对西方哲学的理解和评价有重大的分歧，对哲学的未来展望和致思取向也有原则的差别，但他们共同促成的生活世界转向或生存论转向却有共同的目标，即限制物理学客观主义或控制论思维方式的有效范围，寻求先于自然科学并使自然科学得以可能的生活世界前提，并在对生活世界的先验的或超越论的反思中，重新为哲学奠基或为哲学终结之后的形上之思奠基。因此，生活世界转向就不仅仅是哲学兴趣、关注的问题和研究领域的转向，而是思维态度、思维方式的根本变化。胡塞尔明确区分对生活世界的自然态度和哲学态度的不同作用和方向。以自然态度、以反映论的心理学看待生活世界，至多只能成就效仿自然科学而又缺少自然科学精确性的经验人学，最终难免陷入怀疑主义、相对主义的反理性主义的精神困倦。这对我国的生存论哲学、人学和文化哲学研究无疑是一个值得深思的警告。

以哲学的态度、超越论的态度去研究生活世界，按照现象学的要求首先是对自然态度的悬搁，按照我们的说法是对朴素实在论信念的悬搁，由此才能进入区别于日常思维和自然科学思维的哲学思维，这是我国哲学工作者必须跨越的门槛。胡塞尔晚年提出"生活世界"这个陌生的词，是要探寻一条"通过从预先给定的生活世界出发进行回溯而达到现象学的超越论哲学之道路"。粗略地说，这条道路具有肯定和否定或者筑基和清除的双重要求。从否定的意义说，通过预先给定的生活世界的先在性，表明物理学客观主义和精密自然科学思维并不是惟一的理性类型，在一切科学之前已有生活世界的存在，以致科学本身也只有从生活世界的变化才能被理解。自然科学的客观存在和客观真理，只是人们的一种理性信念，这种理性信念和方法不能为包括精神科学在内的精神世界提供普遍理性的基础，避免不了相对主义和怀疑主义。因此，从生活世界出发的超越论哲学必须对物理学客观主义加以悬搁或清除。从肯定的方面看生活世界的现象学之路，生活世界的意义在于它显现了意向性构造或成就的原始性和多样性，对生活世界的先验还原或超越论反思，可以提供理性的本质类型及其统一性，从而使哲学还归于理性本身，以超越论之哲学为人类的认识、审美和道德实践提供终极确定性的基础，达到人的自我辨明。

海德格尔从《存在与时间》即已开始的生存论转向，同样没有离开西方哲学对终极确定性寻求的思想道路。生存论所以具有基础本体论的地位，在于生存领会是先于一切科学认识和哲学认识的前提，一种在本真的时间领会中形成的本真的生存论领会，不仅是此在的真实意义，也是本真的追问存在意义的前提。后期海德格尔的思路发生了重大变化，但生存论的视域仍是他思考的地平线，福音式的诗意的箴言始终有一个根本的主题，即改变人们的生存态度从而改变西方乃至人类的历史命运。海德格尔认为，西方哲学就是西方的历史命运，从柏拉图以来的西方哲学用思维规定存在，进而把存在价值化，用思维去控制或宰制存在，这种主体形而上学的视域在现代科学技术中得到完成，从而哲学终结了，世界到了最黑暗的午夜。至此，只有用一种非规定性的思，思入存在的疏明之境，取回存在的光亮。非规定性的思是存在之思，是大地的言说，它召唤主体的倾听、归属或跳入，是庭前花开花落，是天上云卷云舒，是自然的绽放，是存在和无的自在运作。这种诗意的玄妙的思我们难以经历和把握，但它力求改变人的生存态度的意向是明确的，并且把生存态度的改变诉诸哲学变革或哲学终结的思之转变也是明确的。在这样的意义上，海德格尔与他反对的西方哲学传统相去并不遥远，他的生存论转向也要为某种形上之思奠基。

上述对胡塞尔和海德格尔生存论转向的粗略勾勒，并不是对他们思想的准确陈述，我们只是强调两位哲学家生存论转向的要旨在于为哲学或形上之思奠基的作用。如此理解的生存论转向仍处于西方哲学寻求终极确定性的思想之途。因此，用自然态度的思维、用物理学客观主义的立场理解生活世界转向或生存论转向，我们就只能把它理解为哲学兴趣、领域、主题的转向，我们就会以部门哲学的眼光看待生存论哲学。我们甚至会陷入对生存状态的描述、分析和经验概括的物理学客观主义之中，这虽然可能具有经验科学的意义，但这绝不是哲学。

真正的哲学问题是，作为起哲学奠基作用的生存论转向究竟在何种程度上充实和巩固了哲学的基础？生存论转向能否完全替代哲学的存在论、认识论（更准确地说是意识论）基础而为哲学提供终极的确定性和明证性？

就第一个问题说，生存论转向确实是西方哲学意义重大的发现，胡塞尔和海德格尔以其清晰的思路和有力的论证揭示出先于科学的生活世界所具有的哲学意义。至少对限制物理学客观主义和控制论思维方式的有效范围具有令人信服的论证力量。胡塞尔对欧洲科学危机的洞察和海德格尔对技术的追问都敏锐地表达了西方文化精神的内在要求，显示出哲学所特有的巨大的思想穿透力和厚重的历史感。就西方哲学的内在逻辑说，生存论转向的更为根本的意义在于，它把西方哲学固有的一个思想维度，即哲学作为生活理想的意义提升为系统的理论论证，从而一定程度地巩固了西方哲学在现代亦即科学主义时代的存在的合法性和它本有的高贵和尊严。

美国实用主义哲学家莫里斯曾认为，哲学即是对某种生活方式的辩护，亦即对某种生活理想、生活原则或生活样式的优先性的辩护。但实用主义不懂得西方哲学不是简单的对某种好的生活的论证，而是对某种绝对的惟一的符合人性生活的寻求，因此它要求绝对普遍性和确定性的基础。正是因为对绝对确定性的寻求，才使西方哲学远离了生活的主题，它或者从某种终极的绝对确定的存在出发，或者从某种自明的不可怀疑的意识事实出发，表现为存在论或意识论的哲学形态。胡塞尔和海德格尔的生存论转向的意义不在于使哲学回到了生活世界的主题，而在于从西方哲学的内在逻辑中，拓展出一种新的终极确定性的论证结构，使哲学的地基被重新清理，哲学的面貌焕然一新。前期海德格尔以本真的生存论领会作为自由和真理乃至一切哲学话语的前提，胡塞尔晚年从生活世界出发回溯意向性构造或成就的先验基点，都显示出哲学思维可能达到的惊人的深度和力量。

对我们提出的第二个问题的回答即生存论与存在论、意识论的复杂纠结的开释，需要作专门的研究，下文只能简要地指出它们之间的循环论证的必然性。

三　生存论的意识论和存在论前提

生存论转向发展出一种终极确定性的新的论证方式或哲学视域，仅以海德格尔《存在与时间》的思路，似乎就可以充分显明生存论对存在论和认识论的优先地位。生存论作为基础本体论是一切存在论问题的前提条件，惟有此在才追问存在的意义，此在的生存论结构及其领会是本真提问的前提，因此，生存论是存在论的先行视域。至于认识论更直接地依赖生存论的前提，因为先于任何自觉认识的生存论领会是一切认识的前提，它也是哲学认识论反思的前提。这似乎无可置疑地确立了生存论作为第一哲学的优先地位，生存论转向似乎终于完成了哲学的奠基工作。但胡塞尔和后期海德格尔本人都不接受和坚持这种鲜明的逻辑，显示出问题的高度复杂性。

胡塞尔的先验现象学或超越论的哲学，从本质上说是意识论哲学。胡塞尔晚年提出的生活世界概念，并不是要离开或抛弃先验现象学道路，而只是如他所说是从生活世界出发达到超越论之哲学的一条道路，生活世界是回溯到超越的意向性本质的中间驿站。生活世界的预先给予性，只是现象学还原的合适题材，因为它充分地展示了意向性构造的丰富性，从中可以回溯到成就生活世界的意向性活动的本质类型，进而寻求普遍理性的终极确定性。胡塞尔的现象学如他本人所言是主观性哲学，是内在意识明证性的领域，是彻底的意识论哲学。其所以彻底，就在于胡塞尔自觉到人的一切即人的世界是意向性构造的世界，只有弄清意向性构造的本质结构，包括自然科学的客观存在和客观真理信念在内的一切理性信念才能得到最终的阐明。用胡塞尔令人迷惑的说法是，彻底的主观主义才是彻底的客观主义。胡塞尔的现象学思路虽经几次重大转变，但坚持内在意识自明性的根基却始终不变。所以，在胡塞尔哲学中并不存在生存论优先于意识论意义上的生存论转向，意识论甚至可以说是胡塞尔哲学的全部。

前期海德格尔哲学的生存论具有逻辑上、事实上多方面的优先地位，先于一切科学认识和哲学认识的生存领会是理解的前提，而本真的生存领会是存在论的前提，生存论优先于认识论和存在论。但稍加思考就会发现，即使是海德格尔的生存论转向也仍然依赖于某种意识论的前提。首先，先于一切认识的生存领会即流俗的、平均化的生存领会、时间领会等，就是非反思的日常意识，它大致相当于胡塞尔所说的对生活世界的自然态度。海德格尔称这种非本真的生存领会所处的生存状态为日常生活的"沉沦"。而超越"沉沦"，获得本真生存的出路只能是哲学的拯救和超度，即本真生存论领会的获得。所以，海德格尔仍是在古典哲学的意见和真理、常识和哲学甚至是现象和本质的意识论框架中思考，只不过是把矛盾聚焦在生存状态的主题上。其次，按照海德格尔自己的说法，一个哲学家只能研究一个问题，海德格尔的一个问题就是存在问题，或者说是存在的意义问题。在一定意义上可以说生存论作为基础本体论只是海德格尔哲学的一个导论，他的哲学主体是存在论。由于海德格尔坚持存在与存在者的区分，存在问题不能在思维与存在、主观与客观的认识论框架中解决，或者诉诸此在的本真领会，诉诸存在自身的敞开和疏明，而这两条道路都离不开意识问题的缠绕。

一般地考察生存论对意识论的依赖，其基本逻辑是任何生存论理论形态都是意向性的成就或者说是意识活动的结果，意识活动的原理和原因对任何哲学理论都具有逻辑先在和事实先在的意义，生存论可以先于认识论，却不能先于意识论。当然也可以说，人首先存在然后才有意识，进而还可以说，人怎样生存就有怎样的意识，这似乎论证了生存论先于意识论的生存论转向的绝对性。但人的存在、人如何生存却仍首先要作为一个为人所意识到的意识事实而建立起来，包括生存论在内的任何哲学理论都只能建立在某种意识事实的起点上。从而，人如何知道自己的存在、人如何知道自己生存状态的意识原理仍具有优先地位。

生存论转向也离不开某些存在论的前提。前文讲到，海德格尔的生存论是他的存在论的导论，存在问题是海德格尔一生的哲学主题。存在论所以在西方哲学史上长期作为第一哲学而发挥作用，从哲学体系自身区分的内在逻辑说，存在论是哲学真理的最终处所，是哲学思想客观性的终极保证，或者说是西方哲学寻求终极确定性的必然归宿。

生存论转向拓展了西方哲学的真理视域，真理不再仅仅是自然科学的客观真理，生活世界的真理、精神科学的真理、面向死亡的生存论真理以及本真的生存论领会等，揭示出一个先于自然科学客观真理并使其成为可能的真理视域。相信物在我们之外的实在性，相信我们具有与其符合的真理性认识，并且可以通过技术和工业等的实际应用证明正确认识的真理性，这是我们时代普遍接受的真理观念。但胡塞尔认为，自然科学的客观真理信念不能为人类提供终极确定性的保证，一是它不能为精神科学提供普遍理性的基础；二是它缺少内在意识的明证性，避免不了相对主义和怀疑主义。因此，需要从生活世界中寻找自然科学客观真理信念的根源，并通过回溯发现这种信念的本质结构，进而发现整个生活世界的超越的意向性本质，为包括精神科学在内的一切科学奠定稳固的基础。严格的科学的哲学真理才是终极的确定性的处所。

按照胡塞尔的思路，人的世界是意向性成就的世界，意向性的本质结构就是人类的普遍理性。哲学向人类理性的还原，就是内在意识的自明性的本质直观，这与黑格尔绝对理念的自我意识并无根本不同，区别只是方法和道路的区别。就哲学意识以意识为对象，或思想以思想为对象、理性以理性为对象而言，一直到胡塞尔的理性主义哲学都是理性本体论，意识本体论。对人的世界作为意识显现或构造的世界来说，意识、理性才是终极的存在。像黑格尔一样，胡塞尔现象学作为彻底的意识论哲学也是他的存在论哲学。

生存论对存在论的前提依赖，直接表现为海德格尔所说此在的在世界之中存在，和与他人共在。生存领会必然包含对世界和他人的领会，生存论结构预设着存在的结构。前文已经指出，无论是普通人对生存的领会，还是生存论哲学对生存的本真领会，虽然区别于自然科学的对象性认识，但都是意识。而意识总是对什么的意识，即便如胡塞尔把这个"什么"看作是意向性构造的产物，意识的真理性总要求某种对象客观性的保证或存在论的前提。生存论对生存状态和生存论结构反思的真理性不仅要求生存状态和生存论结构的存在的明证性，而且它必然超出生存论领域触及自在存在的存在论问题。

总之，我们认为西方哲学是立足于无限理性信念基础上的对终极确定性的无限寻求，西方哲学的本性使它只有两种选择：或者放弃无限理性的信念，从而就是哲学的终结；或者坚持终极确定性的寻求，从而就只能在自身区分中展开无限的循环论证，这种循环随着时代精神的变化和伟大哲学家的思想冒险总会带给人们以惊喜，却不会终止哲学思想道路的开拓。

（原载《长白学刊》2001年第4期）

多元基础主义的哲学观

怀特、艾耶尔等人都认为20世纪哲学即现代哲学是从攻击、叛离黑格尔开始的。[1] 怀特说道:"几乎20世纪的每一种重要的哲学运动都是以攻击那位思想庞杂而声名显赫的19世纪的德国教授的观点开始的,这实际上就是对他加以特别显著的颂扬。"[2] 尽管各派现代西方哲学从不同的方面着手对黑格尔哲学展开攻击或者说反叛,他们对哲学自身都有着新的不同理解,不过他们都明确地反对黑格尔哲学所代表的传统西方哲学的柏拉图式的本质主义或者说基础主义。但正如德里达所说,并没有一个不受污染的思想源头,现代西方哲学在批判传统西方哲学的基础主义过程中却不断显露出新的基础。或许通过思考这种新的基础主义"污染",才能真正理解现代、后现代西方哲学的旨趣和目标,也才能在多元主义、相对主义盛行的今天,自觉地坚守哲学追本溯源的理论性质。

一 现代哲学对基础主义的批判

纵观整个20世纪的西方哲学,哲学家众多,门派林立,哲学文献也浩如烟海。围绕对基础主义的批判我们试作一简约的概括,我们认为主要有来自以下四个维度的批判。

其一,是人们通常所说的逻辑的批判和科学主义的批判,以维也纳哲学小组最为典型。对于什么是科学,什么是非科学,维也纳小组提出了一

---

[1] [美] M. 怀特:《分析的时代》,杜任之主译,商务印书馆1987年版,第7页;[英] 艾耶尔:《二十世纪哲学》,李步楼等译,上海译文出版社1987年版,第25页。

[2] [美] M. 怀特:《分析的时代》,杜任之主译,商务印书馆1987年版,第7页。

个非常规范的判准,即逻辑和经验,因此维也纳小组的哲学也被叫作逻辑经验主义。逻辑经验主义认为人类的知识只有两种,第一种是他们所说的由分析命题所构成的形式知识或者叫形式科学,最为典型的是数学、逻辑学,它不需要经验的证明,仅靠逻辑形式的正确性就能保证这种知识的有效性。第二种就是像物理学、化学、生物学等这样一些所谓经验科学的知识。这种经验科学的知识按照维也纳小组的看法,最后都必须还原为感觉命题基础上的逻辑构造。那么从逻辑和经验的标准去看哲学,他们得出的结论是,哲学既不是形式科学,即不是由分析命题所构成的分析的真理,也不是经验科学,即不是由综合命题所构成的可以由经验检验和证明的真理。哲学既不是分析的真理,又不是综合的真理,所以哲学就不是真理,哲学就不是科学。按照赖欣巴哈的看法,哲学是"冒充科学",哲学更像是"一首蹩脚的诗"。

这种批判如果从哲学史的角度去追溯,最早可以追溯到休谟和康德。休谟当时有一段非常经典的话:"我们在巡行各个图书馆时,将有如何大的破坏呢?我们如果在手里拿起一本书来,例如神学书或经院哲学书,那我们就可以问:其中包含着量或数方面的任何抽象推论么?没有。其中包含着有关事实与存在的任何经验的推论么?没有,那么我们就可以把它投在烈火里,因为它所包含的没有别的,只有诡辩和幻想。"[①] 而在《纯粹理性批判》中,康德关于分析命题和综合命题、知性和理性的区分,关于超越知性的界限、理性必然陷入的辩证幻象的分析,可以说是维也纳小组批判的先声,也可以说是维也纳小组的哲学批判最早的哲学史依据。这是对哲学的第一个也可能是最沉重的批判,那就是用科学的标准去看哲学,结论自然就是哲学不是科学。在科学主义至上的现代性语境中,这样的批判对传统哲学来说无疑是致命的。

其二,是从语言的维度批判传统哲学,这也是我们通常所说的西方哲学的语言转向。为什么传统哲学不具有科学的性质而又要冒充科学?从罗素开始,也包括前期维特根斯坦认为,是因为哲学混淆了语言的表层语法和深层的逻辑句法,语言使用混乱。也有哲学家从语言的概括性去寻找哲学的根源,比如以科日布斯基为代表的日常语言学派。科日布斯基非常清

---

① [英]休谟:《人类理解研究》,关文运译,商务印书馆1957年版,第145页。

晰地批判传统哲学怎样受语言的诱惑而陷入了过分概括化的陷阱。赖欣巴哈也有相似的表述，他在《科学哲学的兴起》中明确地说，知识的本质是概括，概括是科学的起源，概括也就是解释的本质。① 应该说，赖欣巴哈的这种"概括"是很具说服力的。我们不会反对今天的所有的经验科学知识都是来自于科学概括这样一种"概括"，问题在于，在赖欣巴哈，包括科日布斯基看来，由于科学概括的成功，诱使人们在缺少相应经验材料的基础上去作过分的概括。"这样，普遍性的寻求就被假解释所满足了。哲学就是从这个土地上兴起的。"② 如此，因不严密的语言（的使用）而作过分的概括被认作是哲学产生的一个根源。后来又有牛津学派关于语言的陷阱的一些分析，基本上都是从语法语用这样一些角度去分析传统哲学的语言根源。一定意义上，根据语言学的批判，哲学上的基础主义只不过是基于对"过分概括"的诉求而对语言的误用或者滥用，只要理清了语言的语法、语义、语用等规则和界限，哲学即形而上学问题就自然消解了。

其三，是从政治的角度对传统形而上学进行的批判。20世纪60年代以后，在西方出现了所谓后现代主义的哲学思潮。其中一大批法国哲学家如德里达、福柯、利奥塔也包括德勒兹、加塔利等，从另一个维度展开对传统哲学的批判。我们可以简略地把他们对传统哲学的批判视作一种政治批判。法兰克福学派的著名学者阿多诺，最先提出同一性哲学是死亡哲学。法国哲学家利奥塔把这一点说得更为明确，甚至指责同一性哲学要对奥斯维辛大屠杀负责。福柯则出色地揭示出无处不在的知识与权力的内在交织而形成的规训系统，他在为德勒兹和加塔利合著的《反俄狄浦斯》一书所作序中，明确地把该书的主旨归结为"反法西斯主义的""反对人心中的法西斯主义"。③ 同弗洛姆的"逃避自由"一样，德勒兹和加塔利认为要把群众中的作为法西斯主义的集体欲望给揭示出来，而在其合著的《千高原》中，提出以"游牧思想"来对抗自柏拉图以来的"城邦思想"。总之，在这些后现代哲学家看来，同一性、逻各斯中心主义这样的

---

① ［德］赖欣巴哈：《科学哲学的兴起》，伯尼译，商务印书馆2007年版，第9页。
② 同上书，第11页。
③ Deleuze and Guattar, "*Anti - Oedipus*", translated from the French by Hurly, Mark Seem, and Helen R. Lane, Minneapolis: University of Minnesota Press, 1983, pp. xi.

基础主义哲学意味着霸权甚至意味着臭名昭著的法西斯主义。

其四，是从文化的角度对传统形而上学进行的批判。由于文化批判中总是蕴涵着政治批判的维度，所以上文中后现代主义哲学家从政治角度对传统哲学的批判也可以视为是从文化角度进行的批判。在后现代哲学家们看来，传统哲学所犯的一个最大的弊病就是"学科帝国主义"。把哲学这样一个学科，作为唯一的、真理的把握世界的方式，实际上是要把整个世界纳入哲学的同一性逻辑中。针对传统哲学中的这种柏拉图式的、基础主义的、知识女王的霸权式倾向，罗蒂提出"后哲学文化"。他明确地说："在这个文化中（指后哲学文化，引者注）无论是牧师，还是物理学家，或是诗人，还是政党都不会被认为比别人更'理性'、更'科学'、更'深刻'。没有哪个文化的特定部分可以挑出来，作为样板来说明（或特别不能作为样板来说明）文化的其他部分所期望的条件。"① 德勒兹和德里达等哲学家更是明确地强调多样性、生成性的"差异"来对抗传统哲学中同一性的、压制性的"重复"。

叛离黑格尔为代表的基础主义哲学可以更早地追溯到马克思的唯物史观和弗洛伊德的精神分析学说，这两种被法国哲学家利科尔称为"怀疑主义的解释学"从根本上颠覆了基础主义哲学赖以可能的意识自明性的基础。社会存在决定社会意识，潜意识规定自觉意识，这使任何传统哲学作为自觉意识而确立的基础命题和原理失去了基础地位，在深层的怀疑主义的对意识的解释中，哲学的基础塌陷了。上述现代西方哲学对基础主义的多维批判，进一步瓦解了传统哲学的基础，极大拓展了哲学的理论视野，丰富了哲学的知识领域，发展和完善了诸多精巧的哲学方法，形成了多元化的哲学理论形态。但是，各派哲学在对传统哲学的基础主义展开批判时，一方面，不可避免地受到批判对象固有的理论旨趣、思维逻辑乃至思想风格的规定，从而批判就是激活或复活传统哲学的特殊形式，批判基础主义不可避免地显露出某种新的基础的寻求；另一方面，在反对基础主义中发展起来的各种专门知识、技术和方法，可能过于沉醉于自己的严谨和精巧，从自我迷恋而致自我丧失，失去了在人类知识和人类文明进步中的意义。

---

① ［美］罗蒂：《后哲学文化》，黄勇译，上海译文出版社2009年版，第12、13页。

二 在批判旧世界中发现新世界

通过上文对各派现代西方哲学的简单勾勒可以看出，拒斥形而上学、反对基础主义似乎成为不争的事实，怀疑主义似乎再一次胜利。好像哲学从此远离了"同一"、基础主义而与多元、相对主义纠缠在了一起。这样看来，怀特把20世纪哲学归结为"分析的时代"似有些太过强调英美分析哲学所取得的成就。问题在于，形而上学真的已然终结，而相对主义真的就是哲学或者"后哲学"的宿命么？

哈贝马斯也曾归纳现代西方哲学的思想主题："后形而上学思想，语言学转向，理性的定位，以及理论优于实践的关系的颠倒——或者说是对逻各斯中心主义的克服。"① 但他同时认为，20世纪哲学研究的这四种最重要的原动力，不仅带来了新的认识，同样也有新的偏见。在某种意义上，哈贝马斯所说的"偏见"就是我们所说的新的"基础主义"：科学的方法论使科学主义成为新的神话，语言学转向形成了一种新的本体论式的语言观，理性的重新定位使哲学重新成为理性的保护神，逻各斯中心主义的克服促生了各种新的还原论。②

我们同意上述哈贝马斯的观点。现代西方哲学反对传统西方哲学的那种追本溯源式的基础主义，但是在他们批判旧哲学的基础主义的过程中却又显露出新的基础。这暗合马克思所说的"在批判旧世界中发现新世界"，即现代西方哲学各派在批判旧哲学中发现了新的哲学基础或方向。

哈贝马斯自身就是如此，他不赞成阿多诺等人对启蒙运动以来的思想传统的彻底颠覆，而是认为批判传统的目的是保持传统使之适应现实的变化，从而获得新的活力。因此他自觉地捍卫启蒙运动中的普遍主义或者理性主义传统，试图用新的"实践理性"来为传统的理性主义奠定新的基础。为此，他诉诸康德来论证交往规则的普遍有效性，从而提出了著名的"社会交往理论"，用"交往理性"即"交互主体性"代替传统"主体中

---

① ［德］哈贝马斯：《后形而上学思想》，曹卫东、付德根译，译林出版社2001年版，第6页。

② 同上书，第8页。

心的理性"。

罗蒂的思路大致类似于哈贝马斯,只是罗蒂视自己为最彻底的反普遍主义者,从而"不想为普遍主义或者理性主义淘旧换新,反之,他想瓦解两者,并以别的东西来取代"①。为了实现他所谓的"人类团结"的乌托邦,他诉诸"同情心"来代替哈贝马斯的"沟通理性"。罗蒂所理解的"人类团结"是指"肯定我们每一个人内在都具备某种东西——我们的基本人性,而这东西呼应着其他人所具有的同样的东西"②,这"同样的东西"就是他的"同情心",罗蒂试图借着更加敏锐、通达的"同情心"来增加"我们"的"我们感",从而使"人类团结"成为可能。

英国女哲学家罗尔斯的学生奥尼尔则明确地把康德主义的建构主义的预设重新定位为"可理解性"。奥尼尔在回答提问时说:"我认为,在今天,我们有理由追求一种能够跨越边界的证成。这不是说,我们总是能够找到其他人可以接受的证成。'意见一致'要求太多,势必很难达到。但是我们可以将'可理解性'(intelligibility)作为起点,没有'可理解性'我们也不会达到意见一致。而当今世界的边界更易于穿透(porous),这意味着我们不可能再将公民同胞间的意见一致作为政治哲学的起点。"③应该说奥尼尔的"可理解性"较之罗尔斯的融贯论以及罗蒂的"同情心"更为基础,也更具直接的"我们感"。

与以上这些哲学家不同,海德格尔的表述或许更为晦涩一些。他在晚年的讨论班中明确了自己全新哲学的目标和使命,即"思想的移居"④。思想的移居是从柏拉图主义用思想规定存在进而控制、宰制存在的居所,转移到让思想倾听存在、回应存在的召唤进而归属存在的居所,亦即从主体形而上学的人的平面转到思之澄明的存在的平面。海德格尔认为,希腊哲学开启的视域已经在现代科学技术中得到完成,存在者的领域已被分割、规划和控制在技术座架中。而这同时,存在的意义被遗忘,人被连根

---

① [美]罗蒂:《偶然、反讽与团结》,徐文瑞译,商务印书馆2005年版,第97页。
② 同上书,第269页。
③ [英]奥尼尔、陈晓旭:《一个努力与整个世界沟通的哲学家——访剑桥哲学家欧诺拉·奥尼尔》,《世界哲学》2010年第5期。
④ [法]F. 费迪耶等辑录:《晚期海德格尔的三天讨论班纪要》,丁耘摘译,《哲学译丛》2001年第3期。

拔起，世界进入午夜。所以，思想的移居是哲学终结之后最根本的思的任务。海德格尔对传统的"逻各斯中心主义"的消解或许更为彻底。按照他的解释，逻各斯不是逻辑规定，而是"采集"；理论不是行动的规划而是凝视和盘桓；思想不是寻找本原和概念，而是询问地接纳。原始的诗的命名即是存在的绽放着的持存。所以这个在存在平面上的思想比柏拉图主义的思想更实在、充盈、生动，因为"意识植根于此在之中"。[①] 而以存在之思在世的此在是领会了存在意义的在者，他诗意地栖居在大地上。

统观以上几位较有代表性的哲学家的观点，无论是罗蒂的"同情心"、哈贝马斯的"交往理性"、奥尼尔的"可理解性"，还是海德格尔的"思想的移居"，不管他们如何表述，我们都不难看出，他们实际上仍然在批判旧哲学的过程中为哲学寻求着新的基础。不仅如此，在最激烈地拒斥和批判形而上学的分析哲学中，我们甚至看到向黑格尔回归的思想趋向。这一方面是因为黑格尔哲学自身所达到的思辨高度难以超越，比如，按照伽达默尔的看法，德国唯心主义辩证法已开始了对实体本体论的拆解，我们也可以说康德、黑格尔已明确批判了"知性形而上学"，否定了知性的僵死的作为共同点的抽象"同一性"，黑格尔辩证法是具体同一性、具体普遍性的辩证法，它力求获得包容全部差异性、多样性乃至历史性的具体真理，所以指责它是压制非同一性的死亡哲学就难以成立。再如，黑格尔哲学比以往任何哲学都更自觉地追求思存统一的真理，思想的客观性是真理性的前提。以致在《逻辑学》中黑格尔竟大胆地说"事物是概念""事物是判断""事物是推理"，把思想的形式看作事物的本性固然是彻底的唯心主义，但这又是最彻底的客观主义。因为黑格尔的《逻辑学》是思想内容的逻辑，黑格尔的辩证法是内涵逻辑的辩证法，思想内容即是对人显现的客观事物，思想内容的逻辑运动即是事物自身规定的逻辑展开。所以，另一方面，随着分析哲学对内容逻辑、实质推理、日常语言内含的基本概念方式等的关注，回归黑格尔就是分析哲学自身发展的结果。

---

① ［法］F. 费迪耶等辑录：《晚期海德格尔的三天讨论班纪要》，丁耘摘译，《哲学译丛》2001年第3期。

三 中国马克思主义哲学的思想方向

综上所述，尽管各派现代西方哲学家都在力图反对传统西方哲学中的基础主义，但是他们在批判基础主义的过程中却不可避免地显露出新的"基础"，因此我们可以说，现代哲学的多元基础成为一个不争的事实。对于中国的马克思主义哲学来说，这里最根本的挑战在于，若以既往的传统形而上学基础主义的思维模式切入世界这个混沌，我们容易限于同一性的死亡哲学；而取消同一性的基础主义的哲学观听任多元、相对主义的哲学观实际上又容易使世界陷入混沌而使人无所适从。如何面对这种多元基础的事实，如何重新选择一种平面切入现实的混沌？我们在此以一种多元基础主义的哲学观，即"文化的相对—哲学的绝对"的哲学观，尝试作一回应。

近百年来的西方哲学史似乎表明怀疑主义又一次取得了胜利，一定意义上甚至可以说相对主义是必然的。但是，在我看来这里包含着对哲学理论性质和哲学功能的混淆，相对主义可能是一种健康的生活智慧和文化观点，却不是一种好的哲学，因为从根本上说哲学就是形而上学，是绝对的真理与方法。[①] 按照康德的看法，形而上学是人的一种本性。这意味着关于绝对的思考、关于绝对真理的追寻将会伴随人类文明始终。也正是在这样的意义上，我们把辩证法，把整个哲学看作是关于绝对的相对真理。这意味着哲学所指向的目标和对象，是形而上学的绝对，而每一个哲学家关于这个绝对所获得的理论认识作为一种历史的文化是相对的。每个哲学家关于这个绝对的认识，都是在特定的历史时期、在特定的文化传统中形成的认识，从而只是一种相对的认识。哲学的内在诉求指向一个绝对的目标，但是任何哲学理论自身都是相对的真理。

哲学所追求的绝对，是说它从理论性质上是区别于经验科学的绝对真理，是非对象性的真理。一定意义上，人类一切文明的成果都是思想的创造，如果我们承认这一点，我们就会把哲学看作对于绝对、对于使人类文明、使思想得以可能的那个绝对基础的探寻。进一步说，任何一种哲学理论、哲学形态，总是和这个民族的文化传统、这个民族的当下的现实生

---

① 参见孙利天《绝对的真理与方法》，《天津社会科学》1997年第5期。

活，或者马克思所说的时代精神、民族精神有着密切的关联。在这样的意义上，哲学又是一种文化形式。那么，表达一种生活理想的哲学必定具有民族的形态，当然有着它的文化特征、文化传统，所以作为一种文化形式的哲学，它必然是多元的。但是，不同文化形式的哲学作为追根究底的思考的共同本性，又使不同文化形式的哲学、不同民族的哲学同样作为关于绝对的相对真理具有了可交流性、可对话性。在多元基础主义即"文化的相对—哲学的绝对"的哲学观这样一个前提下，当代的辩证法才真正开始进入了一种对话辩证法阶段。

中国的马克思主义哲学是中国化的马克思主义哲学，作为一种文化形式来说，它是中国人自觉的理论选择和思想创造，是当代世界哲学中多元形态哲学的一元，也可以说是我们自己的相对真理；但对中国马克思主义哲学研究者，特别是信奉者来说，它就是哲学的绝对真理，就是中国马克思主义哲学关于绝对的理解，否则就没有中国马克思主义哲学的存在。按照通常的理解，马克思的哲学革命终结了传统形而上学，使"独立的哲学"消失了，这种哲学已不再是哲学，而只是新世界观，只是无产阶级革命实践的内在的一个理论环节。这种理解有马克思文本的根据，也十分明确地标示出马克思哲学革命的真实意义。但按照我们对现代西方哲学批判基础主义的分析，马克思的哲学革命也同样受到传统哲学特别是黑格尔哲学这个批判对象的理论空间的限制和规定，反对黑格尔的非批判的实证主义的历史解释，[①] 即需要一种批判的实证主义的改变世界和历史的基础主义学说，实际上就是马克思全部学说的基本理论预设，亦即马克思的理论形态的哲学。

对应于黑格尔非批判的实证主义，马克思哲学的根本特征是方法上的批判的实证主义。马克思虽然肯定了黑格尔辩证法中所具有的"作为推动原则和创造原则的否定性"的伟大之处，但是他批评"黑格尔唯一知道并且承认的劳动是抽象的精神劳动"。[②] 所以对于黑格尔来说，"密涅瓦的猫头鹰总是在暮色降临的时候才悄然起飞"，他的理论仍然只是在"反思"和"静观"的意义上关照现实，仍然是"躺在睡帽中的哲学"。而对

---

① 马克思：《1844年经济学哲学手稿》，人民出版社2000年版，第99—100页。
② 同上书，第101页。

于马克思来说,"辩证法,在其合理形态上……因为辩证法在对现存事物的肯定的理解中同时包含着对现存事物的否定的理解,即对现存事物的必然灭亡的理解;辩证法对每一种既成的形式都是从不断的运动中,因而也是从它的暂时性方面去理解;辩证法不崇拜任何东西,按其本质来说,它是批判的和革命的"①。马克思的"以往的哲学家只是在解释世界,而问题在于改变世界"这句名言,在这里矛头直指黑格尔。马克思是典型的革命家而非经院哲学家,因此,马克思是唱响黎明的高卢雄鸡,他终生致力于"使现存世界革命化"。作为一种实质伦理学,马克思"每个人的自由全面发展"的诉求就已经内在地包含着罗蒂意义的同情心、奥尼尔意义的可理解性等这样一些现代哲学的基础寻求。"同情心""可理解性"对于马克思来说是不言而喻的事情,他用实践代替了经院哲学家需要论证的环节。每个人的自由全面的发展最终要达到的"自由人的联合体",这对于人类来说或许是可想见的最高理想。

随着我国社会主义经济体制改革取得的举世瞩目的伟大成就,当下中国马克思主义哲学研究最为紧迫的任务是如何把握中国社会主义改革和现代化建设的现实,进而引导社会实践的发展,这是中国马克思主义哲学研究者的共同关切。以马克思所示范的批判实证主义的方法和人的自由全面发展的理想目标去触摸社会生活中那些本质性的实体性的存在,我们既要像黑格尔那样,洞察到在巨大的丰富的物质财富的对象性存在中有哪些是促进人的自由全面发展和确证人的自由本质的肯定性的东西,并以哲学范畴的形式把它写入中国文明的史册;更要像马克思那样,以批判的否定的精神洞察到社会生活中背离人的自由和解放的目标、异化人的劳动和否定性的存在,并以理论的实践和实践的理论实际地改变世界。而要真正做到以上两点,我们就必须以开放的心态、从容超越的理论态度吸取中外哲学的有益成果,而不能过于急切和浮躁。中国马克思主义哲学作为我们关于绝对的相对真理,需要持久地保持哲学的绝对维度,保持基础主义的形上真理的追求。

(原载《社会科学战线》2012 年第 2 期)

---

① 《马克思恩格斯选集》第 2 卷,人民出版社 1995 年版,第 112 页。

哲学理论如何落到实处

哲学从其诞生之日起，就不断受到人们的怀疑和奚落。高远的哲学理论有什么用处？它如何在人们的实际生活中得到落实和实现？按照传统的回答，哲学是爱智之学，是为学术而学术的纯粹理论，哲学是无用之用，从而有大用。随着科学对哲学的不断挤压，哲学的不断边缘化，这样一些对哲学的自我理解，需要一个新的理论辩护。一定意义上，为学术而学术，为知识而知识，仅仅单纯地为了满足人的理论兴趣和好奇心的哲学，这在当代已很难被人们接受，而传统的那种哲学是无用之大用的自我辩护，终究要显示出自己的大用来。那么哲学如何显示自己的大用？或者说哲学理论如何落到实处？

一　具体普遍的真理

面对近代科学的挑战，最早作出理论回应的应该是康德哲学。经由休谟经验论的怀疑论，康德从莱布尼茨-沃尔夫哲学体系的独断论式的睡梦中惊醒。康德意识到，哲学再不是一切科学的女王，而成为一个如赫卡柏那样遭受驱赶和遗弃的老妪。① 为了拯救哲学，康德试图通过纯粹理性批判来为理性划界，重建科学的形而上学体系。对于康德来说，"这个批判必须首先摆明形而上学之可能性的源泉和条件，并清理和平整全部杂草丛生的地基。"② 为此，康德首先整合经验论与唯理论，提出先天综合判断，

---

① 参见［德］康德《纯粹理性批判》，邓晓芒译、杨祖陶校，人民出版社2004年版，第2页。

② ［德］康德：《纯粹理性批判》，邓晓芒译、杨祖陶校，人民出版社2004年版，第8页。

通过感性直观的时空纯形式证明了纯粹数学的真理性，通过知性纯形式的十二对范畴的先验演绎证明了自然科学的真理性。进一步，通过澄清知性范畴在运用于先验理念时产生的先验幻相及相应的悖谬和背反，康德实现了对以往形而上学的彻底批判。而为了回答形而上学何以可能，康德作出了现象和本体的区分，并用"纯粹理性的法规"为理性的使用划出明确的界限。康德最后的回答是，只有在道德实践领域形而上学才是可能的。由此康德建构了他的道德形而上学的体系。一定意义上，对于康德来说哲学最终落实到"人为自身立法"，落实到善良意志和自律的绝对命令，落实到人们大胆使用自己理性进行批判的启蒙精神。

相较于康德，作为传统哲学集大成者的黑格尔的回应或许更为典型。黑格尔并不满足于康德式的谦卑的理性。在《小逻辑》第一版的序言中，黑格尔尖锐地批评道："一种浅薄的文风，本身缺乏深思，却以自作聪明的怀疑主义和自谦理性不能认识物自体的批判主义的招牌出现，愈是空疏缺乏理念，他们的夸大虚矫的程度反而愈益增高。"[①] 对于黑格尔来说，康德对物自体的设定使理性更多地停留在消极的层面上，其功能更多的是限定性的划界从而无法通达真理。按照黑格尔的说法："那只能产生有限规定，并且只能在有限规定中活动的思维，便叫做知性。"[②] 黑格尔力图超越康德谦逊的理性，在思存同一的基础上来扬弃"物自体"。在他那里，理性是主观与客观的统一，"实体即主体"。理性的对象不是异质的、外在的对象而是理性通过自身固有的内在矛盾思辨的展开的全部过程。统观黑格尔的思想体系，就哲学的落实这一问题说，如何理解他的辩证法成为我们需要着重思考的问题。

黑格尔的辩证法不是外在的形式和方法，不是抽象的普遍性的真理。列宁认为，在黑格尔那里，逻辑学、辩证法和认识论是三者一致的。[③] 在这样的意义上，黑格尔辩证法是内容的辩证法，是面向事情本身的辩证法，只有进入思想内容（本体）自己运动的节奏才能通达辩证法。列宁认为，辩证逻辑"其中形式是具有内容的形式，是活生生的实在的内容

[①] ［德］黑格尔：《小逻辑》，贺麟译，商务印书馆1980年版，第2页。
[②] 同上书，第93页。
[③] 参见［苏］列宁《哲学笔记》，人民出版社1974年版，第387页。

的形式，是和内容不可分离地联系着的形式"①。按照黑格尔自己的说法："方法不是别的，正是全体的结构之展示在它自己的纯粹本质性里。"② 因此，辩证法诉求的是真理的具体普遍性。而真理的具体普遍性的提出，是黑格尔对经验科学和哲学的关系给予的一个思辨的解决，是黑格尔对康德的超越。

黑格尔把哲学称作思辨的科学，认为哲学是科学之科学。相较于思辨的科学，他认为一般的经验科学，"一方面其中所包含的普遍性或类等等本身是空泛的、不确定的，而且是与特殊的东西没有内在联系的……另一方面，一切科学方法总是基于直接的事实，给予的材料，或权宜的假设……都不能满足必然性的形式"③。进一步，黑格尔认为："哲学与科学的区别乃在于范畴的变换。所以思辨的逻辑，包含以前的逻辑与形而上学，保存有同样的思想形式、规律和对象，但同时又用较深广的范畴去发挥和改造它们。"④ 而就支撑科学的内在的思维方式而言，黑格尔认为一般的经验科学依据的仍是表象的思维。黑格尔认为："表象思维的习惯可以称为一种物质的思维，一种偶然性的意识，它完全沉浸在材料里，因而很难从物质里将它自身摆脱出来而同时还能独立存在。"⑤ 而思辨科学即哲学遵从的是概念的思维或者说思辨的思维。思辨的思维"让内容按照他自己的本性，即按照它自己的自身而自行运动，并从而考察这种运动"⑥。通过思辨意义的思维即辩证法，进而通过思辨意义的概念，黑格尔超越了知性思维、知性概念以及素朴的独断性思维，并且把此二者作为思辨思维运动发展过程中的中介环节，从而建构起能够实现具体普遍性、通达无限的哲学体系。

基于这种大全式的思辨哲学体系，黑格尔成为传统哲学的集大成者。那么黑格尔的具体普遍性真理的辩证法要如何落到实处，落到什么实处呢？就个体说，黑格尔认为哲学理论能够解释个人的全部生活经验。没有

---

① ［苏］列宁：《哲学笔记》，人民出版社，1974年版，第89页。
② ［德］黑格尔：《精神现象学》上卷，商务印书馆1979年版，第31页。
③ ［德］黑格尔：《小逻辑》，贺麟译，商务印书馆1980年版，第48页。
④ 同上书，第49页。
⑤ ［德］黑格尔：《逻辑学》（上卷），杨一之译，北京：商务印书馆1966年版，第40页。
⑥ 同上。

两片完全相同的树叶，人与人之间的差异更有甚于树叶。因此，辩证法要解释个人的全部生活经验就不能仅仅停留在抽象的概念或者抽象的普遍性（共相）层面上，而应基于包含了普遍和特殊对立统一之后的理念。正如黑格尔关于同一句格言那个著名的比喻所揭示的，"正像同一句格言，在完全正确理解了它的青年人口中，总没有阅世很深的成年人的精神中那样的意义和范围，要在成年人那里，这句格言所包含的内容的全部力量才会表达出来。"① 格言在青年人那里往往只具有抽象共相的意义，而在饱经沧桑的老人那里却是打着时代烙印的、勾连着自身特殊的具体境遇的整个人生，因而是具体普遍的真理或理念。哲学作为这种具体普遍的真理或理念，既是哲学理论对个人生活经验的穿透和照亮，是哲学理念的具体性的证明和个体性的实存，也是个体生活经验的哲理性的升华，是个体通过哲学教养向人类普遍精神的提升，而在黑格尔看来，这也许就是人生的根本意义。

而对于人类文明来说，黑格尔辩证法的具体内容或者说具体普遍性，就是客观存在的民族精神和时代精神的理论自觉。从全人类的文明发展说，那就是具体普遍的世界精神。就哲学的落实来说，这里最关键的就是哲学深入"那历史的一度"，从而捕捉到或者说把握到它所处时代的时代精神或者说世界精神。按照黑格尔的理解，哲学理论的落实，就要落实到此处，这恐怕是哲学最为艰难的任务。正是在这样的意义上，恩格斯才提出，辩证思维是"一种建立在通晓思维的历史和成就的基础上的理论思维"②。把握"思想中的时代"，或者说意识到内容自身运动的辩证逻辑，就像老者通过自身全部的时代经验和人生阅历理解格言一样，必须通晓思维的历史与成就，站在历史与时代的高度上，让自己的思维跟上历史的潮流和趋势。

作为人类文明活的灵魂的哲学理论，需要有坚定的理性自信和理论勇气作形而上学的冒险，它必须尝试用新的概念或理念去把握自己时代那些显示出新的历史可能性的实体性的东西，使其获得历史范畴的理论形式。

按照马克思对自己时代的理论把握，当代世界仍是资本逻辑主导的时

---

① ［德］黑格尔：《逻辑学》（上卷），杨一之译，商务印书馆1966年版，第41页。
② 《马克思恩格斯全集》第20卷，人民出版社1971年版，第522页。

代。在和平与发展的时代主题下,当代世界每天都在进行着以民族国家虚幻共同体形式所进行的国际资本竞争。而在竞争中,处于有利的一方所奉行的是他们主观任性的主体形而上学。在这样的意义上就可以理解这几十年来整个当代哲学的主题为什么是政治哲学。一般认为,政治哲学的核心是要按照康德的世界宪法和世界公民的理想建立起一个规范国际资本和民族国家的国际规则体系。然而该如何形成这个规则体系呢?以哈贝马斯和罗尔斯为代表,他们主张通过对话商谈形成所谓重叠共识或者公共理性。问题的关键在于这种共识还是一些主观意见。真正的国际规则体系的建立需要黑格尔和马克思意义上的客观精神和历史规律的基础。政治哲学需要客观主义的转向。我们只有沉入到资本逻辑的客观运动中,才能找到其自我否定的新趋势。简单地说,只有在国际资本竞争中处于有利地位的霸权国家无法承受其霸权相伴的国际责任时,亦即维持霸权的边际收益趋零时,它才有可能心甘情愿地放弃主观任性,世界宪法和世界内政的政治诉求才有现实基础。

通过以上的分析,只有进入到世界的、国家的民族的战略性的实体性内容之中,才能有真正的辩证思维,才能真正达到具体普遍性的真理。根据黑格尔,对于我们来说,去寻找当代中国哲学真实的最紧迫的客观性的具体普遍性,这是哲学理论最为迫切的落实要求。

二 "内圣外王"的理想实现

与西方哲学相比,中国哲学理论的落实或许更为直接。中国哲学较少知识形而上学的羁绊,更多关乎人性觉解的道德实践理论,即后人通常所说的"修养论"。在这样的意义上,中国哲学理论的落实,最直接的,首先就是儒家修养论的落实,按照庄子在《天下篇》中的提法,是"内圣外王"。

"内圣"作为先贤们的人格理想,要求人们通过修养的"工夫"达到圣人君子的人生境界。这种圣人君子的人生境界,按照孔子的说法,可能落实到两个方面,一是"从心所欲不逾矩"[1],这实际是一种绝对的道德

---

[1] 《论语·为政》。

自由境界；二是"发愤忘食，乐以忘忧，不知老之将至"①，这实际是一种终身学习——学习本体论的人生境界。而为了实现圣人君子的目标，孟子明确主张的修养工夫是"吾善养吾浩然之气"②。在孟子那里，这种养气持志的修养工夫最后能够实现"睟然见于面，盎于背，施于四体，四体不言而喻"③的修养境界。在《大学》中则有了"格物、致知、诚意、正心、修身"这样体系化的步骤。问题在于儒家修养论"圣人君子"的这种落实对人的要求太高。虽然"内圣"的人格理想在历史中的确造就了一大批璀璨的人格范例，但是却也因陈义太高而易生虚伪。④ 而如文天祥在其衣带诏中留下的文字，"孔曰成仁，孟曰取义，唯其义尽，所以仁至，读圣贤书，所学何事？而今而后，庶几无愧"，其中表明的按照今天的说法实际上是一种不触碰原则、大节无亏的境界。观文天祥一生，也的确能够加以印证。一定意义上，"而今而后，庶几无愧"这样一种不触碰底线、不违背原则、能够坚持理想初衷的大节无亏的要求要比"战战兢兢，如履薄冰"的"圣人君子"更为现实，也更容易落实。况且，能够不失大节、至死不渝何尝不是"内圣"？

与"内圣"相对，"外王"则是儒家的社会政治理想。庄子的说法，"以法为分，以名为表，以参为验，以稽为决，其数一二三四是也，百官以此相齿；以事为常，以衣食为主，蕃息畜藏，老弱孤寡为意，皆有以养，民之理也"。而按照孔子的说法，"外王"是"内圣"的真正完成："夫仁者，己欲立而立人，己欲达而达人。"⑤"外王"在《大学》中也有一个步骤的体系："齐家、治国、平天下"。无论是对于庄子还是对于孔孟以至于《大学》，修养论落实的主体都是个人，于是才有"壹是皆以修身为本"的主张。在这样的意义上，对于"外王"的落实可能最为紧要的就是孔子所说的"知天命"，进而"尽性""率性"，达到生命的完成。正所谓："然则知命之学，故圣人造道之极功，而亦君子修身之枢要。"⑥

---

① 《论语·述而》。
② 《孟子·公孙丑上》。
③ 《孟子·尽心上》。
④ 请参阅孙利天、张岩磊《哲学的人性自觉及其意义》，《长白学刊》2011年第1期。
⑤ 《论语·雍也》。
⑥ 钟泰：《中国哲学史》（一），辽宁教育出版社1998年版，第26页。

一直以来,"天命"常被解释为事物自身的客观性的逻辑。如朱熹就认为:"天命,即天道之流行而赋予物者,乃事物所以当然之故也。"按照朱熹的引证,程子也认为:"知天命,穷理尽性也。"① 但是按照孔子的说法:"吾十有五而志于学,三十而立,四十不惑,五十而知天命,六十而耳顺,七十而从心所欲,不逾矩。"② "天道之流行而赋予物者"即"物之理"应对应于"不惑"。孔子说五十知天命不是知天下兴亡、天下兴衰的那个客观天道,首先最重要的是知道自己的"天命",在这样的意义上,"天命"应是人们对自身的生命界限的清醒意识。《中庸》开篇"天命之谓性","天命"就是每个人的自然禀赋,也就是每个个体生命可能达到的那个自然界限,因此才"率性之谓道":把自身的禀赋充分发挥出来才合于道。"人类一切束缚皆可求解放,只有自性自行那一种最大的自由,他在束缚人,人不该再向它求解放。中国古人则指说此一种再无从解放者曰命。"③ 钱穆先生对于"命"的这一解释可以视为我们的佐证。

基于对天命的如此理解,"外王"的落实,不是真要做哲学王,而是要让每个人"各正性命",充分发挥生命的潜能,承担起修齐治平的道德责任和社会责任,在日用常行中践履笃行,中节中道,使家、国和顺兴旺。我曾认为,中国儒家传统所造就的中国人的强烈的家庭责任感,是改革开放后中国第一代农民工走出家门,进入城市,努力打拼的精神动力,成为助推中国经济奇迹的重要力量。"外王"的落实在知识分子或文人士子身上,则要做"国士",即根据自身对自身"天命"的颖悟,担当起自身"天命"赋予自己的责任和义务。"家国天下情怀""士大夫情怀""国家兴亡,匹夫有责"无不基于作为"国士"对"天命"的自觉承担。"国士"较早见于司马迁《史记·淮阴侯列传》中萧何论韩信:"诸将易得耳。至如信者,国士无双。"及至两千年后梁启超十七岁中举人时被主考官盛赞"国士无双",在这个意义上,国士实际就是国家民族命运的担当者,或者说是关乎国家民族命运的文化精神的体现和传承者。当然,"天命"殊异,人们的禀赋千差万别。诚如阳明先生所说"只论精一,不

---

① (宋)朱熹:《四书集注》。
② 《论语·为政》。
③ 钱穆:《中国思想通俗讲话》,生活·读书·新知三联书店1982年版,第31页。

论多寡……即人人自有个圆成，便能大以成大，小以成小，不假外幕，无不具足，此便是实实落落，明善诚身的事。"① 只要能够"知命"，有自觉的担当意识，能够"率天命之性"，充分扩充实现自己的天命，即为"外王"之落实。

如果以现在的哲学类型区分，儒家修养论的落实除了体现在道德形而上学的"内圣外王"，还体现在类似于日常语言分析学派的"知言"的语言哲学。《论语》最后一句："子曰：'不知命，无以为君子也。不知礼，无以立也。不知言，无以知人也。'"② 朱熹释第三句："言之得失，可以知人之邪正。"接着又引尹氏的话说，"知斯三者，则君子之事备矣。"③ 按照现在语言哲学的说法，"语言是存在的家"，语言是理解人的行为的根本中介，"知言"也可能就是了解自己和他人的最基本的工夫。在这样的意义上就可以理解为什么孟子把"知言"作为自己一生成就的根本点。《孟子（公孙丑上》中，孟子回答公孙丑何为知言说，"诐辞知其所蔽，淫辞知其所陷，邪辞知其所离，遁辞知其所穷"。大致的意思是说，片面性的话，知道它被什么所遮蔽了，陷到哪种片面性里了；滔滔不绝的如庄子所说的大言炎炎的那种大话空话，知道它陷落到哪了；离经叛道的话知道它从哪离开正道的，从哪误入歧途的；理屈词穷的那种搪塞的推托的话，知道它的道理终结在哪。孟子的这段话直到今天还有着重大的启示意义。"从生活方式和思维方式的改变理解转向现实生活世界的哲学变革，维特根斯坦的一个深刻洞见是不可忽视的：语言是生活方式的一部分，没有离开语言的纯粹思维和观念，思维方式的改变依存于说话方式的改变。因此，要改变传统形而上学的说话方式和思维方式必须进行哲学治疗。"④ 一定意义上，孟子的"知言"即"诐辞知其所蔽，淫辞知其所陷，邪辞知其所离，遁辞知其所穷"可以让我们获得交往、言谈的语义精确性，从而有效地杜绝或者至少遏止那种假话、空话、大话的泛滥和流行。

从"知言"出发，保持这种知言对语言的那种精确和敏感，杜绝官

---

① （明）王阳明：《拔本塞源论》。
② 《论语·尧曰》。
③ （宋）朱熹：《四书集注》，凤凰出版社2005年版，第213页。
④ 高清海、孙利天：《论世纪西方哲学变革的主题与当代中国哲学的走向》，《江海学刊》1994年第1期。

话、空话、大话、假话，我们的政治文明就会进入到一个新的形态。按照陈嘉映教授的说法，就是进入到所谓"讲理和说理"。我们认为，民主政治的实质就是讲理和说理，这就是"知言"所落到的实处。落到一种新的话语方式，新的讲理的方式。而这种新的讲理和说理的方式，今天看来：首先，任何基于不同群体利益之间矛盾的对话、商谈和谈判，都需要一种有限的利益诉求，不能是无限的利益诉求，第二就是要有协商讨论的诚意。更重要的，实际现代民主政治所要求的就是这种妥协协商和自我克制的公民素养。在这样的意义上，通过"知言"的落实，不仅能够改变人们的说话方式、更重要的是形成人们新的自我意识，从而形成新的生活形式。

三　实践的改变世界

基于实践或者说基于实践观点的思维方式来理解马克思主义哲学已然成为学界的共识。那么马克思改变世界的实践哲学，应该怎样落实？这里首先涉及的问题就是究竟该如何理解"实践"这一概念。

海德格尔在晚期讨论班中论及马克思"哲学家们只是用不同的方式解释世界，而问题在于改变世界"时说道，"解释世界与改变世界之间是否存在着真正的对立？难道对世界每一个解释不都已经是对世界的改变了吗？对世界的每一个解释不都预设了：解释是一种真正的思之事业吗？另一方面，对世界的每一个改变不都把一种理论前见预设为工具吗？"[①] 海德格尔的这段话至少可以提示我们，对于马克思主义哲学来说，旨在改变世界的"实践"是一个综合性的概念。用德勒兹的说法就是，实践是一个概念束，它不会孤立片面地指称某种具体的脑力或体力劳作。我们认为，就一个哲学层面的概念说，实践含有黑格尔在哲学理论层面上所理解的实践内涵，即对历史或现实中人们实践活动的一种理论抽象。在黑格尔那里，这种实践作为理念的理性冲力——认识环节而出现。黑格尔认为："认识的过程一方面……扬弃了理念的片面的主观性……另一方面扬弃了

---

① ［法］F. 费迪耶等辑录：《晚期海德格尔的三天讨论班纪要》，丁耘摘译，《哲学译丛》2001年第3期。

客观世界的片面性;……前者就是认识真理的冲力,亦即认识活动本身——理念的理论活动。后者就是实现善的冲力,亦即意志或理念的实践活动。"①

黑格尔以理论哲学的视域充分阐释了实践理念作为达到绝对理念最后一个范畴的意义,但其意义仍在于说明和解释世界。马克思从改变世界的视域中特别强调实践作为感性物质活动对自然世界和社会现状的变革,这已使哲学走出理论之外。但我们一些学者仅仅看到和强调马克思哲学与黑格尔的根本转变和断裂,所以片面强调马克思实践概念的客观性、物质性,甚至主张清除掉实践概念内涵的目的性、自觉性等主观性因素。高清海教授曾指出这样理解的实践使人的活动蜕化到甚至低于动物的水平。

马克思的改变世界的实践活动包含着得自于德国古典哲学的理性传统,或者说是保持着共产主义理想的理论维度,也可以说是包含着解释世界维度的改变世界。世界的改变只能通过人的生活和实践,但只有内在包含着新思想、新观念的"理论的实践",才能从根本上改变世界。在这样的意义上,新的哲学理论、哲学观念也是改变世界的力量。人们每天都在生活和实践着,衣食住行,担水劈柴,日复一日。但按照中国儒学的看法,"道不远人,远人非道","担水劈柴,也有妙道",其关键是对生活意义觉解的不同。形上之道可以在形下的日常生活中得到实现和落实。我们通常说的既要有远大的共产主义理想,又要有脚踏实地的努力工作,或者说要为共产主义大厦填砖加瓦,说的也是相同的道理。有了马克思的共产主义理想或共产主义世界观,我们生活和工作的意义就有了完全不同的性质,有了表达新的时代精神的哲学理念,不仅改变了人们对世界的理解,也会实质地影响对世界的改变。

我们认为哲学层面上的实践概念,首先就是人和世界的否定性统一关系,这是实践概念最基本的内涵,实践既否定了不切实际的主观的片面性,我们所说的改变主观世界,也否定了自在形态的客观世界的片面性,即改变客观世界。其次,也是最为根本的,辩证法层面上的实践,即包含着具体普遍性真理的实践。这样的实践的落实在于把握人们日常活动中所体现出来的普遍的实践意志。我们不能用马克思思想中的经验科学内容消

---

① [德]黑格尔:《小逻辑》,贺麟译,商务印书馆1980年版,第410-411页。

解其形而上学的哲学部分，更不能基于一种经验科学层面上的实践转向来整个取代哲学。所以今天我们还得坚持哲学维度的实践理解，不能简单机械地把实践理解为某种计划的实施或意志的落实。正如海德格尔的批评，改变世界已然包含了对世界的解释、规划甚而憧憬。正是在这样的意义上，马克思主义不是现成的教条和公式，不是印发的工程蓝图。马克思主义哲学的落实当然要求我们继续继承已有的伟大的马克思主义思想并加以传播和宣扬，但更重要的，坚持和发展马克思主义仍然要求我们以艰苦卓绝的精神劳作，去透视和捕捉时代精神的精华。比如，在工业社会、信息社会、网络社会交织的今天，面对青年人新的时尚，网络话语等表现出来的文化现象，如何去透视并定位一种新的时代精神和新的时代气息？这就要求我们从青年人的文化心灵中去展望那个客观的时代精神的发展，因为客观的时代精神必须通过这种主观的心灵表现出来。我曾经主张建立哲学的青年心理学，通过这种哲学青年心理学去把握时代精神。只有更好地解释和理解世界，才能落实到更好地改变世界。

综合上文，我们简要梳理了康德、黑格尔哲学的落实、中国哲学的落实以及探讨了马克思主义实践哲学的落实。哲学毕竟不同于科学的经验实证，哲学理论要落实到实处，首先还得保持哲学把握世界特有的方式，而不是简单粗暴地取消哲学。其次，不要心存形而上学的恐惧，哲学的落实不要忌讳形而上学的思维和话语。失却了形而上学的思想维度，哲学才真的失去了合法性。最后，哲学作为玄学，其"玄虚"的形而上学的思想维度不是霸权、不是恐怖，最后总要落实到生活本身。按照王阳明的说法，哲学总能落实到真切笃实、明觉精察的知与行。

（原载《社会科学战线》2015 年第 5 期）

第二编

马克思主义哲学新探

马克思的哲学观变革及其当代意义

20世纪西方哲学发生了许多重大的转变,如所谓"分析革命""语言转向""生活世界转向""解释学转向"以及"后现代转向"等。这些"革命"或"转向"的突出标志在于:提出了不同于传统哲学的种种新的哲学观。按照怀特在《分析的时代》和艾耶尔在《二十世纪哲学》中的看法,20世纪西方哲学革命是从叛离黑格尔开始的,"拒斥形而上学"是多数哲学流派的共同倾向。然而从马克思主义的理论传统来看,当代西方哲学的所谓新哲学观却少有新意。因为批判黑格尔、颠倒西方传统的哲学观,正是马克思主义哲学的理论起点,是马克思当年已基本完成的理论任务。这意味着20世纪哲学并未超出马克思的理论视野,或者说,我们所处的时代仍是马克思理论所表达和把握的时代。

按照马克思本人的看法,随着物质生产方式的发展和改变,包括哲学理论在内的精神生产也必然发生改变。在今天的"知识经济"或"精神经济"的时代,物质生产和精神生产的界限已日益模糊,愈来愈多的人参与了哲学理论的生产和创造,马克思和恩格斯当年描述的"在瞬息之间,一些原则为另一些原则所代替,一些思想勇士为另一些思想勇士所歼灭"的哲学戏剧如今被推向新的高潮,哲学术语的花样翻新和过度诠释,已经使任何一个职业哲学家都成了门外汉。哲学语言和哲学理论的丰产和繁荣必定提供了马克思主义文献不能包容的精神产品,因而说我们的时代是马克思理论所把握的时代,并不否定当代哲学在具体理论观点方面超越马克思主义的理论成果,而只是说马克思的哲学观未被超越。另外,当代哲学的过度纷乱或繁荣也势必造成某些遮蔽和遗忘,特别是真正突破西方两千年传统哲学思维方式的马克思的哲学转变更容易被人们误解或遗忘。因此重新回顾和理解马克思的哲学观既是马克思主义者坚持和发展马克思主义的基础性的工作，也是当代哲学不能回避的思想任务。

一 马克思对传统哲学观的颠倒

经过20世纪西方哲学对传统哲学的批判，西方传统哲学的理论性质、思维方式和功能作用等元哲学或哲学观问题更为清晰可见。简单地说西方传统哲学是追求绝对真理的超验形而上学，其思维方式是以意识的终极确定性为基础或目标的逻各斯中心主义或理性主义，其功能和作用是以最高真理和人类理性名义发挥思想规范和统治作用的意识形态。西方两千年的传统哲学内容丰富，形态各异，流派繁多，哲学主题和思维方式也经历了几次重大的转变，但就西方传统哲学的主导线索来说，上述概括大致揭示了它的主要特征。

马克思在对传统哲学和意识形态的批判中，令人信服地揭示了西方传统哲学思维方式的思想根源和社会根源：随着生产力的发展，出现了脑力劳动和体力劳动的分离；脑力劳动的主要形式是通过思维的抽象作用理解事物、现实和感性，随着思维抽象能力的发展，现实的一切事物都可以抽象为纯粹逻辑的规定，现实的一切运动都可以抽象为纯粹逻辑的运动[①]；在纯粹理性完全脱离了现实或感性确定性之后，逻辑、意识的确定性只能在纯粹理性自身之内建立终极基础，"纯粹的、永恒的、无人性的理性"反倒成了一切现实存在的基础；哲学的纯粹理性尽管是对事物和现实的最高抽象，但仍曲折地表达了统治阶级的利益、意志和思想，因而哲学是为统治阶级利益服务的意识形态。按照马克思的这些分析，西方传统哲学虽然有意识能动性的现实根源，但本质上是一种脱离现实而又统治现实的颠倒的世界观，意识形态批判的任务就是把这种颠倒的世界观再颠倒过来，以使人们正视真实的现实世界。马克思对传统哲学的批判和颠倒，在西方哲学史上实现了一场真正的思想革命，提出了一种新的哲学观和新哲学思维方式，开创了现代哲学的新时代。马克思所以能够作出划时代的理论贡献，关键在于他找到了理解现实世界的新视域，找到了突破传统哲学框架的新范畴、新语言和新思维方式，这就是作为感性物质活动的"实践"。

---

① 参见《马克思恩格斯选集》第1卷，人民出版社1972年版，第105—106页。

所以，我们在过去的一些文章中曾经把马克思哲学变革的实质归结为"实践观点思维方式"的发现和创立。

马克思在《关于费尔巴哈的提纲》中明确提出了理解现实世界的三种不同方式：一是，"从前的一切唯物主义——包括费尔巴哈的唯物主义——的主要缺点是：对事物、现实、感性，只是从客体的或者直观的形式去理解，而不是把它们当作感性活动，当作实践去理解，不是从主观面去理解"；二是，唯心主义从意识的能动方面、主观方面去理解事物、现实、感性，却"抽象地发展了"能动方面，它同样"不知道真正现实的、感性的活动本身"；三是，马克思把事物、现实、感性当作人的感性活动当作实践去理解①。这三种对事物、现实、感性的不同理解，就是三种理解现实世界的思维方式，也可以说是三种不同的哲学思维方式。

在西方哲学史特别是德国古典哲学的理论背景下，我们可以更为清晰地看到哲学思维方式的对立。任何哲学都是从对现实事物的认识和理解开始的，但什么是事物、现实？怎样理解事物、现实？贝克莱"存在就是被感知""物是感觉的复合"这两个著名的命题已经把事物、现实作了彻底的唯心主义理解。德国唯心主义更为自觉地把事物、现实理解为意识机能的显现物，即从意识的能动方面理解事物、现实。就事物、现实、感性不是单纯的、机械的被给予性而言，唯心主义有其片面的真理性，对人显现的事物、现实确实已经受到人类固有的意识机能和认识主体的主观因素的作用和影响。但由于唯心主义不懂得感性活动、物质生产实践是意识能动性的根本原因，因而只是抽象地发展了能动的方面。包括费尔巴哈在内的唯物主义者不满意抽象的思维而诉诸感性的直观，他们从客体的或者直观的形式去理解事物、现实，其合理性在于肯定了事物的客观性、意识的被给予性，但由于同样不懂得感性活动和实践的意义，只能做到对事物单纯的、静止的直观，所能达到的只是感性的确定性，而无法理解人类认识和实践在矛盾运动中不断发展和深化的过程。特别是无法理解感性活动的人所具有的社会性、历史性的奥秘。唯物主义和唯心主义虽然对事物、现实的理解不同，其共同点在于都要寻找对现实事物的终极的、绝对确定的理解，即都把事物、现实作为某种终极原因的结果，或一切结果的终极原

---

① 《马克思恩格斯选集》第 1 卷，人民出版社 1972 年版，第 16 页。

因，即都是还原论、本体化的思维方式，都是绝对一元主义的思维方式。

马克思从感性活动和实践的观点去理解事物、现实、感性，把事物和现实世界看作是历史活动中的生成和发展，从而把包括哲学认识在内的一切意识形式也看作是历史发展的过程，这就历史性地终结了永恒真理、永恒正义和意识绝对确定性的哲学幻想，终结了西方传统哲学思维方式的有效性。从实践活动理解事物、现实和感性，一方面揭示了意识能动性的真正的、现实的根源具体而非抽象地发展了意识的能动的方面；另一方面也揭示了意识显现的事物和现实的真正的客观性和自在性，把旧唯物主义单纯直观的感性确定性发展为历史实践的相对确定性。这样，马克思的实践观点的思维方式，便克服了旧唯物主义和唯心主义的抽象的对立，解决了主观与客观、认识和实践的具体的历史的统一问题，真正超越了西方传统哲学的思维方式。

马克思实践观点的思维方式也超越了传统哲学对人的理解，真正回答和解决了人是什么这个最大的哲学疑难问题，破解了人的奥秘。唯心主义对事物、现实的抽象能动的理解，就是对人的理性本质的抽象理解；费尔巴哈对事物、现实的直观理解，"至多也只能做到对'市民社会'单个人的直观"只把人的本质视作"单个人所具有的抽象物"[①]。只有用实践观点去理解事物和现实，才能用实践观点理解人本身。反之亦然，从实践观点理解人，才能进而从物质生产实践的社会性、历史性去揭示人的本质。从这一点说，实践观点的思维方式也就是马克思唯物史观的思维方式。

海德格尔认为，马克思完成了对西方传统哲学的颠倒[②]。我们认为，马克思颠倒了西方传统哲学关于思想和现实、理论和实践的关系，从而也就终止了传统哲学理论发挥作用的一般形式，出现了一种新的哲学功能观和一种新的哲学作用式。马克思对此有许多明确的论述，比如在《〈黑格尔法哲学批判〉导言》中提出"理论一经掌握群众，也会变成物质力量"，"哲学把无产阶级当作自己的武器，同样地，无产阶级也把哲学当作自己的精神武器"；在《关于费尔巴哈的提纲》中，马克思提出了著名的新哲学口号："哲学家们只是以不同的方式解释世界，而问题在于改变

---

① 《马克思恩格斯选集》第 1 卷，人民出版社 1972 年版，第 18 页。
② [德] 海德格尔：《海德格尔选集》，孙周兴选编，上海三联书店 1996 年版，第 1244 页。

世界"；在《哲学的贫困》中，马克思在谈到社会主义从空想变为科学的现实条件时讲到，随着历史的演进以及无产阶级斗争的日益明显，"这个由历史运动产生并且充分自觉地参与历史运动的科学就不再是空论，而是革命的科学了"，等等。总之，马克思把哲学理论当作改变世界的现实力量、参与历史运动的革命的科学，即理论的实践、实践的理论。"对实践的唯物主义者，即共产主义者说来，全部问题都在于使现存世界革命化，实际地反对和改变事物的现状。"[①] 这就是哲学的任务和作用。

马克思的哲学观开启了一个新的哲学时代，他的伟大原创性远远地超出了自己时代的理解水平，即使在今天我们也不容易完整地把握这种哲学的新精神。我们仍习惯于传统哲学认识和实际、理论和实践的知识论立场的二元区分。理论如何能够实际地改变事物的现状？表达理论的语言能够直接具有现实性的力量吗？固守于传统哲学的观念和立场，我们确实无法理解理论和实践的直接统一。现代语言哲学的言语行为理论就此给出了有益的启示：语言不仅仅是对事物和现实的表达，也不仅仅是对人的内心世界的表达，语言还可以直接做事，即所谓以言行事。按照胡塞尔的看法，语言即是社会的实在、社会的现实。用马克思的语言说，哲学社会科学的历史形态就是人的世界的一部分。马克思和恩格斯在1854年合著的《德意志意识形态》中就说过："语言是一种实践的、既为别人存在并仅仅因此也为我存在的、现实的意识。"[②] 因此，哲学理论的直接现实性在于表达这种理论的语言是实践的、改变现状的语言。哲学可以直接做事，参与历史运动，使现存世界革命化。

以改变世界为根本任务的马克思主义哲学不再是关于绝对真理、世界终极真理的遐想，它不再企求在某种意识的明证性、绝对的确定性基础上构造永恒真理的学说，因而它也废弃了还原论、本体化的传统哲学思维方式。马克思主义哲学成为"了解无产阶级运动的条件、进程和一般结果"的理论学说[③]，而理论学说的真理性和确定性只能在无产阶级革命实践中证明自己的现实性和力量。马克思彻底完成了对传统哲学的颠倒。

---

① 《马克思恩格斯选集》第1卷，人民出版社1972年版，第9、19、48、122页。
② 同上书，第35页。
③ 同上书，第264页。

二 对马克思哲学观的误解和颠倒

马克思的哲学思维方式和哲学观是哲学史上的一场真正革命。因而如果我们想要跟随马克思进入他的思维方式就需要一次思想的"跳跃"(海德格尔语)。即便我们完成了这一惊险的思想跳跃,根深蒂固的传统哲学思维方式也许还把我们拉了回来,把马克思颠倒了的哲学观又重新颠倒了回来。因此真正掌握马克思的哲学思维方式仍然是今天的马克思主义工作者有待完成的思想任务。从我国哲学界对马克思主义哲学理解的现状看,我们认为必须澄清以下几个问题,才能真正掌握马克思的哲学思维方式。

1. 马克思主义哲学是描述的科学还是革命的科学?

马克思对西方传统哲学观的颠倒基于对事物和现实的实践理解,基于唯物史观的伟大发现。在马克思的实践观点看来,事物和世界就是人的历史实践活动不断生成的结果,自然是人化的自然,世界是人的历史世界。这一方面破除了日常意识把事物和世界看作是永恒不变的直接给予的自然观点,破除了自然思维的朴素实在论的信念,从而坚持了从实践的、历史的能动方面理解事物和现实世界;另一方面也破除了唯心主义把事物和现实看作是理性和意识活动的外化和结果的意识观点,破除了反思意识的内在论观点,坚持了从客体方面理解事物和现实世界的自在性和客观性。作为感性物质活动的实践既是能动的,又是客观的,作为理解方式和思维方式的实践观点既是历史主义的,又是客观主义的。马克思通过对实践特别是物质生产实践的历史条件的分析,发现了物质资料生产方式决定整个社会过程的历史唯物主义原理,从而把包括哲学认识在内的全部人类知识看做是特定历史阶段人类自身历史形态的精神表现,自然科学和人文科学都是历史科学,因为科学认识的主体即人本身就是历史性的存在。因此认识的客体和主体都是历史实践活动的产物,哲学和科学都是历史科学,绝对的、永恒的真理只是理性的幻想或统治阶级思想作为意识形态的假冒和欺骗。马克思的实践观点和唯物史观也克服了非历史的主体认识和非历史的客体这种自然观点的认识论错觉,从而也否定了把哲学、科学看做非历史的、客观描述的科学这种科学观和哲学观。

我国哲学界对马克思主义哲学的最大的误解就是从马克思哲学思维方式倒退到传统哲学思维方式，把马克思主义哲学看作是描述和表述世界发展一般规律的科学。这种向主客二元对立认识方式的倒退，一方面把自然、世界直观地看作亘古不变的存在，看做与人的实践和历史性存在无关的自在存在，进而追究这种存在的本质和规律，这就使马克思主义哲学倒退到自然本体论的理论形态。另一方面把哲学认识主体从历史的实践的具体立场推向代表人类理性的客观观察者的位置，实际就是神或"无人身的理性"的观察角度，从而使其哲学理论神圣化、绝对化，转而成为规范和统治人们思想的意识形态或所谓权威话语。这正是马克思批判和力求颠倒的传统哲学观，以这种哲学观理解马克思主义哲学是惊人的历史倒退。

误解马克思主义的哲学思维方式，向传统哲学思维方式的倒退有着多方面的根源。首先，这种误解来自于自然态度思维的诱惑。在日常生活和自然科学研究中，人们本能地把自己从具体的、历史的存在方式和实践活动中剥离出来充当认识主体的角色，又把对象界定为认识的客体，这就造成了主体客观描述客体的认识论假象，并本能地把它看作是一切认识的共有模式。自然态度思维的有效性也强化了这种主客二元对立的思维方式。其次，对马克思主义哲学思维方式的误解又根源于人类心灵所固有的形而上学冲动。正如德国哲学家赖欣巴哈所揭示的那样，追求终极确定性和更高概括性的渴望是形而上学得以可能的心理根源。马克思指出："对现实的描述会使独立的哲学失去生存环境，能够取而代之的充其量不过是从对人类历史发展的观察中抽象出来的最一般结果的综合。这类抽象本身离开了现实的历史就没有任何价值。"[①] 理论和实践的确定性要求，使人们难以满足于马克思理论的一般综合，难以接受实践观点思维方式所给出的历史的、实践的相对确定性，所以，总是要对马克思的理论学说做形而上学的补写，把它还原成传统哲学的理论形式。最后，现代自然科学认识方式的卓越成就，也诱使人们把马克思主义哲学看作是对整个世界发展一般规律或普遍规律的描述。

我们认为，马克思主义哲学不是描述现实的独立的哲学，它是实践的

---

① 《马克思恩格斯选集》第1卷，人民出版社1972年版，第31页。

理论、革命的科学，也就是说，它是内在于无产阶级历史运动，并参与这一历史运动的实践的环节。在某种意义上马克思的学说也可以说是对现实的描述和抽象，但这种所谓的现实就是历史生成的现实，观察者和描述者也是受历史条件制约、有着特定历史目的的人，因而理论抽象也只服务于有限的实践目的。描述无限的普遍规律的"独立的哲学"至马克思已经终结。

2. 实践观点是本体理论还是思维方式？

马克思的实践观点和唯物史观颠覆了传统哲学的思维方式，使描述终极存在或世界最普遍规律的"独立的哲学"失去了生存环境，宣告了旧哲学的终结，但是一方面，人类意识固有的能动性总是具有追究终极原因和终极存在的形而上学冲动；另一方面，自然思维和传统哲学思维的根深蒂固的习惯也使人们难以掌握马克思的哲学思维方式，即使是马克思主义经典作家也会出现对马克思思维方式的偏离，以致形成对马克思主义的种种不同的理解。法国哲学家德里达用"马克思的幽灵们"的复数形式表达当代多种不同的马克思主义的精神存在，这应该说是有些道理的。在我们看来，如何理解马克思的实践观点是形成不同马克思主义形态的关键，是能否真正理解马克思的哲学观、掌握马克思哲学思维方式的关键。

按照人们习惯的理解方式和思维方式，马克思的实践概念描述或指称外部世界中的人的感性活动、实践活动，而实践活动是社会存在和属人世界的基础和本原，实践就是终极存在性的本体，这就合乎逻辑地把马克思的哲学看作实践本体论。如果强调在感性活动中的物质性，即人的活动的身体性和活动对象的客观性，或者强调实践作为感性活动的可感性、可观察性，那么，无论对从事实践活动的主体还是观察实践活动的理论观察者，可以得出实践是物质的、客观的，因而马克思的实践观点是实践唯物主义的结论。我们认为，实践本体论和实践唯物主义对马克思主义实质的理解，在一定意义上都超越了旧唯物主义和唯心主义的抽象对立，实践作为主观性与客观性、能动性与被动性、精神性与物质性的统一活动，较之没有能动性的物质和没有可感性的精神，更有资格作为属人世界的本体；同样，实践作为客观性的物质性活动较之单纯直观中的物质抽象，也更有资格作为说明世界的物质性本原的理论范畴。但是，按照我们的理解，实践本体论和实践唯物主义仍未达到马克思实践观点的最优理解，距马克思的哲学思维方式还有关键的一步需要"跳跃"。

问题的关键似乎在于我们过于依赖指称式的话语方式和主客二元对立的认识论思维方式，我们不习惯马克思作为实践活动者而非理论观察者的思维方式，或者说我们不习惯内在于实践活动中的理解方式，而习惯于外在于实践去描述实践的传统哲学家的立场、姿态和思考方式。说得严肃、苛刻些，这才是真正的立场、观点、方法问题。以工人阶级和感性活动者的立场，内在于实践践活动中去理解事物、现实、感性，我们就有了真正的马克思的实践观点，就有了实践观点的思维方法和思维方式。从实践的观点理解世界，不是去描述实践活动，也不是去描述在实践中展开和生成的现实世界，更不是追究现实世界的本原和物质基础，而是要实践地改变世界。因此，理论和哲学的任务正是实践的可能性探索，它基于对现实的描述而实际地参与对现实的改造。"独立的哲学"所以终结，因为哲学已成为实践的环节。传统哲学的本体论问题在马克思的哲学视域中或者彻底消失（如终极存在、永恒真理），或者获得了全新的意义（如作为实践环节的理论认识）。我们有充分的理由确信马克思的实践观点是一种新的生活方式、说话方式和思维方式——无产阶级作为历史实践主体的生活方式、以言行行事为旨趣的说话方式、以实践地改变世界为目标的思维方式。

3. 马克思主义哲学是革命的指令还是革命道路的探索？

马克思主义是无产阶级解放现实历史条件的学说，是从现实历史运动中产生并实际参与历史运动的革命的科学。一般说来，作为无产阶级革命家而非学院化学者的马克思主义者都能领会和掌握马克思主义的这个本质精神，因为，他们有和马克思相同的生活方式，也就有相近的理解方式和思维方式。但是，由于无产阶级革命斗争的实践日益具有更为紧迫、严酷和惨烈的性质，马克思主义实际参与历史运动的形式也发生了变化。马克思主义从最初作为无产阶级形成自觉阶级意识的思想启蒙力量，转变为无产阶级革命的纲领、路线、政策的规范力量，成为"革命的指令"、无产阶级政党的权威话语。

实践的变化是理论变化的根源，这对以自觉的实践理论为特点的马克思主义来说尤其如此。由于无产阶级革命斗争实践的需要，马克思主义哲学必须适应人们理解方式和思维方式的习惯力量，给无产阶级政党的路线、方针政策提供终极的、确定的、稳固的哲学基础。于是，马克思主义哲学不可避免地向传统哲学的理论形态、思维方式和功能作用等方面部分地复归，马克思的哲学思维方式和哲学观也经常被误解和颠倒。至于马克思主义哲学的科学化、本体化乃至教条化、公式化也有着难以避免的现实的实践根源，它对于无产阶级的团结和统一性的形成，对于无产阶级革命斗争中路线、政策的统一性和合理性的论证，都起到了积极的历史作用。然而，这毕竟是从马克思思维方式的倒退，它也不可避免地遏制了实践中多种理论可能性、实践道路选择的多种可能性的探索，从而给无产阶级的实践的解放造成损害。

马克思的实践理论或实践理性终止了绝对真理、永恒真理的哲学幻象，因而它是一种具体的、谦虚的、探索性的理论和理性，它在对现实世界的理解中保持着开放的、宽广的理论视野。苏联著名哲学家奥伊泽尔曼近年著文认为，自我批评是马克思主义的原则基础，德里达也从解构主义的角度赞扬马克思主义是自我批评的典范。我们认为，从实践观点思维方式理解现实和描述现实的理论和理性必然得出开放的、自我修正和自我批评的理论原则和有限理性的信念。拒绝自我反思、自我批评的原则也就封闭了理论发展的可能性和实践选择的可能性。无限的普遍理性的信念和绝对主义的理性设计的世界观已经给社会主义事业造成了巨大的损失，我国的社会主义市场经济体制改革就是对这种理性自负的反驳和矫正。总之实践是具体的、历史的、有限的感性活动，参与实践的理论和理性也是有限的、可错的，实践的理论和哲学是内在于实践的实践可能性的探索。在当代历史条件下重新理解马克思的哲学思维方式和哲学观，把对马克思哲学观的颠倒重新颠倒过来，对于无产阶级和人类解放事业有着重大的实践意义。

三　马克思的哲学观与现代西方哲学

马克思主义哲学在西方的命运随着马克思主义实践运动即国际共产主义运动的升降起伏而变化，这也充分显示了马克思主义哲学作为实践性理论的特征。与此同时马克思的理论著作也作为一种语言的现实和社会的实在而存在，任何真正的哲学理论创造都不能回避马克思的哲学理论贡献，都必须在与它的对话和交锋中检验自己理论的合理性和有效性。我们可以说，通过马克思可以走向各种现代西方哲学，绕过马克思只能走向坏的哲学，走向已被马克思颠覆的传统哲学。马克思的哲学思维方式和哲学观是现代西方哲学的真正起点，而现代西方哲学中真正的理论成果也可以帮助我们更为透彻地理解马克思哲学思维方式的内涵和意义。

马克思内在于实践的理解事物和世界的思维方式，从根本上终结了传统哲学思维方式的有效性，使"独立的哲学"失去了存在的条件，因而完成了对形而上学的批判和颠倒。在马克思哲学观出现约五十年后，英美哲学在与新黑格尔主义的斗争中发生了所谓"分析革命"，并由逻辑实证主义打出"拒斥形而上学"的旗帜，开始了对传统哲学思维方式的全面批判。从形而上学产生的心理根源，到形而上学对逻辑的混淆和语言的误用，再到维特根斯坦所谓的对"语言游戏规则"的误解，分析哲学以其精巧的语言分析和逻辑分析指出了形而上学的诸多谬误，为摧毁传统哲学的思维方式提供了许多似乎无可怀疑的论证。但后来分析哲学的发展却不断揭示出自身包含的形而上学教条，如奎因所说的"经验论的两个教条"，罗蒂所说的"对逻辑和科学的崇拜"以及真理符合论的教条等等，分析哲学显示出某种程度的形而上学复归。在分析哲学运动的这种反复中我们可以清楚地看到，分析哲学具有一种形而上学残余，因而它注定不能真正克服形而上学。分析哲学的一个根本失误就在于寻求隐蔽的绝对确定性，并由此达到对逻辑和科学的盲目崇拜。无论是对逻辑真理的分析性、必然性、先天性的论证，还是对科学真理的证实或证伪原则的信赖，分析哲学家们都在力图拒斥形而上学中保留着形而上学的永恒、绝对真理的信念。分析哲学所寻求的绝对确定性是意识中的确定性和理论的确定性，因而它并未脱离传统哲学思维方式的框架和视野，只是把确定性的理论形式从哲学转到逻辑和科学而已。

在我们看来，分析哲学最有意义的成果是最接近马克思哲学思维方式的后期维特根斯坦哲学，尽管我们从来没有看到维特根斯坦引证马克思的话。在《哲学研究》中维特根斯坦从生活形式的观点去理解语言和意义，把生活方式、说话方式和思维方式看作是统一的语言游戏或活动过程，揭示了语言游戏的多样性和不可还原性，使语言哲学或分析哲学意义统一性的形而上学承诺受到了质疑和批判。维特根斯坦关于"私人语言"的理论揭示了语言的公共性、实践性特点，这与马克思的实践观点多有契合之处。在维特根斯坦影响下的奥斯汀、胡塞尔等人的语言行为理论，具体地分析了"以言行事"的语言功能，为我们理解和接受马克思的实践观点思维方式提供了语言哲学的论证和说明。需要指出的是，马克思的哲学观和思维方式与维特根斯坦和日常语言学派的观点有着本质的区别，它们之间所以有相互阐发、借鉴之义在于它们都是后形而上学哲学思维方式的尝试，都力求在话语实践或生产实践之中理解语言和事物的意义，而非传统哲学外在于语言游戏或实践活动的神圣的理性观察者的描述和概括。可以说，马克思和维特根斯坦都提供了一种实践者的世界观。

　　20世纪欧洲大陆哲学拒斥形而上学、抛弃传统哲学思维方式的转变过程更为艰难，笛卡儿、康德、黑格尔等"幽灵"更多地纠缠着大陆哲学家们。胡塞尔的现象学是一次形而上学的辉煌的复兴，胡塞尔对严格科学的哲学的追求，对意识自明性领域的拓展对绝对的、终极的直观确定性的寻求显示了马克思之后形而上学的活力。近代以来的西方哲学中我们称之为意识观点的思维方式似乎有难以克服的逻辑力量，其或隐或显的论证是：不管是何种形式的哲学理论都是哲学家意识和思维的产物，因而其确定性只能是意识的确定性，这种确定性只能在意识的反思或直观中获得。这就是人们所说的内在意识论的形而上学。如何超越这种形而上学，特别地成为欧洲大陆哲学家的悖论式的难题。

　　海德格尔在《存在与时间》中提出生存论作为基础的本体论的优先地位，人们的生存状态特别是对生存状态的领悟，成为一切意识和理解的先行条件，这似乎超出了内在意识的视域。后期海德格尔更加强调存在作为使一切意识得以可能而自身不能为意识所规定的"在场"和"澄明"，这是对主体形而上学或内在意识形而上学的超越。伽达默尔的哲学解释学把传统作为本文的集合，视作超越个体意识的先行存在，并认为传统、本文、语言占有人和主体。这也意味着主体意识是被传统这种语言的实在所占有和建构，"本文"至少超越了个人主体意识的界限。六七十年代兴起的后现代主义哲学更加激烈地拒斥和拆解传统哲学的实体本体论和理性主义、逻各斯中心主义。德里达以"不在场"颠覆"在场"，以"边缘"

颠覆"中心",试图通过"延异"的语言之流破解任何确定的中心和意义。福柯则揭示出各种知识作为权威话语而具有的权力、暴力、压制、统治的力量。利奥塔用语言粒子语用学、局部决定论和小叙事,替代传统哲学的元叙事、宏伟叙事,力求用新的语用学招数或误构获得思想创造的力量。欧陆哲学的这种创新都是超越内在意识形而上学的顽强探索,都是超越传统哲学观的思想的冒险。

欧陆学者都有同马克思思想接触的经历,马克思的名字也经常出现在他们的著述之中。遗憾的是他们往往从马克思理论的实践挫折中理解马克思,从而并未真正领会马克思哲学观的实质。仅就超越意识内在论的形而上学而言,马克思的观点也是他们所不能企及的。在马克思看来,意识观点的思维方式是抽象地发展了意识的能动方面,它"不知道真正现实的、感性的活动本身"①。只有从实践的感性活动的视野才能能动地理解事物和现实,才能真正懂得意识的被给予性和事物现实的超越意识的客观性。也只有从实践这种真正的现实的感性活动本身出发,才能实践地给出理性思辨的界限,从而使"离开实践的思维是否具有现实性的争论"(例如意识能否越超自身的问题)作为经院哲学而废弃②。就此而言马克思对传统哲学的颠倒、马克思哲学观的变革和马克思实践观点的思维方式在今天的欧洲大陆哲学中仍是不可超越的。

马克思的哲学观和思维方式在现代西方哲学中受到种种质疑与批判,这些批判主要来自两个方面。一是认为马克思对传统哲学的批判和颠倒不够彻底,仍保留了传统哲学的痕迹。比如利奥塔、吉登斯等把马克思主义看作是"解放政治"的宏伟叙事,伯恩斯坦则认为"马克思的理论确定性观点和革命者的自信"过度相信了历史发展的规律性或历史的逻辑犯了历史乐观主义的错误③。应该说,马克思的观点与后现代主义、实用主义、新实用主义等的观点确有原则的区别。马克思否定了脱离历史和现实的抽象意识能动性、人的自由本性、普遍的绝对的理性或规律,但马克思肯定了在感性活动即实践中意识的能动性和人的自由,肯定了不脱离现实

---

① 《马克思恩格斯选集》第 1 卷,人民出版社 1972 年版,第 16 页。
② 同上。
③ [美]理查德丁·伯恩斯坦:《超越客观主义与相对主义》,郭小平等译,光明日报出版社 1992 年版,第 288 页。

的理论概括的必要性和有效性。因此，马克思在无产阶级革命实践视域中能够保留德国古典哲学意识能动性和理性自由的合理内核，并坦然承认自己是黑格尔的学生。但马克思的哲学不是主体形而上学，因为他把主体看作是历史的、主要是生产关系的人格化，把人的自由和解放诉诸现实历史运动的实践过程。主体、理性、自由等不再是抽象的人的本性而是具体实践活动中人的自觉，并在自觉实践中历史发展和生成的文明成果。

对马克思哲学观和思维方式的第二种批判是针对国际共产主义运动的实践的批判，包括对社会主义国家计划经济体制的批判。这是具有更强烈意识形态色彩的论战领域。资产阶级学者从计划经济体制的失败断言马克思的失败，宣告"历史的终结""意识形态终结"，宣告市场经济和资本主义民主制度的全球性和永恒性胜利。对这种真正浅薄的"历史乐观主义"不值得做深刻的哲学批判，这是早已被马克思颠倒的绝对真理、永恒正义一类传统哲学观念的意识形态语言。真正值得我们思考的是在全球化时代如何真正理解和掌握马克思的思维方式，消除对马克思哲学观和思维方式的误解，避免传统哲学思维方式对社会主义事业造成新的危害，在实践中努力探索中国特色社会主义的理论上可能和实践上可能的广阔空间，从而真正坚持和发展马克思主义。这才是值得我们重视的问题。

（原载《天津社会科学》2001年第5期）

对马克思哲学革命的多重理解及思想意义

在改革开放以来的马克思主义哲学研究中，深入分析马克思哲学革命的实质，进而全面把握马克思主义哲学的精神实质，是全部马克思主义哲学理论研究的核心和基础。而对马克思哲学革命实质的不同理解和阐释，极大地拓展了马克思哲学的理论空间，甚至呈现出了多种不同的马克思哲学的面孔。回顾和反思改革开放以来对马克思哲学革命的不同理解，充分吸取其中的积极成果，是进一步明确马克思主义哲学研究方向，推进马克思主义哲学研究深入发展的重要的基础性工作。

一 对马克思哲学革命实质的不同理解

改革开放以来，中国马克思主义哲学研究取得的重要理论突破和理论贡献，大都是从重新理解马克思哲学革命的实质开始的。从20世纪80年代初开始，中国马克思主义哲学界的认识论研究首先成为关注焦点。这一方面是受到当时"科学春天"到来的激励和鼓舞，在举国上下学习科学的热潮中，信息论、控制论和系统论等"新三论"进入哲学的视野，皮亚杰的发生认识论也被译介过来；苏联哲学界关于马克思主义认识论、辩证法的著作也受到一些学者的关注。此时，把马克思主义哲学作为科学认识论的理解虽未明确提出，但已显示出一种趋向；另一方面，由于当时中国马克思主义哲学界仍深受传统哲学教科书的影响，对马克思哲学革命的理解仅限于教科书的规定，人们几乎尚未思考教科书对马克思哲学革命的诸多说法是否具有充分的学理依据。如认为马克思吸取了费尔巴哈唯物主义的"基本内核"和黑格尔辩证法的"合理内核"，创立了辩证唯物主义和历史唯物主义统一的科学世界观，马克思主义哲学成为关于整个世界发展一般规律的科学等。这些论断在当时具有公理性的逻辑常识的意义，世人很少对之产生怀疑。从马克思主义哲学作为科学世界观和方法论、作为列宁所说的"伟大的认识工具"去研究马克思主义的认识论，既符合当时复兴科学的热情和氛围，又符合沿袭已久的研究规范。

随着马克思主义哲学认识论研究的深化，一些研究者逐渐放弃了用最新的自然科学成果丰富和充实马克思主义认识论的研究范式，而对认识中主体的能动选择和建构作用同教科书中所主张的反映论的关系进行了思考，出现了"选择论"和"反映论"的争论。与此同时，以高清海为代表的马克思主义哲学原理教科书体系改革工作产生了重大成果，《马克思主义哲学基础》一书首次突破了苏联教科书体系，令人耳目一新。该书以认识论的框架表述马克思主义哲学的基本原理，主旨是凸显人和主体在马克思主义哲学中的核心地位。这与传统教科书的物质本体论的客观规律体系学说形成了尖锐对立，于是，对马克思主义哲学的理论性质进而对马克思哲学革命实质的不同理解和阐释，已成为无法回避的理论任务之一。

高清海在1988年出版的《哲学和主体自我意识》一书中明确提出，马克思哲学革命的实质是创立了实践观点的思维方式。这是改革开放以来中国哲学界对马克思哲学革命实质首次提出的新理解。实践观点的思维方式，是一个令人陌生的说法，它不同于实践唯物主义、实践本体论这种相对熟悉的概念，从而至今也少有人真正明白这一提法的哲学意义。人们对于思维方式都很清楚，而"实践观点"则颇令人费解，一种理论观点如何能成为思维方式？高清海在其著作中就此做了详尽的解说和论证，他把西方哲学史上的自然观点、存在观点、意识观点、人本学观点等思维方式的形成和特点做了细致的梳理与分析，进而阐明实践观点的思维方式的意义。笔者曾借用海德格尔思维的视轨和方向的说法，说明实践观点即是实践的立场、实践的视野，亦即马克思所说的从感性物质活动的视野去理解现实、事物、感性的思维方式。高清海认为，马克思实践观点的思维方式是对西方两千多年本体论思维方式的超越，它否定了先在本质决定和本质还原的思维方式，而是用实践中的历史生成理解一切事物，包括哲学意识本身。高清海对马克思哲学革命实质的理解与现代西方哲学思维方式的变革具有许多相似性，在反对本质主义、基础主义、一元主义的决定论等方面遥相契合。所以，高清海认为，马克思哲学是西方现代哲学的起点。

用现代西方哲学的理论资源重新理解马克思哲学革命和马克思主义哲学的理论性质，是马克思哲学研究中必然出现的趋向。按照哲学解释学的看法，一切历史都是当代史，一切文本只能在与当代视界的融合中才会产生新的历史效果，当代马克思主义哲学是当代人理解的马克思主义哲学。在用现代西方哲学的视野重新理解马克思主义哲学中，生存论对马克思主义哲学理解影响最大。用胡塞尔晚年的生活世界和海德格尔的生存论的基础本体论重新解读马克思，人们看到的是马克思文本中早已实现的生存论转向。几乎国内外所有的马克思主义研究者都不会否认马克思主义是无产阶级和人类解放的学说，实际地、历史地改变无产阶级和人类的生存状态，使每个人都获得自由而全面的发展，是马克思学说的根本关怀。按照生存论的马克思理解，马克思的辩证法是生存论的辩证法，是人在自身活动的结果中自我否定、自我创造、自身发展的辩证法；马克思的存在论是生存论，物质生产活动作为最基础的活动，是人类生存、发展的前提，也是一切社会存在的基础。马克思的生存论首次突破了西方两千多年内在意识的形而上学，物质生产过程不仅是人的本质的对象化，也是客观实在明证性的确立；马克思的历史唯物主义也是历史生存论，人类生存发展中的社会物质条件既是历史活动的限制，更是人类历史活动的结果，人在自身历史活动的结果中自我限制、自我否定与自身发展，人类历史是人类生存辩证法的显现。按照对马克思哲学的生存论理解，马克思主义哲学对中国社会主义现代化建设的实践和当下中国人的现实生活具有了直接的理论意义，现实问题、当下中国人的生存问题，都是作为生存论的马克思主义哲学的理论问题。

恩格斯把唯物史观作为马克思一生最重大的科学发现之一，从此在马克思主义理论传统中都把唯物史观看作是马克思哲学革命最重要的组成部分，甚至有人认为这就是马克思哲学革命的实质，马克思哲学世界观就是唯物史观。从西方哲学发展的内在逻辑和马克思早期思想发展的主观逻辑看，这种看法有充分的理由。自笛卡尔和康德确立了哲学的主体性原则之后，西方哲学的根本问题就是如何论证"我思"和知性思维规定的客观性，亦即如何实现思维和存在的统一，用黑格尔的说法是"人和自然的和解"。黑格尔的思辨逻辑也可以说是"内容逻辑"，把存在作为思想内容的自身运动，实现了逻辑学和存在论的统一。同时，用精神哲学的形式实现了逻辑与历史的统一，人类历史发展的实质是精神的辩证运动。在笔者看来，黑格尔完成了用思想形式把握世界或解释世界的哲学，终结了西方哲学。黑格尔之后的哲学，只能走出哲学之外，亦即在思维逻辑之外补充哲学或实现哲学。马克思首先以一种怀疑主义的解释学走出了内在意识明证性的领域，社会存在、人们的实际生活过程和社会物质生活条件决定了包括黑格尔哲学在内的社会意识。因此，必须致力于实际生活过程的理解和现实地改变人们的社会存在。马克思唯物史观的创立是后黑格尔哲学的典范。马克思早期思想的发展也表明向唯物史观聚集的目的论倾向。从让世界变成哲学世界的理性冲动，到改变世界的实践观点，再到对市民社会、社会解放的哲学主题的转换，直至在政治经济学批判中对无产阶级解放历史条件和现实道路的明晰，青年马克思完成了其理论框架。在超越西方传统哲学的理论运思中，马克思完成了对西方哲学的主体转换和价值颠倒。哲学不再是希腊自由民或近代自由知识分子的思想事情，而是无产阶级解放完成的内在环节，是实践的理论；无产阶级和劳动人民的物质生产活动是解放的哲学思想的真实本源，无产阶级的自由和解放是比任何理论哲学都更崇高、更神圣的至高价值与伟大事业。

在社会主义现代化建设的实践要求和现代西方哲学多种流派的影响下，中国马克思主义哲学研究领域出现了对价值哲学、政治哲学、经济哲学、文化哲学等部门哲学研究的兴趣。这些部门哲学研究大都具有自己的哲学观，也大都隐含着对马克思哲学革命实质的独特理解。在近年出现世界金融危机后，国内外都有人重读马克思的《资本论》，重新思考马克思的经济哲学思想。这自然也会质疑以学院化的学科体系区分马克思的经济学和哲学的合法性。在完整的马克思学说中，肯定没有经济学和哲学的区分，马克思的《资本论》既是经济学，也是哲学，还是社会学等。孙正聿最近撰文指出，《资本论》也是马克思的存在论，资本运动的逻辑就是资本主义社会的存在逻辑。由此看来，马克思的哲学革命是存在论的转化，经济生活过程的思辨把握和实践改造是马克思学说的理论核心。在西方政治哲学兴起的影响下，重新思考马克思的政治哲学的意义，是国内近些年马克思主义哲学研究中的又一热点。马克思与罗尔斯、施特劳斯以及拉克劳、墨菲等的政治哲学有何区别与联系？如何在当代政治哲学讨论中发挥马克思主义传统的意义？马克思作为革命家在理论和实践上比以往任何西方哲学家都更关注政治,他超越资本主义制度的社会正义的想象,他的"解放政治"的"宏大叙事",他的"历史乐观主义",他的"自我批评"的原则基础等,都是当代政治哲学评论的话题。从把无产阶级和人类解放的历史任务作为主题来说,马克思哲学就是政治哲学。

二 坚持和发展马克思主义哲学的共同目标

中国哲学界对马克思哲学革命实质的不同理解,有些是相互对立、需要论辩和澄清的,有些则并行不悖,可以相互诠释,但大都指向了一个共同的目标,即坚持和发展马克思主义哲学,探索马克思主义哲学的当代形态,发掘马克思主义哲学在当代的理论意义和实践价值。毋庸讳言,多种关于马克思哲学革命实质的新理解,都自觉不自觉地区别于传统哲学教科书的理解,也不同程度地包含着对传统哲学教科书的批判。包括高清海在内的许多学者在批判传统教科书体系和哲学观念时,大都持有客观、公正的历史意识,充分肯定传统哲学教科书在宣传、教育、普及马克思主义哲学中的巨大历史贡献,甚至赞美经国内外几代学者不断修改、反复锤炼所达到的形式的完美。但马克思主义哲学研究、教育和宣传在相互关联中又有原则性的区别,马克思主义哲学研究必须不断出新,而不能如教科书那样相对稳定。

由于传统哲学教科书多年不变的理论体系代代相传,滋养了一代又一代中国知识分子的哲学观念和哲学意识,也由于它在教育体制中作为思想政治课的特殊作用,传统哲学教科书的马克思主义哲学理论形态具有了标准化的性质,甚至具有超过马克思主义经典著作的经典意义。在此,应当承认传统哲学教科书作为马克思主义哲学研究理论成果的意义。传统哲学教科书理论体系的形成及不断完善不能简单地视之为意识形态需要的偶然结果,而是凝结了几代最优秀的马克思主义哲学工作者的集体智慧。它不仅有充分的马克思主义经典文本的依据,也较为准确地表达了时代精神及社会主义革命和建设的实践需要。因此,传统教科书可以看作是近八十年来马克思主义哲学研究的重要成果。传统哲学教科书的辩证唯物主义和历史唯物主义体系所具有的强大生命力,至少有以下几点坚定的支撑:一是科学主义原则。从近代自然科学兴起之后,特别是启蒙运动以来,科学已经成为超越社会制度和意识形态的普世价值。科学主义就是现代社会的意识形态，科学即真、善，甚至也是美，所以有科学美学。传统哲学教科书以科学主义的原则把马克思主义哲学定义为世界一般规律的科学，把马克思的哲学革命理解为科学发现和科学革命，表达了我们生活时代的科学精神，也符合日常意识的朴素实在论和经验科学的科学实在论信念。二是适合实践的需要。马克思主义经典作家自觉地把马克思主义看作是实践的理论和无产阶级解放的思想武器，在落后的东方国家进行社会主义革命和建设，必须组织和动员群众，必须诉诸于客观规律特别是历史发展规律的必然性，这必然要把马克思主义哲学建构成物质本体论的客观规律的体系形式。三是经典文本依据。传统哲学教科书并非凭空的虚构和杜撰，其基本原理来自恩格斯、列宁、斯大林等的马克思哲学理解，并且也有马克思本人文献的依据。基于以上分析，我们可以理解传统哲学教科书的强大生命力和理论权威的根源，也可以懂得改革传统哲学教科书、重新理解马克思哲学革命的艰难所在。

马克思主义哲学研究也有一般科学研究的共同性，即必须突破既有理论的界限才能有所发展。尽管提出一种不同于哲学教科书的新理解、新观点十分艰难，理论研究的内在逻辑和实践变革的理论需要总是要把这一工作推向前进。以高清海为代表的哲学教科书体系改革和哲学观念变革研究，首先反映的是中国改革开放的实践需要。如果说中国改革开放的实质是突破苏联模式的社会主义，适应这一需要的哲学变革是要突破苏联模式的哲学教科书体系，因为后者是前者的哲学基础。具体地说，哲学观念变革的核心是从客观规律体系的物质本体论所支撑的计划经济体制，转变为每一个人的主体充分发展的主体性哲学支撑的市场经济体制。高清海认为，这是社会主义市场经济呼唤的主体性内涵，而要实现这一哲学观念的转变，需要重新理解马克思哲学革命的实质，只有改变先在决定的本体论化思维方式，每一现实的个人才有自由创造、自我生成与自身发展的哲学理由，也才能有更高的社会主义市场经济的效率。如前文所述，对马克思哲学革命的生存论理解、政治哲学理解、经济哲学理解等都直接或间接地表达着研究者对社会主义现代化建设实践理论需要的回应。就马克思学说作为实践的理论来说，这些对马克思哲学革命实质的新理解，大都具有推进社会主义改革实践的自觉的理论担当，大都具有坚持和发展马克思主义哲学的共同方向。至于这些理解的学理根据是否充分，所展开的哲学论证是否坚实可信，所运用的理论资源是否需要更为严格的审视，则是更为专门的学术问题。

对马克思哲学革命实质各不相同的重新理解，与研究者各自不同的学术背景和运用的理论资源相关。但一般说来，他们大都受到西方哲学的影响，或基于西方哲学史的逻辑重新理解马克思，或借用西方马克思主义重新理解马克思，或用现代西方哲学某一学派的理路重新理解马克思。这不仅因为西方发达国家的经济强势成就了它的哲学优势，也不仅因为马克思主义哲学本来就是来自于西方的哲学理论，而且也因为中国改革开放以来遇到了同西方相似的现代性和全球化问题。运用西方哲学特别是现代西方哲学的概念和方法重新理解与阐释马克思主义哲学，难免会引起世人的担心和忧虑：这是否会强化西方文化的诱惑，是否会歪曲马克思，使马克思主义哲学演变成西方哲学的某一流派。在现有的学术体制下，我们不能肯定每一位马克思主义哲学研究者的学术真诚，但凡是真正诚实的学术研究总有对真理的信念和追求，大多数基于现代西方哲学理论背景的马克思主义哲学研究者恰恰有更多的哲学批判意识，至少在汉语文献中马克思主义哲学工作者更多地批判了现代西方哲学的各种流派。至于这些批判在学术上的价值和准确性则是另外一个问题，因为运用现代西方哲学理论资源重新理解马克思，实质上是马克思哲学与现代西方哲学的对话，其中必然包含用马克思的学说对现代西方哲学的批判，否则就只能是对现代西方哲学的介绍而不是对马克思哲学的理解。

运用现代西方哲学的理论资源重新理解马克思哲学革命和马克思主义哲学的当代意义，是坚持和发展马克思主义哲学的重要路径。马克思主义哲学的生命力在于其与时俱进和与实践的密切联系。现代西方哲学是以理论的形式表达西方现实，其哲学批判和哲学探索是对西方现实社会问题的理论回答。一般来说，由于现代西方哲学大都为学院化研究的理论成果，而较少如伽达默尔所说的学院外的世界观哲学，较少与有组织的社会运动实践联系。所以，它所提出的解决现代西方社会问题的探索和理论建构大都不切实际。对此，一些西方哲学家也有自知和无奈。但是，现代西方哲学对西方社会和西方传统哲学的批判，大都与马克思主义哲学的本质精神有着内在的关联，有许多可给我们以启发和借鉴的理论成果。马克思把辩证法的本质视为批判的、革命的，在哲学批判的广阔视野中，马克思对资本主义制度、政治、经济和文化的全面批判是一些现代西方哲学灵感的源泉，是现代西方哲学时时在场的"幽灵"。另外，现代西方哲学对当代西方社会的批判也触及马克思时代尚未显现的资本主义现代症状，足以启示我们在马克思的思想中寻找现代社会批判的哲学基调，打开理解马克思哲学的新视野，发掘马克思哲学思想的丰富的当代意义。

三　多元理解的价值和多重意义的统一

从不同的角度重新理解马克思的哲学革命，在一定意义上就是重新理解马克思的哲学观，这似乎是在重复一个古老的问题，即什么是哲学。在非专业研究者看来，自称爱智慧或与智慧为友的哲学家们搞了两千多年还不知道什么是哲学，似乎有些滑稽。而对于职业哲学工作者来说这恰恰正是哲学的无穷魅力所在。不断地清理地基、不断地重新开始，这是思想的自由和奢侈。每一个真正称得上活的灵魂的哲学，都是一次哲学的重新奠基。用海德格尔的话说，这是开启新的思想方向和视轨，它将从根本上规定一个民族的未来和历史使命。重新理解马克思的哲学革命，也就是要重新理解马克思哲学，实际上也是在回答什么是马克思主义哲学。马克思主义哲学是超越传统哲学本体论思维方式的实践观点的思维方式，是无产阶级和人类解放的生存论哲学，是历史地、唯物地理解世界和改变世界的世界观，是批判资本逻辑的经济哲学，是作为现实运动和理想社会制度统一的无产阶级革命的政治哲学，等等。这些对于马克思主义哲学的不同理解，大大拓展了马克思主义哲学的意义空间，彰显了马克思主义哲学在当代的丰富价值，并为社会主义现代化建设的实践选择打开了广阔的思想视野，也为我们应对现代性和全球化问题的挑战提供了思想方法。中国的社会主义现代化建设是在经济全球化的过程中进行的，资本自身增殖的内在冲动和固有逻辑是经济过程的主导逻辑。重温马克思对资本逻辑的分析和批判，对于我们有效利用资本实现当代中国的发展，同时限制资本逻辑对生活世界的殖民化，克服资本逻辑造成的商品拜物教对当代中国政治、经济、文化、社会的全面侵蚀，将获取极高的政治智慧和管理能力。用哲学的语言说，我们需要一种内在于资本逻辑而又超越资本逻辑的存在论和辩证法，这只有从对马克思的重新理解中寻求和建构。

对马克思哲学革命实质的多元理解，既要有学理的根据，又要有实践的检验。哲学理解和哲学理论没有经验科学的检验方法，也不能用形式科学、形式逻辑的方法作出逻辑的证明。但哲学家共同体总是能在对话和论辩中选择其生存时代最优的哲学理论，长时段的历史发展也会见证真正的哲学智慧。改革开放以来，中国哲学界对马克思哲学革命实质的各种新理解，尽管立论不同，但由于大都是以否定传统哲学教科书的理解为出发点，大都具有对中国社会主义改革和现代化建设实践的关注和思考，大都具有坚持和发展马克思主义哲学的共同旨趣，所以，这些不同理解有着内在的关联，具有相互契合、相互诠释的意义统一性。比如，把马克思哲学革命的实质理解为实践观点的思维方式的确立，理解为对传统哲学本体论思维方式的超越，从而也就出现了对人的现实性的新理解。没有永恒本质、先定本质能够解释人的现实性，在其现实性上，人是在自身实践活动进入和创造的社会关系中生成自己的现实性，并在新的实践活动中自我否定，成为当下的不是。从人的实践活动的开放性、可能性、超越性理解人本身，也是生存论的马克思主义哲学共有的观点。再如，把马克思哲学革命的实质与马克思主义哲学的性质理解为唯物史观和历史唯物主义的世界观，这与政治哲学、经济哲学的理解内在关联。历史唯物主义的物是物质性的生产关系、经济关系，亦可说是范畴把握的社会存在关系，是具体的、历史的普遍性范畴关系。黑格尔对低级唯物主义的物质概念实质是唯心主义的批评，不适用于历史唯物主义，因为马克思用范畴把握历史的理论是内在于历史实践的实践理论，理论范畴将在实践中走出自身，它也将作为一个存在变量乃至经济变量进入实际的生活过程。在一定意义上，马克思的《资本论》与马克思主义学说影响的国际共产主义运动已经实际地影响和改变了资本主义经济形态。唯物史观的存在论和辩证法在一定意义上就是马克思主义经济哲学、革命哲学与政治哲学。

对马克思主义哲学来说，它不是世界之外的遐想，不是学院化的理论哲学，无产阶级和人类解放的实践运动才是其现实形态。因此，对马克思哲学革命实质的不同理解，统一于社会主义革命和建设的实践。社会主义革命和建设的实践，是理论的实践，是无产阶级政党领导人民自觉创造历史的伟大开端。所以，理论规划的失败确实可能表现出"致命的自负"，甚至造成国际共产主义运动的挫折和低潮。这充分显示出马克思主义理论需要有广阔的思想空间,需要在艰苦的思想实验的基础上探索多种可能的思想道路,为实践提供丰富的理论资源和理论支持。从根本上说,重新理解马克思哲学革命的实质,重新理解马克思主义哲学的性质及其当代意义,就是哲学上的思想实验和思想探索。

(原载《河北学刊》2009年第6期)

马克思的唯物史观对黑格尔辩证法的颠倒

马克思颠倒了黑格尔唯心主义的辩证法,发现和吸取了它"神秘外壳中的合理内核",实现了哲学史上的伟大革命。这是我们熟知的马克思主义常识。但是,深入思考颠倒辩证法这一重大的哲学事件,仍有许多重要的问题需要梳理和澄清,比如,为什么其他唯物主义者未能颠倒黑格尔的辩证法?马克思的唯物史观对于颠倒黑格尔辩证法起了什么作用?历史唯物主义的辩证法如何改变了哲学的形态?不弄清这些重要的哲学问题,既无法真正理解什么是黑格尔辩证法的合理内核,也不能真正理解马克思哲学革命的实质和马克思哲学的理论性质,更不能回答现代哲学对马克思哲学的批评和挑战。

一 不能在旧唯物主义原则的基础上颠倒黑格尔的辩证法

马克思曾经写道:"我的辩证方法,从根本上来说,不仅和黑格尔的辩证方法不同,而且和它截然相反。在黑格尔看来,思维过程,即他称为观念而甚至把它变成独立主体的思维过程,是现实事物的创造主,而现实事物只是思维过程的外部表现。我的看法则相反,观念的东西不外是移入人的头脑并在人的头脑中改造过的物质的东西而已。"[①] 初看这段马克思的区分,唯物辩证法与唯心辩证法的对立竟是如此简单,颠倒黑格尔辩证法的任务也极易完成,只要把观念或思维过程的主体地位转变为物质的主体或本体决定作用,就实现了唯心辩证法向唯物辩证法的改变。我们的哲学原理教科书和大多数马克思主义哲学工作者大概都是这样看待和理解马

---

① 《马克思恩格斯全集》第 23 卷,人民出版社 1972 年版,第 24 页。

克思对辩证法的颠倒的。如果问题真的如此简单，我们难免会产生一些疑惑，包括费尔巴哈在内的旧唯物主义为什么不能提出和完成这个任务？或者会想，旧唯物主义的"物质决定意识"的原理是否已完成了对黑格尔辩证法的颠倒？要消除这种疑惑，我们必须深思马克思这段话中的两个关键词，即"思维过程"和"改造过的物质的东西"，进而追问：黑格尔的辩证法为什么要把思维过程作为独立的主体？人的头脑如何"改造"物质的东西而成为观念？而这两个问题正是旧唯物主义所不能理解和解决的。

一般认为，黑格尔哲学是西方两千多年哲学的集大成者，黑格尔辩证法作为列宁所说的对世界认识的历史的总计、总和和结论，[①] 可以说是西方哲学史、认识史的理论概括。和一些重要的哲学家一样，黑格尔本人也持有目的论的哲学史观，把自己的哲学理论看作是西方哲学所欲趋赴的目的和目的的实现。他认为，古希腊哲学中巴门尼德作为纯粹思想的"存在"与赫拉克利特哲学的"运动"和"变化"，是哲学的起点，而纯粹思想的自身运动即思维过程作为主体，正是辩证法的根本原则或本体基础。从我们习惯的日常思维和科学思维去想，无论如何也不能理解和接受思维过程的本体论。思维只是人脑的机能，是对在我们之外的事物和世界的思维，事物和世界本身才是对象、实体和主体。然而，从哲学思维方式出发，黑格尔的辩证本体论却有其逻辑的根据和思想的必然性。

哲学作为世界观的理论，固然是面向整个世界的思考，也是关于世界本质的根本观点和看法。西方哲学在两千多年的历史发展中提出了许多关于世界的理论和看法。无论是唯物主义还是唯心主义的哲学学说，作为对世界的理论认识，作为追根究底的终极解释，其实质都是关于世界的概念认识，这些概念作为对世界的最高抽象，即是黑格尔所说的"纯粹思想"。黑格尔在批评唯物论时说："唯物论认为物质的本身是真实的客观的东西。但物质本身已经是一个抽象的东西，物质之为物质是无法知觉的。所以我们可以说，没有物质这个东西，因为就存在着的物质来说，它永远是一种特定的具体的事物。然而，抽象的物质观念却被认作一切感官事物的基础，——被认作一般的感性的东西、绝对的个体化，亦即互相外

---

① 列宁：《哲学笔记》，人民出版社1993年版，第77页。

在的个体事物的基础。"① 我们知道，恩格斯也曾讲道："物质本身是纯粹的思想创造物和纯粹的抽象。"② 而旧唯物主义与它们同时代的唯心主义一样，作为康德和黑格尔所说的知性形而上学、独断论的形而上学，缺少反思地把自己对世界的概念认识或思想创造物直接认定为世界中的实际存在，并用以规定和规范整个世界的现实存在，而不知道这些本体只是纯粹思想。

黑格尔在康德对知性形而上学批判的基础上，充分自觉到以往哲学的本体规定实质是纯粹的思想规定。但他不满足于康德对哲学理念辩证幻想的揭示，而要让纯粹思想自己运动起来，在自己的运动中从抽象走向具体，建设一种非知性、非独断的思辨形而上学，亦即思维过程为主体的唯心主义辩证法。显然，这种已经包含着对旧唯物主义原则的扬弃的唯心辩证法，是旧唯物主义无法理解也无法颠倒和超越的辩证法。以自然态度思维、以朴素实在论的信念理解马克思的哲学思想，必然把马克思主义哲学倒退到旧唯物主义的水平上，从而也不能懂得马克思对黑格尔辩证法的颠倒。

按照旧唯物主义的原则，也不能理解物质的东西如何在人脑中"改造"而成为观念。人脑对物质东西的"改造"是思维能动性或意识能动性的实现过程，思维过程的主体性正是在片面夸大思维能动作用的基础上建立的。就此，马克思《关于费尔巴哈的提纲》第一条做出了经典的概括："从前的一切唯物主义（包括费尔巴哈的唯物主义）的主要缺点是：对对象、现实、感性，只是从客体的或者直观的形式去理解，而不是把它们当作感性的人的活动，当作实践去理解，不是从主观方面去理解。因此，和唯物主义相反，能动的方面却被唯心主义抽象地发展了，当然，唯心主义是不知道现实的、感性的活动本身的。"③ 对事物、现实、感性只是从客体或者直观的形式去理解，就是把对象作为物质的东西看作外在的、既定的、给予性的东西，就是把人的思维和意识看作是只能消极被动地反映外在对象的接受过程，而不懂得事物、现实、感性是人的历史实践

---

① ［德］黑格尔：《小逻辑》，贺麟译，商务印书馆1980年版，第115页。
② 《马克思恩格斯全集》第20卷，人民出版社1971年版，第598页。
③ 《马克思恩格斯选集》第1卷，人民出版社1972年版，第16页。

的结果，一定意义上也可以说是思维能动作用创造的结果。人的意识不仅反映而且创造客观世界，创造即是人脑"改造"物质的过程，亦即思维能动作用的过程。在旧唯物主义反映论的哲学原则中，已从根本上否定了思维过程的能动作用，却不自觉地、独断地把哲学思维抽象的物质观念看作感性对象的基础。这正是黑格尔所批判的旧唯物主义的自相矛盾。以消极被动的反映论，无法颠倒黑格尔的辩证法。

出路只有一条，即不是简单否定对事物、现实、感性的主观理解，不是否定能动方面的理解，而是具体地、不是抽象地找到和揭示出事物的真正的现实基础，即人的感性活动本身。事物、现实、感性不是永恒不变的对人显现的客体或直观，而是人的历史实践活动首先是物质生产活动不断改变的历史性的对象。从主观和能动的方面去理解事物和世界，关键是找到具有物质性力量的能动方面。所以，马克思和黑格尔的对立是两种不同能动方面的对立，即感性活动的能动性和思维过程主体性的对立。马克思对黑格尔辩证法的颠倒，首先是用物质生产实践的历史性取代黑格尔思维过程的主体性和历史性，进而才能达到"物质是主体"的唯物主义辩证法。所以，只有在深入研究和揭示物质生产实践的基础作用和发展规律之后，才能真正颠倒和超越黑格尔的辩证法。这也就是说，马克思是在唯物史观的视域中而不是在认识论或知识论的视域中颠倒了黑格尔的辩证法。

二 唯物史观对唯心主义辩证法的超越

黑格尔哲学作为西方哲学发展的集大成者，或者说是完成者，较以往任何哲学体系都更为具体、全面和客观。对哲学思想的具体性和客观性的寻求是黑格尔哲学贯彻始终的原则。黑格尔批判了知性形而上学的抽象性和独断论，批判了康德哲学的主观主义和形式主义，把两千多年西方哲学的范畴史思辨地演绎成绝对理念自我否定、自我发展的逻辑体系，而每一范畴既是纯粹的思维规定，也是事物和世界的本质规定，实现了逻辑学和本体论的统一，进而在自然哲学和精神哲学中实现了本体和现象的统一，在自然和历史的现象形态中绝对理念表现自身、认识自身，而终于在绝对精神中完成了自我认识。黑格尔宏伟的哲学体系以百科全书的形式概括了两千多年的哲学史和认识史，绝对理念犹如精神的"黑洞"吸收了无限丰富的规定性,达到了黑格尔努力追求的包含了无限差异性和多样性的具体普遍性和真理的客观性。

黑格尔哲学成为后来哲学难以逾越的思想高峰,至今仍是令哲学家头痛的沉重的历史负担。在各种针对黑格尔哲学的批判中,马克思的批判肯定是最有成果、最有价值的批判之一,这从根本上得益于唯物史观的发现。如前文所述,马克思用感性活动的实践取代了黑格尔的思维过程的主体性。从学理上说,至少有两点是意义重大的。一是思维过程的主体性所能达到的只是思维规定的具体性,而无法说明感性的具体性和多样性的起源,所以,黑格尔的辩证法无法理解"感性活动本身",其具体普遍性原则不能真正实现。作为主体的思维过程只能用思维规定感性,而无法使自己具体化和创造新的感性,思维无法创造"非我"的感性,只能直观和规定既有的感性。德国古典哲学缺少真正感性的、物质性的主体性和能动性原则,这是唯心主义无法补救的根本缺失。黑格尔的辩证法的抽象性、保守性亦根源于此。二是思维过程作为主体的能动性缺少感性的动力基础,思维自己运动的逻辑只能设定为精神本性、思维本性,而没有经验人类学的现实基础。精神的活动性和思想自己运动的必然性是黑格尔辩证法的动力基础,它遥承古希腊哲学纯粹理论的生活理想,近以生命科学为隐喻性的前提,从而精神生命的成长运动为思维过程的主体性提供了类比性的证明。黑格尔和他的所有哲学前辈一样,嫌弃和蔑视人的自然生命和物质欲求,从而也必然如费尔巴哈那样"只是从它的卑污的犹太人活动的表现形式去理解和确定"人的实践,不能把满足人的自然生命需要的物质生产实践活动作为思维过程的动力基础,而是抽象地在思想自己运动的圆圈中打转。

马克思唯物史观的发现看似自然和简单,实际上是两千多年西方哲学根本立场和存在论原则的转变,满足人的自然需求的物质生产过程成为具有本体论意义的活动。马克思所说的"感性活动本身",在西方哲学史上第一次打开了意识哲学通向客观世界的通道,为思想和精神的具体化、感性化乃至物质化找到了现实的活动形式,从而也为黑格尔毕生寻求的思存同一性、思想客观性、具体普遍性找到了真正的现实基础。在这样的意义上,可以说马克思哲学是黑格尔辩证法的完成。"生产过程"取代"思维过程"而成为主体,意味着生产过程的感性活动是理解现实世界的钥匙,事物、现实、感性是感性活动的产物，世界是感性活动不断改变和拓展的世界。思想和观念一方面只能在感性活动的基础上获得自己的感性内容和感性的具体性；另一方面，思维规定感性、思维实现自己的能动性，也只能在感性活动中物化自身才能成为现实的力量并确证自己的客观性和真理性。公正地说，黑格尔对上述思想并非毫无所知，他在《精神现象学》中对劳动的思辨，在《逻辑学》中对实践理念的分析，都已接近了这些思想。马克思和黑格尔的原则区分是革命家和理论家的区分。黑格尔只是思辨地、理论地看待和理解劳动和实践，从而劳动只是肯定性地达到自由意识的环节，实践也只是作为扬弃客观世界的片面性而达到绝对理念的环节，劳动和实践都从属于绝对理念自我意识的理论目的。而对马克思来说，包括黑格尔哲学在内的理论和观念恰恰是自己时代物质生活的理论反映，理论的真理性和现实性只有在改变人们的社会生活的实践中、在改变世界中才有意义。因此，只有马克思哲学作为"实践的理论"和"理论的实践"才能真正达到和坚持"感性活动本身"的哲学原则。

用"感性活动"和"生产过程"取代"思维过程"的主体性，形成了马克思和黑格尔对立的历史观。在黑格尔看来，"绝对理念的内容就是我们迄今所有的全部生活经历"[①]，人类迄今为止的历史就是绝对理念自我意识的历史。马克思则认为，由黑格尔所表述过的"精神在历史中的最高统治"的"戏法"，"把一切唯物主义的因素从历史上消除了"，"任凭自己的思辨之马自由奔驰"。[②] 而唯物史观则是："从直接生活的物质生产出发来考察现实的生产过程，并把与该生产方式相联系的、它所产生的交往形式，即各个不同阶段上的市民社会，理解为整个历史的基础；然后必须在国家生活的范围内描述市民社会的活动，同时从市民社会出发来阐明各种不同的理论产物和意识形式，如宗教、哲学、道德等等，并在这个基础上追溯它们产生的过程。"[③] 应当承认，即使是对社会历史的哲学反思，黑格尔哲学也远远高于他的前辈，他第一次把人类历史把握为有规律的过程，以百科全书式的渊博，思辨地建构了法哲学、历史哲学、美学和

---

① ［德］黑格尔：《小逻辑》，贺麟译，商务印书馆1980年版，第423页。
② 《马克思恩格斯选集》第1卷，人民出版社1995年版，第102页。
③ 《马克思恩格斯全集》第3卷，人民出版社1960年版，第42、43页。

哲学史等精神哲学的知识形态，以深刻的洞察力揭示出人类精神发展所创造的具有永恒意义的"实体性的东西"，显示出人类文明在客观精神的形态中具有必然性的范畴进展。这是包括费尔巴哈在内的旧唯物主义望尘莫及的。因为，按照旧唯物主义理解事物的方式，"至多也只能做到对市民社会的单个人的直观"，而不能从能动的方面理解复杂的社会现实。要超越黑格尔的唯心主义历史辩证法，也必须找到物质性的历史能动因素，才能说明人们自己创造的历史何以会有客观性、物质性和规律性。

黑格尔的历史辩证法消除了历史中的物质因素，其思辨的范畴进展不能真正做到历史与逻辑的一致，难免牵强附会、自由驰骋。没有了物质因素的纠缠、制约，范畴的具体性和客观性也会受到损害。一方面，历史是人的有目的的自觉活动，人们自己创造自己的历史，思想和精神影响历史的进程；另一方面，生产过程和交往方式等作为不可超越的既定的物质性条件，规定了思想和精神的可能空间，规范着人的目的和意志。所以，只有在揭示出物质生产过程的必然性和规律性之后，才有思想过程的必然性和客观性。马克思唯物史观合目的性与合规律性相统一的原理，内在地超越了黑格尔的辩证法，使其在思辨形式中获得的丰富的范畴概括有了现实的、物质性的基础。

三　唯物史观对意识哲学的超越

马克思对黑格尔辩证法的颠倒和超越，从西方哲学发展的内在逻辑看有其必然性。以"感性活动"和"生产过程"的物质性的能动性弥补了黑格尔思维过程主体性的抽象性和片面性，使思维和存在的统一、主体和客体的统一以及哲学思想和哲学范畴作为具体普遍性的真理，有了现实的基础。在这样的意义上，马克思哲学是西方哲学的完成。就此，海德格尔说："随着这一已经由卡尔·马克思完成了的对形而上学的颠倒，哲学达到了最极端的可能性。哲学进入其终结阶段了。至于说人们现在还在努力尝试哲学思维，那只不过是谋求获得一种模仿性的复兴及其变种而已。"[①]

---

① ［德］海德格尔：《海德格尔选集》下卷，孙周兴选编，上海三联书店1996年版，第1244页。

如果从海德格尔所说的哲学思想的方向和轨程说，马克思对黑格尔辩证法乃至全部形而上学的颠倒，又是与西方哲学的决裂或革命。因为，马克思哲学从根本上改变了哲学的立场和理论形态，终结了知识形态或理论形态的形而上学，赋予哲学以全新的思想方式和功能形式。马克思和恩格斯认为，自己的理论是"实践的理论"和"理论的实践"，哲学理论的动力是"革命"，哲学是通过"革命的""实践批判的"活动实现自身，是内在于无产阶级和人类解放实践过程中的要素而非独立存在的哲学。总之，哲学超越了意识哲学、理论哲学的形态而进入现实的实践过程。而这一点是海德格尔所否定的。

海德格尔在晚年的讨论中认为，马克思用"生产过程"取代了黑格尔"生命过程"的存在论，这只是用"人的优先性"取代了"意识优先性"，并未超出"主体形而上学"的视域。[①] 结合上文引述的他对马克思颠倒形而上学的评论以及他在《关于人道主义的书信》中对马克思的论说，海德格尔力图表明他与马克思存在的思想区分似乎是"存在优先"还是"人优先"的问题。如果仅从认识论或知识论的视野看，马克思和一切唯物主义一样都主张存在的优先性和客观性，海德格尔的区分毫无意义。而只有在海德格尔所说的生存论视域中，亦即思考人的本质、此在的澄明乃至存在的意义时，存在优先或人优先的问题才具有他所区分的不同意义。其实，从海德格尔本人的思路说，他似乎也并未坚持"存在优先"的原则。他的早期思想虽然坚持人的本质即是生存，人只能从存在中获得本质和规定，但要获得存在的意义却必须领会此在的意义。生存论作为基础本体论既在事实上亦在逻辑上具有优先性。他在晚期著作中开始自觉地避免主体形而上学，力求用一种非规定性的思想表达人对存在的归属。在我看来，他实际是力求唤回被现代工业文明所遗忘了的人的存在感受，类似于人在家里的熟悉感、亲切感、安全感、归属感、自由感乃至根源感等所谓诗意的感受。海德格尔说，只有觉悟到和思及更原始的一度，"在此一度中，从存在本身方面来规定人的本质，才有在家之感"，他还引用亚

[①] ［法］F. 费迪耶等辑录：《晚期海德格尔的三天讨论班纪要》，丁耘摘译，《哲学译丛》2001年第3期。

里士多德的话说:"作诗比存在者的探究更真。"① 人如何诗意地栖居在存在中、在大地上,是海德格尔反复论说的思想主题。但要找回存在的意义,获得家园般的存在感受,仍必得聚焦于人的语言、思想和领会,仍难免"人的优先性"的论说。

仅从逻辑上反驳海德格尔"存在优先"和"人优先"的区分不能令他信服,因为逻辑只能形成某种"存在论"而不能唤醒他所寻求的"存在感"。在我们看来,晚期海德格尔对思想和哲学(形而上学)的区分、人的优先性和存在优先性的区分,确实是一种思想方式的"移居"、思想方向的开拓,邓晓芒先生也把它看作是语言的突围。它确实具有终结两千多年西方哲学、从根本上转变现代工业文明生存方式的源始性。但是,在如何实现这一具有世界历史意义的"跳跃"中,海德格尔则显得软弱、无奈,有时甚至有些绝望。他坚持用一种词源学的方法,引导人们听从语言的召唤,倾听存在和大地的言说;他强调思想对存在的归属,要在更源始的思的一度中达到存在的根源;他认为诗作为源始的语言和思想更能本真地亲近存在;他有时也对古老东方思想的复兴充满希望和期待,等等。但语言、思想和诗能改变人们的生存领会、终止思维规定存在、宰制存在的意识优先性和人的优先性吗?能改变"技术座架"的统治和催逼吗?一旦涉及"改变世界"的问题,马克思哲学的力量就显得强大无比。

在马克思看来,实践的批判较之哲学的批判,不仅能改变现实的物质力量,也能更有力地改变人们的观念,包括哲学家的思想。"生产过程"的存在论,使哲学走出内在的思想和意识,进入"感性活动"的物质化过程之中,变成实际改变现存世界的力量。仅就海德格尔所力求唤醒的"存在感"说,"生产过程"的存在论也有未被海德格尔深思的重要意义。海德格尔指责这种存在论未超出黑格尔的视野,仍是"人的优先性"的主体形而上学。实际上恰是海德格尔未超出黑格尔的劳动概念,即仅在人规定和改造劳动对象、对象化自己自由本质的意义上理解劳动,仅看到了劳动主体自我肯定的方面,而未看到劳动对主体的否定方面,未看到劳动的消极方面。马克思不仅揭示出私有制劳动的奴役性质,即劳动主体的活

---

① [德]海德格尔:《海德格尔选集》上卷,孙周兴选编,上海三联书店1996年版,第389、404页。

动过程所具有的强制性、否定性的社会性质，也看到了劳动主体与劳动对象否定性统一的自然性质，即劳动对象对主体力量的否定和抗拒。用黑格尔的表述方式说，直观的自然是理念，劳动中的自然才显示出自然存在的物质性和客观性，直观的石头对意识和思想没有阻抗，而要搬起这块石头，则要消除它的重量的抗拒，才知道它是如此沉重、如此真实。劳动不仅是主体本质力量的自我确证，也是自然和存在自身显现的过程，是存在的到场。我们可以肯定地说，不是语言、不是思想、不是诗，是"生产过程"和劳动，才给予人以真实的存在感，才使人实实在在地感受到存在的先在性。

马克思哲学作为"实践的理论"进入包括改变"生产过程"的实践的批判中，真正超越了意识哲学的内在性。马克思哲学是否超越了近代以来的"主体形而上学"呢？青年马克思思考过人道主义和自然主义统一的问题，他和恩格斯在《德意志意识形态》中也提出过"消灭劳动"的命题。马克思的共产主义理想也真实地包含着人与自然统一、和解的理论设想，而关键的现实性的任务则是无产阶级解放的实践。马克思所说的消灭劳动显然是指改变劳动的社会性质和自然性质，亦即改变私有制条件下劳动的奴役性质，进而改变为满足人类生存需要而不得不劳动的自然强迫性质。马克思设想在生产力高度发展、社会制度根本改变的时候，劳动成为自由人的需要，成为没有社会和自然强制的自由游戏，这就消灭了传统的劳动方式，自然也根本改变了劳动概念。这时候的"生产过程"不再是人对存在的价值化、资源化、对象化，因而也不再是"人的优先性"的"主体形而上学"。只有自由的人才能给自然和存在以自由，自由是人和自然的双重解放。海德格尔所吁求的人扎根于存在，诗意地栖居，以及存在的到场和澄明，只能在"生产过程"的性质根本改变之时才能到来。超越"主体形而上学"的现实道路，只能是缺少诗意的艰难的改变世界的实践。

（原载《马克思主义与现实》2008 年第 2 期）

马克思主义哲学研究认识论转向的意义

——纪念改革开放 30 周年

三十年前,党的十一届三中全会重新确立了实事求是的思想路线,实现了战略重点的转移,奏响了改革开放的序曲,开始了中华民族的伟大历史腾飞。三十年来,我国的经济社会发展取得了举世瞩目的伟大成就,与此同时,我国的哲学社会科学也呈现出前所未有的繁荣,马克思主义哲学研究在推进思想解放的过程中不断开放自己的理论视野,转变哲学观念,探索新的研究方式和方法,取得了许多重大的研究成果。回顾和总结三十年来马克思主义哲学研究的历史经验,重新思考其中具有研究范式转变意义的重大变革,对于深化马克思主义哲学研究,推进马克思主义哲学中国化的进程,对于建设中华民族共有的精神家园,都具有重要的理论意义。

我国马克思主义哲学研究者大都会承认,哲学作为世界观的理论是历史发展着的世界认识,哲学史即是对世界的理论认识史,是列宁所说的"对世界的认识的历史的总计、总和、结论"[1]。然而,自觉到哲学的理论认识性质,进而反思哲学认识自身的根据、前提、可靠性、确定性等所谓认识论问题,在西方哲学史上却是迟至近代才出现的哲学转向。我国的马克思主义哲学研究也需要经历这一理论自觉和转向,才能破除僵死的、教条式的马克思主义哲学理解,才能在哲学史、人类认识史的历史发展中理解马克思主义哲学的真实意义,才能在新的历史条件下坚持和发展马克思主义哲学。因此,重新思考我国马克思主义哲学研究认识论转向的意义,既是哲学基础理论研究的重大问题,也是对那些为此作出重要贡献的哲学

---

[1] [苏]列宁:《哲学笔记》,人民出版社 1993 年版,第 77 页。(《列宁全集》第 55 卷,人民出版社 1990 年版,第 77 页)

家最好的纪念。

一　认识论转向与独断形而上学的终结

西方近代哲学的认识论转向，既是受近代自然科学兴起的推动，也是对自然科学迅速发展而形成的对哲学挑战的回应。一方面，自然科学的兴起促使哲学家们寻找新的认识方法和工具，哲学的兴趣由此转向了逻辑、经验等意识自身。另一方面，自然科学的迅速发展和其技术应用的辉煌成就也使哲学的世界认识显得抽象、无用和可疑。哲学界常用"没有认识论反省的本体论无效"这一论断表达认识论转向的必然性。确实如此，一切哲学关于世界本质、本体的认识，都是哲学家们自认为是的确定性的观念，比如说"世界的本质是物质"，或者说"世界的本体是精神"，其实质都是哲学家对世界的认识或思想规定。尽管哲学家们在自己时代的思维水平上，对这些根本的哲学观念做了力所能及的论证，但如果缺少对认识的反思即对认识的认识、对思想的思想，这些哲学观念就是独断的，这种哲学就是康德和黑格尔所说的独断论的形而上学。

在我们看来，西方近代哲学的"认识论转向"的实质是独断的形而上学的终结，它使那种用单纯、抽象的思维规定断言世界的本质或本体的知性思维方式、知性形而上学成为无效的。就此，康德的形而上学批判具有划时代的意义。在《纯粹理性批判》中，康德力求划定理性的界限，他揭示了传统形而上学的宇宙论、心理学和神学均不能建立起可靠的知识形而上学，其根源是把在经验中有效的知性范畴运用于超越的领域，从而只能产生辩证的幻象，在宇宙论中陷入不可避免的二律背反。康德的形而上学批判，作为20世纪逻辑经验主义拒斥形而上学的先导，也是我国马克思主义哲学界近年来逐渐明确起来的哲学原则区分。因此，是在前康德的哲学原则和哲学思维方式中理解马克思主义哲学，还是在后康德的哲学原则和哲学思维方式中理解马克思主义哲学，就成为马克思主义哲学研究中的原则区别。

从80年代初，随着我国思想解放和改革开放的开始，改革传统苏联模式哲学原理教科书的呼声在哲学界日益增强，由此开始了对马克思主义哲学的理论性质、思维方式、哲学原则等重大哲学问题的重新思考，出现了对马克思主义哲学的新理解。今天看来，我国马克思主义哲学研究的新突破从改革教科书开始是十分自然的，这不仅因为传统哲学原理教科书在我国数十年的普及，已使它具有了"准经典"，甚至替代、遮蔽马克思主义经典作家原著的"超经典"地位，而且因为传统哲学原理教科书已成为苏联模式社会主义的哲学基础。如邓小平同志所明确的那样，我国社会主义改革的实质是突破苏联模式的社会主义，那么，社会主义改革的实践也要求突破苏联模式的哲学原理教科书体系。顺应理论和实践发展的时代要求，早在50年代就对苏联教科书体系提出质疑的高清海先生，充当了中国哲学改革的先锋。

高清海先生主编的《马克思主义哲学基础》一书，被公认为是突破传统教科书体系的第一部哲学教材。该书用客体篇、主体篇、主客体统一篇的认识论结构表述马克思主义哲学的基本原理。在编写《马克思主义哲学基础》的过程中，高清海先生发表了"论辩证法就是认识论"[①]一文，表达了对辩证法和马克思主义哲学理论性质即为认识论的看法。此后他也多次说到他对马克思主义哲学的认识论理解，认为这是自己哲学观念转变的一个阶段。我们可以说，《马克思主义哲学基础》一书以及此书出版前后我国哲学界关于认识的"选择论"和"反映论"的争论等，代表着我国马克思主义哲学研究的认识论转向。尽管这一转向的理论准备并不充分，其深刻理论内涵和重要意义需要后来者逐渐理解和澄清。

以认识论的哲学原则理解马克思主义哲学或者说把马克思主义哲学的根本理论性质理解为认识论，其最重要的文本依据是列宁《哲学笔记》中的一些论断，特别是关于"辩证法就是认识论""辩证法、认识论、逻辑学三者一致"等论断。问题似乎集中在辩证法的理论性质上。在传统哲学原理教科书中，辩证法被定义为"关于自然、社会和思维发展一般规律的科学"，从而认为辩证法是世界观的理论，具有本体论的性质。在我国多年的哲学教学和哲学理论宣传中，辩证法理论得到广泛的传播，几乎所有成年人都知道事物是"一分为二"的、矛盾是普遍存在的等辩证法命题。在群众学哲学的运动中，人们讲述着用辩证法指导花生增产、提高射击成绩等学习经验，辩证法成为"一把钥匙打开千把锁"的万能公

[①] 高清海：《论辩证法就是认识论》，《科学战线》1983年第2期。

式，成为可以到处套用的"观点"。对此，高清海先生曾机智地反驳说，如果一把钥匙可以打开千把锁，锁就成为无用的东西。一把钥匙开一把锁，才是具体问题具体分析。辩证法宣传普及中出现的公式化、教条化倾向，列宁所反对的"观点加实例"的叙述方式，逐渐被人们怀疑和否定，人们嘲讽辩证法就是"变戏法"。我国马克思主义哲学教育和宣传的教训，似乎在重复着西方近代哲学认识论转向的逻辑，即没有认识论反省的辩证法和哲学理论是无效的，作为世界观理论或物质本体论的辩证法，也必须在认识论转向中获得认识论的根据和证明，否则它就是一些独断的教条和僵死的公式。

辩证法和其他哲学原理如何获得认识的根据和证明？首先，必须对马克思主义哲学作认识论的理解，即把马克思主义哲学看作是人类理论认识的成果，看作是哲学史和认识史发展的环节。这样，马克思主义哲学的辩证法理论和所有范畴与原理，就不再是抽象的思维规定，不再是哲学的独断和教条，而是人类认识历史发展特定阶段所达到的理论认识，是以哲学范畴和原理的形态所概括的人类认识史，其理论的有效性可以通过哲学史和认识史得到证明。其次，把马克思主义哲学理解为认识论，即是要从认识的能动方面而不仅仅是从客体和直观的方面理解哲学范畴和原理，理解现实、感性和世界。即使是世界的物质性原理，也是纯粹思想的创造，是哲学反思对世界的本质规定，是哲学对世界的理论认识。因此，也需要为这种哲学认识提供内在认识根据的论证。《马克思主义哲学基础》一书的认识论架构，明确了所有的马克思主义哲学原理的客体规定都是主体的认识规定，没有无主体的客体规定，对全部哲学原理只能在"主体—客体"的统一性中得到理解。最后，从主体的能动方面理解"现实""事物""感性"，理解马克思主义哲学的基本原理，即从哲学原则的高度而不是局部的原理和命题突出了哲学原理中的人的地位和价值，适应了我国社会主义市场经济改革对主体意识自觉的需要。客观地说，传统哲学原理教科书并非完全是"见物不见人"，它也强调"马克思主义认识论是革命的能动的反映论""人民群众是历史的创造者"等。但由于其哲学原理和哲学思维方式基本是前康德的本体论化思维方式，认识的能动性和人民群众的创造性最终都被还原为物质和规律的决定作用；同时，由于其哲学原则基本是前康德的独断形而上学，所以，对物质统一性和世界发展客观规律的论断也缺少认识论的反思和证明。

因此，我国马克思主义哲学研究的认识论转向最重要的历史功绩是终结了对马克思主义哲学作为独断的形而上学的理解方式，实现了哲学原则、哲学思维方式和哲学观念的变革。由于我国马克思主义哲学研究三十年来的迅速发展，包括高清海先生在内的哲学改革的先行者们迅速地超越了马克思主义哲学的认识论理解范式，使认识论转向的重大哲学意义很快被人们所遗忘，以致使这一转向的深刻理论内涵并未留下应有的烛照后人的启示作用，人们今天仍然容易在朴素的实在论和自然态度的思维习惯中重复独断形而上学的马克思主义哲学理解。

二　认识论转向与哲学研究范式的变革

按照认识论的范式理解马克思主义哲学的基本原理，包括辩证范畴和原理的全部哲学理论都只能在人类认识发展的历史中获得自己确定的理论内容。比如，辩证法的任何范畴如果不是抽象的、形式的、脱离思想内容的规定，它就只能在哲学史、人类认识史中获得说明和理解，由此，它才能是具体的普遍性，而不是抽象的同一性。当黑格尔在《逻辑学》中把辩证法范畴与哲学史内在统一起来，把逻辑的和历史的统一起来时，意味着一种超越知性形而上学、独断形而上学的哲学思维方式的创立，意味着一种理解哲学原则的改变，因此也意味着一种哲学研究范式的变革。从人类认识、哲学史和认识史的维度理解马克思主义哲学，即是把哲学作为哲学史。高清海先生和许多学者所倡导的"史论结合"的研究范式，不是一种可以主观使用的方法，而是符合哲学本性的研究方式。

列宁之所以提出"辩证法就是（黑格尔和）马克思主义的认识论"[①]的论断，正是因为他是在阅读黑格尔《逻辑学》时感受到马克思《资本论》与黑格尔《逻辑学》的内在关联，感受到只有用哲学史和认识论的知识才能使辩证法获得确定性的思想内容。否则，就只能用偶然的、任意的事例来理解辩证法的观点。脱离了认识论和认识史的辩证法必然是公式化、形式化的教条，是独断的形而上学，所以，列宁感叹人们没有理解马

---

① 列宁：《哲学笔记》，人民出版社1993年版，第308页。

克思，原因是不懂得《逻辑学》就不能懂得《资本论》。我们今天可以说，没有黑格尔《逻辑学》对哲学史和认识史的思辨的范畴把握，就没有马克思对资本主义社会的范畴把握和内在地批判。没有黑格尔的唯心主义辩证法，就没有马克思《资本论》的辩证法。因此，只有在哲学史的内在逻辑和历史关联中我们才能真正懂得马克思主义哲学。

在我国马克思主义哲学研究的认识论转向之后，"史论结合"的研究方法已逐渐成为一种重要的研究范式，由此出现了学院化的、理论态度的哲学研究。此前，我们强调马克思主义哲学在哲学史上实现的根本变革，强调马克思主义哲学的阶级性、实践性，努力普及马克思主义哲学，力求让它成为人民群众手中的思想武器，这种对马克思主义哲学的理解和运用，也曾起到重大的积极的历史作用，并且也有马克思主义哲学经典作家文本的根据，也可以说部分地符合马克思主义哲学的理论性质和实践要求。但仅从政治的正确性理解和运用马克思主义哲学是不够的。我们说马克思主义哲学是科学，尽管我们较少注意哲学科学与经验科学在思维方式上的本质区分，但却都承认马克思主义哲学是"历史的科学"，它不是离开人类文明大道的宗派性的理论，而是对以往哲学的批判继承。因此，我们不能离开哲学史而理解马克思主义哲学。按照通常的看法，"史论结合"对马克思主义哲学研究来说似乎不是什么新的方法和范式，传统哲学原理教科书也明确断言德国古典哲学是马克思主义的理论来源，也指出马克思对黑格尔辩证法"合理内核"的批判继承。真正的问题在于，对于这些论断的理解方式，如果抽象地、公式化地重复这些论断，而不能进入到哲学发展的内在逻辑之中，不能从认识史、哲学史上理解马克思主义哲学对传统哲学超越的内在必然性，我们就不能真正"史论结合"地理解马克思主义哲学。所以，"史论结合"的研究范式的真实意义，是纯粹学术态度和理论态度的研究，他至少是补充了以往政治态度和应用态度研究的不足。这是改革开放以来，我国马克思主义哲学研究取得的许多重要研究成果的一个基本前提。

近些年来，我国一批马克思主义哲学研究者倡导和力行"文本研究"，关注马克思和其他人文本的版本、翻译以及手稿的考订和考证，力求更严格、更原始、更准确地把握马克思哲学的本来意义。这实际上是我们所说的学院化、学术化研究范式的新进展，是在把马克思主义哲学做认识论、知识论理解的前提下才是可能的,在这样的意义上,我们仍在分享着马克思主义哲学研究认识论转向的理论成果。在我们看来,"文本研究"和纯粹理论态度的学术研究并不排斥理论和实践相结合的研究方法,甚至可以说"史论结合"的理论研究必然要求理论和实践的统一。就"文本研究"说,马克思本人作为革命家的实践活动及其对国际共产主义运动实践的理解,可能是理解马克思最重要的原始"文本"。套用胡塞尔现象学的说法,马克思的革命实践是马克思学说最原始的意向性构造成就。通俗地说,马克思的革命实践是马克思理论的原初动机。

表面看来,纯粹理论态度的研究是远离了社会现实和社会实践,是疏离了政治或去政治中心化。但从实质上说,这也许是哲学关注和把握现实最有效的距离,是真正的保证政治正确性的恰当态度。伽达默尔认为,理论就是"对实践的反驳"[①];黑格尔和马克思都曾有用哲学理论的形式把握自己时代的哲学使命的自觉;胡塞尔、海德格尔等重要哲学家也都有类似的使命意识。哲学作为一种特殊的理论把握世界的方式,它虽然不能离开世界获得一种"神目观"的世界知识,而只能内在于世界之中去思考和体验世界,但它却必须一定程度地远离经验表象,要用思想的力量为自己打开一个自由的思想空间,以使用思想去把握世界成为可能。过于急切地关注现实,难以形成对现实的理论理解;过于强烈的政治关怀,不能有哲学理论的政治理解。与社会现实和实践保持思想距离的理论研究,才能有马克思所说的"理论思维"、恩格斯所说的"理论思维能力",才能有真正表达和引导时代精神的文明的活的灵魂。

从我国三十年马克思主义哲学研究的历史作用看,我国的一些重要马克思主义哲学家的理论研究工作真正起到了以理论的方式推进社会主义改革进程的作用。就马克思主义哲学研究的认识论转向说,它破除了人们对马克思主义哲学的公式化、教条化的理解,起到了重要的思想解放作用;它开启了学院化、学术化的马克思主义哲学研究范式,为此后的马克思主义哲学研究奠定了新的取向和标准;更为重要的是,恰恰是这种学院化、学术化取向的马克思主义哲学研究,更为深刻、准确地表达了我国社会主

---

① [德]汉斯-格奥尔格·伽达默尔:《赞美理论》,夏镇平译,上海三联书店1988年版,第21页。

义改革实践的内在要求,真正发挥了理论指导实践的作用。社会主义市场经济的活力和效率源自每一个体的理性选择,追求自身利益最大化的理性计算成为人们经济活动的重要原则,而这要求每一经济活动主体自觉的主体意识和自我意识。马克思主义哲学研究认识论转向的重要意义之一,就是推动了个人主体意识的兴起。高清海先生把这种哲学转向和市场经济的关系叫作市场经济对主体性的呼唤。

三 认识论问题的永恒性

自 90 年代开始,我国马克思主义哲学研究迅速地超越了认识论的理解和研究范式,出现了通常所说的"实践论转向"和"生存论转向"。马克思早在 1845 年春写作的《关于费尔巴哈的提纲》就提出既区别于旧唯物主义"只是从客体的或者直观的形式去理解""事物""现实"和"感性"的思维方式,又区别于唯心主义只是从"抽象的""能动的方面"理解世界的思维方式的实践观点的思维方式[1]。高清海先生认为这是马克思哲学革命的实质。因此,实践唯物主义、实践本体论和实践观点思维方式这些对马克思主义哲学实质的不同理解,却共同地把实践作为马克思主义哲学的核心概念和观点,共同促成了马克思主义哲学研究的实践论转向。与此同时,我国马克思主义哲学研究开始吸取现代西方哲学的理论成果,在对胡塞尔生活世界现象学、海德格尔生存论和哲学人类学等理论的借鉴中,形成了对马克思主义哲学的生存论理解。最简略地说,从认识论转向实践论和生存论的理解范式的哲学理由,就是实践和生存先于一切科学和哲学认识。这种事实上和逻辑上先在性的认定,为新的哲学转向提供了几乎是不可置疑的证明。

从认识论转向实践论和生存论,是否意味着认识论范式的马克思主义哲学理解已经失去了存在的意义?马克思主义的实践观点和海德格尔的生存领会确实揭示出先于认识并使认识得以可能的前提,这是否意味着认识论问题已得到最终的解决?胡塞尔曾说认识论是一个无穷角逐的战场,即使在实践论和生存论转向之后,认识论问题可能仍是永恒的哲学之谜。认

---

[1] 《马克思恩格斯选集》第 1 卷,人民出版社 1972 年版,第 16 页。

识论或知识论的哲学范式似乎有以下几个纲领性的论点：一是，哲学是认识或知识，哲学作为知识形态的形而上学必须有知识的终极确定性，否则就会导向认识的无穷倒退，陷入怀疑主义和相对主义。二是，哲学认识和知识的终极确定性，不能从外部实在获得。因为外部实在直接性的意识呈现是感觉经验，它本身已经受到了意识的中介。所以，只能从意识或认识自身寻求内在的确定性。三是，哲学认识和知识的终极确定性的实质是思维和存在的关系问题，康德的说法是"认识何以可能"，胡塞尔的说法是"内在意识如何切中外部实在"。这几个古老的认识论问题都是所谓超越的形而上学问题。从后现代主义的观点看，这是属于不能问或不应问的问题。提出和试图解答这些问题就是在编织"宏大叙事"，就是企图建构一种权威话语系统，就会造成某种知识的霸权。但在康德和黑格尔等人看来，人就是形而上学的理性存在，理性固有的形而上学本能、追求知识终极确定性的形而上学提问是无法取消、消解的。

从科学主义的思维方式看，知识终极确定性和思存同一性这样的问题，似乎可以通过基因科学、心理学等经验科学的发展得到最终解决。可以设想，有一天我们破解了人脑的全部奥秘，我们提出"知识终极确定性"时的神经状态、基因图谱都得到精确的描述。我们所以提出这个问题被还原为物理主义的决定论解释，特定的基因、特定的大脑神经生理状态决定了我们说出这个问题。这就可以终结认识论的形而上学。但按照哲学家们所说的大众语言学的语义直觉，找出提问的神经生理原因与回答提问的意向性内容是两回事。我们对如此提问的基因、神经生理的解释，并未回答这个提问所问的问题。"问题"本身似乎已经预设了一个形而上学的论域，只有在这一论域中的讨论才算得上回答。并且，如果按照康德、胡塞尔的提问方式，物理主义还原论的解释根本就未回答内在意识如何切中外部实在的问题。基因科学、脑科学的理论和知识是如何可能的？科学家们如何知道自己的知识认识与对象是同一的、一致的？这是科学家所无法回答的哲学问题。

海德格尔的生存论是以哲学或他后期叫作"思想"的形式超越了认识论或知识论的问题。在海德格尔看来，两千年的西方哲学包括认识论哲学，都是主体形而上学。自那以后，许多人都开始认为追求知识的终极确定性、思存统一性"是荒谬的、陈腐透顶的"，"海德格尔把坚持提出这类问题的现象称为真正的哲学'丑闻'"。① 以认识论的形态去思考存在，就是把存在当成了存在者，就是要对存在加以区分、规定、控制和宰制，从而遗忘了存在的意义。人在生存状态中的生存领会和理解，先于一切科学和哲学认识，只有超越日常生活的沉沦，在本真的死亡领会中才能获得此在乃至存在的意义。后期海德格尔主张哲学和思想的区分，力求通过"语言的移居"变革思维方式，引导人们学会归属于存在的思想。海德格尔所说的生存领会、归属于存在的语言和思想、是对认识论哲学范式的突破，它欲趋赴的哲学目的不再是知识的确定性，而是人"诗意地栖居在大地上"。

我国一些马克思主义哲学的研究者，看到了海德格尔生存论与马克思哲学思想的契合之处，主张用生存论的范式理解马克思主义哲学。作为无产阶级和人类解放的学说，马克思主义哲学也就是关切人的生存状态和改变人的生存状态的学说。海德格尔赞扬马克思体会到异化的时候"深入到历史的本质性的一度中"，"马克思主义关于历史的观点比其余的历史学优越"。"人们可以以各种不同的方式来对待共产主义的学说及其论据，但从存在的历史意义看来，确定不移的是，一种对有世界历史意义的基本经验在共产主义中自行道出来了"。② 因此，可以肯定的是，海德格尔体会到马克思的共产主义学说内在地包含着他所渴求的存在经验和存在感受。以生存论的范式理解马克思主义哲学会对马克思主义哲学的当代意义带来新的理解。

海德格尔也坚持与马克思思想的区分，他认为，"对于马克思来说，存在就是生产过程，这个想法是马克思从形而上学那里，从黑格尔的把生命解释成过程那里接受来的。生产之实践性概念只能立足于一种源于形而上学的存在概念之上"③。马克思的历史辩证法确实源于黑格尔的概念辩证法，马克思的人的解放的共产主义理想源于对社会发展的辩证分析。尽

---

① ［德］汉斯-格奥尔格·伽达默尔：《哲学解释学》，夏镇平、宋建平译，上海译文出版社1994年版，第118页。
② ［德］海德格尔：《海德格尔选集》上卷，孙周兴选编，上海三联书店1996年版，第383—384页。
③ ［法］F. 费迪耶等辑录：《晚期海德格尔的三天讨论班纪要》，丁耘摘译，《哲学译丛》2001年第3期。

管马克思学说包含着思辨的思维和语言，并力求使其经验化、实证化，但是这与海德格尔的生存论领会和诗性的思维与语言存在着重大差异。如果说，海德格尔哲学的意义在于诗意地唤起人们不同于控制论思维方式的存在经验和存在感受，进而改变生存态度乃至生活方式，那么，马克思主义哲学则是通过揭示资本主义社会的内在逻辑，找到超越资本统治的现实道路，实际地改变世界。马克思的思维方式和话语系统仍与认识论哲学存在着密切关联，比如，马克思的资本主义批判是否具有客观真理、客观知识的意义？是否存在着源自黑格尔的辩证的真理和知识？对这些问题的思考和解答，仍需要认识论范式的马克思主义哲学理解。即使是海德格尔的生存领会、诗意的思想和语言，也仍然存在本真与非本真的区分。作为海德格尔所说的"去蔽"的真理虽然不再是思存同一的问题，但"遮蔽"和"无蔽"的区分仍需做出判断或认识。

总之，生存论和实践论转向不能完全消除认识论问题。无论哲学作为知识还是思想，总要有真与假、好与坏等判断和认识，因此，生存论和实践论只要有所论说，它就是理论和认识，就需要认识论的理解和证明。生存论、认识论、存在论是哲学体系的自身区分，它们之间需要互为前提、循环论证[1]。

（原载《江苏社会科学》2008 年第 4 期）

---

[1] 孙利天：《哲学体系的自身区分及其循环论证》，《长白学刊》2002 年第 4 期。

第三编

辩证法研究

现代哲学革命和当代辩证法理论

现代西方哲学及后现代主义哲学在一个世纪中对西方传统哲学的批判,也部分地涉及对辩证法理论的批判。究竟应该怎样看待和评价这些批判的合理性,我们能否从中吸取积极的成果以抛弃辩证法理论中确属形而上学的东西,并探索符合时代特点和当代哲学精神的辩证法理论形态?粗略地说,现代西方哲学包括所谓后现代主义哲学未能完全摆脱知性思维方式的限制,往往以精密自然科学的思维模式去分析和批判传统哲学,缺少自觉的哲学态度,因此很难领悟传统哲学特别是辩证法理论的真正旨趣和意义,以致有些批判是文不对题,陷入偏执、浮躁甚至盲目的激烈情绪中。同时又必须承认西方一百年的哲学运动不是一场无意义的空忙,它使现代哲学家经历了一番严格的逻辑和语言训练,这种思想的训练和清洗使现代哲学家具有很高的逻辑和语言分析能力,从而使他们能够准确地指出传统哲学的种种弊端。现代哲学以它特有的清晰,一劳永逸地消除了许多传统哲学的混乱,哲学的背景或基地得到了一次新的清理,这为我们重建辩证法理论、探索辩证法的当代形态打下了基础。

一 形而上学终结的真实内容

马克思主义经典作家早在一百多年前就宣告了自然哲学的终结、旧哲学的终结,许多现代哲学家无数次地重复这一论断。作为形而上学的传统哲学在现代哲学中被"拒斥""取消""拆解""摧毁",以致海德格尔说,马克思已经完成了对形而上学的颠倒,形而上学终结了,只是还留下

"思想的任务"①。问题在于：形而上学在何种意义上终结了，现代哲学通过哪些有力的论证终结了形而上学的哪些内容，亦即清除掉了哪些"假问题"，形而上学终结后是否还有新的形式可以尝试哲学思维，以担负起时代赋予哲学的思想的任务。

首先，形而上学的终结意味着客观知识形态的旧哲学的终结。

起源于希腊的西方哲学最初作为知识总汇的形式而存在，科学和哲学同作为对事物普遍原理和原因的探求，只有普遍性大小的模糊区别。随着近代实证科学相继从哲学的母体中分离出来，科学与哲学的分界、科学与哲学的关系才成为问题。在德国古典哲学中，康德首先改变了哲学提问的方式，他不再把哲学的任务看作是增加经验知识，而是要为科学提供合法性的证明，寻求科学何以有效的理性基础。黑格尔是较早对自然科学方法包括数学方法表示轻视的哲学家，他为自己哲学设定的任务显然也不是增加经验知识，而是要达到精神和自然的合解，他通过自在理性和自为理性的设定，使自然精神化，精神客观化，从而达到世界自我意识的绝对知识，这又使他的哲学体系仍保留了客观知识形态的外观。恩格斯明确指出，用主观臆想的联系拼凑世界图景的自然哲学的终结，哲学的任务也不是提供绝对真理的体系，而是用辩证思维概括自然科学成果去追求可能达到的相对真理。至此，作为客观知识形态的旧哲学的终结以及其后的哲学任务已基本得到廓清。

现代西方哲学对传统形而上学的批判使作为客观知识形态的旧哲学彻底消亡，各派哲学从不同的方面基于不同的理由深化了这一批判的主题。逻辑实证主义认为形而上学命题不可证实或证伪，因而是无意义的。他们所说的无意义是指不具有实证科学的经验效准，不具有经验知识的意义。赖欣巴哈指责旧哲学冒充客观知识从而混淆了哲学和科学的界限。在我们看来，尽管后来奎因的经验整体论重新模糊了哲学和科学的界限，但逻辑实证主义关于科学和哲学的分界原则仍是有效的，哲学命题和哲学知识与经验科学确实是不同性质、不同层次的东西。如果从思维方式上追究两者的差异，那么对哲学作为客观知识的否定就更有逻辑力量。胡塞尔认为，

---

① ［匈］F. L. 伦德威：《卢卡奇的社会存在本体论和马克思的社会观》，燕宏远译，《哲学译丛》1991 年第 5 期。

日常意识和自然科学是一种自然态度的思维，它非反思地设定了自然客体的存在，也不去思考内在的意识如何能够切中外在的客体，而哲学则要以自觉反思的态度去追究这些问题。胡塞尔的现象学思考客体是如何被意向性构造的，作为一切知识基础的意识本质是什么，其目标是建立严格的科学的哲学。胡塞尔的现象学方法是先验的方法、绝对的方法，与经验科学方法根本不同，所以建立的知识的性质也不同，严格科学的哲学不是经验科学意义上的科学。从思维方式的根基进一步思考哲学与科学的分界，现代西方哲学正确地指出了传统哲学的另一个弊端，即认识论中心主义或基础主义。笛卡儿、康德、黑格尔包括胡塞尔都力图给认识提供一个终极的、绝对可靠的基础。这一方面使他们自觉区分哲学和科学的不同性质；另一方面却又总是不能完全摆脱主客体二元区分的认识论模式，仍把哲学看作是主体反映对象的客观知识。罗蒂认为这是"自然之镜"的哲学，他以一种简单的逻辑驳斥认识论模式的哲学立场。其论证如下：哲学要研究整个世界，研究者内在于世界之中，研究者企图跳出世界之外观照世界，则世界就不再是完整的世界，而且如维特根斯坦所说思考世界界限的两边是无法想象的。所以，哲学不能作为反映整个世界的客观知识形态而存在。

其次，现代哲学对西方传统形而上学的批判集中在实体本体论这一主题上，形而上学的终结意味着实体本体论哲学形态的终结。

古希腊哲学家按照因果关系的思考模式去追究世界的第一因，在素朴的自然哲学中第一因是水、火等物质性的本原，这实际是宇宙发生论的问题；古希腊哲学家也曾从事物构成要素的方面去寻求第一因，例如德谟克利特的原子论，这实际是宇宙结构论的问题。对世界本原和始基的追求在现代已是物理学问题，但古希腊哲学这种追本溯源的思考方式却一直影响着西方哲学，把某种终极物质、理念或心灵看作是全部现象的本体根据，并不同程度地设想本体的自身存在，这是西方传统哲学的共同特点。其实，无论是物质、理念或心灵都是哲学反思的最高抽象而形成的概念，这些概念在其合理性上只能作为理解和说明世界的逻辑根据，而不能作为事实上的根据。西方知性思维的传统，总是倾向于把这些本体概念看作是指称外部实在的东西，从而把精神物质化，概念实体化，这就是现代哲学所说的西方两千年实体本体论的形而上学。

现代哲学对传统实体本体论的批判是从多个方面展开的。语言哲学认为实体本体论的形而上学是由于语言的误用造成的,维特根斯坦认为形而上学混淆了形式概念和专有概念,后期的日常语言学派认为形而上学犯了"范畴错误",它使用的是一种"系统地引人误解的表达式",海德格尔和伽达默尔则认为西方语言的主谓词结构把西方哲学引向了实体—属性的形而上学。总之,从语言分析的批判中揭示出实体本体论错误的根源在于抽象概念或抽象名词的实体化。现代哲学对实体本体论的批判也触及思维方式的层面。海德格尔和伽达默尔都把概念实体化的形而上学看作是西方传统哲学没有摆脱自然科学思维方式的结果,这种思维方式把日常语言的丰富含义加以抽象和提纯,以造成单义的明确的科学概念,便于对自然或对象的控制和操作,这种控制论的思维方式或工具理性的态度虽然增加了人对自然的控制力量,但却造成了学院化、术语化概念对存在意义的遮蔽和遗忘,因此必须摧毁实体本体论,改变哲学的思维方式。实体本体论的形而上学也蕴含着对哲学性质和使命的承诺和期许,它企图一劳永逸地结束认识论、伦理学和形而上学的无穷角逐,从而给科学、文化和全部社会生活提供一个绝对可靠的终极基础。物质的、精神的或心灵的实体是人类一切理性提问的终极解答,这就使任何理论形态的实体和本体都很像一个名叫"上帝"的东西。这种极端的绝对的理性信念总是同时伴随或必然走向它的反面,即蒙昧主义和信仰主义。因此,现代哲学对实体本体论的摧毁和拆解也总是包含着哲学观的转变。

最后,形而上学的终结意味着基础主义和学科帝国主义哲学观的终结,哲学不再是为其他学科和文化形式提供终极基础的最高智慧,而是众多文化形式中的一种特殊文化形式。

在西方的哲学传统中,不管哲学家对哲学的性质和使命有怎样不同的看法,但大都把哲学看作是第一原理、一级学科和其他学科的基础,哲学作为最高根据和第一原理也总是直接或间接地设定了某些最高规范,成为人类生活基本价值即真善美的最高尺度。启蒙运动以来,人们在社会生活特别是政治生活中极力倡导自由、平等、公正的原则,却长期没有思考设定这些原则的启蒙哲学何以会有这种超越的权力,人们没有思考各种文化形式及其社会主体是否平等,是否存在学科帝国主义、概念帝国主义,即哲学学科和概念的未经反思的文化特权。大多数哲学家困窘的生活也许遮蔽了这个问题，人们不会觉得颠沛流离甚至亡命他乡的哲学家非法地僭越了思想的权力。但根本原因乃在于人们对启蒙理性的认同，哲学和科学作为理性的典范获得了人们的崇拜和信仰。现代哲学对绝对确定性的寻求和对形而上学的理性清洗，却动摇了启蒙理性的信念，哲学乃至科学的理性根基和确定性基础露出了破绽，从而人们也开始对哲学学科传统地位的合法性发出质疑。

罗蒂的后哲学文化、德里达和福柯的后结构主义都从根本上改变了传统的哲学观。用边缘颠覆中心，从而拆解和解构任何形式的中心主义，是后现代主义文化的主要特征，这也必然使哲学作为一切学科和文化基础的地位受到颠覆。罗蒂在从认识论到解释学的转向中，明确地拒绝了传统哲学的基础主义和学科帝国主义，在没有哲学作为基础和导向的文化即后哲学文化中，哲学成为沟通各种文化形式的解释学，成为广义的文学批评。从而文化的进化不再有哲学理念的保证，只能凭借自由创造的偶发的"语言的机缘"来造成。福柯的知识考古学否定了19世纪的两个核心术语即连续性和根源性，在断裂的考古学层面上知识和权力相互交织，自主的哲学反思及其虚构的历史统一性被拆解和炸裂。德里达以他的"延异"作为消解策略把西方语言固有的形而上学从而把哲学话语系统消解在无限延伸的边缘之中，哲学的逻各斯中心主义、传统哲学作为在场的形而上学甚至伽达默尔提出的对话的真诚，都作为寻求意义统一性的徒劳繁忙而被废弃。

我认为，现代哲学对传统形而上学的批判深化了马克思主义经典作家在这个问题上已有的思考，更明确地理清了形而上学终结的真实内容，从而有助于我们加深对马克思主义哲学革命变革实质的理解。但是，现代西方哲学对辩证法的盲目拒斥使它难以挣脱知性思维方式的限制，要真正富有成效地克服西方传统哲学的形而上学，就必须探索和重建经过现代哲学清洗了的辩证法理论。

二 清洗掉了形而上学的辩证法是什么

现代西方哲学对传统哲学的批判也包含着对传统辩证法理论和马克思主义辩证法的批判。波普尔指责辩证法既能解释合乎意料的情况，也能解释出乎意料的情况，因而不包含被证伪的风险，所以是无意义的形而上学；海德格尔谴责德国唯心主义辩证法对语言的遗忘，伽达默尔认为黑格尔的辩证法虽然是对实体本体论的消解，但仍把自我运动的绝对理念看作本体从而存在着本体论上的自我驯服；英美哲学家甚至把黑格尔哲学看作是形而上学的典型形态，反叛黑格尔的哲学运动固然与当时新黑格尔主义在英美哲学中的巨大影响相关，但从根本上说却是对传统辩证法理论的目标、态度的批判和拒绝。詹姆斯诅咒那个"该死的绝对"，赖欣巴哈嘲讽黑格尔用"神秘的方式"说话，现代哲学后来的发展则更为明确地否定了辩证法无限理性的追求和绝对理性主义的态度。我认为，现代哲学对辩证法理论的批判既有合理之处又有其知性思维的局限性。就其合理之处说，传统辩证法理论并未完全脱离传统哲学的思维框架，辩证法长期被作为最高普遍性的客观知识，作为实体本体论的一种形态，作为一切知识的基础，这使辩证法成为超验意义上形而上学的一种理论形态，现代哲学拒斥形而上学自然包括对这种辩证法理论的拒斥，形而上学的终结也同时是这种辩证法理论的终结。

需要特别指出的是，我们长期受传统哲学思维方式的影响，把马克思主义的辩证法也纳入传统形而上学的理解框架中。辩证法是关于整个世界一般发展规律的科学，辩证唯物论是一种自然本体论，辩证法是一切科学方法的基础，这些对辩证法的基本规定把辩证法定位在传统形而上学的格局中。我认为，把马克思主义辩证法与黑格尔辩证法的区别看作只是唯物和唯心的抽象对立，这是严重的误解。马克思主义哲学革命变革的实质是对传统哲学思维方式的扬弃，是对西方两千年形而上学的颠倒，而绝不仅仅是对黑格尔唯心主义辩证法的颠倒。以传统哲学的思维框架理解马克思主义的辩证法必然使其重新受到形而上学的污染，现代哲学对这样理解的辩证法的批判也自然有其合理之处。

真正的问题在于现代哲学对传统哲学的批判仍是以知性思维为基础的，它不可能在本来的意义上"扬弃"形而上学。所以，尽管它无数次宣告形而上学的终结，形而上学却依然存在，即便是论证充分、言之凿凿的形而上学弊端也不能彻底根除。原因在于这些反驳和论证仅仅基于知性的理由，而人的本性即有超验的思辨的理性要求，"正是因为它荒谬所以我才信仰"。这种悖论式的陈述恰恰表明，知性思维的明晰性和自然科学思维的确定性并不能完全驱除形而上学的神秘。要真正克服形而上学就必须在哲学思辨的理性层次上与其展开对话，辩证法作为思辨的逻辑和哲学的思维方式才能在信念和信仰的问题上取代形而上学。所以，经过现代哲学清洗的辩证法是对传统形而上学和现代西方哲学的双重超越。我认为，马克思以来的当代辩证法在其本来的意义上应当具有如下特点和形态。

首先，辩证法不是绝对真理的体系和最普遍的客观知识，而是探索真理的内涵逻辑。

现代哲学对传统哲学和辩证法的批判相对清晰地确定了哲学和科学的分界，也显示出辩证法作为哲学方法与实证科学方法的原则区别。黑格尔正确地领悟了哲学方法与知性思维和各门具体科学方法的区别，他强调哲学不能从别的学科借用现成的方法，因为哲学方法是一种绝对的方法、无限理性的方法，它要打破知性逻辑设定的认识界限，追问一切认识乃至世界可能的最高根据。黑格尔的辩证法作为不脱离思想内容的内涵逻辑区别于传统的仅从思维形式和概念外延关系进行推理的形式逻辑，是一种关于真理的逻辑，即不仅仅考虑思想和命题的形式的真假，而且考虑其内容的真假，这就使他的辩证法与认识论乃至形而上学汇合了。从思想内容这个实质性的方面去思考真理问题，就必须回答思维与存在、主观与客观能否统一、如何统一这样一些超验的问题。黑格尔唯心主义地设定了思维和存在的同一性，并在对认识史的反思中揭示出思维与存在统一的基本逻辑环节，构建了一个绝对真理的哲学体系。人们对黑格尔的"绝对"存在很多误解，现代哲学更是把它看作完全荒谬的东西。其实，绝对真理只是关于绝对的真理，即关于一切相对认识终极基础的哲学真理；绝对真理不是客观知识，因为它已超越了主客二元区分的相对性；探索绝对的方法也不是实证科学方法，只能是思辨的哲学方法。辩证法作为辩证逻辑或内涵逻辑是哲学思考的逻辑，在思想的可靠性上它同样是相对的、可错的。黑格尔哲学的根本错误在于把这种逻辑实体化、本体论化，从而把关于绝对的知识变成了绝对可靠的知识，并混淆了哲学知识与实证科学知识的界限，造成了客观知识形态的虚假外观。

辩证法理论研究长期存在的根本缺陷之一是用知性思维方式理解辩证法，不懂得辩证法作为内涵逻辑、认识论和哲学世界观三者统一的真实意义。或者把辩证法当作抽象的公式或形式外在地主观地加以运用；或者把辩证法混同于实证知识，把它变成实例的总和，从而使辩证法庸俗化；或者把辩证法看作世界发展一般规律的最终认识，从而把辩证法绝对化、凝固化，成为形而上学的教条。问题的关键是要懂得辩证法知识与形式逻辑知识和实证科学知识的原则区别。把辩证法作为内涵逻辑、哲学逻辑或如列宁所说"资本论"的逻辑来对待，辩证法就是在思想内容自己运动中反思它的逻辑规定，从而在哲学层次上把握思想对象，同时也把握思维规定自身的主客体统一的哲学知识。就这种知识指向的对象说，这是超验的、形而上的、绝对的，而就它的反思程度、合理性程度说，它是历史的、可错的、相对的，所以我们说辩证法是关于绝对的相对真理。

其次，辩证法不是与人的价值态度无关的中性认识框架，而是一种人生态度和境界。

现代西方哲学通常是在传统哲学冒充实证科学的意义上拒斥形而上学，而不否定追问人生的意义和价值对于生活的意义，只是这种追问和沉思不能获得精密自然科学的可靠性。按照海德格尔的逻辑，科学认识只是人的一种存在方式，而且它已先行受到生活世界的情感定向，先于科学认识的前理解、前判断是更为基础性的东西。辩证法对认识基础的追寻同样达到了生存论或存在论的层次。就德国唯心主义辩证法说，自由是它的最高原则，实体本质上是一种伦理实体，就是黑格尔逻辑学繁难深奥的诸多环节，其实质也是使个体精神达到普遍精神从而使人崇高起来的精神教化的历程。德国唯心主义辩证法的失误之一在于把这种伦理根据实体化，始终难免宗教创世说的痕迹。

马克思主义的辩证法是无产阶级解放的学说，对无产阶级生存状况和历史使命以及人类未来的思考是马克思主义创始人的根本关怀，使无产阶级由自在阶级转变为自为阶级，形成社会主体的阶级意识和人类意识进而实践地改造世界，是马克思主义辩证法的历史内容。辩证法不是对客观规律和历史必然性的被动反映，而是对无产阶级和人类发展的应当性、合理性表达。就每个觉悟的共产主义者说，这种觉悟是精神的新生，人生境界的跃迁，是一种真诚的精神实践的辩证过程。辩证法作为一种超越的、生生不已的人生态度把人们带入真正的哲学境界。也许"境界"这个词很能准确地传达辩证法的真精神，在境界中没有主体与客体的二元区分，没有实体与属性的形而上学，它作为理念性和具象性的统一、超验性和经验性的统一,全面地显示着人们对人生意义的觉解和领悟,消融了实体本体论的理论形态。

最后,辩证法不是可以机械运用的现成工具,而是精神教化的实践,交往和对话的话语实践。马克思主义经典作家都讲过辩证法是最好的劳动工具,是伟大的认识工具。但是如果以工具主义理性的态度理解和运用辩证法则背离了辩证法的本质精神。辩证法作为不脱离思想内容的内涵逻辑,就在思想内容自己运动的客观逻辑中,《资本论》的逻辑就是资本主义经济运动的逻辑。设想以某种普遍的辩证法范畴作为主观的思想工具外在地套用到经济事实上,这正是马克思批判的蒲鲁东的经济学方法[①]。辩证法确是劳动工具和认识工具,却是通过长期的思辨训练而获得的整体思维方式,不能把它作为现成的物质性工具机械地运用。

现代哲学对工具理性和控制论思维方式的批判,呼唤着失落了的人文主义精神,它启示我们排除工具理性的影响,把辩证法作为人的自我理解和自身解放的学说。不论把辩证法看作内涵逻辑和哲学思维方式,还是把它看作人生态度和人生境界,它都不是具有知性确定性的客观知识。所以,学习和掌握辩证法也不同于学习实证知识,它需要漫长的精神教化的实践。要掌握辩证法的思维方式,就要破除知性思维的蔽障,而要破除这一蔽障又要改变极端功利主义或极端理想主义的人生态度和境界;反之,要达到辩证法的人生境界也同样需要克服知性思维的狭隘眼光。用中国儒家的说法是要发明本心的良知良能,用马克思主义的说法是要改造主观世界。

语言转向和生活世界的转向使现代西方哲学十分关注交往和对话的话语实践。按照马克思主义哲学的看法,物质生产实践是人类生存和发展的基础,也是人的本质力量自我确证和自我理解的基本形式,物质生产实践的辩证法是辩证法学说的核心内容。但是,生产实践和任何实践形式一样,是具有责任性的、伦理性的、交往性的或者说是主体间性的,辩证法也是对话、言谈的话语实践。现代哲学揭示出交往的扭曲,话语系统中的权力因素,对话结构中的真诚、宽容和话语的斗争,这种复杂的矛盾结构也展示出在漫长的话语实践中人类获得更高同一性的可能性。和平与发展

---

① 《马克思恩格斯选集》第 1 卷,人民出版社 1972 年版,第 122 页。

的世界主题使对话的辩证法不再仅仅是言谈论辩的技术，也不仅仅是启发、回忆和获得最高觉解的智慧追求，而且成为人类生存的基本样式。

总之，经过现代哲学冲击、清洗的辩证法，不再具有认识的特权、文化的特权，也不再具有最普遍的原理和最高真理的专断的权威，但它仍是人类自我理解和理解世界的有效方式，它不能直接具有经验的效准和经济的效益，却是人类精神自我批判、自我调节、自我升华从而走向崇高的伟大事业。

三 当代辩证法的实证化趋向

辩证法作为一种早熟的哲学智慧长期只是被少数人所享有，这是因为辩证法是对人之为人的根本或绝对的理性追求，它超越了日常意识和实证科学研究中的自然态度，因而没有一种知性的发现程序和检验程序以保证人们可以循序渐进地学习和掌握辩证法。苏格拉底式的对话，老庄对自然和生命审美式的感悟和体验，禅宗的机锋，乃至谢林的创造性直观，对芸芸众生来说都是玄之又玄的东西。黑格尔反对谢林的认识论贵族主义，力求使辩证法理论获得可以传授学习的理论形态，但他也提醒人们学习辩证法必须使思维运行在抽象的思辨层次上，这对大多数人来说仍是难以做到的。所以，黑格尔的辩证法在当时就不得不为自己的神秘性进行辩解。[1]后来的哲学家几乎是众口一词地指责他的神秘主义。

辩证法学说的玄奥和神秘关键在于它没有一个可以直观的经验对象，康德据此划分了知性理性和思辨理性的界限。辩证法的对象是在反思的消解和建构中显露和创造的对象，它可以从事情本身、意识事实乃至经验事实出发，但它的目的则在于扬弃这些事情或事实而寻求它的内在根据。作为根据的东西，至多只能创造性地直观，而不能经验地直观到它，所谓形上的意义即在于此。黑格尔的辩证法并不设想作为根据的本体或实体可以自身存在，它就在经验之中，因而并不存在可以单独直观到的超验对象，但作为经验根据的本体仍是从本质上异于经验的东西，它也不能用经验的方法证实或证伪。

---

[1] ［德］黑格尔：《小逻辑》，贺麟译，商务印书馆1964年版，第195页。

在经过逻辑经验主义对形而上学的批判之后，辩证法学说如何既能保持它区别于经验科学的超验性质，又能以不同于经验科学的方式获得一定的实证性效用，当代辩证法理论显示出这种致思取向。

首先，在辩证法的研究对象上，当代辩证法理论表现出克制的接近经验层次的理性追求和普遍性追求。赖欣巴哈认为，对最高普遍性概括的追求是造成传统哲学诸多"假解释"的一个根源。谢林的辩证法力求创造性地直观思维和存在的直接同一，思维直觉地规定感性的先验机制；黑格尔的辩证法则通过诸多的逻辑环节揭示自然和精神、思维和存在的差异，动变中的同一。这都是对最高普遍性的无限理性的追求。当代哲学的辩证法则更多地思考语法规则、语义规则、语用规则、正义规则、伦理规则和美感规则等的同一或统一，这种自觉的理性限制使当代哲学和辩证法出现了方法论上的变化。

其次，当代辩证法理论对非元哲学的次级规则的探索作为一种解释模式具有哲学—经验的特点。它把辩证法和实证科学联系起来。哲学—经验的解释模式是一种思辨的设计和经验的验证相结合的方法，是一种反思的判断和直觉的判断相结合的方法。约翰·罗尔斯的《正义论》典型地体现了这种新的哲学方法特征。罗尔斯本人并未把这种方法叫作辩证法，但我认为这是当代辩证法的新形态。原因在于罗尔斯对理想正义原则的寻求是思辨地、反思地获得的，而非经验的归纳，也可说它是超验的、哲学的或者说是"乌托邦"的。在这样的意义上，罗尔斯的道德哲学方法显然是区别于经验科学方法的思辨方法亦即辩证法。但另一方面罗尔斯把理想的正义原则和道德理论"设想为想描述我们道德能力的企图"，"把一种正义论看作一种想描述我们的正义感的企图"[①]，而不把它作为实体性的存在和道德命令。理想的正义原则对非理想的正义具有指导意义，但它不是康德式的"绝对命令"，相反，它必须与人们现实的正义感、道德感和直觉判断在"反思的平衡"中加以比较、验证和调整，这又使罗尔斯的方法区别于传统辩证法的绝对性和纯粹性，使它更接近于人们的日常经验，并从中获得一种直觉的证实。罗尔斯把他的方法"与描述我们对母

[①] [美]约翰·罗尔斯：《正义论》，何怀宏等译，中国社会科学出版社1988年版，第43页。

语句子的语法感的问题"做了比较①,超越特殊语法规则的范围去构造深层语法,并把它与人们对母语句子的语法感加以比较和验证,这很类似于罗尔斯道德哲学的情况。推而广之,这种哲学—经验的辩证方法不是也可以描述和解释人们的逻辑感、美感、语义感等问题吗?在现代哲学对传统形而上学包括传统辩证法理论进行了一番思想清洗之后,辩证法可能作为这种哲学—经验的方法而存在。

在马克思主义的思想传统中,法兰克福学派的社会批判理论也出现了这种哲学—经验的方法论转变。"50 年代末、60 年代初,哈贝马斯写作中反复出现的一个主题是:批判必须以某种方式置身于'哲学和科学之间'。"②把社会批判理论置于哲学和科学之间,把批判的反思与经验的验证结合起来,并把哲学批判作为参与和实践的设计渗透于社会生活之中,这使传统的辩证法理论获得了新的形态。这一方面使哈贝马斯获得了广阔的现代视界,批判的主题转向交往、对话、社会团结,乃至民主问题、人民的主权问题、法的改革问题等现实问题③,从而使辩证的批判具有更多的经验性、实证性内容;另一方面哈贝马斯仍坚持传统辩证法理论特有的批判的、否定的思维向度,他在与实证主义、解释学的论战中始终注意到社会科学方法不可或缺的意识形态批判的作用,从而与实证的、经验科学的方法乃至科学主义的意识形态划清了界限。哈贝马斯认为,一个正确的社会探究方法论应该把解释性理解、意识形态批判和以历史为指向的社会系统分析综合在一起。他把弗洛伊德的精神分析、马克思主义的历史唯物论看作是怀疑的、批判的深层解释学,揭示出被扭曲的交往和意识形态的欺骗,从而寻求一种未被扭曲的普遍语用学规则,以使人类获得一种新的"团结的一致性"和同一性,以重建被后现代主义哲学摧毁和拆解了的理性信念。哈贝马斯的这种努力使当代辩证法理论既保留了辩证法的批判性、思辨性特征,又使它更多地具有了实证性和实践性的特点。

最后,我认为,现代哲学对传统形而上学的批判,其实质是对人类无

---

① [美]约翰·罗尔斯:《正义论》,何怀宏等译,中国社会科学出版社1988年版,第43、48页。
② [德]哈贝马斯:《交往与社会进化》,张博树译,重庆出版社1989年版,英译本序,第1—2页。
③ 同上书。

限理性信念的怀疑和否定。辩证法理论就其本性说，它既要寻求和建构无限理性的原则和理论形态，又要不断地消解这种绝对理性的僵死性。当代辩证法理论在方法论上由纯粹思辨的方法转向哲学—经验的方法，实际是哲学理性信念的变化，即由绝对的无限的理性信念转向相对的有限的理性追求。这既是对现代哲学革命的认同，也是对它的一种超越，同时也是辩证法理论符合自身本性的发展。

（原载《哲学研究》1994年第7期）

语言转向和语言的辩证法

现代西方哲学与传统哲学分界的一个重要标志就是所谓"语言转向"。斯鲁格曾这样概括哲学发展的基本过程:"首先,哲学家们思考这个世界;接着,他们反思认识这个世界的方式;最后,他们转向注意表达这种认识的媒介。这似乎就是哲学从形而上学,经过认识论,到语言哲学的自然进程。"[①] 在这种简单的概括中实际已包含着对哲学语言转向的必然性论证。

语言转向在现代西方哲学中几乎已成为一种共识,至少也可以说语言哲学是西方20世纪的主流哲学。如果我们在语言哲学话语系统的边缘上,在一定的间距中去看语言转向,也许我们能够更从容地思考一些问题,比如,语言转向的原因何在?它仅仅是通过语言这种认识媒介去澄清认识和知识的问题吗?语言转向对哲学进步有哪些推动又有哪些偏失?语言哲学研究过程中显示出哪些语言固有的辩证法,我们是否应去建立一种辩证的语言哲学?对这些问题国内外学者已有很多研究成果,本文试作一些粗浅的探索。

一 语言转向的复杂原因

现代西方哲学的语言转向已是一个不争的事实。而对语言转向根由的不同解释则同各派哲学的立场密切相关。仅从语言转向和语言哲学兴起的外在文化背景说,人们会获得很多大致相近的看法,比如,现代语言学的

---

① [美]汉斯·D. 斯鲁格:《弗雷格》,江怡译,中国社会科学出版社1989年版,第10页。

形成和发展是语言哲学的一个重要思想来源，语言学和语言哲学甚至很难找到一个明确的分界，语言研究中的哲学问题和语言研究中升华、泛化的哲学性质的论断构成语言哲学的重要内容。索绪尔语言学是德里达解构主义论战和灵感的源泉，语言学从语法到语义、语用、语境研究的不断深化规范和制约着语言哲学研究的主题。但是，如果从哲学发展的内在逻辑看，怎样理解和解释哲学的语言转向实际就是各派语言哲学合法性的自我申诉，它构成了这些哲学的实质内容。对语言哲学的各种流派说，他们的语言观也就是哲学观。所以对语言转向的深层根源就没有一种各派语言哲学都可以接受的统一理解和说明，下文我们试从三个方面对语言转向作些分析。

1. 科学主义思潮对语言转向的认识论理解

作为弗雷格研究专家的达米特和斯鲁格都把弗雷格看作现代分析哲学的始祖和导致语言转向的决定性人物。考虑到弗雷格对罗素和维特根斯坦这两个被称为"哲学家的哲学家"的影响；考虑到弗雷格对分析哲学的开创性贡献和持久影响，上述评价可能是公允的。弗雷格在19世纪末所实现的哲学转向或语言转向支配了20世纪英美哲学的方向，这一转折的逻辑理由和时代精神的变化都是很鲜明的，这就是回答迅速发展的自然科学的挑战和如何使哲学重新获得推进科学发展的力量。

近代哲学有两个相互关联的启蒙任务，即推动人的自由发展和科学理性的发展。最初这两个任务很好地结合在一起，人的自由就是运用科学理性否定神权和专制的外在权威，科学理性集中表达了人的自由本性。因此，人的解放和实证科学的发展是相互推动的两个车轮，而启蒙哲学的任务就是为人的发展和科学发展廓清障碍、铺平道路，哲学的主题就是相互关联的人性论和知识论。此时的哲学和科学携手前进，哲学为科学修理工具、提供合法性的证明。这就是费耶阿本德所怀恋的真正科学哲学。德国古典哲学却使科学哲学终结了，原因是多方面的。表面看来是因为德国古典哲学的深奥的思辨、晦涩的语言使它割断了与科学家共同体的联系，更深刻的原因则在于康德之后的德国古典哲学已经具有了启蒙精神的自我批判意识。人的自由仍是哲学的根本课题。但自然科学的知性思维方式亦即抽象理智的思维方式已是黑格尔逻辑学批判的主要对象，科学理性作为一种抽象的有限的理性并不是人的自由和解放的尺度和目标。哲学对科学的这种限制和反思，并未阻碍实证科学的发展，却使哲学自身陷入了万劫不复的悲惨境地，黑格尔之后的任何一种哲学或者成为科学的附庸，或者总是要反复申辩自己存在的合法性，弗雷格的语言转向正是在这样的背景下出现的。

在实证科学的冲击下德国古典哲学迅速衰落，哲学能否作为一门有意义的学科而存在，哲学如果存在它的研究对象是什么，这是弗雷格当时必须回答的问题。弗雷格思考的结果是哲学可能作为逻辑而存在。他的逻辑研究一方面使传统逻辑符号化、数理化；另一方面，他关于内涵与指称的区分等把真理问题、语义问题带进了逻辑领域，在逻辑哲学中出现了语言问题或语言转向。罗素提出了雄心勃勃的"逻辑计划"，在罗素看来，人类的一切知识或者来自亲身经验，或者得自间接推理，只要构造出人工的理想语言，一切哲学问题或者作为假问题而被抛弃，或者作为真问题而还原为逻辑，这就能全部澄清知识的混乱。后期维特根斯坦放弃了理想语言的追求，他在对日常语言细致深入的思考中探究生活、行为、语言和世界的复杂联结，著名的"语言游戏论"虽仍坚持着拒斥形而上学的立场，但已一定程度摆脱了科学主义思潮的局限。对语言转向最典型的科学主义理解显然是逻辑实证主义。奎因认为，从意识观念转向语词、语句和语言是近代经验论和现代经验论的根本分界。按照逻辑实证主义的证实原则，一切非分析的综合命题都能还原为直接指称经验的语词或语句，意义和观念的证实问题转换成语句在特定语境中的证实问题。在逻辑实证主义看来，语言转向作为重大的哲学进步似乎是自明的；意识和观念是内在的、私人性的、模糊不定的，语言则是公开的、公共性的、可做客观分析的，因此要澄清知识论或认识论的诸多问题，现代哲学的语言分析较之近代哲学的意识分析明显具有优越性。

在科学主义思潮的认识论视野中语言转向成为拒斥形而上学、重新建立科学的哲学的重大契机。据罗蒂回忆说，战后美国哲学界是一片乐观景象，哲学作为一门严格的规范的科学吸引了比原来多几倍的大学生，但好景不长，发自逻辑实证主义内部的摧毁使科学哲学的梦想和光荣很快过去，罗蒂从认识论转向解释学，奎因、伯恩斯坦等转向新实用主义。根本原因在于这种科学主义、认识论的立场仍是近代哲学精神的延续，缺少对启蒙精神的自觉反思和批判。仅从逻辑的理由说，语言转向固然是重大的哲学进步，但语言哲学仍摆脱不了意识、真理和外部世界等古老问题的纠缠，语言有一定的自主性、自律性，却肯定不是自明的。

2. 人本主义思潮对语言转向的存在论理解

与达米特和斯鲁格的看法不同，伽达默尔认为胡塞尔和海德格尔对20世纪的哲学转折作出了决定性的贡献。伽达默尔所说的哲学转折也包含着语言转向这一欧陆哲学的重大事件，但是语言转向却不仅仅是认识论或知识论的课题，在人本主义的视野中语言转向具有生存论和存在论的意义。胡塞尔毕生追求一种严格的科学的哲学，他力求用希腊的普遍理性精神拯救为反理性主义所败坏的欧洲文明，现象学作为新康德主义最顽强的表现形式并未脱离古典哲学的精神。但胡塞尔与英美逻辑经验主义者不同，他明确地洞察到人文科学单纯地效法精密自然科学方法是行不通的，其结果只能造成反理性主义的精神困倦。人类理性不能限定为以自然科学为模式的科学理性，必须找到适合精神世界、生活世界的现象学方法。伽达默尔高度评价胡塞尔晚年提出的"生活世界"这个神秘的词，认为它把久已被人遗忘的先于科学的前提和真理带进了语言。海德格尔在现象学传统中实现了语言的转向，他批评西方两千年形而上学对语言的遗忘，批评科学和哲学概念化术语对原始存在经验的遮蔽，他不厌其烦地在词源学探寻中力求取回原始存在经验和生命感受。语言是存在的家，理解是人的基本生存样式，先于科学的语言和前理解是人的本真状态或实存，因此语言的照亮就是存在的澄明，解释学不再是一种单纯的人文科学方法，而是存在论的基础环节。反对自然科学的控制论思维方式，反对用自然科学的思维模式处理精神世界或生活世界现象，这是人本主义思潮的主要关注之点，相应地对语言转向的理解也与科学主义根本不同。科学主义把语言转向看作是净化语言，用科学的理想语言消除哲学语言的混乱或误用，从而强化实证科学思维方式的影响。人本主义则把语言转向看作是向生活世界、存在经验的开放，他关心的是人和世界的关系，人的生存和感受。语言是理解人的在世的基本途径，语言转向是通过对原始语言、诗化语言和一切本文的理解照亮人生的晦暗。它要限制自然科学思维方式的影响，拓宽人类理解的维度。深究这种对立和区别的根源，我们可以说这是人义知识分子与自然科学知识分子在理性信念、生活理想和价值态度等方面的差异造成的。

3. 语言转向的社会基础

语言转向和语言哲学的兴盛并不仅是哲学圈内的事情，据有的西方学者讲语言问题曾一度成为普通民众街头巷尾的热门话题。[①] 所以语言转向肯定有十分广泛的社会基础。在我们看来，首先是人们日常交往的需要促成了人们对语言的浓厚兴趣。现代化过程的一个突出特点是周围世界的人工化和符号化，以致有的哲学家认为现代文明的主要困惑是感性客体的隐退，人们陷入了无客体的黑暗之中。感性确定性的消失必然使人们要追问包围着自己的符号的意义。人们之间相互交往的语言媒介也日益复杂化、抽象化，地图不是国土，照片不是某人，命名的因果链条越延越长，甚至难以找到它的指称。这为主体间的交往和理解增添了障碍。美国实用主义哲学家莫里斯的指号理论强调控制符号，而不被符号所控制，他指出过分概括的陷阱、完美交往的陷阱、符号的欺骗性等，它对于渴望了解自己和了解他人、提高交往质量的人们无疑会有很大的吸引力。柯日布斯基的普通语义学以反对马克思主义意识形态而著称，它不仅迎合了美国资产阶级"冷战"的政治需要，而且它的著名的外延五法对于清晰精确地交流思想也提出了有价值的规范，它也会一定程度受到普通民众日常意识的关注。

其次，英美语言哲学和分析哲学"拒斥形而上学"的口号也迎合了"二战"后人们对个人自由日益强烈的关注这种社会心态。20 世纪初，罗素和摩尔在剑桥大学领导了对新黑格尔主义的反叛，接着维也纳学派和维特根斯坦在不同的意义上都提出了拒斥形而上学的主张。从哲学的外在形式说，这些哲学家在现代逻辑背景下的逻辑分析和语言分析精巧细微，似乎使哲学更加职业化、技术化，从而也更具有了科学的外观，但其实质则是以形式逻辑或知性逻辑为工具，就思维方式说，与传统哲学相比它与普通群众的日常意识更为接近，更容易为受过一定科学训练的人们所接受。从哲学的理论实质说，拒斥形而上学这个口号就是要取消哲学，至少是要取消哲学作为最高智慧和一级真理的特权地位，它所具有的思想解放作用

---

① [英] B. 玛吉：《语言分析哲学的魅力》，高常范译，《哲学译丛》1986 年第 06 期。

是可以想象的。"二战"后西方文化的大众化、世俗化和多元化，本能地抗拒传统哲学的一元主义、绝对主义，个人自由的自我意识幻觉和意识形态的淡化肯定是支持语言转向和分析哲学运动的社会基础。

最后，"冷战"后的东西方对话与和平发展的世界主题使解释学成为最切近现实生活的哲学话语，"对话"作为解释学的一个重要概念不断获得丰富的边缘意义，语言和交往甚至成为世界性的话语中心，从而使哲学的语言转向显得意义更为重大。每个人从常识中都知道，当代世界的每个角落都有利益、权力、信念和意志的对抗和冲突，谁也不会相信血与火的搏斗仅仅是因为语言的误解或误用，哲学对话和国际社会的政治、经济对话的艰难和少有成效，充分显示出理解的限度。但是，交往中语言的误解和误用却是经常发生的事情，揭示出交往和理解中的前理解的差异，注意到不同文化范式之间的"不可通约性"，寻求语言交往的某些语用学规则等等，确实是当代人类文化发展的重大课题，应该说语言转向和解释学的兴起反映和表达了当代世界的时代精神。

二 语言转向的偏失

语言转向作为20世纪西方哲学的重大事件无疑是哲学发展的重大进步，它拓宽了哲学思考的维度，增大了哲学研究的客观性和实证性，推动了哲学语义学、哲学语用学、逻辑哲学等哲学分支的建立和发展。从哲学自身的理论内容说，无论是科学主义对语言转向的认识论理解，还是人本主义对语言转向的存在论理解，都使哲学进入一个新的历史阶段，成为哲学发展的一个新的环节。就前者说，从近代的认识论发展到考察认识媒介的语言哲学，确实使许多传统的知识论或认识论问题得到了澄清或深化，诸如思维方式和说话方式的关联，内在的意识和外显的语言行为之间的关系，意义问题，真理问题等等，都在一种新的视野和新的分析技术中具有了新的形态。就后者说，从近代的认识论发展到存在哲学、解释学的生存论和存在论，揭示出认识论的隐蔽的前提。笛卡儿"我思"和德国古典哲学"纯思"的抽象性和空洞性受到了质疑和批判：已对认识具有了先天情感定向的"前理解"，先于一切理解活动的历史"本文"和主体的"偏见"规范理解的视野和"历史效果"；我们通过语言拥有世界语言和存在、语言和世界先行规定了我们在世的情态;近代以来的自然科学思维方式统治遮蔽了我们对存在的理解,导致了对存在的遗忘,总之,认识论需要生存论和存在论的根基,需要生活世界的现象学之根。

语言转向是对传统哲学研究方向的逆转,它的核心主题是对形而上学的批判,正是在这种宏观哲学视野中语言转向构成了哲学自身发展的一个环节。科学主义把传统哲学中不能由经验证实或证伪的假命题作为无意义的胡说加以拒斥,把一些可以检验的哲学命题转换成科学命题。因而传统哲学中的形而上学被废弃了,知识论和逻辑学则成了科学的对象。人本主义则批判传统哲学对语言的遗忘,对存在意义的遗忘,认为传统哲学受西方语言主词宾词结构的诱惑和自然科学思维方式的影响,形成了两千多年的实体—属性的形而上学。这种形而上学把抽象的概念或主词实体化,其哲学形态是实体本体论。实体本体论的根本缺陷在于它把抽象的概念对象化、实体化、凝固化,并作为说明世界、规范人生的根本原则,它必然是对活生生的精神世界和生活世界的扭曲和遮蔽,因此必须摧毁拆解形而上学话语,从久已被人遗忘的语言中寻回存在的本来意义。科学主义和人本主义语言转向的旨趣不同,但在拒斥形而上学的实体本体论这一主题上却是一致的。这表明当代西方文化的氛围或时代精神确实发生了根本变化,传统哲学必须被否定和扬弃。在我们看来语言转向是西方哲学传统与现代的重要分界,语言转向对传统哲学的批判和拒斥是现代哲学的积极成果。但是,也许是在对传统哲学的拒斥和否定中语言转向出现了重大的偏失,语言成为一种新的形而上学的绝对,这就是现代西方哲学中的"语言的神话"。

首先,语言转向把语言作为哲学面对的主要对象确是重大的哲学变革,这在哲学史上是前无先例的。但是即便在有所限定的条件下说西方两千年哲学史都是对语言的遗忘,或者说传统哲学从未关注表达认识的媒介,则是夸大其词。维特根斯坦在《哲学研究》中开篇就以奥古斯丁的语言观为例,否定字词是通过指示即代表事物而有意义的,这也是许多现代哲学家共同认可的传统语言观的一个错误,[1] 但却明白地说明古代哲学家就思考了语言的习得和意义问题。此外,中世纪唯名论和唯实论的争

---

[1] [英] A. C. 葛瑞林:《维特根斯坦与当代哲学》,张金言译,《哲学译丛》1994 年第 01 期。

论，即抽象概念或名词是表达实在地存在着的抽象实体，还是表达名义上的存在因而抽象实体应予废弃？这种争论仍是当代语言哲学和哲学逻辑探讨的问题。[①] 至于海德格尔所说德国唯心主义对语言的遗忘也并非完全如此。德国唯心主义的自我意识的辩证法固然是以意识为主要对象，黑格尔的逻辑学也确实存在着把意识事实、"事情本身"牵强附会地全部纳入逻辑学范畴体系之中的弊病，因而它不可避免地减损了原始意识涌现的丰富的存在论意义。但是另一方面正如伽达默尔指出的那样，黑格尔哲学也总是受到语言的暗示和引导。黑格尔在逻辑学中津津乐道德语中一个词有两个相反意义的思辨特点，黑格尔还常常就一个词的用法去发掘语言固有的辩证本性，比如在《小逻辑》第112节的附释中他接连考察了反映或反思（Reflexion），过去的有或存在（Gewesen）的日常用法，从中引申出对反映和本质范畴的辩证理解。在我看来黑格尔对主词宾词的辩证分析是现代语言分析哲学远未达到的深刻见解，二者的高下区别后文再说。黑格尔哲学并非完全遗忘了语言，而且就消解知性的概念实体论说，海德格尔与黑格尔相去也并非很远。[②]

其次，现代哲学的语言转向不可避免地出现矫枉过正的偏颇和执着。传统哲学对语言的忽视并非仅仅通过引进语言分析就可以完全弥补，传统哲学的错误也不仅仅是语言诱惑或语言误用的结果，语言分析、语言原始意义的寻求、本文意义的唤醒乃至对语言进行拆解和解构，也不可能完全战胜和取代传统哲学。对语言在哲学中的作用做出过分的期待，导致对语言的崇拜、迷信和新的形而上学。语言也远不是哲学分析的自明性前提。语言哲学的后来发展表明，语言的意义与意向性和指称是不可分离的，这个使传统哲学的意识问题、外部世界问题进入了语言哲学语言的用法、语言交往的语用学研究，显示出语言是生活的一部分，德里达认为伽达默尔关于对话"诚"的要求甚至就是康德伦理学的"绝对命令"。后期维特根斯坦关于思维方式、说话方式与生存方式相互关联的洞见，现象学、解释学对语言与生活世界相互关系的理解，都使语言哲学走出话语和本文之外。语言哲学的真正意义在于通过语言的维度，使传统哲学的丰富问题重

---

① [英] A. C. 格雷林：《逻辑哲学导论》，邓生庆译，四川人民出版社1992年版。
② [德] 伽达默尔：《黑格尔与海德格尔》，邓晓芒译，《哲学译丛》1991年第5期。

新涌现出来并获得新的形态，而不在于语言转向之初取消哲学的豪壮的诺言。

最后，语言转向的根本偏失在于它的知性思维方式。英美经验论语言哲学效法自然科学方法，把形式逻辑作为哲学分析的出发点，而在黑格尔看来形式逻辑就是知性逻辑，这种逻辑对日常生活和自然科学研究是有效的，但对哲学思维来说却是不够的。形式逻辑和知性逻辑的根本缺陷是它脱离思想内容考察思维形式，因而思维的形式规则避免不了主观任意地使用；它脱离对象的具体丰富性去把握对象的抽象的共同点，因而不能达到包含差异的理性的具体；它脱离事物的整体联系和生动流变用凝固的、孤立的知性概念把握事物，因而不能理解事物的联系和发展。黑格尔所说的思辨的逻辑与知性逻辑的根本差异也可用对"同一"的不同理解来显示。辩证法把同一看作包含差异的同一。比如，主词与宾词用"是"联系起来，可说二者同一，但同时必包含差异，否则就是无意义的同义反复，而且这种差异是相互内在的，不是外在的比较。现代语言哲学关于分析命题与综合命题的区分则是建立在对同一的知性理解上。同一是绝对的等同，"A 是 A"是所谓重言式命题，是永真的；差异则是外在的比较，只能用经验证实或证伪。对同一和差异的知性理解也是科学分界、鉴别形而上学命题的思维方式基础。总之，经验论的语言哲学未经反思地信赖形式逻辑和经验常识的可靠性，它缺少胡塞尔所说的不同于自然思维的哲学思维态度。欧陆语言哲学较少受到自然科学思维方式的影响，它自觉寻求与统治人们思维的自然科学思维方式相抗衡的人文科学方法和哲学思维态度。但由于对黑格尔泛逻辑主义的厌恶，特别是对黑格尔逻辑学本体论的抗拒，哲学家们很少自觉地吸取辩证思维的积极成果，他们也难免受到经验主义和知性思维方式的影响。布埃耶认为，存在哲学把形而上学经验论和人的忧虑感结合了起来[①]。面向事情本身的现象学立场，对私人经验、体验、原始意识涌现的过分强调，对科学说明和人文理解对立的执着，都可看到知性思维方式的限制。

[①] ［法］让·华尔：《存在哲学》，翁绍军译，生活·读书·新知三联书店 1987 年版，第 7 页。

三 语言的辩证法

语言自身固有的辩证法使语言哲学逐渐摆脱知性思维的限制，日益展露出更多的辩证精神。语言哲学研究的深化为我们揭示了语言各个层面的辩证性质，下文我们对此作些粗略的考察并简单概括我们对语言和哲学的看法。德里达指出，索绪尔首先是一位以"符号的任意性特点"和"符号的互异性特点"为一般符号学尤其语言学奠定基石的思想家。索绪尔把差异的原则运用于语音、语义各个层位上，语音要素、语义要素的差异和区分成为语言系统的最重要的建构原则，"一个符号含有的观念或语音实质不及围绕着它的其他符号重要"[①]。从语言系统内部考察语言的内在差异，从而使语言作为一个自足的系统成为语言学的对象，这是索绪尔对语言学的重要贡献。但是如果我们进一步思考语音要素、语义要素的差异，难道它不是与发音器官具有表达语音差异的能力相关吗？它不是与语词表达的观念差异、语词指称的实在差异相关吗？它不是与生活实际需要做出的区分相关吗？从差异原则必然引出任意性原则，语言确实是约定俗成的，但是这种约定完全是任意的吗？德里达把索绪尔的原则合理地引申到著名的"延异"，语言成为物质性的赫拉克利特之流，从而一切确定的意义都不复存在，用叶秀山先生的说法是"意义的埋葬"。语言学和语言哲学给我们提出了语言辩证法的复杂课题，诸如差异和同一，符号与观念，符号与对象，中心与边缘，在场与不在场等等的对立统一。用知性思维的原则去把握这些关系，只能获得丧失真理性的彻底性和清晰性。

在语法研究的层面上，乔姆斯基的转换生成语法也为哲学思考提出了严肃的课题。人类获得语言的过程并非一个词、一个句子机械累积的过程，人类先天具有语言的生成能力；人类天赋就有高度特殊的"语言器官"，这些器官决定了语言的通性，使人类的一切语言在结构上极其相似。乔姆斯基的这些看法及其对深层语法的形式化，使我们自然想到人类思维和语言的关系。思维规律与呼吸、消化的生理规律一样是客观的，它部分得自人类的种族遗传。思维规律本质上是一种机能性的规律，它类似

[①] [法] 雅克·德里达：《延异》，张弘译，《哲学译丛》1993年第3期。

于乔姆斯基所说的语言的"一种装置（divice）"，把思想材料转换生成为一定的思想类型。从形式方面去考察思想类型得以形成的机制和规则是形式逻辑的任务，它与形式化语法相关；从内容方面去考察思想类型得以形成的机制和原理，则是内涵逻辑的任务，它与语义的深层结构相关。因此，黑格尔逻辑学和《资本论》的逻辑决非主观的杜撰，在概括认识史、文化史、心理发展史、语言史的基础上，人类思维的普遍结构及其进展可以相对可靠的揭示出来。辩证法作为大写的逻辑也是大写的深层语法，也为各民族语言的互译和相互理解可能提供深层的根据。

语义学研究始终是语言哲学的主要内容，从弗雷格含义和指称的区分，到罗素的摹状词理论，再到维特根斯坦的多元的行为主义的意义论，等等，语义问题涉及语言与实在、意义与指称、意义与真理等复杂的哲学问题。现代西方语言哲学的总体趋向是反实在论的，初看起来这是些不折不扣的唯心主义胡说，但仔细思考又会从中发现乃至吸取一些重要的启示。首先是奎因、戴维森、罗蒂等人强调的意义整体论给语言辩证法乃至全部辩证法学说注入了新的时代内容。奎因概括现代经验论的五个转折中包括从语词到语句，从语句到语境的转折，他强调意义证实关乎到经验整体和语言框架。罗蒂反对镜子哲学的机械反映论观点，他强调语言既非表达心理客体的媒介，也非表达外部物理实在的媒介，语言蕴含真理。他并不否认外部世界的客观实在，但认为关于外部世界的陈述只有在某种语言框架中才有真假问题，真理不是被发现而是被创造。[①] 抛开这些观点的过激之处不说，它对于破除机械反映论和直观的真理符合论显然是很有意义的。辩证法所强调的真理是全体、真理是过程、真理是具体的基本观点，在语言哲学的视野中无非也就是说，真理要在一种整体的语言框架中判定，对一个物理事件或心理事件的陈述已经受到先行给定的语言框架的"污染"。思维与存在、主观与客观的统一或符合，绝非简单直接的关系，而是受到语言、文化乃至生存样式的系统的整合。其次，维特根斯坦提出的语言是生活的一部分，意义即使用，说话方式依存于生存方式等格言式的语义说，被戴维森、罗蒂等引向新实用主义，意义问题、真理问题更明确地与生活实践联系在一起。从马克思主义哲学的立场看，基于实践的辩

---

① ［美］罗蒂：《语言的机缘》，季桂保译，《哲学译丛》1992年第2期。

证真理观与实用主义真理观的原则区别,在于对外部世界及其规律性的信念。抛开这种理性信念的差异仅从属人的意义上看待真理问题,二者有很多相似之处。新实用主义的一个重要特点就是建立在逻辑语义分析的基础上,它使实用主义有了更精巧的现代形式。[①] 现代辩证法理论不必完全陷入语言哲学烦琐的分析中,但必须注意语言哲学具有世界观意义的新内容,语言辩证法与生活实践的辩证法本来就是不可隔绝的。就奥斯丁所说的完成行为式语言说,语言就是行为,语言就是生活。比如生产实践中的操作指令成为生产活动的一部分,话语实践、交往实践、生产实践构成统一的人类生活的辩证法。

马克思主义经典作家在对传统哲学的反叛中开拓了一种全新的哲学视野,从对无产阶级生存方式的自我理解中把物质生产实践作为人类存在和发展的基本样式,这使它在现代哲学纲领的竞争中保持着优势,《共产党宣言》与维特根斯坦等人的著作一起被列入西方文化的经典之列。[②] 马克思主义经典作家没有写下语言哲学的专门著作,但他们对黑格尔辩证法自觉继承的理论态度,却使他们即便是在语言的哲学问题中也更少知性思维的局限,比如有的现代语言哲学家注意到恩格斯关于内涵和外延在发展中对立统一的观点,从而提出马克思主义的语义论;恩格斯和列宁对简单语句主谓词辩证统一的分析,等等,都为一种辩证的语言哲学揭示了线索。

在我们对语言转向和语言哲学进行粗略的外在反思时,更多地关注它对我们的马克思主义哲学研究能够带来哪些推动。高清海先生认为,哲学即人学,人总是通过对外部世界包括人自己活动的结果中理解人本身,人也通过对自己的理解去理解世界。一部哲学史就是人的自我认识史,哲学史的诸多环节都是把人的某一特性、特征夸大为一种世界观的基础,以这种对人的观点去看世界。[③] 如此说来,贝克莱对感觉的夸大,黑格尔对概念的夸大,柏格森、尼采对意志的夸大,乃至语言哲学对语言的夸大,都构成了人的自我理解和自我认识的富有内容的环节。语言作为人的存在

---

① 罗森塔尔认为新实用主义者虽然深受古典实用主义的影响,但二者有本质的不同。参看[美]罗森塔尔《古典实用主义在当代美国哲学中的地位》,陈维钢译,《哲学译丛》1989年第5期。

② 张宽:《离经叛道》,《读书》1994年第1期。

③ 高清海:《哲学的憧憬——〈形而上学〉的沉思》,吉林大学出版社1995年版。

方式，拥有世界的方式，无疑是人理解自身的重要途径。对我们来说真正的问题在于如何吸取包括语言哲学在内的全部哲学的成果，正确表达和导引现代人的自我理解和自我认识，这需要唤醒和提升符合人性、符合语言本性的辩证思维方式。

（原载《社会科学战线》1994年第5期）

辩证法与后现代主义哲学

作为对现代西方文明困境的一种理论反映和文化反映，20世纪五六十年代以来出现了所谓后现代主义文化思潮和后现代主义哲学。后现代主义作为一种社会思潮和整体文化现象对当代的文学艺术以及人们的生活态度已经产生很大的影响，与任何影响较大的社会思潮和文化现象一样，它既是人们对时代生活、时代情绪的感受和抒发，也是人们对时代的批判、否定和真诚的思想探索，因此，哲学的思考不可避免地贯注在后现代主义文化中。罗蒂的后哲学文化，德里达、福柯的后结构主义等，是后现代主义的哲学旗帜，也是后现代主义文化的灵魂。在对当代文明困境的反思中，在对西方模式的现代性的追问中，马克思主义的辩证法学说与后现代主义哲学照面了。如何看待后现代主义哲学对现代性的批判和超越，如何从整个西方哲学自身发展的逻辑去清理它的哲学立场和哲学观点，如何从后现代主义哲学中吸取积极的成分以发展辩证法学说，本文对这些问题做些粗浅的探索。

一 从思维方式看后现代主义哲学

后现代主义哲学是我们勉强借用的一个模糊概念，它包括罗蒂所说的后哲学文化主张，这就大致包括了奎因等人的新实用主义和罗蒂所说的自然主义；包括德里达和福柯的后结构主义，考虑到德里达与伽达默尔的争辩和他对海德格尔的批评，特别是海德格尔和伽达默尔与德里达一样主张拆解西方两千年实体本体论的形而上学，我们也把这种立场看作是可纳入到后现代主义哲学的范畴；法兰克福学派的社会批判理论作为对晚期资本主义文明最有力地抗拒和否定的学说，其基本价值态度也可看作是后现代主义的，并且阿多尔诺等思想家也被人们看作是后结构主义的思想先驱。在我们对这一庞杂的哲学混合体进行粗浅的理论分析时，我们抛开其中各派哲学对现代西方文明的社会学层面的批判，也抛开文艺理论中对现代和后现代文化基调分界的种种看法，而着重于从哲学自身发展的逻辑特别是从哲学思维方式上对其进行讨论和判定。

在我们看来，后现代主义哲学的实质是一种后辩证法的理论思维方式。这里所说的"后辩证法"，是指后现代主义哲学反对构成现代西方文明根基的科学理性和技术理性，反对以自然科学为典范的控制论式的思维方式，它力求打破和挣脱哲学思维中知性思维方式的限制，这种哲学倾向与辩证法是一致的；但另一方面后现代主义哲学反对辩证法对超验的形上的追求，反对任何形式的乌托邦和哲学理想，它表达了一种对人类理性信念的怀疑、厌倦和无奈，因而它对传统形而上学和知性思维方式的破解导致了意义的崩溃和确定性的消失，人类的经验、语言和社会生活被拆解成无意义的碎片或在结构中无限消逝着的无法捕捉的东西。这似乎是一种经验论的、现象论的辩证法。

从哲学思维方式这个根基去清理繁杂的后现代主义哲学，我们可以梳理出后现代主义哲学的一些头绪。把后现代主义哲学的思维方式和知性思维方式、辩证思维方式加以比照，大致可以在宏观的哲学背景下给出它的哲学定位。

首先，从后现代主义的哲学来源看，它是对现代西方哲学科学主义思潮的反叛，是对科学的明晰性、确定性要求的拒绝，因而是对知性思维方式的破解。现代西方哲学的发展大致重复了哲学史上的一个圆圈，即从寻求哲学和科学的明确分界、寻求严格的科学确定性开始，到后现代主义哲学模糊了科学和哲学的界限、消解了科学的确定性终结，其中体现出知性思维方式推向极端从而走向自我否定的必然逻辑。但是，后现代主义哲学这种极端的思维方式仍未从根本上超出知性思维方式的局限，对明晰性、确定性、客观性的破解仍隐含着对绝对清楚明白的追求，正是因为无法获得绝对的确定性，索性抛弃任何确定性，从而导致相对主义和对理性主义的厌倦。

后现代主义哲学无法容忍辩证法的模糊和中道，不能接受绝对和相对、确定性和不确定性辩证统一这样"似是而非"的道理。确实，在实证科学研究的框架中，在知性思维方式有效的范围内，辩证法是无用的哲学胡说，它不能作出具有经验效准的科学发现。但如果涉及对科学本身的思考，涉及科学的客观性基础、科学的性质和科学的作用等"元科学"或科学学的问题，这就不再是实证科学的问题，而是真正的哲学问题，知性思维方式失去了它的有效性，辩证法的似是而非却又是唯一清楚明白的东西。

总之，从思维方式的脉络去看后现代主义哲学及其对现代西方哲学的反叛，我们认为问题的关键是要弄清知性思维方式的有效范围。逻辑经验主义、分析哲学和结构主义等学派或哲学运动本质上是效法精密自然科学的方法，用知性思维方式去消除传统哲学的混乱和主观性，它的积极意义是确实消除了基于知性思维方式的某些形而上学独断，但它把辩证法也作为形而上学加以拒斥则是错误的；后现代主义哲学把这种原则用于分析科学、语言和社会生活，从而使包括实证科学在内的一切人类文化都失去了意义的确定性，其积极意义是这种以子之矛、攻子之盾的破解方法暴露了现代哲学仍然隐蔽包含的知性教条，它表明辩证思维是唯一适合哲学本性的思维方式，但是后现代主义哲学只是一种片面否定的辩证法、现象论的辩证法，它对在常识和实证科学中有效的知性思维的破解、对任何意义确定性的消解也是有害无益的。

其次，从思维方式看后现代主义哲学也可发现它与法兰克福学派的否定的辩证法的联系，从而也可对后现代主义哲学的基本价值态度有所了解。霍克海默、阿多尔诺、马尔库塞等人都自觉地意识到现代资本主义工业文明具有的高度同化能力，马尔库塞批判它使人成为单向度的人，使人失去了批判的否定的思维向度；霍克海默和阿多尔诺指出启蒙的自我否定，批判资本主义文明对个性的泯灭和吞噬，批判科学转化为意识形态及其对社会生活的全面的技术控制，这些批判显然已经触及对现代文明思维方式基础的批判。阿多尔诺这位"无调哲学家"对资本主义文明主旋律的消解和抗拒，使他成为后结构主义的思想先驱。从思维方式说，阿多尔诺强调非同一性、差异性、无调性，这也正是后结构主义乃至后现代主义哲学思维方式的基本特征，它潜在地包含着对任何形式的"中心主义"的否定和抗拒。法兰克福学派的否定的辩证法、非同一性的辩证法作为一种哲学思维方式仍受到辩证法思想传统的影响，但它对差异、非同一性、否定性的片面强调虽有针砭时弊的效用，于学理上终究不通。这种思维方式的价值态度仍受到启蒙精神的深刻影响，所谓启蒙的自我否定，仍是要真正恢复和继承启蒙的原则和精神，它的基本价值态度是个体中心主义的、理性中心主义的，从本质上说，它仍是现代性的思维方式。后现代主义哲学则大异其趣，它对非同一性、差异性的执着已不再仅仅是对个性和自由价值的强调，也不再仅仅是为了对抗和消解资本主义工业文明的同一性和齐一性，而是要揭示和暴露西方语言和文化无处不在的形而上学，要揭示和暴露声音中心主义、逻各斯中心主义乃至欧洲中心主义等西方传统的思维定式，以及人在这种形而上学和中心主义传统中的无奈。后现代主义哲学蕴含着对西方文化传统的怀疑，也包含着对西方模式的现代化的怀疑，它理所当然地受到发展中国家敏感的知识分子的关注，它刺激人们思考非西方模式的现代化的可能途径。

二　两种不同的消解策略

1. 对知性思维方式的消解策略

西方文化传统有很强的分析精神，随着近代自然科学的兴起，这种分析精神得到不断地强化，精细区分的、可操作控制的、直接有效的思维要求逐渐凝结为一种思维方式，并渗透在各个文化领域和人们的日常生活中，成为西方工业文明的基础。以自然科学为典范的思维方式曾是启蒙的力量，却逐渐变成一种统治一切的新的意识形态和专制力量。后现代主义文化的一个重要课题就是反对技治主义的现代工业文明，揭示和显露它无所不在的专断权力。我们认为这主要就是对知性思维方式的限制和消解，因而它与辩证法有相同的任务。

黑格尔是最早系统批判知性思维方式的哲学家。在黑格尔看来，知性思维也就是形式逻辑思维，也就是实证科学中运用的思维方法。粗略概括黑格尔对知性逻辑的批判主要是以下几个方面：一是它的形式性。它使思维脱离具体思想内容，而作单纯的形式推演，这就避免不了形式推理的主观任意性。克服知性逻辑的这个弊端，黑格尔强调辩证逻辑应该让思想沉入内容之中，按照事物固有的节奏去运动，把主观逻辑与客观逻辑统一起来。二是知性逻辑的抽象性。黑格尔在《小逻辑》中谈到不要把真正的普遍性与仅仅的共同之点混为一谈，认为这至关重要。知性逻辑通过外在的比较从对象中抽取出共同之点，并使共同点脱离对象内容而成为经验归纳和科学概括的知识，这种知识虽具有操作、控制对象的有效性，但却不能真正把握对象的本质和生命。黑格尔强调普遍性是具体的，是个别对象赖以存在的生动原则和根据，也可以说是对象的内在生命。与此相关，知性逻辑的第三个缺陷就是它的外在性。它把知识或科学看作是主体站在客体之外的观察、控制和整理，主体与客体二元对立，进而也把客体对象看作是相互外在，从而可以进行比较、编排的东西。辩证逻辑或思辨的逻辑则认为普遍性逻辑是内在于对象的，逻辑先在于人的认识和知识，后者不过是人类精神对自在理性的自我意识。对人类知识的外在性看法，使科学知识失去了内在统一的基础，从而知性逻辑必然具有僵死性的特点。它把各种知识看作是相互隔绝的，至多只能寻求到一些外在的共同点；各种知识和概念是凝固不变的，如有变化也只是对新的经验的重新编排。黑格尔用辩证法的整体性原则、发展原则消解知性逻辑的僵死性、凝固性，事物的自身发展、自我否定、自己运动是辩证法的核心，全体的自由性和各个环节的必然性是黑格尔逻辑学体系的构建原则。

　　黑格尔对知性逻辑的批判和消解是近代以来启蒙理性的一次极有成效的自我审视和自我批判，他在一定程度上意识到片面地张扬科学理性的危险和危害，这是自卢梭给第戎学院的征文以来思想家对现代工业文明的又一次深沉的警告。但是，黑格尔对知性逻辑的批判实质是对传统的外延逻辑的批判，是对同一律作为形而上学世界观的基础（恩格斯语）的批判，他企图用内涵逻辑、真理的逻辑代替知性逻辑，用思辨的绝对理性代替抽象的知性理智，这实际又是对启蒙理性的推进和完成。因此，黑格尔对知性思维的辩证消解不能阻止自然科学思维方式向一切文化领域和日常生活的渗透，对科学和逻辑的崇拜日益成为现代的时尚；黑格尔哲学自身却成为后现代主义的消解对象。

　　在启蒙精神和科学主义的鼓舞下，20世纪哲学开始了对黑格尔哲学的反叛。英语国家在经过新黑格尔主义短暂的辉煌之后，英国经验论的传统重新占据统治地位，而来自弗雷格逻辑哲学的影响，使英美哲学走上了分析哲学的路子。在我们看来，分析哲学运动是科学主义最彻底的表现形式，其实质是以形式逻辑为分析工具，以科学作为理性典范，以启蒙精神为核心，因而它是近代科学精神的延续，是现代主义哲学的主流。由于分析哲学冷静理智的精神特质和高度技术化职业化的逻辑分析和语言分析技巧，它似乎与人们的价值态度和生活理想关系不大，其实它却要提供一种科学世界观，也就是把科学转换成了一种意识形态的信仰。拒斥形而上学，这是分析哲学和逻辑实证主义共同的哲学纲领。从表面上看它是为了净化知识，消除知识的混乱，实际上蕴含着科学至上的价值判断，它是启蒙精神反对神学权威的延续。"上帝死了"的真实意义是对一切超验的形而上学的扼杀。在纽拉特1929年写的《科学世界观：维也纳小组》这篇哲学宣言中，明确宣称维也纳小组的"观念思想来源于启蒙运动、经验主义、功利主义和英国的自由贸易运动"①。这篇宣言针对新黑格尔主义"形而上学和神学化思想的增长"，强调要恢复近代的科学理性传统，也就是恢复被黑格尔辩证消解的知性逻辑的权威。

"物极必反"是一个浅显而又难以逃避的法则，当英美哲学刚刚沉浸在哲学科学化的欢乐中时，奎因发表了他的著名论文《经验论的两个教条》，由此开始了发自分析哲学内部的摧毁和解构。奎因对现代经验论两个教条的批判，典型地示范了一种新的消解知性思维方式的策略，即用知性逻辑破解知性逻辑，用分析破解分析。此后的后现代主义哲学大致莫出乎此。

奎因对经验论的两个教条的分析运用的仍是形式逻辑的工具，但分析的结果是：拒斥形而上学的现代经验论却仍保留着形而上学的教条。经验论教条基于某些似乎自明的东西，如意义、认识同义性、分析性等，恰是隐晦不明的。罗蒂后来更明确地指出科学哲学仍保留着对逻辑和科学的盲目崇拜，这里所说的盲目崇拜即包含着对形式逻辑亦即知性逻辑无批判的信任态度。形式逻辑不是自明的最高真理，胡塞尔曾讲过，可论证的不是最高的，形式逻辑的同一律和演绎推理的两个公理都是建立在直观的基础上。怎样破解对逻辑的盲目崇拜？胡塞尔诉诸现象的直观；黑格尔和马克思主义经典作家力求用辩证逻辑限制形式逻辑的有效范围；奎因、罗蒂的经验论立场使他们不可能接受辩证法的超验性，所以他们只能选择破解知

---

① ［奥］纽拉特：《科学世界观：维也纳小组》，《哲学译丛》，1994年第1期，第36页。

性逻辑的僵死性和凝固性的消解策略，走向经验整体论、文化进化论。奎因讲破除了教条的经验论有两个后果，一是模糊了哲学与科学的界限，"具有经验意义的单位是整个的科学"；二是转向实用主义。罗蒂晚近的著作强调某些偶然的机缘造成了语言和文化的进化。知性逻辑的僵死的确定性被消解掉了，真理成了基于生活实用目的的自由创造，这是后现代主义哲学的基调，也是后现代主义文化的基调。

福柯和德里达的后结构主义为后现代主义文化提供了主要的分析工具和新的话语，中心边缘、消解、解构、知识、权力、主流话语等新的概念充斥在后现代主义文艺理论文献中。但德里达自己却说"延异"不是概念，而是一种消解的策略。后结构主义作为消解策略，是从结构中破解结构，用边缘颠覆中心，从而使任何话语都消失在无尽的赫拉克利特之流中。结构主义原是解释学的对立物，它要消除解释学无法摆脱的理解的主观性，因此它强调客观性、科学性。福柯在知识考古学分析中发现每一知识断层都充满着无处不在的权力，每一话语系统都含有权力的运作和规范。他对性史、精神病史的考察，对医院和监狱的思索，都发现了某种强制性的话语秩序，它设定了正常的规范和标准。福柯的消解策略是强调知识的断裂、非同一性和非连续性，消解掉自我学的人类中心论，使人和主体从中心滚向 X。在充分展示出形而上学话语系统的权力控制之后，人们就能在一定程度上挣脱和反抗结构、秩序的强制。德里达关于"延异"的解释和阐发最典型地表现了以子之矛、攻子之盾的消解策略。他从索绪尔语言学的差异原则引申出他的"延缓"，从延缓即推迟出场引出在场和不在场，进而通过对在场形而上学的批判获得了一种奔腾不息的语言之流的概观，这其中既无中心，也无知性的形而上学的确定意义，从而把包括索绪尔语言学在内的意义理论全部埋葬。

我们认为，辩证法和后现代主义哲学都是对知性思维方式的消解，但二者的哲学立场不同其消解策略也不同。辩证法要超越知性思维的有限性，去获得更全面更具体的真理，它是人类中心的、崇高的、理想主义的；后现代主义哲学则要破解知性思维的僵死性、规范性，它是无中心的、经验的、感伤主义的。前者是对现代性的警惕和矫正，后者则是对现代性的失望和无奈。

2. 对实体本体论的拆解和摧毁

知性思维方式、辩证思维方式和后现代主义的思维方式由于人类意识本性的意向性，都不可避免地具有相应的本体论设定和承诺，无论是认定事实上何物存在，还是说何物存在，存在论和本体论问题是哲学必须回答的。知性思维方式的特点之一是从经验对象中剥离和抽取出共同之点，从而形成抽象概念，其中具有最高抽象性的概念也具有最大的普适性，它也就成为解释和说明一切经验现象的最高根据。在西方哲学的传统中，无论是对这一最抽象概念作唯名论还是唯实论的解释，由于知性思维方式总是倾向于把抽象概念与经验对象外在化，所以总是把最抽象概念物质化、实体化，最抽象的概念被设想为可以自身单独存在的实体，这个实体作为本体成为整个世界的存在根据。这就是伽达默尔、海德格尔、德里达等人所说的西方两千年实体本体论的形而上学。

设想实体作为本体的自身存在必然产生诸多的逻辑困难，比如，既然本体可以自身存在，它何以非要产生杂多的现象存在，自身存在的本体又如何能够产生杂多的现象？如果本体是一，它如何产生杂多的现象，如果本体是多，它又与本体的性质相矛盾，等等。对实体本体论的进一步思考则涉及了哲学家的价值态度。西方传统哲学为什么要建立实体本体论的哲学，这种实体本体论与人们的现实生活有何关系？正是在这一点上实体本体论作为西方形而上学的神话激起了现代哲学家的愤怒，而在拒斥形而上学和拆解实体本体论的哲学运动中也显示出现代主义哲学与后现代主义哲学的界限和分别。

按照伽达默尔的看法，德国唯心主义辩证法即已开始了对实体本体论的拆解，黑格尔哲学既是西方形而上学的完成，也是对西方形而上学的消解。这与恩格斯对黑格尔哲学的看法可以相互比照，黑格尔的唯心主义体系是旧哲学的终结，黑格尔的辩证法则指明了走出这个体系迷宫的道路。德国唯心主义辩证法是自我意识的辩证法，自我意识不是抽象的精神实体，而是人类普遍的心理机能在自我意识中的逻辑展现。实体不再是单一的抽象概念或这一抽象概念的物质化，而是发展着的自我意识诸逻辑环节的统一。在这样的意义上，唯心主义辩证法既是对知性思维方式的消解，也是对实体本体论形而上学的消解。伽达默尔认为，黑格尔辩证法的意思就是直接通过矛盾的尖锐化跨进到矛盾统一的更高真理的过程。精神的力量就在于综合和中介一切矛盾。黑格尔把统一一切矛盾的理性看作是存在的普遍结构[①]。

另一方面伽达默尔认为黑格尔的辩证法只是达到精神和自由的概念，仍保留着本体论上的自我驯服。对黑格尔辩证法的这种批评，透露出后现代主义哲学拆解实体本体论的更深刻的动机，这就是对任何先在本质决定的拒绝，对个人自由的执着追求以及对自由的难以把持与无奈。

罗蒂认为，分析哲学和科学哲学拒斥形而上学，反叛黑格尔主义，是向后哲学文化运动的环节，但由于他们是站在科学主义的立场上，坚持对逻辑和科学的盲目崇拜，因而在向后哲学文化运动中半途而废了。逻辑和科学崇拜，是后哲学文化必须消解的最后的"冰块"。罗蒂所说的后哲学文化，是没有哲学作为一级真理、没有学科帝国主义、没有概念帝国主义的多元文化。这种文化是在偶然的机缘中、在自由的创造中自然进化的文化，没有什么指引或指导文化的进化，这是所谓自然主义的新实用主义。在破除了镜子哲学的客观性保证之后，消解掉了实体本体论的形而上学之后，在取消了哲学学科的特权之后，哲学成为多元文化中的一员，它不再是提供认识基础的认识论，而是理解和沟通的解释学，这是罗蒂所说的由认识论到解释学的转向。

实体本体论是与认识论的基础主义、本质主义、客观主义和学科帝国主义必然相关的形而上学形态。欧洲哲学的人文主义背景使它更集中地反对概念实体化、术语化的遮蔽，伽达默尔在《摧毁与解构》中指出黑格尔之后消解和融化希腊的实体本体论及其概念方式的三条道路：一是海德格尔的向希腊语言的原始性回归之路，它深入到西方形而上学的发展和统治地位之背后，在概念的光亮中取回希腊人对存在的原始经验；二是解释学之路，在与"历史本文"的会话中唤起已经失落的意义；三是德里达的解构学之路，它在一"书写"的本体论概念中，用不断叠加的痕迹或"道道"根本上消除意义的统一性，用"延异"炸开一切指向统一性的聚合。

海德格尔用语言内含的丰富的原始性经验和存在感受消解僵死的概念

---

① ［德］伽达默尔：《黑格尔与海德格尔》，《哲学译丛》，1991年第5期。

的术语，伽达默尔用无主体的"本文"集合即传统取代概念性实体，德里达用延异即不断伸展和拉长语言集合的策略消除意义的统一性和确定性。这些不同的拆解策略基于不同的哲学立场和哲学观点，其中对后现代主义文化影响最大的显然是德里达的解构学，德里达认为海德格尔对始源性的追求就是形而上学的神话，福柯也认为根源性、连续性是统治19世纪的主题话语。德里达指责海德格尔、伽达默尔没有摆脱近代哲学的"在场的形而上学"，这种在场形而上学把意义、理解、澄明设想为是主体与客体的直接"照面"，未摆脱主客体二元对立的认识论模式。德里达用"延异"的策略把主体和客体都消融在语言之流中，主体是为语言之流占有的主体，客体也为符号代替或延迟出场，从而再没有对主体显现或为主体理解的意义。我甚至觉得"延异"作为不是概念的概念，有点类似于中国哲学的不可道的"道"，在大道流行之中或在语言之流中主客体的区分泯灭了，知性的意义和理解消失了。

辩证法和后现代主义哲学对实体本体论的拆解都是对西方形而上学传统的破解，但二者的哲学目标、哲学旨趣却大相径庭。德国唯心主义辩证法要建立一种合理形态的本体论，既作为事物的根据而又存在于事物之中的本性只能是辩证的；自我意识的辩证本体论是人的自由和理想人格实现可能性的哲学论证；这种乐观的理性主义精神是启蒙精神的继续和发展，它对现代西方工业文明虽有反思批判，主要却是一种积极的推动。后现代主义哲学对西方两千年形而上学的质疑和批判，实质上是对胡塞尔所说的普遍的希腊理性精神的怀疑，是对欧洲文明根基和欧洲中心主义哲学的动摇。在世界性的现代化潮流中，发展中国家只能选择欧洲现代化的模式吗？后现代主义哲学对这些思考给予了有力的思想刺激。

三　超越后现代主义哲学的可能性

后现代主义的讨论在西方已持续了三十多年，但后现代主义哲学在当代西方哲学中仍有很大影响，时代的发展和哲学家思想创新的努力也必然使人们思考超越后现代主义哲学的途径。

按照我们的看法，后现代主义哲学对西方形而上学的消解主要是对知性思维方式和实体本体论的拆解和解构，而它的更为根本的关怀仍是现代文明中人的处境和真实。后现代主义哲学把西方形而上学传统的理想、神圣和崇高变成丧失意义根基的东西，把启蒙精神和近代哲学的主体原则看作是"自我学"的幻觉，主体或人消失在没有客体、没有意义的黑暗中。这种对现代文明的悲观主义看法虽然具有消除形而上学欺骗、消除任何话语系统的中心地位，从而使人面对平凡的、真实的世界和人生的积极意义，但人却不能忍受无意义的生活，即便世界没有意义人也要给世界创造出意义。德里达和福柯充分意识到西方语言固有的形而上学性质，他们并不奢望重建一种没有形而上学的语言，也并非想真的把一切意义全都埋葬，他们只是强调和显示形而上学和话语中的权力无处不在，从而使人们对之有所警觉和限制。即使如此，后现代主义哲学的解构策略和价值态度仍难免偏激和片面的毛病，按我们的看法它是用知性逻辑破解知性逻辑，没有摆脱它所竭力反对的知性逻辑的框架，它至多只是达到了现象论的、经验论的辩证法，即把现象、符号系统和话语系统看作是无限关联的无限伸延的赫拉克利特之流，这是黑格尔所说的"恶无限"，是外延的无限。因此，超越后现代主义哲学的可能途径只能是辩证法学说及其辩证的思维方式。

70年代以来，超越后现代主义哲学成为西方新一代哲学家的思考中心，超越客观主义和相对主义，超越解释学和结构主义，阿佩尔的"先验语用学"，哈贝马斯的"普通语用学"等等，都显示出一个共同的趋势，即重建人类理性信念和社会生活共同体某种普遍准则的努力。这使辩证法的思想传统在当代西方哲学中被重新唤醒．也使它受到新的反驳和挑战。

首先，超越后现代主义哲学的相对主义及其悲观主义是重建理性信念的起点。后现代主义哲学对知性思维方式和实体本体论的拆解，是对客观主义、绝对主义的否定和消解，也是对科学至上、技术统治的现代西方文明形态必然崩溃的预言，新一代哲学家理解和赞成这种批判和警告，他们也同样反对传统形而上学的傲慢理性主义，反对启蒙精神为人类设计理性计划的狂妄，并认为这种理性计划已经带来了西方文明的弊病和危险。但另一方面，后现代主义哲学的相对主义和怀疑主义实际上否定了人类理性的创造生活的可能性，他们否定技术理性、知性理性实际就是否定人类全部理性样式，这表明他们没有超出知性思维的视野。哈贝马斯、伯恩斯坦以及晚年的伽达默尔等强调交往理性、实践理性,力求从一种新的理性视野中探索重建人类理性生活和社会共同体生活的可能性。哈贝马斯以马克思主义的辩证法传统和社会批判理论的一贯精神,批判现代西方社会中被扭曲的交往,力求建立一种交往理性的原则或普通语用学规则,进而思考社会进化和人类历史发展的选择[①]。伯恩斯坦从伽达默尔、哈贝马斯、罗蒂和阿伦德的讨论中发现了他们共同关心的问题,即都在为"超越客观主义和相对主义的运动而努力",为恢复实践的含义并献身于加强那种奠基于对话共同体的联合这一实践任务而努力。[②]

其次,当代哲学对交往理性、实践理性的探索,对人类社会生活普遍性、共同性的寻求,也是对传统形而上学的客观主义和绝对主义的超越,它也包含着对传统辩证法理论的批判。伯恩斯坦一方面赞扬黑格尔比其后许多思想家更为锐利,说他最敏锐地理解现代人建立新的普遍性的共同体的悖论,这个悖论似乎是说现代人企图运用集体的意志理性地设计共同体时,必然陷入失败或导致灾难性的后果;他也赞扬马克思实践哲学的观点。但另一方面他明确表示:"我们不再赞同马克思的理论确定性观点或革命者的自信。没有保证,没有必然性,没有'历史的逻辑'表明必不可免地会通向包含全人类的和在其内相互判断、实践言谈和理性说服繁荣发展的对话共同体。"[③] 显然,在伯恩斯坦看来,黑格尔和马克思的辩证法仍未摆脱近代哲学的认识论中心主义和客观主义立场,仍以客观性、必然性作为理性信念的保证和依托,而这种基于历史逻辑的理性设计同样是盲目自信的,是危险的。

最后,当代哲学超越后现代主义的探索在方法论上和理性态度上对我们多有启发,它刺激我们重新思考马克思主义辩证法的当代形态。如果说后现代主义哲学是通过把知性逻辑推向极端从而达到了现象论、经验论的辩证法,那么哈贝马斯、伯恩斯坦等人则是以谨慎的、谦逊的理性重建辩证法。这种辩证法的特征是思辨的、批判的理性设计与直觉的经验验证相

---

① 参看 [德] 哈贝马斯《交往与社会进化》,张博树译,重庆出版社1989年版。
② 参看 [美] 伯恩斯坦《超越客观主义与相对主义》第四章,郭小平等译,光明日报出版社1992年版。
③ 参看 [美] 伯恩斯坦《超越客观主义与相对主义》,郭小平等译,光明日报出版社1992年版,第288页。

结合，它从人们的日常经验和直觉信念中思辨地设计某些普遍的规则，这些规则作为理想和乌托邦提供了批判现实的尺度和规范，同时它又在现实中接受检验和修正。以一种探索性的、建设性的理性态度实际地参与社会生活共同体的对话和实践，这也是当代哲学对自身使命的新认识。我们应在与当代西方哲学的对话中发掘马克思主义辩证法的本质精神，继承黑格尔辩证法对知性思维和实体本体论辩证消解的合理内核，甚至需要吸收东方辩证法的积极成果，唯其如此，才能不丢弃后现代主义哲学的有益见识，也才能更有成效地超越后现代主义哲学。

（原载《天津社会科学》1995年第2期）

论辩证法的人生态度和理想

辩证法是何种性质的学说？国内外哲学界对此众说纷纭。有人把黑格尔的辩证法理解为精神本体论，相应地有人把唯物辩证法理解为物质本体论；苏联哲学界和国内学者曾有人依据列宁《哲学笔记》的思想强调辩证法作为认识论和逻辑学的意义。现代哲学发展的基本线索已经表明：(1) 没有认识论反省的本体论是独断的，因而是无效的；(2) 人的认识、思维方式和说话方式依存于他的生存方式，来自生活世界的不自觉的信念成为认识和理解的前提；因此，(3) 生存论成为现代哲学的主题，它取代了近代哲学的认识论主题成为哲学的基本关怀。从生存论的关怀去看待和理解辩证法学说，辩证法就不是遗忘了存在和人生意义的抽象的学院术语，它成为照亮人生晦暗的理性之光；辩证法也不是脱离人的价值态度的纯粹认知框架和方法，而是价值态度与认知框架内在统一的精神境界和理想。

一

辩证法从来就是一种哲学理论和方法，因此如果把辩证法简单地看作是某种实证科学的方法，自然会发现它的种种错误或弊端。如现代西方哲学中逻辑实证主义对辩证法的批判和讽刺，拉卡托斯对马克思主义研究纲领的批判，波普尔把自己的"试错法"与辩证法进行比较，并得出因为辩证法不包含被证伪的风险因而是无意义的结论等等。问题在于辩证法和实证科学方法不同层次的真实区别，在于二者已经先行确定的认识前提和"旨趣"的真实区别。海德格尔对认识前提的追究达到了此在或人本身，哈贝马斯从认识旨趣的区分中发现了辩证法和批判理论特有的"解放的旨趣"。因此，不能用实证科学方法的评价尺度衡量辩证法的价值，只能从哲学本身乃至从人本身去看待辩证法。

辩证法作为哲学理论和方法已经先行确定了自己的态度、目标和视野。与日常生活乃至科学活动不同，辩证法抛弃了前者固有的自然态度，而以一种理论和反思的态度面向世界和人生。日常生活和科学活动是有限的工具行为，它以某种特定的实践目的作为规律和尺度去衡量和评价人的活动、目的的实现是最高的原则，因此它不必思考目的实现中主体如何能够切中客体，也不必思考有限的实践目的在人的全部生活中根据何在、意义是什么。而这恰恰是作为哲学学说的辩证法所要追究的。日常生活中的彷徨无主和意义感的丧失、科学活动对自身意义的寻求，有限目的实现后的空虚和失落，都表明人不能自然地获得生命的自足，它要求一种理论反思为人的全部生活提供终极的根据和确定的意义。人的本性中即有形上的渴望和追求。因此，哲学以特殊的形式参与了人类生活的历史过程。

辩证法与任何哲学理论一样都是对终极、绝对和根本的追求，但是至少从德国唯心主义辩证法以来，真正的辩证法理论总是包含着对哲学已经确认的终极、绝对和根本的消解和批判。至此我们可以说出辩证法人生态度的首要特征，即永恒超越的态度和精神。

辩证法的超越是双重的。首先，它与所有哲学理论一样是对缺乏反思的自然态度的超越。冯友兰先生在《中国哲学简史》中谈到四种人生境界，即自然境界、功利境界、道德境界和哲学境界。认为哲学境界给人们的生活带来了最高的意义觉解；其次，辩证法与其他哲学理论不同，它也是对以往哲学理论的超越。辩证法不仅要追求日常生活和各种生存方式、文化样式的根据和意义，而且对哲学自身的前提和信念进行反思的消解和追究。彻底的辩证法理论也包含着对辩证法理论自身的批判，包含着摧毁自身、走出自身的意向和逻辑。辩证法对各种文化形式的超越使它似乎超越了经验的界限，语言的界限乃至世界的界限。以一种经验论的外延逻辑来看辩证法，它似乎陷入了恶无限，是对经验的内在超越，是在经验中反思地创造经验的根据和意义。从一种内涵逻辑的观点看，辩证法是美国哲学家罗蒂所说的"创造的真理"。从前文所说的生存论的观点看，辩证法的超验性和超越性就是人类的生活和生活意义的无限追求，是有限的生命力求达到无限意义的向往、企盼和精神的实践。

辩证法的超越态度和精神是在历史文化的发展中及对历史文化的不断否定和批判中实现的。马克思在《资本论》第二版"跋"中关于辩证法的一段名言最清晰地表达了辩证法的本质精神:"辩证法,在其合理形态上,引起资产阶级及其夸夸其谈的代言人的恼怒和恐怖。因为辩证法在对现存事物的肯定的理解中同时包含对现存事物的否定的理解,即对现有事物的必然灭亡的理解;辩证法对每一种既成的形式都是从不断的运动中,因而也是从它的暂时性方面去理解;辩证法不崇拜任何东西,按其本质来说,它是批判的和革命的。"① 从意义论、价值论、政治哲学、历史哲学等不同方面去理解辩证法的价值态度和本质精神,都会有见仁见智的不同理解,但有一点是确凿无疑的,只有人才有意义的追求,生活和历史的意义就在意义追求的过程中,而意义追求的过程即是不断否定和批判的过程,任何终极意义的独断和绝对规范即取消了意义追求的可能性,因而必然是意义的绝对丧失。

辩证法的批判和革命本质并不是简单的拒绝态度,不是庸俗化了的斗争哲学,也不是波普尔所指的那种追求进步而又否定任何进步的进步观。辩证法有自己的从容和精神栖息之处。辩证法的批判总是哲学的批判、前提的批判,即是康德所说的对那些"自明性的东西"的追究和拷问。在对这些自明的、公理化的前提和信念的分析和批判中,辩证法使晦涩或模糊不清的人生处境和人的意义感受澄明起来。当然它也可能使原认为是确定无疑的东西变得动摇甚至使确定性完全消失。从生存论的关怀去看辩证法的前提批判,辩证法成为人的解放的学说,它确实具有"解放的旨趣"。它要使人们从虚假的意识形态中解放出来,不管这种意识形态是宗教神学的,还是形而上学独断论的,抑或是实证主义和科学技术专制主义的。辩证法也力图使人从难以回避的伦理冲突中解放出来,据说伦理学才是黑格尔辩证法的诞生地,而我国传统辩证法思想则肯定是以伦理思辨为核心的。从根本上说,辩证法是有限的自然生命解放自己成为无限精神存在的超越要求,因此它要在不断的前提批判中使人们的人生境界获得提升,它是生命精神新新不已的固有冲动的哲学表达。

辩证法理论的超越态度和批判态度也是一种朴实的创新态度。古希腊

---

① 《马克思恩格斯全集》第23卷,人民出版社1972年版,第22页。

哲学家以"月亮每天都是新的"表达自己对宇宙和人生的新鲜感受和渴望，而中国儒学以"生生之谓易""苟日新，日日新"的日新盛德同样表达了渴望参与宇宙人生创化的生命精神。简言之，辩证法的人生态度就是一种超越的态度、批判的态度和创新的态度，辩证法的理想就是人的自我解放的理想。但是这种简略粗疏的概括必须获得理论的论证，作为生存论的辩证法，必须有认识论的根据和本体论的设定。

二

辩证法长期被主要看作是本体论或认识论的学说，这既是因为辩证法的生存论意义是隐而不显的前提，也因为作为生存论的辩证法需要认识论反省和本体论根据的理论支持。缺少认识论和本体论论证的生存论辩证法只能表现为散漫的警句格言式的生活智慧。因此，西方哲学的辩证法学说直接表现为认识论和本体论的理论形态。如果仔细考察本体论、认识论和生存论的内在关联，我们还会领悟一些更为深刻的东西。

就人的自发的日常生活来说，它在本质上是辩证的。人们在本能和习俗的驱使下自然把主体与客体，主体与主体看作是浑然统一，生动流变的。没有区分，没有执着，也就没有意义的困惑和寻求。按照冯友兰先生的看法，生活在这种自然境界的人鲜有对人生意义的觉解，他的生活与动物没有太大的差异。这种缺乏反思规定的生活样式和境界天然地具有辩证的态度和倾向。就它的说话和认识方式说，以素朴的形式表达着语言和思维固有的辩证本性，黑格尔、恩格斯和列宁都从日常语言中洞见到这一点。树叶是绿的、紫罗兰是香的、伊万是人等最简单的话语或命题，已经包含着个别和一般，实体与属性的内在矛盾，人们正是在自发的矛盾表述中构造着自己的经验世界。就自然境界的生活态度的实践活动说，未经反思的本能和习俗是决定性的力量，人与自然，自我与他人，情欲与理性等矛盾作为尚未分化的自发力量支配着人类的生活。总之，没有认识的精细区分和反思的抽象规定，也就没有人生态度的自觉和人生意义的寻求。所以说自然境界是"辩证的"，也只是在真正的辩证反思中才能指出的意味和倾向。

自然境界的生活不是真正属人的生活，它必然被内在的超越。对认识的认识、对生活意义的自觉是人性固有的要求，人不能长期忍受无意义的生活，不断问为什么的本能总是把人们推向哲学反思的境地。一旦人类开始了哲学思考，认识方式和价值态度的内在关联就鲜明地显现出来，尽管哲学家自觉或不自觉地遮蔽这一哲学思考的前提；马克思以来的现代哲学却不容置疑地证明了这一点。

知性思维方式与极端的理想主义和功利主义是互为因果的。人的自然生活乃至人本身原本就是充满矛盾的存在，灵与肉，理与情，个人与群体，自然性与超越性，等等，一旦在反思的规定中被简单地排除，即以一方否定，吞噬一方，人们的生活态度就出现了偏差。知性思维方式在非此即彼的逻辑中必然陷入反思的偏执和迷误，它总是用还原论、排除法把分解和割裂了的统一的自然生活再简单地予以单义的规定。在知性思维中如果执着于人的精神性、超越性、群体性，就陷入了唯理主义的独断论，把人生意义抽象地规定为某种脱离现实生活的理想世界、神性世界，这就是极端理想主义的人生态度。如果执着于人的感性欲望，情欲需要等自然性和物质性的方面，则陷入了经验主义的独断论，这就导致了极端功利主义、个人主义的人生态度。另外，人们在日常生活中获得的教化和修养，往往形成先于反思的人生态度和价值态度，它作为理解的前提结构从根本上规定了人的认识方式和思维方式。如果先行具有了某种极端理想主义或极端功利主义的人生态度，这就注定了在知性思维中左右摇摆或固执一端的认识路径。我们很难设想一个利欲熏心的人会有超越的辩证思考，也很难设想一个虔诚的宗教信徒会有对世俗生活的辩证理解。

按照现代哲学家的某种共识，人们的思维方式，说话方式和价值态度决定于人们的生活方式。从自然境界中觉醒的古代哲学家最初一定为自己的智慧和认知能力感到惊奇和欣喜，人生意义的觉解势必执着于人所异于禽兽的理性和精神，同古代人类在实践领域中较少自由相反，人类精神的自由具有广阔的天地。因此古代哲学中的伦理学必然是以重知主义为主的伦理学，哲学家的人生态度是理想主义的态度，政治哲学也是以王权主义、神权主义为主导的。至欧洲中世纪，神学成为统治一切的意识形态，人生的价值和意义全在于对神性的仰慕和回归。这种极端超越的理想主义人生态度与形而上学的知性思维方式和神学本体论相互支持，成为一种具有极大解释效力的哲学世界观，它不仅可以满足人们抽象理智的终极要求，也可以满足人们情感生活的终极要求。费尔巴哈洞见到上帝的本质是人的本质的对象化，准确地说，是人的超越理想的对象化，是人的部分本质在知性思维中被片面夸大而成的"绝对"。然而，宗教神学的有效性只能局限在古朴简单的生产和生活方式中，随着资本主义文明的兴起人们的生活态度必然发生根本的变化。

文艺复兴以来的启蒙精神用人性反对神性，用现实现世的幸福反对来世天国的幸福，人的自然情欲需要获得了合法性的地位，人的感性生活成为讴歌和赞美的对象，这无疑是人的一次伟大的解放。但是知性思维作为有限思维的弊端依然存在，在抽象反思的规定中人和自然、灵与肉、理与情等仍然被片面地予以理解，随着启蒙精神和资本主义工业文明的发展，启蒙理性逐渐演变为片面的科学理性亦即工具理性，人们的生活态度也逐渐走向极端的功利主义和个人主义。功利主义的人生态度需要工具理性的思维方式，要满足人的功利要求就必须有对事物、生活精细的区分精神，就必须以一定的工具行为实现人的功利目的；另外，精细区分的知性原则和工具理性也强化着功利主义的人生态度。在追逐外物的理性运用中人逐渐丧失了自己的内在尺度，以外物为用的控制论思维方式极端发展的结果却是人成了物的奴隶。从对宗教神学专制的否定中走出的启蒙精神演变为科学技术的新专制，启蒙走向了自我否定，自我摧毁。

启蒙的辩证法要求真正的辩证思维方式和辩证法的人生态度，黑格尔的辩证法为此作出了重大的贡献。黑格尔的概念辩证法第一次富有成效地探讨了不同于知性思维方式的辩证思维方式，它既保留了科学理性的精细区分精神，舍此即无法有对自然人生的精确知识；又超越这种精细区分而走向辩证的综合。全体的自由性和各个环节的必然性这一黑格尔辩证法的卓越原则，为辩证法的人生态度提供了可靠的认识论条件。黑格尔哲学的宗旨是要达到人和自然的合解，也就是要达到思维与存在、理性与感性、普遍精神和个人精神的辩证统一，这个统一就是绝对精神。

按照黑格尔哲学的本意绝对精神作为实体是一个伦理实体，它要为全部人类生活提供最高的依据。因此，黑格尔辩证法的人生态度是超越的理想主义，但它又把这种理想的实现看作是漫长的精神现象过程，理想不是弃世独立的彼岸世界，它就在精神现象的提升过程之中，黑格尔甚至认为人的恶劣的情欲也是理性或理想实现自身的环节，因此他的理想主义与功利主义保持着必要的张力。但是正如伽达默尔正确指出的那样,黑格尔的辩证法只是达到了精神和自由的概念,它仍保留着本体论上的自我驯服。黑格尔辩证法的人生态度仍受到唯理主义独断论的影响,感性物质活动的自由、实践的自由,生存论的深层焦虑和渴望等等现代哲学的关怀,促使哲学家超越黑格尔,去寻求更为明智达观而又切近实用的人生态度。

三

20世纪的两次世界大战和资本主义工业文明的种种疾患粉碎了包括黑格尔哲学在内的历史乐观主义和理想主义。人们的情感世界在现实生活急剧变化的冲击下起伏不定,仿徨无主,隐约的焦虑可能显化为绝望,朦胧的希望可能萌发为信心。[1] 各种哲学理论所蕴含的或倡导的人生态度都在表达着时代情绪,影响着时代精神。现代西方哲学的人生态度大致表现为两种趋向,一是英美经验主义哲学从对科学和逻辑的崇拜中觉醒,而走向相对主义、怀疑主义或自然主义的实用主义;二是欧洲大陆哲学在对哲学的人文基础和人生意义的寻求中走向主观主义和非理性主义。二者的共同特点是反对传统形而上学以实体本体论为支柱的理想主义、绝对主义,出现了转向生活世界的哲学变革。在我们看来,现代西方哲学仍受到根深蒂固的知性思维方式的影响,哲学家们仍常常是在绝对不相容的对立的两极中思维,抽象理智的逻辑要求总是把面向世界和人生的反思导向某种僵死的规定性,或此或彼,或者什么也不是,在绝对确定性的追求失落之后就只能陷入绝对的失望。因此,现代西方哲学的人生态度仍在偏执中绝望地相互冲突。它确实需要辩证的拯救。

西方人执着极端的民族性格和人生态度难以接受辩证的合解,现代西方哲学把黑格尔的辩证法作为极端的理性主义、泛逻辑主义乃至神秘主义的东西予以抛弃,怀特和艾耶尔都认为20世纪哲学是以反叛黑格尔开始的。但是辩证法不仅是一种逻辑方法,也是一种人生态度,而且是两千年西方文明教养所达到的人生态度。反叛黑格尔也只能以辩证法的"扬弃"

---

[1] 参见[德]古茨塔夫·勒内·豪克《绝望与信心——论20世纪末的文学和艺术》,李永平译,中国社会科学出版社1992年版,第1页。

态度才能取得积极的成果。简单地抛弃不能真正克服黑格尔哲学。近些年来，黑格尔哲学又有新的复兴的征兆。伽达默尔说人们仍在以特殊的方式在黑格尔身边流连，有人认为欧陆哲学出现了从现象学到解释学再到辩证法的趋向，美国哲学家罗蒂也给黑格尔哲学以积极的评价，这表明辩证法的思维方式和人生态度仍是我们时代走出困境的可能出路。

马克思的唯物辩证法似乎是一个自相矛盾的概念，按照我们对辩证法本质的理解，它是超越的、批判的和新新不已的精神创生，辩证法似乎只是精神生活的特有本质。萨特的存在主义辩证法、法兰克福学派的否定的辩证法；乃至解释学的对话的辩证法，都正是这样来理解辩证法。但是如果考虑到马克思的唯物主义只是历史的唯物主义，即人类社会生活辩证发展的唯物主义，唯物辩证法就不再是自相矛盾的，恰恰是超越黑格尔唯心主义辩证法唯一富有积极意义的成果。黑格尔辩证法之所以只达到精神和自由的概念不仅在于它对自然的精神本质的抽象规定，关键在于它仍是以灵魂和肉体、精神和自然的先在划分作为辩证法的先入之见，在于它不懂得感性是实践活动的结果，感性既是自然的，也是历史的、精神的，因此唯物辩证法的实质也不在于对自然的唯物主义说明，而在于对历史、实践和生活的诸多矛盾所达到的反思的消解和提升。从彻底的辩证精神看来，人的躯体是为历史和文化所铭刻的精神性躯体，人的精神也只是雅斯贝尔斯所说的躯体的智慧。肉体和精神、主体和客体、精神活动和感性的物质活动原本就是内在统一的。这样，唯物辩证法的人生态度就有可能彻底超越理想主义和功利主义的对立，为晦暗的人生投射出理性的光亮。

马克思对辩证法批判的、革命的本质的理解，是对黑格尔辩证法真正精华的汲取。早在《1844年经济学哲学手稿》中马克思写道："黑格尔《现象学》及其最后成果——作为推动原则和创造原则的否定的辩证法——的伟大之处就在于，黑格尔把人的自我创造看作一个过程，把对象化看作非对象化，看作外化和这种外化的扬弃；因而，他抓住了劳动的本质，把对象性的人、真正的因而是现实的人理解为他自己劳动的结果。"[①]人在自我创造中制约自身，发展自身，这是辩证法的精华。人的自我创造不是抽象的精神活动，而是对象化、外化的感性物质活动，亦即广义的劳

[①] 《马克思恩格斯全集》第42卷，人民出版社1979年版，第163页。

动，这是精神和肉体共同完成的活动。人在自己活动的结果中理解自己、生成自己，并在此基础上开始新的创造过程，从而发展自己。这样理解人和人的生活的创造性本质，辩证法的人生态度就不是空洞的意向和原则，而是对人的本真生活状态的准确表达。人的创造活动显然需要理想的介入和引导，人的创造生活也总指向某个理想目标。创造是超越，是批判，是理想主义的。另外，人的创造活动也不是在真空中灵魂的孤立活动，创造总是在自己活动结果的现实中，在自己躯体的感性需要和感性力量的制约下，参与下才有可能，创造也是现实的、功利的。因此，辩证法的人生态度是内在包含功利主义的理想主义，是在日常日用中不断超越从而达到更高人生意义觉解的永恒追求。从自然境界到功利境界，再到道德境界和哲学境界，并不是一个自发的自然过程，这需要学养、修养和践履笃行中的磨炼，关键是要有新新不已的自觉追求。

辩证法的人生态度也需要本体论信念的支撑，否则就缺少逻辑的力量和坚实的根基。中国古代哲人从对宇宙的静默的观察和体验中，领悟大化流行的宇宙生命精神。"天行健，君子以自强不息"，以德配天的君子从自然中获得人生态度的启示和力量。唯物辩证法的人生态度也需要对自然的辩证理解作为自己的本体论根据，自然科学所揭示的自然的辩证发展过程，为不断求索，不断超越的人生信念提供了逻辑的基础。但是，天道远，人道近，生存的焦虑和渴望总是人的更为切近的关怀。因此，辩证法学说在当代更多地被人们理解为生存论的学说。从生存论的关怀去理解辩证法理论，会使辩证法"浸进同时代人的灵魂"，"也就是浸进他们激动的爱与憎的感情里"[1]（马克思语），辩证法会真正成为时代精神的精华和文明的活的灵魂。

（原载《吉林大学社会科学学报》1993年第2期）

---

[1]《马克思恩格斯全集》第1卷，人民出版社1960年版，第121页。

生命与精神的自身运动：分析与综合统一的本体基础

在我国的马克思主义哲学原理教科书中，把分析与综合的统一作为重要的辩证思维方法。我们把分析理解为把事物整体分解、区分为各个组成部分，精细地认识和规定它们的性质、特点和功能；把综合理解为对事物组成部分精细认识基础上整合、综合成整体的认识。对分析与综合的这样一种理解有着它思维操作的意义，也有着它实践日常生活的意义，这种操作性的理解也符合人们的日常经验，对于避免认识的片面性也有积极意义。但也许正是因为这种理解过于接近常识，人们很难领会到它有多少哲学意义。在我们看来，如此理解分析和综合是一种极端的、典型的知性思维方式，并不能真正教给人们辩证思维。并且如果仅仅把分析和综合做这样的理解，显然还没有进入分析和综合这两个概念在西方学术语言中所具有的逻辑意义，更谈不上在哲学的层面上实现分析与综合的辩证统一。

一 分析与综合的区分及其逻辑意义

在西方哲学史上，分析与综合的区分由来已久，在某种意义上甚至可以追溯至柏拉图和亚里士多德。柏拉图的理念论、回忆说在一定意义上奠定了分析的传统，而亚里士多德对理念论的批评、实体与属性的划分则奠定了综合的传统。后来唯理论与经验论的对立甚而形而上学与自然科学的区分也正是基于此两种路向。经过笛卡儿、斯宾诺莎、莱布尼茨、洛克、贝克莱……一直到休谟和康德，分析与综合最终在西方哲学史上形成了较为稳定的、规范的逻辑意义。

从休谟开始，分析和综合主要是指分析命题和综合命题，相应的，分析和综合的统一就应该是分析命题和综合命题如何统一的真实的哲学问题，而不是日常思维操作中的分解和综合。按照休谟的看法，知识是由命题组成的。分析命题和综合命题对应的是观念关系的知识和事实的知识，除此之外并没有其他的知识。休谟有一段旗帜鲜明的话："当我们巡视图书馆时，我们可以拿起一本书，例如神学或经院哲学的书，我们就可以问：其中包含着量或数方面的任何抽象论证么？其中包含着有关事实与存在的任何经验论证么？没有，那我们就可以将它投到烈火中去，因为它所包含的，没有别的东西，只有诡辩和幻想。"① 休谟的这种表述可能已经非常接近后来维也纳小组逻辑经验主义的表述。我们知道，休谟对康德有很大的影响。康德自己的说法，休谟的怀疑论把他从独断论中唤醒。按照康德的看法，所谓分析和综合的区分，是建立在主词和宾词的相互关系的基础上。在《纯粹理性批判》的导言中，康德明确地提出了分析判断与综合判断的区别。"在一切判断中，从其中主词对谓词的关系来考虑，这种关系可能有两种不同的类型。要么是谓词 B 属于主词 A，是（隐蔽地）包含在 A 这个概念中的东西；要么是 B 完全外在于概念 A，虽然它与概念 A 有连结。在前一种情况下我把这判断叫作分析的，在第二种情况下则称为综合的。"② 康德举例说"物体是有广延的"是分析命题，因为物体的概念包含广延的规定，所以该命题只是把包含在主词中的广延性从物体概念中分析出来，它的真不依赖经验，因而是逻辑真理。而"物体是有重量的"则是综合命题，因为在物体的概念中并不直接包含重量的规定，只有通过经验把主词"物体"和宾词"重量"联系起来，所以，这个命题是经验命题，它的真假需要经验检验。我们认为，康德对分析与综合的区分基本沿袭了休谟。简单地说，分析命题是逻辑命题，综合命题是经验命题，这也是一直到当代西方哲学中对分析和综合的基本规定。而正是这一基本规定被奎因认为是经验主义的一个教条。

我们知道，奎因在著名的《经验论的两个教条》中批判了分析和综合相区分的教条，从而实现了逻辑实用主义的转向。奎因从语言哲学出

---

① 《十六—十八世纪西欧各国哲学》，商务印书馆 1975 年版，第 670 页。转引自赵敦华《西方哲学简史》，第 228 页。

② [德] 康德：《纯粹理性批判》，邓晓芒译，人民出版社 2004 年版，第 8 页。

发，认为"相信在分析的、或以意义为根据而不依赖于事实的真理和综合的、或以事实为根据的真理之间有根本的区别"① 是影响现代经验论的一个教条。这一批评直接针对康德对分析判断与综合判断的区分。奎因指出："康德把分析陈述设想为一个这样的陈述，它把恰恰是主词内涵中已经包含的东西归属于主词。这个定义有两个缺点：它局限于主—谓词形式的陈述，而且求助于一个停留在隐喻水平上的包含概念。"② 康德对于"物体是有广延的""物体是有重量的"这两个命题的区分是建立在主—谓词间的包含关系基础上的。康德的表述非常清楚，"因为在我去经验之前，我已经在这个概念中有了作出这个判断的一切条件，我只是从该概念中按照矛盾律抽出这一谓词，并借此同时就能意识到这个判断的必然性，它是经验永远也不会告诉我的。与此相反，尽管我在一般物体的概念中根本没有包括进重量这一谓词，那个概念毕竟通过经验的某个部分表示了一个经验对象，所以我还可以在这个部分之上再加上同一个经验的另外一些部分，作为隶属于该对象的东西"③。而康德在这里并没有继续追问，为什么"广延"已然"隐含"于"物体"这一概念中，而"重量"则需要经验才能附加于"物体"之上呢？主词包含谓词，什么情况下包含，什么情况下不包含？奎因认为这是停留在隐喻水平上的包含关系上面的。我们认为，所谓隐喻水平上的包含关系正是一种模糊的包含关系。奎因正是通过对主—谓词间的模糊包含关系的揭示，一定程度上消解掉了分析与综合命题的划分并进一步消解掉了所谓分析的同一性命题，从而动摇了逻辑经验主义的基础，甚至也可以看作是对整个分析哲学的一个根本性的摧毁。

在我们看来，康德之所以认为"物体"概念先天的包含着"广延"属性而不包含"重量"属性是源自西方哲学隐含着的视觉中心主义立场。广延性是可以在物体的概念中直观到的，可以看出来的，而重量则不能被直观出来，需要用手掂一掂才能经验到。对于西方哲学，德里达后来明确地使用视觉中心主义的哲学的说法。我们也可以模仿奎因的说法，把视觉

---

① [美]奎因：《经验主义的两个教条》，载 A. P. 马蒂尼奇编《语言哲学》，牟博等译，商务印书馆2006年版，第39、40页。
② [德]康德：《纯粹理性批判》，邓晓芒译，人民出版社2004年版，第9页。
③ 同上。

中心主义看作是西方哲学的一个隐含的教条。

二 分析与综合的统一

通过上文的分析，西方哲学史上分析和综合作为不同命题的区分由来已久，而且构成了分析哲学特别是逻辑经验主义的理论前提。逻辑经验主义拒斥形而上学的逻辑理由很简单，形而上学命题既不是分析命题，也不是可由经验证实或证伪的综合命题，所以是无意义的假命题。分析和综合的区分也可以说在一定意义上是分析哲学的理论前提，而奎因对这个前提的质疑和批评导致了分析哲学后来的一些转向和变化。

不管我们如何看待西方哲学中分析与综合、逻辑与经验的区分，也许真的没有奎因所说的分析的同一性命题，但是人类知识中的命题或判断肯定有不同抽象程度的相对区分，通俗地说有些命题更接近经验，有些命题则离经验很远，更接近纯粹的思维形式。更重要的是，西方哲学中分析和综合相区分的"教条"由来已久，它是逻辑经验主义和分析哲学等学说的重要理论基石。即便对于奎因所揭示的康德对于分析与综合命题建立在主谓词间"隐喻的包含水平"上的划分，我们至少可以视之为一种有意义的"约定"。所以我们不妨暂且相信这个教条，在此基础上进一步思考分析命题和综合命题能不能统一、如何统一的问题。

我们知道，休谟以其经验主义知识论区分了分析命题和综合命题，通过对因果关系的怀疑动摇了经验科学的基础，并且把神学和经院哲学排除在知识之外，在一定意义上成为拒斥形而上学的始作俑者。康德延续休谟的思路进一步通过主—谓词的包含关系明确区分了分析命题和综合命题，但康德并没有单纯地坚持经验主义，他的批判哲学的目标是要综合经验论和唯理论，为哲学进一步清理地基或者说重新奠基从而拯救传统形而上学。

为了统一分析命题和综合命题，康德提出了"先天综合命题"，力图寻求综合命题即后天经验命题的普遍必然性和客观有效性（也即经验的根据），并在此基础上建立起他的先验哲学体系从而实现他所谓哲学领域的"哥白尼式的革命"。从而，"先天综合判断何以可能"的问题，是康德统一分析命题和综合命题的关键，用康德自己的话说，则是"纯粹理性的总课题"。综合命题固然是通过后天经验才得来的，然而我们之所以能够获得经验却是源自我们先天的感性能力和知性统觉的能力。康德通过先验的演绎证明了经验之所以可能且具有客观必然性首先是因为我们所具备的先天的纯直观：时间和空间，其次是因为我们所具备的纯粹知性概念即先验范畴。这样，后天的综合命题便同时具备了分析命题才具有的客观必然性，所谓"先天综合判断"成为可能，从而分析命题与综合命题就这样被成功地统一了起来。但是康德对分析与综合命题的统一却是建立在知性形而上学的基础上的。康德著名的"二律背反"揭示的是理性或知性的运用不能超出经验的领域，否则会因为没有经验的依据而陷于悖论，于是康德把知识限定在现象领域，而诸如上帝、灵魂、实体这样的"物自体"则是不可知的。也即康德的整个先验哲学是建立在悬设或说约定"物自体"的基础上的。通俗地说，知识之所以可靠只是因为人的知识的形成是因为人的认识模式是先天的、先验的。进一步说，知识是什么是由"人是什么"所决定的。至于物质实体本身、上帝、灵魂等，康德在认识论的领域内存而不论。

在这样的意义上，"先天综合判断"从根本上说仍是一种分析的判断。因为在康德看来，一方面"在一切判断中，从其中主词对谓词的关系来考虑，这种关系可能有两种不同的类型。要么是谓词 B 属于主词 A，是（隐蔽地）包含在 A 这个概念中的东西；要么是 B 完全外在于概念 A，虽然它与概念 A 有连结。在前一种情况下我把这判断叫作分析的，在第二种情况下则称为综合的"①。另一方面"我们也必须承认矛盾律是一切分析性的知识的一条普遍的、完全充分的原则……"② 所以，一切"先天综合判断"之所以成为可能只是因为人的先天的认识模式的先在的规定性，从而"人的先验的认识模式"是最根本的主词。在此基础上形成的知识作为谓词当然要包含在主词之中，因而也不可能与主词矛盾。一句话，综合得以可能的前提恰恰是分析的先天规定性。所以在康德先验哲学体系下，分析与综合命题的统一还只是知性的主观形式同一而非辩证的客观内容统一。用黑格尔的批评是，"它把认识的活动当作不过是片面的建

---

① ［德］康德：《纯粹理性批判》，邓晓芒译，人民出版社 2004 年版，第 8 页。
② 同上书，第 147 页。

立，在这个建立的彼岸，仍然隐藏着自在之物"①。康德的分析与综合的统一仅仅是"片面的建立"，而分析与综合的辩证统一问题还需由康德进一步召唤出黑格尔。所以我们得另辟思路，像黑格尔那样，借由辩证法来思考一下分析命题和综合命题统一的问题。

黑格尔不再仅仅按照主—谓词间的包含关系来区分分析与综合，而是肯定把事物整体分解开来加以精确认知的这样一种分析和作为一个整体认识的综合具有的认识意义，而且明确地把认识分为"分析的认识"与"综合的认识"。相应的把认识的方法分为"分析的方法"和"综合的方法"。在黑格尔看来，我们通常所说的这种区分辨析意义的分析和综合概括意义的综合实际是思维的两种不同的思想方法和思维方向。我们通常所说的把事物整体分解开来区分、辨析的这种分析，黑格尔认为是思维的给予性，是面对现成的意识内容和经验内容，而黑格尔所理解的综合，他把它看作是思维能动的规定性，是对给予性的经验内容进行抽象概括思维能动性的规定，把分析理解为受动性、给予性，把综合理解为能动的概括，这是黑格尔在认识论领域所理解的分析和综合的涵义。

黑格尔最为重视分析与综合的统一问题。所以虽然他肯定在思维操作意义上对分析与综合的区分的认识意义，但是他却反对仅仅在知性层面上理解分析与综合。黑格尔曾批评道："许多人说，认识作用除了将当前给予的具体对象析碎成许多抽象的成分，并将这些成分孤立起来观察之外，没有别的工作可做。但我们立即可以明白看见，这未免把事物弄颠倒了，会使得那要理解事物的本来面目的认识作用陷于自身矛盾。……用分析的方法来研究对象就好像剥葱一样，将葱皮一层又一层的剥掉，但原葱已不在了。"② 对黑格尔来说，思维不只具有抽象的作用或只具有形式同一性的意义。因此分析与综合的统一绝不是分析的方法与综合的方法知性的简单相加或思想操作上的交互运用，当然也不是康德的先验筹划。而毋宁说是辩证法的一体两面，其辩证的统一才能达到概念之整体即存在之真理。所以在黑格尔的逻辑学中，不论是在《小逻辑》还是我们通常所说的《大逻辑》中，黑格尔都把分析和综合的统一看作是辩证法的本质特征。

---

① ［德］黑格尔：《逻辑学》下卷，贺麟译，商务印书馆1976年版，第488页。
② ［德］黑格尔：《小逻辑》，贺麟译，商务印书馆1980年版，第413页。

"绝对的认识方法完全单独地在其开始的普遍的东西里，找到它的以后的规定，这个方法就是概念的绝对客观性，是这个客观性的确定性，在这种情况下，这个方法便是分析的。——但当它的对象被直接规定为单纯的、普遍的东西，通过对象在其直接性和普遍性中所具有规定性而显露自身为一个他物时，这个方法又同样是综合的。……这个既是分析的、又是综合的判断的环节，通过它，那开始的普遍的东西从自身中把自身规定为自己的他物，它应该叫做辩证的环节。"① 不仅如此，黑格尔甚至用分析和综合的统一贯通逻辑学的全部环节。简单说来，从逻辑学的起点看，存在论诸范畴既是直接给予的，人的认识对它只能静观和分析，同时这些范畴又是概括的综合的认识，所以是分析和综合的统一。从逻辑范畴的自身进展说，每一范畴的自身区分和自我否定而形成的判断，是范畴或概念自身潜在的丰富性的展开，因而是与概念同一的，判断是分析的、必然的判断，但因为分析而成的新范畴自身的规定尚未展开，所以，判断也是概括的、综合的。当逻辑范畴达于绝对理念的认识时，两种分析和综合的统一得到全部实现，认识的给予性、直接性与反思的构建性和能动性，理念的自身区分和统一等，都达于真正的辩证统一，从而表明辩证法是生命和精神自身运动的灵魂。

三 分析与综合统一的本体基础

黑格尔用思辨的语言所论述的分析与综合的统一有些晦涩难懂，一方面是因为黑格尔辩证法理论本身的晦涩，这种"既是……又是……"的辩证法的招牌句式的确可令那些只持形式逻辑思维的人感觉难以理解。另一方面是因为理解黑格尔总要进入他那无与伦比的集大成之哲学体系。对黑格尔来说，分析与综合的辩证统一不仅仅就是认识论的问题。在黑格尔那里，辩证法、逻辑学、本体论是一个有机的整体。"方法并不是外在的形式，而是内容的灵魂和概念。"② 辩证法不是外在的知性思想操作，而是引导、决定"概念—存在"发展自身、最终生成绝对理念的那个活生

---

① ［德］黑格尔：《逻辑学》下卷，贺麟译，商务印书馆1976年版，第537页。
② ［德］黑格尔：《小逻辑》，贺麟译，商务印书馆1980年版，第427页。

生的"我思"。在这里，黑格尔实际上已经鲜明地向我们表明，生命原则是理解分析与综合的辩证统一甚而是理解其整个哲学体系的根本原则。在这样的意义上，生命与精神的自身运动就是分析与综合统一的本体基础。正是生命与精神的自身运动赋予了分析与综合统一的内在可能性。基于此我们才能理解黑格尔那"伟大的历史感"、那螺旋上升的圆圈。

如此一来，如果我们回到自己的生命和精神本身，辩证法的分析和综合的统一就是非常容易明白的道理。辩证法不是形式逻辑而是内容逻辑、生命逻辑。比如，恩格斯认为，生命有机体每一瞬间都有一些细胞在生成，一些细胞在死亡。在每一瞬间，它既是它，又不是它，所以，它既与自身同一，又与自身区别，这是令许多哲学家困惑的 A 等于 A，A 又不等于 A 的形式表述。进一步，如果不囿于黑格尔所说有限认识或知性思维的同一律的框子，生命本身就是如此辩证。生命自己运动的自身差异、自己区分，是生命有机体潜在规定的自我实现，所以是与自身统一的，是分析的运动；生命有机体在自身运动中不断吸取整合自己的丰富规定性，以形成今日之我与昨日之我的经验差别，自我区分的统一也可以说是生命的综合运动。至于我们的精神发展由于有了自我意识和目的等能力，其分析和综合的统一就更加明白易解。伴随着人的自然生命的精神成长和发展既是社会化、普遍化的过程，也是特殊化和个性化的过程。如此，我们的生命与精神的自身运动，当然就是既是分析的过程，同时又是综合的过程。

当然，作为哲学家的黑格尔难免有哲学精神的偏好，他更看重个人的理性、普遍性，把个人看作是绝对理念实现自身的环节和载体，这受到新的时代精神的厌恶和拒斥，也因此反叛黑格尔成为 20 世纪哲学的起点。但是，在个人主义、自由主义和不同程度纵欲主义大行其道的今天，黑格尔分析与综合统一的精神成长的辩证法反倒显示出它特殊重要的意义。当代人大都关注自我和个性，这是自我等于自我的同一性或分析性。但是，自我作为精神是潜在包含无限丰富性和可能性的自我，只有在自我的分析运动中充分实现这些丰富性和可能性，即所谓日新又新，新新不已地造就新我，才是辩证的自我同一。固执于既有自我的欲望、享乐和成就等等，是知性的自我同一，是精神生命的死亡。所以有无精神成长的思想维度，有无否定自己、超越自己的精神向往，也可以说有无辩证的自我分析，对每个人特别是青年人说至关重要。精神成长的过程也是自我综合、自我统一的过程。日新又新，总是要在否定、超越当下之我的前提下把自我规定为一个他我，而这个他我终又通过自我意识而复归于或者说综合、统一为一个新的自我。因而就个体的生命与精神的自身运动、自我成长来说，这是一个分析与综合辩证统一的过程。也因此，人的生命才是一种自在自为的存在。

随着现代社会生活的急剧变化，人们的自我认同也出现了危机。后现代主义哲学所说的"碎片化""人之死"和"非人"等，表现了现代人自我精神统一性、自我意识统一性的丧失。这不仅因为社会分工的日益精细，也不仅因为现代社会日益强化的规训和惩罚，或者海德格尔所说技术"支架"的操纵和控制，可能也因为人们对自我的过于执着和迷恋，失去了人类精神普遍性维度的思想力量。自我不是抽象的封闭的自身同一的单子，而是历史中、社会中具体的自我，因而自我精神的概括和综合终究离不开公共性的思想范畴和语言，甚至也需要黑格尔和马克思式的人类理性目的对个人精神的贯通。

(原载《社会科学》2012年第1期)

一切科学都是应用逻辑

数学历来为哲学家们所重视，如毕达哥拉斯学派把数作为万物的本原，柏拉图主张以法律规定数学为必修课，柏拉图学院的门口甚至写道，"不懂几何者不得入内"。马克思也认为，"一种科学只有在成功地运用数学时，才算达到了真正完善的地步"①。从而在一定意义上我们可以说数是科学的语言，对于精确的定量科学说它必须使用数学方法。如果进一步思考我们还可以说，逻辑是一切科学共有的思想结构和思维工具，科学知识作为间接推理的知识必须使用逻辑方法。所以才有罗素把科学还原为逻辑的计划和构想。在使用形式逻辑或现代符号逻辑的意义上说一切科学都是应用逻辑，也许不会受到科学家们的反对。但当黑格尔说一切科学都是应用逻辑时，他指的是思辨逻辑或辩证法的使用，指的是哲学概念自己运动的必然性是一切科学的本质和真理。这样的论断是哲学学科帝国主义的宣言，是形而上学霸权的典型表现。除了马克思、恩格斯、列宁等辩证学者有部分的认同外，它必然受到现代哲学和经验科学的拒斥和批判。

那么我们需要进一步思考的是，黑格尔何以认为一切科学都是应用逻辑，马克思主义经典作家为什么又会部分地认同黑格尔这种唯心主义的论断或者说其合理性和哲学意义是什么，当下这一论断的现实意义又是什么？

一　"思存关系"层面上的形式逻辑、先验逻辑和思辨逻辑

理解黑格尔的这一命题首先得考察一下黑格尔提出这一命题的哲学史

---

① ［苏］朴·恩·格鲁兹迭夫主编：《马克思恩格斯论教育》，人民教育出版社1958年版，第364页。

或者说逻辑学背景。我们知道，恩格斯曾经明确地说，"全部哲学，特别是近代哲学的重大的基本问题，是思维和存在的关系问题"。古典西方哲学正是由于朴素地、直观地把思维与存在的同一性作为自明性的前提而直接断言存在本身的知识从而被认作是独断论的本体论哲学。而休谟把康德从独断论中惊醒，开始自觉地反思思维与存在的关系问题，也即开始自觉地反思我们究竟有没有认识存在的能力，从而在此基础上重新为哲学奠基。这也是我们通常所说的哲学史中的认识论转向。进一步思考，思维与存在的关系问题的实质是思维的规律与存在的规律的统一性问题。就视逻辑为知识的确定性而言，从西方传统哲学再到德国古典哲学大致经历了传统的形式逻辑、先验逻辑和思辨逻辑三种逻辑形态。一直到今天我们仍然可以大致做这样区分。

形式逻辑从亚里士多德以来已经是一门非常成熟、经典的学科，所以通常我们现在把形式逻辑也叫普通逻辑或亚氏逻辑。亚里士多德所创立的逻辑学，原本具有思存统一的直觉和信念，在西方经过两千多年不断地修补和完善，日益成为精确的思维形式的科学。我们通俗地说，也就是它要把丰富的无限多样的思想内容抽取出去，形成的是单纯的思维形式，然后对思维的形式的结构和规则加以研究，这就是形式逻辑。与形式逻辑相比，"德国古典哲学的一个重要特点就是，在对思维形式的反思中把握它所表达的思维规律的客观内容，换句话说，就是把思维形式作为体现思维规律内容的东西加以研究，从而逐步形成了一种不脱离意识内容，以真理为对象的新的逻辑学"[①]。

康德把自己所开创的逻辑称为先验逻辑，而把传统的形式逻辑称为普遍的逻辑，他认为普遍的逻辑分为纯粹的逻辑和应用的逻辑，并且认为纯粹的逻辑是可以真正经过演证的，从而就是科学的逻辑。而应用逻辑由于受到心理学等经验性的因素或法规的影响而具有偶然性。因此康德明确地断言应用逻辑"它永远也不能产生出一门真正的经过演证的科学……"[②]。虽然康德肯定传统逻辑的科学性并从传统的形式逻辑中直接借鉴了许多直接构成其先验逻辑的要素，但是他认为传统的形式逻辑或者说普遍逻辑抽

---

① 孙利天：《论辩证法的思维方式》，吉林人民出版社2006年版，第69页。
② ［德］康德：《纯粹理性批判》，邓晓芒译，人民出版社2004年版，第54页。

调了一切经验性的知识内容，即抽调了一切知识与客体的关系，离开存在仅仅考察知识之间的相互关系的逻辑形式即只是关于思维形式本身的逻辑。对于传统形式逻辑和他的先验逻辑的关系，康德明确地说："规定这些知识的来源、范围和客观有效性的科学，我们也许必须称之为先验逻辑，因为它只与知性和理性的法则打交道，但只是在这些法则与对象先天地发生关系的范围内，而不像普遍逻辑那样，无区别地既和经验性的知识又和纯粹理性知识发生关系。"①

康德认为自己的先验逻辑是普遍而纯粹的，从而是可以演证的、科学的逻辑。在其先验逻辑的理念下，康德作了先验、经验（就先验作为经验得以产生的条件和前提而言，先验可以归为经验）和超验的区分，把感性和知性视为人的先天认识能力，从而使知识的确定性和普遍性得到了保障，也因此证明了数学知识、自然科学知识是确定性的知识。然而，根据康德，感性杂多被先验范畴所统觉从而使经验成为可能，但是经验知识只是对感性杂多的现象界有效，而产生感性杂多的"物自体"则是不可知的。"物自体"的设定固然可以说明经验的客观来源即现象的单纯的客观性问题，但是"物自体"却是超验的，超验对于康德来说就是不可知的。因为对于"物自体"进行经验的反思只会带来辩证的幻象，故此对于超验的研究只是人的形而上学的自然倾向。这样一来，康德虽然明确开始提出不脱离意识内容的新逻辑，也即在思维与存在的关系问题基础上构建他的先验逻辑，但是由于他的经验与超验的划分使他的"存在"只能是现象而不是存在本身，因而他的先验逻辑只能是主观的、形式的。他并没有真正实现思维规律与存在的规律的统一问题。这也是康德哲学的不彻底性。

黑格尔虽然认为康德先验逻辑的理念所包含的思想是伟大的，但他不同意康德对经验与超验的区分，也不满意康德式的理性的谦卑。黑格尔用思辨的逻辑来取代康德先验逻辑。黑格尔批评康德"把实在性仅了解为纯全是感性的东西。"② 因而康德仍然过于停留在经验主义的或者说知性

---

① ［德］康德：《纯粹理性批判》，邓晓芒译，人民出版社2004年版，第55页。
② ［德］黑格尔：《哲学史讲演录》第四卷，贺麟、王太庆译，商务印书馆1996年版，第279页。

思维的层面上，所以对于康德来说理性并不能给与理念以实在性，"康德所坚持的原则是：从概念里不能挖掘出存在来。"[①] 所以诸如"上帝""灵魂""实体"这样的在经验之中无法直观的"自在之物"对于康德来说就是不可知的，因而他的先验逻辑仍然停留在主观主义的层面上。黑格尔批评康德只理解到了现象的主观意义。"殊不知直接的对象世界之所以只能是现象，是由于它自己的本性有以使然，当我们认识了现象时，我们因而同时即认识了本质，因为本质并不存留在现象之后或现象之外，而正是由于把世界降低到仅仅的现象的地位，从而表现其为本质。"[②]

黑格尔对于康德的"物自体"的反驳有一个很机智的说法：他认为康德对物自体已经有所知，因为如果不知就无法提出物自体这个概念。既然提出了这个概念，并且把它作为感性杂多的实体基础，现象和"物自体"之间有两个截然划分的界限，就已经表明康德对物自体已经有所知。那么"物自体"究竟是什么呢，通俗地说，很类似于我们哲学原理教科书的"物质"概念。对于黑格尔来说，"物自体"就是单纯的客观性规定，从这种单纯的客观性规定可以对它进一步有所知，那就是从纯存在开始，就可以得出对它更进一步的规定。按照黑格尔的逻辑，纯存在在变异中，必然产生定在。作为定在必然是一个质的规定性，进而必然也有量的规定性。有质和量必然有度。在这样的意义上，我们可以说物自体的概念就是黑格尔存在论的背景，一旦考察"物自体"和现象的关系，就进入了黑格尔本质论的范畴。而自觉到本质的自身映射便进入了黑格尔的概念论。从存在论到本质论再到概念论的自身演绎，这便是黑格尔的思辨逻辑。

黑格尔明确地宣称他的逻辑学是研究理念自在自为的科学。对于黑格尔来说，具有"实在性"的不是感性对象而是理性的对象，即精神或者说理念。精神达到了绝对理念，而后外化出自然，这便是"自然界是自我异化的精神"[③]。自然哲学经由机械论、物理论达至有机论。当生命发展为精神从而扬弃了自然返回到绝对理念自身。至此，绝对理念自身辩证

---

① ［德］黑格尔：《哲学史讲演录》第四卷，贺麟、王太庆译，商务印书馆1996年版，第286页。
② ［德］黑格尔：《小逻辑》，贺麟译，商务印书馆2004年版，第276页。
③ ［德］黑格尔：《自然哲学》，梁志华、薛华译，商务印书馆1980年版，第21页。

地推演了一个圆圈。而理念自在自为的这个辩证的显现过程毕竟要通过人的认识作为中介来实现。所以列宁才说，黑格尔的辩证法就是认识论。

二 "一切科学都是应用逻辑"的具体内涵

综上所述，从先验逻辑到思辨逻辑甚至从康德哲学到黑格尔哲学的问题结构，我们可以简单地说就是一个问题：那就是怎样解决康德哲学的主观主义和形式主义。作为规定感性的先验逻辑，与感性杂多无关，先验范畴只对经验有效，所以它不表达物自体自身的规定，因而它是主观的和形式的。黑格尔的任务就是克服康德的先验逻辑或者说康德哲学的主观主义和形式主义，其基本原则就是思存统一性的原则。

对于黑格尔来说，思维规定既是主观的规定，同时也是对象存在的规定，思维规定感性的逻辑，就是感性自身的逻辑，这就是著名的思存统一性。表达思维规律的逻辑学也是表达存在规律的存在论，也就是形而上学。在这样的意义上，我们才能理解黑格尔著名的"逻辑学与形而上学的合流"。如果说思维的规律就是感性自身的规律，那么它就是存在论，所以逻辑学就是存在论，就是本体论。在这样的意义上，同基督教的圣父、圣子、圣灵的三位一体一样，黑格尔的本体论、逻辑学和认识论是统一的。从而黑格尔通过自己的思辨逻辑把存在的规律与思维的规律成功地统一，更确切地说，同一了起来。

在谈到应用逻辑和纯粹逻辑的时候，黑格尔说道，"那样一来，就会把每一门科学都引进到逻辑里去，因为每一门科学都要以思想和概念的形式来把握它的对象，在这种情况下，每一门科学都是应用逻辑"①。列宁在摘抄这段话时，又明确的把这段话概括为，"任何科学都是应用逻辑"②。我们在此综合这两种表述，把这个命题称为，"一切科学都是应用逻辑"。

在这样的表述下，对于黑格尔来说自然科学当然是应用逻辑。按照黑格尔，纯粹思想的自己运动，这是逻辑学的研究对象，自然哲学和精神哲

---

① [德]黑格尔：《逻辑学》下卷，杨一之译，商务印书馆1976年版，第455页。
② [苏]列宁：《哲学笔记》，人民出版社1993年版，第171页。

学的对象分别是自然的理念、社会的理念，自然中怎么有理念？而且黑格尔明确地说，"直观的理念就是自然"[①]，这正好是我们以往对黑格尔哲学产生最大误解的命题。过去批判黑格尔的唯心主义往往都从这句话开始。我们把它理解为绝对理念外化、对象化成自然界，认为绝对的理念创造了世界，以为这是改头换面的上帝创世说。实际黑格尔说的外化、对象化就是直观，就是人对自然的直观。我们去看自然对象的时候，这些自然对象所以能够对我们显现出来，正是因为我们有理念，而自然对象的本质也是理念。理念逻辑上先于自然，而不是在时间过程中产生自然。

至少从康德哲学开始，即力求把思维、思想从个人的主观性中解放出来，变成普遍的思维，变成纯思（纯粹思想），普遍的人类之思。笛卡儿的我思是个人的主观的内在的思，德国古典哲学对笛卡儿我思的改造，把我思改成纯思，普遍的人类思维。普遍的人类思维就没有了那种主观性、内在性、个体性，而成为客观逻辑的对象。这个纯思和普遍之思是个体的本质，每一个个体的我思是依赖作为人类的普遍之思的那个纯思。在这个意义上，我们能够直观自然，因为我们也植根于绝对理念，植根于纯思、普遍的人类之思，所以说精神外化为自然，无非是说人在直观自然而已，不是说绝对理念像上帝创造世界一样创造出一个自然，而说的是人的认识环节，是我们直观地去看自然的时候，那个自然是绝对理念的显现，绝对理念的外化。这种外化之所以可能，是因为每一个体，每一个人的直观，依赖于普遍的人类之思，依赖于绝对理念，所以可以说，直观的自然，直接看到的那个自然，是理念的外化和对象化，只能从这样一种认识的环节来理解这句话，而不能把它作发生学的理解，宇宙论的理解。按照这个逻辑，自然科学的定律和原理可以说是纯粹思想自己运动的逻辑在特定的自然经验内容中的实现，在这个意义上，自然科学、自然哲学当然是应用逻辑学。

通俗地说，自然科学家在考察自然对象的时候，思维能动作用的规律在起作用，自然科学家自己不知道，他不知道他思维的那种能动性作用对于形成科学原理的作用。至于说在具体的自然科学研究中，自然科学家头脑中怎么在应用纯粹思想的普遍逻辑，那就需要追究我们所说的那个意识

---

① ［德］黑格尔：《小逻辑》，贺麟译，商务印书馆2004年版，第427页。

的能动性原理。面对经验科学、自然科学的对象，思维本能地发生作用，对它进行思维规定。思维规定感性的规律就是所谓大写的逻辑学，这种大写的逻辑学就是思维规律的原理，而思维规律的原理按照黑格尔的理解也是存在的原理，因为它在对思维对象进行能动规定的时候，它在表达着自然对象自身的规定。这正是对康德哲学的超越。康德认为经验科学客观有效是人为自然立法，经验科学有效的范围是现象界，只是对自然现象客观有效，而对物自体我们不可知。而对于黑格尔来说，当我们用原因和结果、实体和属性这些范畴规定感性对象的时候，这些思维规定同时就是感性对象自身具有的规定性，所以思维规定才能客观必然有效。当我们说桌子是黄的，我在用实体和属性的范畴，那么事实上，桌子这个物体和黄色的属性也是在我们所表象的那个对象中即它自身具有的规定性，所以思维规定才能客观必然有效。按照这样的看法，哲学对自然科学的作用，实际就是要把自然科学研究中，自然科学家头脑中应用普遍逻辑的那个应用逻辑过程揭示出来。在这个意义上，才有所谓自然辩证法。

对于黑格尔来说，关于自然界的科学知识、经验规律能够对自然界普遍有效，说明自然科学知识和自然界的统一已然证明了思维规律和存在规律的统一。正是在这样的意义上，谢林才把自然哲学作为思维和存在统一的一个唯心主义导论和证明。一句话，为什么说自然科学认识在黑格尔意义上是应用逻辑学，因为自然科学作为人的认识已经灌注着一般思维规律的作用。自然科学家的思维和我们整个人类的思维，或者就像黑格尔所说的纯思，遵循着普遍的逻辑规律。在这样的意义上，自然科学家的思维必然是一般思维在某一特殊领域的实现，它就是在应用逻辑。

三 "一切科学都是应用逻辑"的合理性及其哲学意义

马克思主义经典作家为什么会部分地认同黑格尔这种唯心主义的论断呢？其中最为根本的，他们认同有区别于形式逻辑的内容逻辑，认同有构成一切科学认识前提条件的思想范畴运动的辩证法。恩格斯和列宁曾举例说"紫罗兰是香的""玫瑰花是红的""伊万是人"等简单的语句中包含着个别和一般、实体与属性的范畴规定，所以列宁认为，"辩证法是人类的全部认识所固有的"。马克思认为，两个对立的范畴融合成一个新范畴，是辩证运动的实质。这里说的范畴即黑格尔意义上的哲学概念，它既表现人类思维运动必然进展的逻辑规律，也是千差万别的思想内容或人类认识的经验内容的最普遍的本质和规律。马克思在《资本论》中用经济范畴自己运动的逻辑，把握资本主义经济规律，为我们留下了列宁所说的《资本论》的逻辑。黑格尔用思维统一存在，这是唯心主义，是把思维范畴实体化的实体本体论的形而上学。但其合理性在于，他从思维的能动方面揭示出使人类一切认识得以可能的基本概念框架，提出了一种区别于形式逻辑的思想内容的逻辑，或者说不同于形式逻辑的思想内容的结构和规则。

从马克思主义哲学的常识说，人的认识是能动的反映，那么能动反映的规律和原理、结构和规则就是必须探索的理论任务。德国古典哲学就此留下了重要的理论遗产，康德的先验逻辑、黑格尔的思辨逻辑对我们探索和思考这一问题均有直接的理论意义。我们可以设想人脑与电脑的机械类比，使一切认识和一切科学得以可能的概念框架和思想结构可以作出不同层次的区分，最基底的层次是人类思维共有的元语言、元程序，这可类比为电脑的硬件结构、机器语言，它超越民族、语言的界限，使全人类的思想交流和相互理解成为可能。康德的先验逻辑对人的意识机能的先验规定可看作是这一层次的有益探索。第二个层次是各民族、各种文化传统在漫长的历史中形成的基本观念的结构，它类似于电脑的软件程序和语言，任何人的任何科学认识活动，都已得到表现这些基本观念的范畴支撑，都已经在某种特定的思想结构中或者说是在一个元逻辑的平台上运行，否则就不能有任何思想。黑格尔以历史与逻辑一致的原则构造了他的《逻辑学》的范畴体系，并认为这是人类纯粹思想共有的结构，作为绝对理念自我意识的范畴运动也是世界精神在各民族历史中的现实的精神表现。黑格尔是典型的欧洲中心主义者、绝对主义者，他在认识史中反思到的逻辑范畴基本是西方哲学和科学认识的理论概括，至于其思辨演绎的逻辑构造也可能多有误构或者牵强附会。但它毕竟以宏伟的形式展示了西方认识史中最普遍的概念结构和西方哲学的内容逻辑。

我们可以像李泽厚先生那样，按照马克思的历史唯物主义和实践观点解释黑格尔逻辑学范畴的历史文化内涵，即以经验变先验的思路把范畴看作是漫长的人类实践历史积淀的结果。从而黑格尔逻辑学作为存在论或形而上学的世界观是可以历史地修正和变革的，这也正是哲学反思和哲学创造的根本任务。但邹化政先生认为，不能用"内化"和"积淀"解释康德先验范畴，因为"内化""积淀"所以可能，正是依赖于康德所说的先验范畴的统觉。借用斯特劳森的说法，康德的先验哲学是一种描述形而上学，是人类意识的机能性原理，而不是历史性的思想内容的实质形而上学。这样看来，渗透于一切科学认识中的逻辑要素是十分复杂的，形式逻辑、先验逻辑、思辨逻辑在不同的逻辑层面上规定了科学认识的可能性和思想方向。模仿维特根斯坦的说法，我们可以说逻辑充满科学。

按照黑格尔的看法，作为有限认识的经验科学远不是真正的科学，经验科学是有限的知性认识，它是偶然的、主观的。和一切逻辑学家一样，黑格尔可能也相信，只有逻辑才是必然的，事实上什么都可能发生。所以，黑格尔自认为他的以逻辑学为本体论的哲学体系才是客观的、必然的、整体的真正科学。这种哲学的傲慢肯定会激起科学家们的愤怒，就像苏格拉底对希腊人的激怒一样。但我们在今天的科学主义时代仍需理性对待哲学的讽刺和挑战，我们很多被称作"某某学"的学科其实只是实用的经验手册，不用说没有逻辑必然性，可能也没有黑格尔所说的外在形式的编排。这样说并非否定这些手册的经验效用，而是说真正的科学不能遗忘逻辑和真理的追求。偶然的经验发现、实用手段或策略的成功，从逻辑的观点看就不能是偶然的幸运，因为我们已经应用逻辑，从而也必须把这些偶然的经验内容整合到思想的整齐、单纯和必然性之中。拒斥哲学逻辑对严格的科学真理的追求，就会导致胡塞尔所说的怀疑主义的无信念的大火，这似乎仍是当代科学危机的实质。当然，我们也可以把思辨逻辑作为历史的、文化的逻辑，我们也许会通过罗蒂所说的偶然的机缘造成文化的进化乃至逻辑的改造，带来海德格尔所企盼的新的思想方向。

［原载《辽宁大学学报》（哲学社会科学版）2012年第1期］

社会历史的辩证法
——辩证法的高阶问题与当代处理

在辩证法理论研究中,存在着一种为辩证法划界进而明确辩证法理论实质的努力。萨特在《辩证理性批判》中认为自然界不存在辩证法,辩证法只是人学辩证法。高清海先生在其晚年提出的"类哲学"中,也明确把知性的物种思维方式与辩证法的类哲学思维方式区分开来,认为辩证法是解决人类自我否定、自身发展的思维方式。暂不讨论这种划分的合理性,可以肯定的是人及其社会历史活动的问题是最复杂、最高级的运动形式,是辩证法理论中最高阶的问题。原因在于人所特有的自我意识和精神能力实际地参与和改变了自然历史过程,人不仅解释世界,也改变世界,人所创造的社会历史过程是主客统一的过程。因此,要认识和把握社会历史过程的趋势和规律,就只能用主客统一的辩证概念体系,用黑格尔的术语说,是用自觉、自为的有生命的概念体系去把握它的真理性。用哲学的概念和范畴概括中国道路和中国经验,也需要主客统一的社会主义概念辩证法。

一 辩证法是一种较高的思维方式

辩证法在人类思想史上有悠久的历史,但在恩格斯看来,以概念本性的研究为前提的概念辩证法迟至近代才出现。用黑格尔的分析,这是因为"从前人们都以为思想是无足轻重,不能为害的,不妨放任于新鲜大胆的思想……当他们这样思想时,其结果便渐渐严重地影响到生活的最高关系。传统的典章制度皆因思想的行使而失去了权威。国家的宪章成为思想的牺牲品,宗教受到了思想的打击;这样,思维便在现实世界里成为一种力量，产生异常之大的影响。于是人们才开始注意到思维的威力，进而仔细考察思维的权能……所以考察思维的本性，维护思维的权能，便构成了近代哲学的主要兴趣"[1]。康德的《纯粹理性批判》总结了近代哲学思维考察的理论成果，划定了理性的界限。他认为人类思维的权能只能划定在为先天的感性形式和先验范畴统觉的经验世界，亦即现象界，并认为使经验得以可能的外在条件"物自体"是不可知的。同样，没有经验直观的理性概念如"上帝""心灵"和"宇宙整体"等也无法用知性概念把握，否则就会陷入"辩证幻象"。一方面，康德哲学的划界，是对西方两千多年传统哲学的总体批判，是对独断论的知性形而上学的拒斥。因此，至今仍深远地影响着当代西方哲学。另一方面，康德哲学仍保留着形而上学的追求，为后来的哲学留下了如何把握无限性的理念这个问题。

　　黑格尔的概念辩证法可以说是对康德问题的解答。在黑格尔看来，康德的理性划界是一种"理性的谦卑"。虽然用经验的知性概念确实无法把握超验的理念，但还存在着一种"较高的思维方式"足以把握无限的真理，这就是黑格尔的概念辩证法。黑格尔反对康德关于经验与超验的知性区分，认为无限的理念虽然没有感性的直观，但无限就存在于有限，或者说意识之中。正如说物自体不可知，即已对物自体有所知，否则就说不出"物自体"这个概念。黑格尔赞扬康德在哲学史上的重大成就在于指出了把握理念的矛盾的必然性，但批评康德对于事物的温情主义，即认为矛盾只是思维的矛盾而事物本身不会有矛盾。黑格尔主张用自身发展的自我否定的矛盾概念体系把握无限的全体的真理。这样，黑格尔在哲学史上建构了一种全新的思辨逻辑，这是一种区别于形式逻辑的思想内容的逻辑，即逻辑学与形而上学统一的客观思想的逻辑。用黑格尔自己的说法是欲趋赴真理的逻辑，即把每一思想范畴或概念作为世界自身的本质和规律的环节，在其概念的必然发展中把握世界的最高真理。

　　用主客统一的概念体系把握世界的本质和规律的概念辩证法，本质上是区别于经验科学的哲学的真理和方法，是一种区别于经验科学思维的较高的哲学思维方式。它着力解决的是超验的、形而上学的哲学问题，即我

---

[1]　[德]黑格尔：《小逻辑》，贺麟译，商务印书馆1980年版，第68页。

们通常所说的世界观问题。当然，黑格尔所理解的这种哲学真理或新科学和后来胡塞尔所说的"严格的科学"等一样，也改变了人们对知识和经验科学的理解。因而辩证法也有从思辨向经验贯注的经验意义。比如，在黑格尔看来，经验科学是有限的思维方式，经验科学的发现具有偶然性，没有思想的必然性。因此，经验科学不足以把握绝对和无限的真理。黑格尔还认为，经验科学是"应用逻辑"，离开了表达思维规律和存在规律统一的哲学范畴或者说离开了人类思维的基本概念框架，经验科学就不能思维，等等。黑格尔多次把人们日常生活中的表象思维、经验科学的知性思维与他所说的哲学的思辨思维加以比较，从而强调辩证法作为一种较高思维方式的特点和意义，明确了辩证法作为哲学的真理和方法的意义。

马克思批判了黑格尔辩证法的唯心主义或精神本体论，唯物地颠倒了黑格尔的辩证法，但马克思也充分吸取了其合理内核。马克思在《资本论》中，甚至有意地模仿黑格尔，用商品、货币、资本、剩余价值等范畴的逻辑的必然运动，揭示资本主义社会内在的辩证法，写下资本主义社会的逻辑学。这充分说明，黑格尔的概念辩证法作为近代哲学乃至全部西方传统哲学的最高理论成果，是不能轻易放弃，也不能轻易掌握的一种高级哲学思维方式。列宁曾感叹，不钻研和不理解黑格尔的全部逻辑学，就不能完全理解马克思的《资本论》。[1] 我国哲学界把黑格尔辩证法作为马克思主义哲学的理论来源之一，对黑格尔的辩证法已有几代人坚持不懈的研究，达到了很高的学术水平。有学者认为，黑格尔研究对中国哲学工作者的思辨训练，是我们今天的论坛哲学与西方学界能够进行平等对话的前提之一，这是符合实际的判断。而我们的讲坛哲学却因多年来囿于苏联模式的哲学原理教科书，辩证法被公式化、形式化地表述为几条规律和几对范畴的体系。我们虽然正确地论述了辩证法是世界物质运动的规律，使辩证法的规律有了世界观内容和意义，这似乎不能说教科书的辩证法是公式化、形式化的东西，但我们缺少黑格尔和马克思那样丰富的范畴体系（这些范畴是列宁所说的"是对世界的认识的历史的总计、总和、结论"[2]），辩证法实质上仍是空泛的形式的原则。若使这些抽象的辩证法原

---

[1] 《列宁全集》第38卷，人民出版社1959年版，第191页。

[2] 同上书，第90页。

则能够被人们理解，我们在辩证法的阐释和宣传中又必须给予它一些偶然的经验内容。这就是列宁所批评的举例子的方法，这又导致把辩证法经验化、庸俗化。我们曾把辩证法作为一把万能的钥匙，声称它能打开千把锁、万把锁，可以用辩证法解决一切经验的问题和困惑。这种被神化的辩证法失去了思想的客观性和确定性，被嘲讽为"变戏法"，损害了辩证法的理论声誉。所以，必须强调辩证法作为哲学真理和方法，作为哲学思维方式的思想高度和维度。

二 人的社会历史发展规律是辩证法的高阶问题

高清海先生曾说，"人是哲学的奥秘"，马克思也曾讲，"人的根本就是人本身"。思辨的思维与知性思维，辩证法与形而上学等等的区分和对立，从根本上取决于人所处的时代的精神状况，取决于人们在特定历史时代的理论需要和实践需要。黑格尔在马克思的时代已被作为"死狗"。在过去的一个世纪黑格尔乃至马克思的辩证法也被作为"同一性哲学""宏大叙事"等在西方饱受诟病。值得一提的是美国哲学家怀特在《分析的时代：二十世纪哲学》中认为，马克思关于阶级和阶级斗争的理论是黑格尔辩证法唯一具有理论价值的继承。此外，海德格尔晚年在讨论班中批评马克思的存在论没有摆脱黑格尔的影响，只是把黑格尔的"生命过程"变为"生产过程"的存在论。当然我们都重视海德格尔对马克思的一个积极评论，即马克思深入历史的本质的一度。这些肯定或否定的评论，无论是阶级斗争、生产过程还是历史的本质，都触及社会历史辩证法的这个最复杂、最高阶的问题。

黑格尔的《逻辑学》和《精神哲学》都充分表明，辩证法的真实生命是精神的自己运动。而真正的自己运动、自我否定和自身发展的现实实体，只能是生命特别是人的认识和实践。黑格尔明确地讲《逻辑学》的存在论范畴是过渡性的，本质论范畴是反思映射性的，只有概念论中始于生命终结于绝对理念的范畴，才是主客统一的自我否定和自身发展，才是有生命的精神。他在《精神现象学》和《精神哲学》中也讲到精神是最复杂，因而也是最高级的存在。在马克思的经典文本中亦总是关注人本身这个根本问题，关注的是社会历史的辩证法。精神和人的社会历史活动所以是最复杂、最高级的存在，不仅因为从发生学看，它是自然进化的最高成果。思维着的精神是自然界最美丽的花朵，也是结构最精致和机理最复杂的花朵。所以，"人体解剖是猴体解剖的钥匙"，人的奥秘即是世界的奥秘。更为复杂的是精神是主客分化而又统一的过程。人的社会历史活动是自由自觉的物质活动，是合规律性与合目的性统一的活动。因此，把握社会历史的概念和范畴必须是主客统一的实体性东西，而这种实体性的东西才能是真正的主体。黑格尔所说的实体即主体，只有概念论的范畴才是现实的主体，存在论和本质论的范畴只能说是潜在的主体。精神和人的社会历史活动的辩证法的最高阶问题是哲学家反思的自我相关。这是马克思更自觉地意识到的精神维度，是马克思哲学批判的彻底性所揭示的最为深层次的矛盾。哲学家也是社会历史性的存在，哲学家对社会历史的反思和批判已经受到社会历史的前提规定。因此，哲学家也必须自觉地反思和批判自己的社会立场。这种后来解释学所说的"解释的循环"，早已在马克思的辩证法中得到显现和运用。

在黑格尔的精神辩证法中，我们以往并未充分注意的是其社会历史批判的意义。黑格尔也许自觉地掩饰了自己哲学的批判性和革命性，他所说的密涅瓦的猫头鹰在黄昏后起飞，凡是现实的就是合理的，历史的和逻辑的一致等，可能是"理性的诡计"。实际上，当黑格尔从历史和现实中的实体性东西构造精神辩证法时，逻辑的东西已远远超越了历史。这是因为历史和现实的意识形式和文化存在，以同时态的并存而表达历时态的精神发展。古希腊的哲学理念和原则被黑格尔视为精神的家园，它作为精神发展的最高形态亦即哲学的绝对理念其最初表达即已远远超越了当下的道德、伦理等精神阶段，因而具有精神导引的意义。黑格尔在自己的许多著作中，似乎是不经意地诊断和批判自己时代的精神状况。在《精神现象学》中他认为摆脱了伦理实体而独立出现的自为存在的道德，"更接近于我们这个时代"[①]，亦即主观地追求个人快乐的时代。而他在《法哲学原理》中对主观道德的批判，可以视为对现代性的个人主义、工具理性和主观理性的自由的最早、最系统的哲学批判。说黑格尔是第一个自觉的现代性批判的哲学家也许并不为过。

[①] 《列宁全集》第38卷，人民出版社1959年，第90页。

黑格尔的社会历史批判和现代性批判依赖于他的精神本体论和精神辩证法。某些精神形式如哲学、艺术和宗教等能够超越自己的时代从而为历史和现实指引方向。所以，逻辑的东西先于和优于历史。马克思唯物地颠倒黑格尔的辩证法，也必然颠倒逻辑和历史的关系。哲学、宗教、艺术等黑格尔称之为绝对理念的精神形式，只能以现实和历史的社会性存在作出说明和解释。但马克思保留和物化了黑格尔所强调的历史发展的客观精神，保留和深化了对历史和现实做总体性理解的历史哲学，保留和发展了理解现实和历史的概念辩证法。没有了黑格尔式的超越时代的精神形式的引导，社会历史的批判如何可能？后现代主义哲学的一个根本困惑就是"没有标准的批判如何可能？"马克思在青年时代即已回答了这个困惑，那就是"在批判旧世界中发现新世界"①。马克思在宗教批判、社会批判、法哲学批判、政治经济学批判乃至各种当时的社会主义学说的批判中，逐渐发现和生成了新的批判尺度和标准，形成了社会存在、社会意识、社会基本矛盾、生产力和生产关系、经济基础和上层建筑等全新的社会历史辩证法的范畴体系，并且自觉地将其运用到哲学和哲学家的自我反思和自我批判，为我们今天思考社会历史问题提供了经典的范式和榜样。

黑格尔和马克思的社会历史辩证法至今仍是我们反思和批判现代性的思想指引。黑格尔对现代性的个人主义、主观的自由主义的理性立法的批判，最近在霍耐特的新著中受到关注②。但霍耐特在西方哲学的后形而上学语境中，必得与黑格尔《法哲学原理》的国家理性和精神本体论划清界限，担心形而上学的污染和自由至上原则的动摇。但除掉黑格尔客观精神的历史必然性，可吸取的黑格尔精神也就所剩无几了。马克思的现代性批判从根本上说即是资本批判或资本逻辑的批判。用齐泽克的说法当代资本与各国实际实现了最有效的结合，成就了今天的资本全球化、普遍化。而资本在现代技术体系的符号化、信息化、金融化支持下，以更快的速度、更广的范畴笼罩了全球。资本技术的控制体系作为"集置"或"装置"已把人们完全纳入其或隐或显的驯化之中，以致人成了"碎片"、"非人"或"裸人"。后现代哲学对现代性的批判，基本未超出马克思资

---

① 《马克思恩格斯全集》第 1 卷，人民出版社 1956 年，第 416 页。
② ［德］霍耐特：《不确定性之痛》，王晓升译，华东师范大学出版社 2016 年版。

本批判的视域和逻辑。更为重要的是,马克思社会历史辩证法的现代性批判,总是葆有发现新世界的历史乐观主义精神,既有现实的、实证的超越资本逻辑的探索,又有人的自由全面发展的理想或者说是形而上学的希望。

三 构建中国特色社会主义辩证法的原则和思路

思考黑格尔和马克思的社会历史辩证法,就我们的目的说是要寻找概括和总结中国道路、中国经验的中国特色社会主义辩证法的原则和思路,是要找到用哲学理论的方式理解我们自己近四十年历史经验的思考框架,是要说出我们自己的哲学理论。在对黑格尔和马克思社会历史辩证法的理解中,特别是在与西方各种后现代主义哲学的比较中,我们认为需要强调的几个基本原则是:

第一,客观性原则。黑格尔的辩证法奠基于其反复强调的客观性思想,也就是我们通常批判的思存同一性原则。在黑格尔看来,逻辑学的思想范畴既是表达思维规律的内容逻辑,也是表达存在自身规定的存在论或形而上学。这无疑是唯心主义,也是海德格尔所批判的用思维去规定存在的柏拉图主义。但从唯物主义的立场说,思想要符合客观实际,思想要产生强大现实力量,也必须是客观性的思想。这是列宁感到的悖论,黑格尔的唯心主义更接近辩证唯物主义。而在对社会历史的理解中,黑格尔和马克思共同持有的历史客观性和历史必然性的信念,是一切历史科学的前提。仅此一点,黑格尔和马克思的社会历史辩证法就与当代西方的主流政治哲学和后现代主义区别开来。如霍耐特已经意识到的,当代西方的自由主义政治哲学立足于康德的理性立法的基础上,自由的理性立法可以在对话、商谈、交往实践等过程中达成某些共识。且不说这些公共理性的共识能达到何种程度,即便是有高度普遍性的共识,也未必一定具有客观性。离开了黑格尔所说的"客观精神"和马克思的"历史规律"的理性立法,难免是良善的主观愿望,甚至是脱离实际的遐想。各种后现代主义拒斥形而上学,反对"宏大叙事",但他们一旦要对历史和现实有所言说,且要让人们理解他们的言说,就必须使用概念和理性的论证,从而不可避免地沾染上形而上学。所以,从黑格尔和马克思的社会历史辩证法出发,我们不必担心形而上学的污染，我们要着力于从自己的实践和经验中去凝练那些表达客观历史必然性的概念和范畴。这些被黑格尔叫作"实体性的东西"，"坚定不移"的东西，构成了社会历史的骨架，是社会历史发展的深层基底。

第二，主客统一的概念。表达历史发展趋势和历史必然性的客观思想及其概念和范畴，与经验科学的实证性和描述性概念不同，应是主客统一的有生命的概念。因为社会历史活动既是物质性的感性活动，也是精神性的人的有目的的自觉活动。作为社会历史中那些坚固的实体性的东西，不仅是客观化、对象化的物质性存在，而且也是伦理、道德、法律等客观的精神性存在，并且包含着特定时代人们普遍的社会实践意志，也就是人们常说的"人心所向"。要把握社会存在与社会意识统一的社会历史发展，只能用主客统一的概念及其自己运动、自我否定和自身发展的体系，亦即社会历史辩证法的理论形式来把握。黑格尔和马克思的辩证法都是面向事情本身的辩证法，其难点在于事情本身的社会历史即是最复杂、最高等级或我们所说的高阶存在。其中充满着复杂的精神变物质、物质变精神，以及精神的自我反思等不同层级的纠缠。所以，我们在理解现实和社会历史时，会经常陷入客观逻辑与主观愿望，一般历史规律和各国特殊实际，物质的技术性条件和精神文化因素等的复杂矛盾之中。在理解中国经验和中国道路时，尤为显著。主客统一的社会历史辩证法至今仍是把握复杂社会历史现象最有效的概念框架，是最适合对社会历史做总体性思考的历史哲学。在物质性的社会存在中看到精神，在精神文化的观念中看到物质，主客统一的概念是社会历史自身的特性决定的表达方式。

第三，辩证法的批判本性和范导性理想。在复杂的社会历史现实中，有些坚硬的实体性东西作为历史的本质和规律，需要哲学的反思和洞察把它表达为概念和范畴；表达社会历史本质和规律的概念和范畴是主客统一的；因为社会历史本身是人的实践和活动，人们的普遍社会实践意志是永恒的否定性和创造性。所以，它总是不停歇地进行着思想的批判和物质性的武器的批判，社会历史的辩证法必是批判的、否定的辩证法。主客统一的实体性概念，内含着自我否定、自身发展的自己运动，它以辩证否定的思维逻辑表达社会历史的客观逻辑。马克思强调的辩证法的批判性和革命性，既有社会历史自身的存在论根据，又有辩证逻辑的认识论根据。更为重要的是批判是根本性的、前提性的、本质的批判，而非主观任意的思想反叛。对马克思说，时代的使命和历史的责任是资本的批判。对我国的社会主义改革说，邓小平抓住的是对"什么是社会主义和怎样建设社会主义"这个根本问题的重新思考和思想解放。只有沉入社会历史的本质的维度中，抓住历史自身自我否定的关键环节，社会历史辩证法才能成为强大的思想力量。黑格尔和马克思的社会历史辩证法也是肯定和葆有形而上学希望的辩证法。一些现代西方哲学家批评黑格尔和马克思的历史目的论和历史必然性的信念，固然在事实上什么偶然性都可能发生，没有什么神性的力量保证历史走向善的目的，但作为以思想的形式实际地参与和改变历史进程的理论学说，它必须给历史以正能量，以理论的形式现实地推动着历史发展。

按照上述社会历史辩证法的主要原则，思考、概括和总结中国道路和中国经验的中国特色社会主义辩证法，关键是要捕捉到那些真正具有中国特色的具体的实体性的东西。我们可以从改革开放数十年的三个关键词考虑它的基本框架，这就是我们常说的"改革、发展、稳定"。让我们首先从稳定说起。我国改革开放所取得的伟大成就，首先得益于社会的稳定。研究中国问题的专家对此做出了多方面的解释。比如，从政治角度上说，我们有强大的威权政府，有效的社会治理，有强大的中央计划和宏观经济调控能力。美国经济学家刘易斯的发展经济学认为，这是后发国家现代化成败的关键。从经济角度也有人强调中国是"大陆型经济体"，东、中、西部有较大的经济发展梯度，这为化解经济风险提供了宏观调控的空间。从文化角度和社会角度看，有人强调中国上千年来绝大多数居民都是原居民，这保证了文化的连续传承。以往我们也曾讲到中国传统的家庭和亲属关系延续至今的经济上的互助，也是降低社会风险，保证社会稳定的重要条件。总之，保证我国经济社会快速发展的社会稳定，是中国道路和中国经验中十分重要的范畴。它凝结着中国特色的政治、经济、文化和社会等的丰富内涵，是理解和阐释中国经济奇迹的主客统一的基础性概念。

按照主客统一的社会历史辩证法原则，理论地阐释中国特色社会主义发展的内在逻辑，我们不能忽略人本身这个根本。我们常说，改革开放是发展的动力。作为党和国家的宏观政策或者说是理性的发展计划，改革开放从根本上改变了中国经济社会发展的制度条件和社会场域，为人们的观念和行为提供了广阔的自由选择和创造的空间,从而成为我国经济社会发展的强大动力。但另一方面,我们也不能忽视的是,所有的经济社会发展成就都是通过每一位劳动者具体的物质劳动而创造的,城市的每座高楼大厦,都有农民工一砖一瓦的辛勤劳作。经济学家们对我国的快速发展,做出了许多经济学解释。比如,从比较优势理论,强调我国的劳动力资源优势或人口红利,也有人强调我国的国有和集体所有的土地政策允许在改革开放之初以极低廉的地租大大降低了生产成本。张五常先生强调的"县域竞争"也有很强的解释力,县级政府所具有的土地审批权和县域规模的经济能力,使县域主体成为社会主义市场经济竞争的重要力量。但如果我们全面思考中国经济社会发展的动力,就会发现中国经济奇迹的奥秘不仅在于党和国家的宏观经济政策,也不仅在于中观的县域竞争,而且也在于微观的每位劳动者的选择和创造。一个直观的印象是,我国大、中、小城市的快速发展,得益于几亿农民工的劳动投入。如果我们粗略思考农民工群体的理性选择的经济和社会意义,也许会对理解中国经济社会发展提供启示。首先是农业联产承包责任制的改革和种子、化肥、农药等的技术进步,大大提高了农业劳动生产率,从而为农民进城务工提供了条件。其次,第一代农民工所具有的传统的家庭责任感和在长期艰苦生活条件下养成的吃苦耐劳的品质,使他们能够承受艰苦的生活和很高的劳动强度。而随着第一代农民工的逐渐老去,新一代劳动者的责任意识和吃苦精神已大不相同,他们很少愿意留在家里务农,也不愿去城里从事高强度的劳动。所以,农业生产的机械化和现代化,城市经济的结构升级不仅是因为粗放式增长模式已造成的环境、资源的巨大压力和产能过剩等经济问题,而且也是劳动力代际替换的必然要求。从主客统一的概念去理解我国经济结构的升级和转型,可能更符合事情本身的辩证法,也会使我们更多地关注人本身。

构建中国特色的社会主义辩证法应是中国自己的哲学理论的根本任务,我们现在只能粗略地讨论它的原则和思路,尚不能系统论述社会历史辩证法成熟的理论形式。这可能首先需要中国特色的社会科学的充分发展。构成中国特色社会主义辩证法的实体性东西的范畴,需要社会科学概念的中介,真正有了成熟的中国特色的经济学、政治学、社会学、文化学等,才可能有成熟的中国特色的社会主义辩证法。但我们仍可乐观地展望中国哲学的未来，这是因为近四十年的中国道路和中国经验正在逐渐沉淀和显示真正中国特色的实体性的东西，各门社会科学和党与国家的政策中都已不同程度地触及这种主客统一的本质和规律的东西。比如，我们近年来强调"底线思维"，避免犯颠覆性的错误等，我认为这是当代辩证法的普遍原则。现代社会学认为现代性是自反性的，现代社会是高风险社会。而"底线思维"即是风险思维，是对现代社会自我否定甚至自我毁灭的界限和尺度的精准控制。

（原载《社会科学战线》2017年第1期）

第四编

后形而上学思想批判

后形而上学思想的确定性

从传统哲学到后形而上学思想,是近年来西方哲学范式的根本转变。尽管现代西方哲学各派对后形而上学思想的理解不同,但他们在拒斥和批判传统哲学或形而上学中却有许多相近或相似的看法,从而使后形而上学思想在与传统哲学的区分中显示出某些共同的思想特征。在后形而上学思想和后现代主义哲学的传播中,其文化影响和文化形象给人们的主要印象是拒斥、拆解、批判、反叛和摧毁,这似乎是西方古典思想中既有的怀疑主义、相对主义和虚无主义在当代的复活,似乎只是单纯的否定和破坏,而没有确定性和建设性,这是人们对后形而上学思想最严重的误解。即使最激进的后现代主义哲学家亦很少有人自认为是相对主义者,而海德格尔认为哲学终结之后思想的一个重要任务恰是克服西方哲学的虚无主义。思考后形而上学思想的确定性,才能真正理解其思想的旨趣和目标,也才能有超越后形而上学思想的新的思想的可能性。

一 什么是后形而上学思想

哈贝马斯的著作《后形而上学思想》把现代哲学的主题规定为后形而上学思想、语言学转向、理性的定位和超越逻各斯中心主义。[1] 这四个区别于传统哲学的现代哲学主题相互交织,构成了后形而上学思想的主旋律。从意识哲学转向语言哲学,即把内在意识中的纯粹思想,转变为多种话语方式和交往实践中的具体思想,从而也就使绝对的理性、抽象的理性

---

[1] [德]哈贝马斯:《后形而上学思想》,曹卫东、付德根译,译林出版社2001年版,第6页。

转变为具体实践中具有确定性和有效性的具体理性,进而也使强大的理性概念和理论理性的优先性受到弱化和颠倒,社会交往的话语实践是公共理性的前提,理论和实践关系的颠倒克服了西方两千多年的逻各斯中心主义。按照哈贝马斯的思路,后形而上学思想尽管不再是传统哲学的纯粹思想、绝对思想,但也不是经验科学和日常生活中的具体思想。在交往实践中仍需有理想化的、无条件的理性预设,唯此才能保证思想的批判性、超越性的旨趣。所以我们可以说哈贝马斯理解的后形而上学思想是后绝对理性和绝对思想、后逻各斯中心主义的形上思想。

海德格尔在20世纪60年代发表的《哲学的终结和思的任务》一文中,更早表达了后形而上学思想的特点和任务。海德格尔认为,西方哲学就是柏拉图主义,用思维规定存在,进而宰制和控制存在,是柏拉图主义的思想方向。"早在希腊哲学时代,哲学的一个决定性特征就已经显露出来了:这就是科学在由哲学开启出来的视界内的发展。科学之发展同时即科学从哲学那里分离出来和科学的独立性的建立。这一进程属于哲学之完成。这一进程的展开如今在一切存在者领域中正处于鼎盛。它看似哲学的纯粹解体,其实恰恰是哲学之完成。"[①] 按照海德格尔的看法,20世纪西方哲学中拒斥形而上学的科学主义思潮,恰是表征着哲学的完成和终结,作为后柏拉图主义的后形而上学思想则有完全不同的思想任务,用他自己的说法即是实现"思想的移居"[②],要回应存在的召唤,思考存在的澄明,让思想植根于、归属于存在。后形而上学思想是新的思想居所的寻求,是新的思想方向、新的视界的开启。

在美国哲学家罗蒂看来,海德格尔乃至哈贝马斯都未完全达到后形而上学的视界,他的一本中文版自选集似乎有意区别于哈贝马斯而名之以"后形而上学希望"。罗蒂主张用想象力代替理性,用希望代替知识,亦即在清除了基础主义、本质主义的形而上学之后,作为公共生活得以可能的条件不再是知识形态的形而上学,也不是哈贝马斯的交往理性,而只能是从人们的同情心中产生的社会团结和更好生活的希望,即乌托邦。罗蒂

[①] [德]海德格尔:《海德格尔选集》,孙周兴选编,上海三联书店1996年版,第1244页。
[②] [法]F. 费迪耶等:《晚期海德格尔的三天讨论班纪要》,丁耘辑要,《哲学译丛》2001年第3期。

所以不用后形而上学思想的说法，可能是因为思想这个西方哲学的术语存留着浓重的柏拉图主义积淀，思想似乎意味着规定、深刻，意味着本质、基础的揭示，这是一个有形而上学嫌疑的术语。但在中文语境中的思想可能有十分宽泛柔软的语义场域，对亲人和故土的思念和怀念，对丰收的企盼和展望，对更好生活的向往和憧憬，对困惑疑虑的破解和消除，等等，都是所思所想。所以，我们也可以把罗蒂的后形而上学希望看做是一种后形而上学思想。罗蒂以彻底的经验主义、自然主义和实用主义，清除了理性形而上学的人的形象，没有坚实可靠的理性指引我们的公共生活，人只能在文化进化的偶然机缘中想象、希望和创造，或许我们的生活会更好。

西方传统哲学是逻各斯中心主义哲学，在对纯粹思想的寻求中找到思想必然性、普遍性和客观性的逻辑，是直到黑格尔的西方哲学的最高目标。逻辑有必然性，而事实上什么都可能发生。在变幻莫测的经验世界中，纯粹思想的普遍必然有效曾经是替代上帝的拯救之途。哲学用强大的理性概念阐明了我们生活于其中的世界的存在基础，说明了我们的生命和生活的终极价值和意义，指引出我们如何通过理性和逻辑的力量接近上帝之路。这种对世界和生活统一意义的解释，被法国后现代主义哲学家叫做同一性的死亡哲学，叫做思辨唯心主义的宏大叙事，更普遍的说法是逻各斯中心主义。法国后形而上学思想保留着启蒙以来法国哲学特有的锐利、新颖和奇异，哲学家们在一些令人吃惊的课题上取得了突破性的进展。德里达通过"延异"和解构主义的阅读，揭示了任何文本内在具有的意义的矛盾和分裂，炸毁了意义的统一性。福柯通过对疯狂、性欲、监狱等历史的考察，发现了权力与知识交织构成的规训系统，它们是不能还原的断裂的知识层面，科学、思想和社会没有连续的意义统一性。利奥塔反对任何形式的宏大叙事，他认为马克思主义也是一种宏大的解放叙事，也是一种同一性哲学，而理性的同一性、哲学的同一性必然是对非同一和差异的压制。他和一些后形而上学思想家认为同一性哲学要对奥斯维辛大屠杀负责，同一性哲学是死亡哲学。

对具有不同面孔的后形而上学思想尝试作出某种统一的概括和归纳，这本身就是后形而上学思想所反对的形而上学方法。但正如许多后形而上学思想家已经自觉到的西方语言和思想根深蒂固的形而上学倾向那样，只要书写和言说，就不同程度地需要逻辑和理性，并且期待着具有同样逻辑和理性能力的人的理解。理性和逻辑的同一性预设是无法驱逐的形而上学幽灵。用逻辑消解逻各斯中心主义，用理性破除理性同一性的压制，批判形而上学的宏大叙事必是一个同样宏大的叙事，这些是后形而上学思想难以挣脱的悖论。以致普特南说："令我吃惊的是，自称是解构主义者并痛恨哲学中的'独断腔调'的哲学家，自己就无情地独断并且是一个无情的普遍化者（generalizer）。人们读过德里达之后仍存在的疑问是：就算德里达极其厌恶人们把他看做是非理性主义者，他事实上是否给自己留下了回应这种指责的对策？"[①] 我们不知道德里达是否和如何回应普特南的指责，但我们看到罗蒂曾回应人们对他的相对主义、非理性主义的指责："我们实用主义者通过作出如下回答来对称我们为'相对主义者'、'非理性主义者'的种种指责不屑一顾，这些指责恰恰以我们反对的区分为前提。假如我们一定得对自己作些描述，也许我们最好称我们自己为反二元论者。""我们反对一组特定的区分，柏拉图式的区分。"[②] 罗蒂认为，绝对之物与相对之物、被发现之物与被制作之物、主观和客观、实在和表象等等的区分，是柏拉图式的二元区分，这种区分已成为西方文化的"理性"和"常识"，但反对这种形而上学和基础主义的区分，并不就是非理性主义，而只是给了理性以新的含义。与罗蒂相似，海德格尔也认为自己的哲学不是非理性主义，而是比科学技术更清醒些的思想。[③]

后形而上学思想的共同特征是反柏拉图主义，其悖谬性的理论后果是凸显了柏拉图主义的理论特征，经过海德格尔、德里达、罗蒂等人的批判，柏拉图主义的形而上学获得了清晰的理论刻画。以致我们要理解后形而上学思想必得首先理解柏拉图主义，只有理解形而上学才能走出形而上学而进入后形而上学思想，这是一种特殊形式的形而上学复兴吗？不仅如此，海德格尔力求实现的"思想的移居"，哈贝马斯寻求的交往理性，甚至罗蒂的实用主义的理性理解，其实质都是一种整全的世界观理论，是区别于形式科学和经验科学的形而上学思想，后形而上学思想仅仅是区别于柏拉图主义形而上学的新的形而上学。它与柏拉图主义的区别在于要以谦

---

① 陈亚军：《论心灵、意义和实在——J. 哈伦访 H. 普特南》，《哲学译丛》1994 年第 1 期。
② ［美］罗蒂：《后形而上学希望》，张国清译，上海译文出版社 2009 年版，第 90 页。
③ ［德］海德格尔：《海德格尔选集》，孙周兴选编，上海三联书店 1996 年版，第 1260 页。

虚的、有限的理性信念，要以更敏锐的对普遍性、同一性压制的警觉和揭示，重新释放自由思想的活力，甚至可以重新确立思想的根基，以使我们能够在今天这个变幻莫测和多元动荡的世界中寻求更好生活的可能性。

二 好生活：后形而上学思想的确定性

后形而上学思想的理论形态似乎是对20世纪初英美分析哲学拒斥形而上学主题的直接继承，批判拆解柏拉图主义形而上学是它的核心话题和主要任务。所以，后形而上学思想总是给人以否定的、怀疑的、消解的印象。但稍加思考就会发现后形而上学思想与以逻辑经验主义为代表的科学哲学和各派分析哲学有着重要的原则区分。用罗蒂的说法是科学哲学在向后哲学文化运动中仍保留着未被消解的冰块，即对逻辑和科学的崇拜。科学哲学的实质是以科学的标准拒斥形而上学，或者说它的形而上学批判是以逻辑和科学作为规范的基础。后来的日常语言学派虽然不再以理想的逻辑语言拒斥形而上学，但仍希望从日常语言的意义中把握现实的人类思维结构，清除形而上学的无意义的胡说。科学哲学和分析哲学的理想是寻求意义的确定性。后形而上学思想可以理解为是生活世界转向之后的形而上学批判，它消解了对逻辑和科学的崇拜，把科学主义的哲学思潮视为柏拉图主义形而上学的完成，把意义确定性的寻求转变为更好生活的理想，它的形而上学批判是以"好生活"作为规范的基础，从而使后形而上学思想获得了新的理论确定性的基础。

包括柏拉图主义哲学在内的所有哲学都有不能割断生活世界之根，哲学在一定意义上都是生活哲学，都是人类更好生活的理想。伽达默尔评论说，胡塞尔和海德格尔在20世纪实现了生活世界转向，其实这个转向的实质可能只是人们对"好生活"的理解有了根本的不同。柏拉图主义形而上学是绝对理性的形而上学，是纯粹理论态度的形而上学，它所理解的"好生活"就是通过无限理性追求从而使人接近神的好生活，它成就了客观知识形态的形而上学。在海德格尔看来，柏拉图主义是用思维规定存在，进而控制、宰制存在的主体形而上学，它遗忘了存在的意义，把人从存在中连根拔起，使人类生活陷入无意义的黑夜，使人的自身生产陷入危机之中。罗蒂认为，柏拉图主义是一种基础主义哲学，是"自然之镜"

的哲学，它幻想把握绝对之物、终极实在的绝对真理，不可避免地导向学科帝国主义和专制主义的政治学。人类若保留自由、民主的社会希望，只能用"民主代替哲学"，走向后哲学文化。哈贝马斯更关心的是如何完成启蒙的未竟的事业，如何在重新确定理性的定位中颠倒理论和实践的关系，通过社会交往实践重建人类的团结和社会同一性。总之，后形而上学思想在对传统形而上学的批判中并不是单纯地拆解和否定，而是有着实实在在的更好生活的理想和希望。把握住这种理想和希望，我们才能真正认清后形而上学思想的意义和价值。

后形而上学思想既是一种理论批判，也是一种生活批判，它较之于科学哲学和分析哲学的更为深刻之处，在于它以一种或几种形而上学的思想力量深入到柏拉图主义的根基之处，力求在西方思想的起点上重新开启新的思想方向，打开人类更好生活的新的思想道路。在这样的意义上，后形而上学思想的价值即在于它是一种形而上学思想，是一种整全论说的新的世界观。按照这样的理解，海德格尔的后形而上学思想显然是最重要的。如果海德格尔的学说真的成立，他就应该是柏拉图以来西方思想史上第二个柏拉图式的人物，因为只有他才开始扭转柏拉图主义的思想方向。海德格尔从此在的生存领会开始，力求找回前柏拉图主义的存在经验，寻求思想对存在的不同态度或姿态。柏拉图主义作为逻各斯中心主义，改变了希腊早期逻各斯的意义，把作为"聚集"的逻各斯变成了理念或本质的逻各斯，把顺应、回应存在召唤的思想转变为用思维规定存在的思想，从而使整个西方文明走上了用思维规划、计算、控制存在的主体形而上学。这种人的优先性视野如今走到了尽头，新的思想任务就是实现"思想移居"，重新回到思维扎根于、归属于存在的前柏拉图主义经验。海德格尔以先知式的热忱和诗化的语言宣告一种新的思想开端的启明，预言一个拯救人类的新上帝的降临。和任何伟大的哲学家一样，海德格尔也难免被自己的思想所感动和迷惑，从而夸大了自己思想的意义。回到柏拉图主义的根基处，探索新的思想方向和道路，从根本上超越柏拉图主义，这是马克思已开始的哲学革命。马克思通过理论和实践关系的颠倒，使柏拉图主义的理论哲学、独立的哲学消解在现实的感性物质活动之中，思维规定存在的理论姿态转变为实践改变世界的物质活动，这虽然仍是海德格尔所说的"人的优先性"视野，但实践把握的存在可能更具有现实性、客观性和自在性的硬度和力量，或者说更易使存在自身显露出来。即使如此，海德格尔哲学的原创性和革命性仍不可低估。倾听存在的召唤和大地的言说，从存在的敞开中进入存在之思，绝不仅是诗意的美学的呼唤，而是走出人类自身生产困境、解决当代全球性问题的可能的思想方向，它可能是人类未来更好生活的必然选择。

在阅读后形而上学思想家的文本时，我们能够感受到罗蒂特有的透彻和清晰，这位最坚决彻底反形而上学、反基础主义的哲学家，也最彻底地表达了一种实用主义的形而上学，一种基础主义的哲学观和文化观。形而上学总是基于某种人性观或人的自我理解，罗蒂明确断言："实用主义奠基者都把自然主义达尔文主义的人类观与对于哲学继承自笛卡儿、休谟和康德的问题的怀疑结合了起来"，"通过使文化进化和生物进化相连接，詹姆斯和杜威都想把哲学与达尔文调和起来"。[①] 他相信，"同柏拉图或康德看待人类的方式相比，以这个生物学方式来看待人类"[②] 会更好些。罗蒂以美国式的坦率和真实，不怕这种生物学观点的人类观"冒犯了人类的尊严和自尊"。但他是否自觉到这种自然主义达尔文主义的人类观也是一种独断的形而上学呢？用生物学的观点看待人的理性和文化，理性即是适应环境和更好生活的策略和工具，文化即是种种偶然的机缘中缓慢进化的文明形式，这就彻底清除了柏拉图主义的绝对之物和客观真理，清除了对人类理性和文化的目的论理解。这样理解的人和理性，虽然避免了柏拉图主义形而上学的专断和威权，为自由主义的政治学提供了理论辩护的可能，但它是否也隐含着社会达尔文主义的危险呢？罗蒂在当代政治哲学的背景下阐发了实用主义哲学的政治学意义，他主张用民主代替哲学，用同情心限制乃至战胜残酷，用希望代替知识，而希望的乌托邦全赖于人类同情心这种美好的情感。罗蒂不同意哈贝马斯以无限理性为条件的交往和对话的公共理性，而代之以同情为基础的团结的希望。但在我们看来，同情心作为一种社会情感，恰是社会理性或公共理性的起点。罗蒂可能仍受到柏拉图主义二元区分的迷惑，社会生活中的理性和情感并没有绝对的界限。也许还是黑格尔看得更清楚：每一个体的自我意识就是欲望，它只能

---

① ［美］罗蒂：《后形而上学希望》，张国清译，上海译文出版社2009年版，第75页。
② 同上书，第104页。

在别的自我意识里才获得它的满足。真实的自我意识是它自己和它的对方的统一。在精神的概念里，我就是我们，而我们就是我。① 每一个体对他者或人类的同情，是自我意识向精神的发展中自我的普遍化和理性化的过程。缺少或没有同情心不仅是自然情感的缺失，而且是理性能力的缺失。总之，罗蒂既坚决彻底地否定柏拉图主义的形而上学和理性概念，也阐发了一种彻底的实用主义的形而上学。我们可能不同意他的生物学观点的人类观，却也必须省思这种地道的美国精神对我们的意义。后形而上学思想似乎并未超出西方哲学拆解和建构统一的基本逻辑。从形而上学的观点看，它的真实意义在于它是否真的在柏拉图主义的根基处开拓出新的思想方向和道路，从而为人类更好生活提出了新的可能和希望。按照德里达的看法，后形而上学思想也要对思想和未来说"是"。形而上学是永恒的思想事业，人类不能停止思想。

三　后形而上学的理论态度

在当代中国哲学的语境中思考后形而上学思想的意义，我们首先想到的是它的理论态度的启示，即超越柏拉图主义形而上学的根基，探索新的思想方向的多样可能性。与西方哲学的际遇不同，当代中国哲学正处于中华民族全力以赴实现现代化的历史进程中，面向我们自己的生活和希望，我们可能需要对柏拉图主义形而上学、后形而上学思想以及中国传统哲学思想都有所吸取和借鉴，我们需要更加多元开放的哲学观，需要更为灵活务实的理论态度。从生活世界之根思考哲学或形而上学理论的意义，我们总能找到某种形而上学之中的"好生活"的理想，并且它就是这种形而上学的规范基础，亦即"好生活"作为或隐或显的最高原则规定了一种形而上学理论的基本形态。所以，当代中国哲学的首要问题也就是什么是我们所希望的"好生活"？我曾认为，平凡、真实、快乐的生活是我们渴望的好生活，它应成为我们评价、选择和创造哲学理论的标准。② 按照这

---

① ［德］黑格尔：《精神现象学》上卷，王玖兴译，商务印书馆1979年版，第120—122页。

② 孙利天：《朴素地追问我们自己的问题和希望——中国哲学、西方哲学和马克思主义哲学会通的基础》，《吉林大学社会科学学报》2005年第3期，《新华文摘》2005年第20期转载。

种理解，我们对后形而上学思想反对的柏拉图主义也应有不同的理论态度。黑格尔、胡塞尔等把始自希腊的西方哲学看做纯粹思想或理论态度的思维。所谓纯粹思想至少有三重含义，一是没有任何功利目的的为学术而学术、为理论而理论的态度；二是去掉思想内容单纯研究思维形式的逻辑学；三是在全部思想内容中反思或直观其最高本质的辩证法或现象学。胡塞尔把这种理论态度的思维看做是哲学的实质，把这种希腊理性精神看做是欧洲文明的灵魂。这样理解的柏拉图主义形而上学对于我们有何意义？我们是否有为学术而学术的理论态度，我们文化传统中为何缺少发达的思维形式研究的逻辑学，我们民族的理论思维能力是否也在科学技术中得到完成？即使是黑格尔辩证法所要扬弃的知性思维对于我们民族科学精神的培育和发展可能也有重大意义。总之，我们不能轻率地拒斥柏拉图主义。盲目地追随后形而上学思想，会使我们民族的思想根基更加漂浮不定，我们就更难以透彻清晰地思考我们自己的生活理想。

与柏拉图主义对人的理性理解不同，也与罗蒂生物学观点的人类观不同，中国儒家思想传统把人性理解为道德实践的能动性，[①] 理解为得于自然或天命的良知良能。按照海德格尔式的哲学史追寻，我们是否也应追寻未被纲常化、名教化的中国儒家思想的源头，重新找回古典思想的活力，这可能是中国自己的后形而上学思想。具体说是我们需要反对的形而上学不是柏拉图主义用思维规定存在的形而上学，而是用道德规范规定人的形而上学，或者说是用纲常名教、身份等级桎梏人的形而上学，是强权道德合理化的形而上学。剥除掉两千多年封建统治者强加于中国儒家思想的权力语言，清洗掉道德意识凝固化而成的礼法纲常，我们也许会寻找到中国儒家思想鲜活的存在感受和存在经验，使我们能够在中国传统思想的根基处凝视、逗留、比较，探索我们自己的思想道路。在儒家的文本中有许多平凡、真实、快乐的生活理想，如学而时习之的快乐，有朋自远方来的快乐，在暮春时节青少年们浴乎沂、咏而归的快乐，乃至颜回在贫穷中亦能保持的快乐，等等。这些快乐所以可能，在于儒家以仁爱之心面对生活和世界，即使面对礼崩乐坏、颠沛流离的艰难时世，孔子仍以孤往的勇气坚

---

① 孙利天：《实践理性的自然基础：中国哲学对意识能动性的理解》，《吉林大学社会科学学报》2002年第5期。

守着一种仁者爱人的存在态度。这种存在态度或存在经验，既不同于用思维规定存在的希腊理性精神，也不同于海德格尔让思维归属存在的态度，当然也与生物学观点的人类观大不相同，是一种有主体道德自觉而没有主体形而上学的德性之思的思想方向。

破除中国传统的名教主义的形而上学和政治中心主义，追寻中国儒家思想起点上的存在领会和思想方向，西方后形而上学思想对我们的意义充分显示出来。对人的有限理性的高度自觉和对普遍性、同一性压制的高度敏感，是后形而上学思想对人类文化的重大贡献，它的真实意义可能不在于终结了形而上学，而是划定了形而上学的界限。罗蒂可能也知道人是形而上学的动物，人不能没有形而上学，但他希望形而上学的思考只是个人的精神事务，形而上学不能非法地僭越成为政治理性或公共理性。福柯在柏拉图主义形而上学的西方文化传统中，看到了权力与知识合谋的权威话语对差异性的规训和惩罚，破除了统一的客观知识的幻象。我们很容易想到，中国传统思想中是否有权力与道德合谋而成的权威话语，它以教化与惩罚两手构建政治合法性同时也渗入微观权力的场域，成为无所不在的形而上学暴力。想想中国家庭的子女教育方式，我们仍能感到鲁迅"救救孩子"呼喊的沉痛，也深感中国式的后形而上学思想道路的漫长与艰难。

（原载《社会科学战线》2011年第1期）

后现代主义哲学与东方思想

近些年来，一些西方后现代主义哲学家表现出对东方思想的浓厚兴趣，如被称为后现代主义的马克思主义学者詹明信、建设性后现代主义哲学的代表人物格里芬、科布等，都对中国的经济和社会发展与中国哲学传统的当代意义寄予很高的期望。如何看待当代西方哲学的这种新的趋向，后现代主义哲学如何会注重传统东方思想的理论资源，当代西方学者与中国学者是否有理解中国传统哲学的不同视界？本文尝试对这些问题作些探索和思考。

一 哲学的消解与思想的还原

从柏拉图以来的西方哲学，是用思想的形式把握世界的生存方式或存在方式，西方两千多年的形而上学可以说是思想形而上学。这种思想形而上学的合理性根据源于人的理性自觉，即人自觉到自己是有理性、能思维的存在，人类高于或脱离动物的存在方式就在于人的全部活动都是思想引导的结果。用黑格尔的说法是人类一切活动领域都有思想，而哲学即是要反思所有这一切思想，以达到纯粹思想的自我意识，从而也就达到了宇宙和人生的绝对真理。黑格尔哲学是思想形而上学的完成，也可以说是思想形而上学的终结。

在反叛黑格尔、消解思想形而上学的取向上，现代哲学与后现代主义哲学并无实质的区别和界限。从马克思的哲学革命开始，西方哲学的一个根本任务就是实现对黑格尔哲学的颠倒，也可以说是一种思想的还原，即把黑格尔哲学反思把握的绝对思想还归于现实具体的个人，还归于真正孕育思想的现实生活或所谓的生活世界。从"思想的还原"这一线索可以理清后黑格尔哲学的基本脉络，也可以看到现代西方哲学与后现代主义哲学的一脉相承。按照法国哲学家利科尔的看法，马克思主义与弗洛伊德主义是怀疑主义的解释学，即怀疑在意识、思想中有明证的不可怀疑的确定性和真理性基础。马克思的唯物史观用满足衣食住行最基本物质生活需要的物质生产活动解释了思想的秘密；弗洛伊德用表现生命冲动的潜意识解释自觉的意识活动。这种把思想、意识向生命的还原，一直持续到后现代主义哲学家利奥塔。利奥塔追问没有躯体能否思维？如果思维不能没有躯体，那么男人与女人的不同躯体就必然有不同的思维。[1] 推而广之，思维的个体差异就如同中国古语所说，"人心不同，各如其面"。思想、理性向每个现实的具体个人的还原，实际即是用思想形式把握世界方式的哲学的终结，实际即是拒绝对思想进行思想。

　　20世纪最自觉拒斥形而上学的哲学流派似乎是逻辑经验主义，它以形而上学命题既非分析性的逻辑命题，也非综合性的经验命题即不可证实或证伪的伪命题为由，认为形而上学命题是无意义的胡说。逻辑经验主义是要把超越的形而上学思想向逻辑和经验（观察语句）还原，亦即向科学还原。但英美哲学的后来发展，出现了更为彻底的语言转向。在罗蒂看来，包括逻辑经验主义在内的科学哲学仍保留着对逻辑的盲目崇拜，"逻辑"仍是需要消解的形而上学的"冰块"。从意识哲学转向语言哲学，势必使内在意识的统一性消散于无限多样的语言游戏的差异性之中。到维特根斯坦的《哲学研究》，已揭示出每一种语言游戏或说话方式，都是一种特定的生活方式或存在方式。语言游戏的不可通约或不可还原，意味着多种多样的生活方式只是以"家族相似"的形式联结在一起。形而上学思想的迷误，就在于企图追问不同语言游戏规则和意义的统一性。后现代主义哲学家利奥塔把这种哲学的话语方式称为"元叙事"，他坚持认为无论是启蒙的元叙事，还是黑格尔辩证法的思辨叙事，或是马克思的"解放叙事"，都是形而上学的恐怖，都必须加以拒斥和消解。另一位后现代主义哲学家德里达则从语言的约定性和区分性出发，提出了著名的不是概念的概念"延异"。延异作为一种分析方法或拆解策略炸毁了一切意义统一性的"聚集"，即逻各斯。因为任何"在场"或"中心"都与一个无限

---

[1] ［法］利奥塔：《非人》，罗国祥译，商务印书馆2001年版，第24页。

延伸的语言之流相关联,所以,在场以不在场、中心以边缘为条件,不在场、边缘的延迟出场使"在场"和"中心"失去了意义的确定性。总之,把思想还原为语言,从意识哲学转向语言哲学,必然把思想形而上学的统一性转变为语言的多样性和差异性。一切思想同作为思想的哲学反思,被视为企图超越语言或无语言的哲学幻想。

无论是把思想还原于躯体、行为、语言、生活世界或是其他什么,现代西方哲学与后现代主义哲学并无根本的区别。那么,如何界定后现代主义哲学的特殊主题或旨趣呢?我想海德格尔在《哲学的终结与思的任务》一文中提供了一个启示性的线索。海德格尔认为,西方哲学是柏拉图以来西方特有的知识形态,哲学即形而上学。"随着这一已经由卡尔·马克思完成了的对形而上学的颠倒,哲学达到了最极端的可能性。哲学进入其终结阶段了。"[①] 但哲学的终结也是其完成,"早在希腊哲学时代,哲学的一个决定特征就已经显露出来了:这就是科学在由哲学开启出来的视界内的发展。科学之发展同时即科学从哲学那里分离出来和科学的独立性的建立。这一进程属于哲学之完成。这一进程的展开如今在一切存在者领域中正处于鼎盛。它看似哲学的纯粹解体,其实恰恰是哲学之完成。"[②] 在海德格尔看来,哲学与科学同作为在场存在者的学说,哲学完成于现代科学技术对存在者的控制和操作。这就意味着对传统哲学的批判和消解,即是对现代科学技术和所谓现代性的批判和否定。把对形而上学的批判与对现代性的否定结合起来,就是后现代主义哲学的本质特征。

正是在对现代性引发的生存困境的否思中,海德格尔一方面力求通过一种词源学的追寻,寻找前苏格拉底哲学的存在经验,开启领会存在的新视界,即不同于哲学和科学的存在的敞开之境。另一方面,海德格尔也表现出对前现代的古老的东方思想的浓厚兴趣。他坚持认为"一切本质的和伟大的东西都只有从人有个家并且在一个传统中生了根中产生出来"[③]。但他似乎对东方思想传统能否产生出适应技术本质的充分关系的伟大思想

[①] [德] 海德格尔:《海德格尔选集》上卷,孙周兴选编,上海三联书店 1996 年版,第 10 页。

[②] [德] 海德格尔:《海德格尔选集》下卷,孙周兴选编,上海三联书店 1996 年版,第 1243 页。

[③] 同上书,第 1305 页。

难以决断:"是不是有朝一日一种'思想'的一些古老传统将在俄国和中国醒来,帮助人能够对技术世界有一种自由的关系呢? 我们之中有谁竟可对此作出断言吗?"[①] 确实人们难以断言古老的东方思想的复兴,也难以断言醒来的中国传统思想是否能够拯救这个失去控制的技术世界。但不管怎样,在后现代主义哲学的语境中人们记忆起了一种古老的东方思想资源。

在我看来,把西方哲学与现代技术和现代性问题结合起来进行质疑和批判,是后现代主义哲学区别于现代西方哲学的本质特征。在这样的意义上,海德格尔是后现代主义哲学的始作俑者。尽管典型的后现代主义哲学家德里达和利奥塔批评海德格尔的"在场形而上学"和他对奥斯维辛大屠杀的沉默,但不能否定海德格尔确定了后现代主义哲学的新视界,或所谓"前视轨"。从消解哲学和对形而上学思想的还原说,后期海德格尔哲学也可以说是一种建设性后现代主义。海德格尔在宣告哲学终结之后,仍坚持"思的任务",借用哈贝马斯的说法,即寻求一种后形而上学思想的可能性。海德格尔找到了思的"他者"即存在,并力求让思作为"询问"的接纳、承认、倾听,使其归属于存在。这种思想向存在的还原并不是什么唯物主义,而是思的新视界,是一种非规定性、非支配性的诗意的思。它思入到了存在者得以现身的存在论前提,思入到了"澄明之镜"。它将从根本上改变人对世界的态度,改变此在的在世方式。这种对思的承担,使海德格尔哲学与单纯拆解、解构的后现代主义哲学不同,它仍留有期待和希望,仍保留了思想的使命、伟大和尊严。

否定性的后现代主义哲学对形而上学的批判、拆解与还原,往往是自相悖谬的,因为拆解和解构的叙说仍是思想。用概念批判概念、用形而上学反对形而上学、用思想还原思想,是后现代主义哲学难以走出的怪圈,对此德里达和福柯都有自觉的意识。他们似乎认为,形而上学是西方语言从而也是西方人的宿命,西方人不能完全摆脱形而上学,至多只能通过后现代主义哲学的警示使人们少一些形而上学而已。维特根斯坦在"逻辑哲学论"中给出避免形而上学的最好办法,即对不能说的必须保持沉默,

---

① [德]海德格尔:《海德格尔选集》下卷,孙周兴选编,上海三联书店1996年版,第1312页。

但也有人讽刺维特根斯坦仍是说了那么多"重要的胡说"。西方哲学消解哲学、还原思想的困境，显示出人性中固有的形而上学倾向。思想当然不能离开躯体、语言、行为和生活世界，但思想却不能完全还原为其中的任何一个。因为思想超越了它的一切依附，为自己营造了一个观念的世界或精神世界，而这个世界真实地影响着人的身体、语言和行为。按照孟子的看法，思想是可以肉身化的，它"睟然见于面，盎于背，施于四体，四体不言而喻"（《孟子·尽心上》）。至于哲学对生活世界的影响可谓广泛而深远，否则哲学家们也不用如此顽强地拒斥形而上学。西方哲学如何走出形而上学的困境？能否有一种非西方形而上学形态的形而上之思，以开启一个新的视界？作为一种异质性的东方思想，向西方哲学敞开了理解的视界。

二　不同视界中的东方思想

萨义德的"东方学"指出了西方文化对阿拉伯这个东方世界的想象和建构；海德格尔和伽达默尔的解释学也指出了作为理解前提的"前理解"或"前视轨"的必然存在。在批判和反思现代性的后现代主义哲学的视界中，作为异质的、非现代的东方思想，更容易进入西方哲学的视野，更容易引起西方学者的关注。但后现代主义哲学的视界从根本上说仍是西方的视界和目光，纳入到后现代主义哲学中的东方思想的阐释，也必然被重新建构和理解。我们切不可为某些后现代哲学家对中国传统哲学和佛学的重视而沾沾自喜。

如前文所述，海德格尔后期哲学力求重新开启思的道路，海德格尔也确曾对中国古老传统的唤醒抱有救世的期望。海德格尔哲学与中国传统哲学思想有许多相近或相通之处，就此我国学者已有专门的研究成果。但就笔者阅读海德格尔著作的感受说，仍能强烈地感觉到东西方哲学精神气质的本质差异。在1935年写作的《形而上学导论》中，海德格尔已开始了对主体形而上学的批判，"为什么在者在而无反倒不在"的追问和思索，使他接近了"无"作为存在或"在场"的存在论条件的领悟，从而一个空明或疏明的存在之境已经呼之欲出。海德格尔对巴门尼德"思与在同一"的重新解读，已使思作为"询问"，作为承认、接纳归属于在。这无疑已使海德格尔与中国道家思想十分接近。但同是在《形而上学导论》中，海德格尔通过对索福克勒斯和赫拉克利特的解读，明确地把"此在"的本质规定为"苍劲者"，把战争或斗争的强力看作是此在的品级。海德格尔似乎是赞赏赫拉克利特的看法：战争是万物之王。它使神成为神，人成为人，奴隶成为奴隶。在此我们再一次看到西方人对理性、精神力量和生命、意志强力的自觉和崇拜。如果说海德格尔解读的"战争"还具有某些隐喻的意义，那么老成持重的黑格尔则曾非常明确地肯定国家之间战争的积极意义。他认为，战争是民族精神的清洁剂，"持续的甚或永久的和平会使民族堕落"①。如此公开鼓吹战争的"崇高意义"，可以使我们多少懂得了什么是形而上学的恐怖。

与海德格尔对此在作为"苍劲者""强力行事者"的规定不同，我们可以说中国道家把人理解为"柔韧者""顺天知命者"。老子说："天下莫柔弱于水，而攻坚强者莫之能胜，以其无以易之。"（《老子》七十八章）"人之生也柔弱，其死也坚强。草木之生也柔脆，其死也枯槁。故坚强者，死之徒；柔弱者，生之徒。"（《老子》七十六章）基于对自然的观察与体悟，老子把生命的力量理解为一种柔弱或柔韧而难以断折的形态或性质，从而得出"贵柔守雌"的生活教训。至于战争，老子讲："兵者不祥之器，物或恶之，故有道者不处。……不得已而用之，恬淡为上。胜而不美，而美之者，是乐杀人。夫乐杀人者，则不可得志于天下矣！"（《老子》三十一章）按照老子的看法，赞美战争的崇高意义无疑是乐杀人者，乐杀人者如何能够得志于天下呢？抽象地谈论和比较战争与和平的价值与意义，似乎没有什么意义。但于此确实可以看到海德格尔与中国道家对宇宙和人生本质力量体悟的根本差别。"苍劲"与"柔韧"的此在领会，是否是东西方哲学不同的视界呢？我国海德格尔与中国哲学比较研究者对此不可不察。

东西方哲学的不同视界既有文化传统的差异，也有哲学面对现实问题和理论问题的差异。近些年来，后现代主义哲学似乎致力于一种"事件哲学"研究。从列维纳斯的"事件伦理学"，到利奥塔的"事件政治学"；从科布主张的"从实体思维转向事件思维"，到詹明信所说的"当前本体论"，一种在消解了形而上学思想之后思想仍然要把握现实，从而使行动

---

① ［德］黑格尔：《法哲学原理》，范扬等译，商务印书馆1996年版，第341页。

具有意义的努力显露出来。笔者对上述各种"事件哲学"没有多少了解，按照詹明信对当前本体论的解释大致是，"为了建立当前本体论，你必须了解目前发生作用的倾向，即倾向性的前景，根据过去给倾向性重新定位。当前是如此这般，倾向的力量在发生作用，这种本体论力图弄清它们之间的关系"[①]。科布援引怀特海对事件思维的解释是："一般说来，根据感觉知觉的材料对物体进行哲学分析，即使是在我们承认我们不能在我们的感性经验中或通过我们的感性经验发现实体时，也会使我们处于实体思维的控制之下。但是，我们还有一种事件或事情的观念。正如我们可以想到桌子和钟表一样，我们也能想到对话和车祸。现代思维限定我们把对话和车祸当作了人或事件对客体的作用，换言之，事件预设了实体。但也有另一种可能性，即事件是首要的实在，而且我们认为是实体的东西乃是事件之复杂的结构。"[②] 如果我没有弄错的话，事件哲学是非实体性的现实具体性的科学。它既要拒斥形而上学思想所设定的形上实体，也要改变西方日常思维和科学思维把存在者作为实体的自然态度，而以事件或"事情本身"的先行观念考察各种"倾向"、条件或佛学所说的"因缘"的相互作用和聚合，以此获得应对事件的反应和行为方向的判断。"事件哲学"中可以看到黑格尔辩证法、怀特海过程哲学、现象学、结构主义乃至分析哲学等多种西方哲学因素的影响，它本身似乎也可以说是一个"哲学事件"。

由于"事件哲学"对实体性思维的拒斥，由于它对现实情境的关注，也使它与某些东方思想具有了亲和性。科布说，事件思维"这并不是一种新观念"，"佛教徒早在2000多年前就从印度教的实体论转向了事件的第一性"[③]。科布所说的转向，大概是指释迦牟尼反对婆罗门的"转变说"，主张"缘起说"。即以为世界现象，都是因果互相联系，相互依存，互为条件的。[④] 这种观点后来在大乘佛学中得到发展，如《维摩诘经》所说，"无我无造无受者，善恶之业亦不亡"。一切事物，都是因缘所生，没有我，我是假我；也没有造、受的实体，一切都是因缘的继起继灭。从

[①] 詹明信等：《回归"当前事件的哲学"》，《读书》2002年第12期。
[②] ［美］科布：《怀特海哲学和建设性的后现代主义》，《世界哲学》2003年第1期。
[③] 同上。
[④] 吕澂：《印度佛学源流略讲》，上海人民出版社1979年版，第21页。

反对实体思维的角度说,佛教徒的观点确实可以说转向了事件,科布引证这种观点是有道理的。但如我们所知,佛学的缘起、因果理论,从根本上说是要消除自我的执着,是要通过"正道""灭苦",跳出因果轮回。这与后现代主义哲学的"事件哲学"大异旨趣。从而再一次显示出西方哲学视界中的东方思想,难免被想象、构造为西方思想中的同质性东西,从而被扭曲变形。

后现代主义哲学的视界是否思、质疑现代性的视界,是从西方发达国家的问题情境出发去看待东方思想和中国社会现实的。詹明信从他的"当前本体论"出发,耐心地寻找西方社会中可能引发"革命性能量释放"的原子。作为后现代主义的马克思主义学者,詹明信的许多观点容易引起中国学者的共鸣,但尽管他努力以一种全球化的视野思考当前的世界现实,仍难以与中国学者的视界融合。近几年来,除詹明信外,德里达、哈贝马斯等西方著名学者也曾来中国讲演。作为后现代主义哲学大师的德里达,坚持马克思主义传统的现实意义,反对"历史终结"的自由主义的胜利宣言;坚持自己的"解构"与马克思"解放"学说的关联,这些都给中国的马克思主义学者以亲近之感。但德里达来中国讲演的主题是"无条件的大学",这可能也出乎中国学者的意料。仅仅是因为他的演讲的主要听众是大学里的人们,才选择这样的主题吗?或者是以德里达的判断中国大学缺少西方学者的"职志"和自由条件,因而确定这个主题?以上两种考虑都可能有些道理。但仔细想来,无条件的大学和无条件的自由,正是解构主义的题中应有之意。或者说,德里达演讲的主题正是出于后现代主义哲学的视界。拆解、解构,反对任何形式的中心主义,其实就是为了绝对的个人自由,特别是个人的思想自由。亚里士多德在《形而上学》中就提出人本自由、为学术而学术的纯粹思想是人的自由本性的充分实现。两千多年过去了,德里达的解构主义作为当代西方最激进的学说仍然逗留在亚里士多德身边吗?果真如此,西方哲学的视界可能并没有根本的转变。

三 困而后学与视界的开放

孔子说:"生而知之者,上也。学而知之者,次也。困而学之,又其次也。困而不学，民斯为下矣。"(《论语·季氏》)就成年个体来说，人们的学习动机可能多是因为有所困惑，有问题，有压力才去学习，是所谓"困而学之"。就一个民族来说，可能也大致如此。在内忧外患、民族危亡的时刻，一个民族才能打开自己的思想视野，真心实意地学习外国的先进东西，或者是重新发掘、阐释、创新本民族的文化传统。"困而不学"，则这个民族就必然"为下"，甚至灭亡。

我们刚刚讲到的亚里士多德所表达的为学术而学术的纯粹思想的哲学视界，被胡塞尔视为欧洲命脉的"希腊理性精神"，可能属于"学而知之"的层次。亚里士多德明确讲只是在物质生活得到满足之后才有自由的学术研究。生活在雅典城邦民主制度中的自由人，才有条件、有兴趣开启一个纯粹理论态度的学术传统，所谓希腊理性精神或西方哲学的视界，就是希腊自由人纯粹理论态度的视界。同是在原始宗教世俗化时期的东方帝国，思想家们却没有希腊人的幸运。贵为王子的佛陀，贱如需要借粮的庄周，面对的是人间的悲苦，思的是如何解脱痛苦。而积极入世的儒家看到的是礼崩乐坏，天下大乱的社会现实，如何说服、教化统治者知仁行义，建立良好的社会秩序，是他们的所思所想。儒家学说是否可以称为"精英政治的伦理学和教育学"？总之，东方思想是基于生存困境的思想，是"困而学之"。"学而知之"与"困而学之"是东西方思想在起点上的生存论差异，是否有纯粹理论态度的思维是东西方哲学的视界差异。

在德里达的视界中，中国知识分子可能有太多的实用理性，而缺少自由知识分子的学术"职志"，所以，他要讲"无条件的大学"，不受限制的学术自由。殊不知，自近代以来，中国知识分子在民族危亡的困境中，"睁开眼睛看世界"，西方的各种理论如走马观灯似的进入了中国知识分子的视野。中国知识分子也许是视界最为开放的思想者。俄国的"十月革命"给我们送来了马克思主义。中国的市场经济体制改革，使许多人接受了"利益最大化的叙事"，或者说是理性经济人的形而上学。中国现代化的曲折与艰难，也使中国知识分子对后现代主义兴趣甚浓。大概不会有人怀疑，中国学界对西方学术和思想的了解远远高于西方学界对中国的了解。"困而学之"，特别是生存困境所产生的学习要求，较之优裕从容的"学而知之"，具有更为紧迫强烈的驱力，尽管有时会有些急功近利。

按照海德格尔的看法，现代科学技术是西方哲学开启的视界的完成，现代科学技术或现代性的危机，亦即是西方哲学视界的危机。至此才有跳出西方哲学视界开启新的思的视界的可能，才有古老的东方传统真正进入西方视界的可能。因此，后现代主义哲学才有与东方思想遭遇的可能，后现代主义与东方思想才是真正的理论话题。但是，西方学界能够接受海德格尔的判断吗？后现代主义哲学能够向东方思想开放视界吗？问题在于西方哲学是否会在现代性中耗尽自己，现代性是否会在现实世界中陷入绝境。不困不学，困而后学。

西方哲学为学术而学术的理性乐观主义已经多次遭到重创。阿多尔诺和利奥塔把德国纳粹的奥斯维辛大屠杀看作西方哲学的终结。阿多尔诺沉思道，在奥斯维辛集中营之后，我们的感情再也不会接受形而上学的空谈，"奥斯维辛集中营证实纯粹同一性的哲学原理就是死亡"[①]。利奥塔则把奥斯维辛大屠杀作为反对黑格尔的论证，也作为反对海德格尔的一个论证。按照我们的看法，说黑格尔哲学或海德格尔哲学是纯粹同一性的死亡哲学，或许有些牵强，但说他们的哲学不能防止或避免奥斯维辛则是正确的。原因在于他们的哲学都是"思之强力"的哲学。无论是黑格尔的具体同一性，还是海德格尔的"苍劲者"，都缺少东方思想和平、柔顺的精神气质。

奥斯维辛事件暴露了西方哲学的困境，当代全球性问题显示出西方现代性的危机。但是西方的主流文化却陶醉于"历史终结"的凯旋之中，以致有的评论家谴责美国人的麻木和迟钝。如果说西方的主流意识形态仍有困惑和问题，那就是如何让非西方世界接受西方的理性和共识。有人指出，在西方理性看来，阿拉伯人没有理性，中国人有一些实用理性。因而难以进行理性的对话和交往，这就使罗尔斯关于正义的建构难以形成"重叠共识"，也使哈贝马斯的"话语伦理学"难以形成普世伦理。后现代主义哲学的一个重要作用是对西方理性的拆解，对逻各斯中心主义的颠覆，从而展示出"思想"的多种可能性。这在一定程度上会减少西方理性的狂妄和傲慢，为西方哲学向东方敞开视界创造了条件。但是，用马克思的说法是批判的武器代替不了武器的批判。在一个单极化的世界中，意识形态的霸权和形而上学的恐怖是难以避免的。东西方思想的平等的对话

---

① ［德］阿多尔诺：《否定的辩证法》，张峰译，重庆出版社1993年版，第362页。

和交流只能在一个相互制衡、多元化的世界秩序中才有可能。有限理性，有限的国家、民族利益，有限的自由行动空间，即是有所制约，有所困顿。从而才有了解"他者"的压力和需要。

当西方人真的开始认真对待东方思想传统的时候，他们将看到一个具有巨大思想潜能的文化宝藏。古典东方思想大致都可以说是"心性之学"，都力求通过心灵的修养而获得一种秩序良好的社会或获得心灵的安顿。仅就儒家学说而言，似乎可以用"关心"二字体会其主旨。孔子曾用"爱人"解释他的核心思想"仁"。孔子也特别看重朋友、友情的价值，他把"朋友信之"作为一个人生目标。至孟子，儒家已发展出"尽心，知性，知天"的全面的心性论。孟子通过"恻隐之心""辞让之心"等"四端"的论证，打通了个体心灵之间的阻隔，"关心"即因为心心原本相通，"爱人"即因为它是人心固有的良知、良能的自然倾向。只要人心不放，即不失、不丢弃，就会有人与人、人与天、内与外的和谐统一。

基于个人自由的西方理性精神把"他者"和"在者"全部纳入逻辑的范畴之中，这是否会丢失了某些最重要的东西？与他人共在、与宇宙交流的存在感，无法用范畴概括，在范畴边缘跃动的生命感受，是否只能用某种"情思"来沟通和理解呢？东方思想的心性之思、仁爱之思、慈悲之思等，有可能启明西方哲学的思的视界。但按照海德格尔的看法这需要耐心地等待。

（原载《社会科学战线》2003年第5期）

生存论的态度与本体论的理解

任何真正的哲学或形而上学思考，总是难免陷入无底的深渊之中，它要为一切理论思考提供前提和基础，而自身却难以确定一个不可置疑的基础和前提。本体论或形而上学曾是西方哲学的第一哲学，这种作为最高原理和原因的学说力求为其他部门哲学和全部人类文化奠定基础，但它先后受到康德认识论反思的批判，马克思实践观点的颠倒，胡塞尔晚年"生活世界"概念的超越，海德格尔生存论作为"基础本体论"优先地位的颠覆，六七十年代以来，更受到后现代主义哲学的摧毁和解构。上述本体论批判的思路各不相同，但却表明任何形态的哲学本体论都不是无须前提的自明性真理，哲学本体论仍有超越的外在前提。

在《存在与时间》这部巨著中，海德格尔详细论证了生存论作为"基础本体论"的优先地位，从而为哲学本体论的理解开拓了一个新的视界。海德格尔晚年的存在论思路发生了转变，他强调人的历史性的此在向存在的归属，自然、大地乃至语言中的本真的存在经验被视为人的此在栖居、安居的场所，"在场"的存在虽然也需要人的到场才能显现、澄明，但存在较之人却更为原始和根本。但在海德格尔的后期著作中，生存论的视界并未消失，人的历史性此在的生存论状态始终保持在他的视野中，甚至可以说，他对本真的、原始存在经验的吁求，其目标仍是要唤起人们生存态度的根本转变。在生存论的视界中重新思考和理解本体论的演变，特别是从人的生存态度与人对自然态度的关联中揭示本体论的前提，这实际就是关于本体的解释学思考。

一　纯粹理论生活的态度与知识本体

海德格尔在《形而上学导论》一书中，通过词源学的追寻回到了他所说的希腊哲学的伟大开端，考察了希腊哲学的"存在"如何演变为柏拉图的"理念"，与"存在"相属的"逻各斯"如何变成了思维的"逻辑"，属于"存在"的"思"如何变成了脱离"存在"而又规定"存在"的范畴作用，等等。按照海德格尔的看法，西方哲学思想的演变，就是西方乃至人类的历史命运，这些词义的转变是最平静而又最惊心动魄的历史事件。海德格尔的词源学的探求不管是否具有语言学的充分根据，但他毕竟开拓了一条理解西方哲学的思想道路，伽达默尔认为这是黑格尔哲学之后消解实体本体论的一条道路。[①] 但在我们看来，按照海德格尔开创的生存论视界，希腊哲学思想的演变可以作出更为简单明了的解释和说明。

希腊思想和哲学的出现既是平常又是反常的事情，说它平常，是因为按照今天的文化史常识我们知道，在古代中国、古代印度等地也都几乎同时出现了哲学思想的开端；说它反常，是因为苏格拉底之后的希腊哲学确实具有独特的精神气质，希腊哲学的理性精神对西方乃至人类的历史命运发生了重大的影响。所以问题在于希腊哲学的独特的精神气质和理论形态其根源何在？按照我们极其贫乏的希腊史知识尚不能确切断言是希腊城邦的政治经济制度造就了希腊精神，是城邦制度基础上形成的纯粹理论生活的态度和理想成就了希腊的系统的理论形态的形而上学或本体论，这肯定是探索希腊哲学奥秘的一条思想道路。

亚里士多德在《形而上学》中说："古今来人们开始哲理探索，都应起于对自然事物的惊异；……他们探索哲理只是想摆脱出愚蠢，显然，他们为求知而从事学术，并无任何实用的目的。这个事由事实为之证明：这类学术研究的开始，都在人的必需品以及使人快乐安适的种种事物都获得了以后。这样，显然，我们不为任何其他利益寻找智慧；只为人本自由，为自己的生存而生存，所以我们以取哲学为惟一的自由学术而深加探索，

---

① ［德］伽达默尔：《摧毁与解构》，孙周兴译，《哲学译丛》1991年第5期。

这正是为学术自身而成立的惟一学术。"① 在这段颇有些历史唯物论意味的哲学起源和性质的论述中，明确地指出了哲学的物质生活前提，只有在人们的基本物质生活需要得到满足的基础上才能有纯粹理论兴趣的哲理探索。显然，古希腊的奴隶制度为哲学提供了物质生活的前提。问题并未到此为止。我们知道，在古代社会的各民族中都先后出现了脑力劳动和体力劳动的分离，为什么偏偏是在希腊才有童贞的对自然事物的惊异或惊讶，才有人本自由和为自己的生存而生存的生命领会，才有为学术而学术的自由学术？

纯粹理论生活的态度和理想不仅有物质生活的前提，也需要特定的政治制度的前提。叶秀山先生在分析希腊哲学起源时指出："不是一般的奴隶制度，恰恰正是古代希腊（雅典）的奴隶主民主制，提供了早期希腊哲学思想的产生、繁荣和发展的社会条件"，因为哲学的发展和繁荣需要自由讨论、辩论，而希腊城邦民主制度为各个学派提供了相对比较自由的论辩环境。② 法国古希腊研究专家韦尔南在《希腊思想的起源》中深入探索了城邦民主制度与哲学思想内容的密切关联："在哲学的黎明时期，正是这样一种受'法律面前人人平等'的原则调节的社会宇宙的图景，被伊奥尼亚的自然哲学家们投射到了自然宇宙上。……伊奥尼亚的自然哲学家们建立的新的世界模式，从其几何框架来看，是与城邦特有的制度形式和思想结构密切相关的。"③ 这是一种近取诸身、远取诸物的外推式思维方式，有了对自身的自由理解，有了对人与人社会关系、政治关系的平等原则和秩序的理解，才有了对自然宇宙程序的规律性理解，才有了包容自然、社会和人生的普遍理性精神，也才能有纯粹理论生活的态度和理想。

按照上述对希腊哲学起源的理解，应该说是种种历史机缘造就了希腊精神。奴隶劳动为哲学家提供了必需的生活资料，城邦民主制度为哲学家创造了自由论辩和思想的空间，促发了哲学家人本自由的生存领会，民主制度的规则和秩序被外推到对自然宇宙的规律性理解，一种以学术为生存目的的人生态度成为可能。至少从苏格拉底以后，"知识和生命彼此的绝

---

① ［古希腊］亚里士多德：《形而上学》，吴寿彭译，商务印书馆1981年版，第5页。
② 叶秀山：《前苏格拉底哲学研究》，生活·读书·新知三联书店1982年版，第3页。
③ ［法］让-皮埃尔·韦尔南：《希腊思想的起源》，秦海鹰译，生活·读书·新知三联书店1996年版，第5页。

对统一"似乎就成为希腊哲学家的原则。生命的意义即在于获得知识，知识是生命存在的理由。为学术而学术的无限理性追求不可避免地把哲学导向对终极原理和原因的探求，形而上学或第一哲学的产生就是必然的。

没有任何实用目的的哲理探求，是纯粹理论生活的存在方式，这种存在方式基于哲学家对人的自由本性和理性本质的自觉。柏拉图和亚里士多德都把人的理性看作是区别于动物性而接近于神性的存在要素，也都把理性的成就看作是使人获得不朽和永恒的惟一道路，因而理性既具有存在论意义，也具有生存论意义。但这两位希腊哲学的完成者并未从根本上脱离希腊哲学的本质精神即对自然的惊异和好奇，他们并未像西方近代哲学那样自觉地确立主体性原则和唯心主义原则。柏拉图虽然把"存在"确定为"理念"，但"理念"仍是超越意识的客观存在，而不是内在意识的理性本质；亚里士多德虽然创立了两千多年难以超越的逻辑科学，但逻辑规律、思维规律并不具有规定存在规律的意义，把握存在本质的范畴仍是描述存在而非规定存在。海德格尔所说的"思"从"存在"的脱离进而"思"的规定成为"存在"规定的哲学演变，在希腊哲学中只是有了萌芽尚未真正完成。根本原因在于希腊哲学保持着纯粹理论生活的态度，至于实践的智慧亚里士多德把它明确地从理论理性中划分出去。概括地说，希腊哲学的本体论是纯粹的知识本体论，而无实践的维度。

用现代哲学的眼光看柏拉图、亚里士多德的知识学本体论，它即犯了实体本体论和形而上学的错误。原因在于，超越经验界限的本体无法获得经验的直观，因而也无法用经验检验其真理性。其次，超越经验的本体既然不是经验知识的对象，它也就不能是类似经验对象的实体。所以，按照现代的知识概念知识本体论就是自相矛盾的说法。这就是人们批判柏拉图以来两千多年实体本体论和拒斥形而上学的主要理由。但是，我们的知识概念已是经验知识、实证知识乃至可操作性知识，它与亚里士多德所说仅是为了满足好奇心的纯粹理论知识具有了不同的意义。基于纯粹理论生活态度的哲理探索，仅仅是为了探索性地解释宇宙和自然之谜，它所给出的解释空间远远超出了我们今天划定的知识领域。因而知识学本体论对世界最高原理和原因的回答具有作为纯粹理论知识的合法性和必然性。问题显然在于，要理解古希腊哲学的本体论，就要进入到古希腊哲学家的理论视野，其前提是要进入他们的生存论状态和结构之中，接受他们的生存论态度。

二 功利主义的态度和价值本体

海德格尔认为，笛卡儿作为近代哲学之父确立了主体性原则，从而也确立了以思维规定、宰治存在的方向；德国唯心主义则把思维、理性的规定化作存在的规定，确立了近代哲学的唯心主义原则。但仅从词义的演变和思想的历程难以充分解释人的历史性此在的转变，问题还在于生存论状态和生存论态度变化的物质前提和超越内在意识的种种条件。

马克思的唯物史观作为历史解释学有着令人信服的解释能力，导致上述哲学转变的根本原因即是科学的技术化，亦即科学通过技术在生产中的使用。培根的名言"知识就是力量"更为清晰地表达了近代时代精神和人们生存论结构的本质变化。随着知识在生产中的使用，希腊哲学的纯粹理论知识或者转化为技术知识、工具性知识而成为生产的要素，或者因其形而上学的性质无法实现技术性的转化而不具有知识的意义。随着纯粹理论知识日趋消亡，纯粹理论生活的态度也逐渐退出西方的记忆。虽然在德国古典哲学中仍有理论理性和实践理性的区分，但康德的纯粹理性批判的目标是为可以转化为技术知识的自然科学提供认识论的合法性证明，而把超验的形而上学驱逐出知识的视野。黑格尔精神辩证法的宏伟叙事，以思维和存在具体同一的逻辑运动叙述了自由这个最高原则的历程，也最彻底地把逻辑范畴规定为存在的本质，从而也把自由的思维确立为实践的最高原则。总之，近代哲学的根本转变是实践理性（伦理实践、技术性的生产实践）替代了纯粹理论理性的优先地位，一种功利主义的生存论态度替代了纯粹理论生活的态度，海德格尔所说人与自然相互"逼索"的态势已经形成。

如前文所述，亚里士多德即已指出基本物质生活需要较之于探求知识需要的优先性。因此，纯粹理论生活的态度不能成为普遍的现实的生活原则，它只能是少数人的生活理想。但是判定哲学价值的尺度不是现实的统计学的量的标准，因为哲学显示着人类精神可能达到的深度和广度。海德格尔认为，这种精神的深度和广度从根本上决定了民族乃至人类的历史命运。从而我们可以理解海德格尔哲学中傲慢的精神贵族态度的理论根据。

作为世界各民族的现实生活原则的物质利益原则有着自然的基础，它是无须申明的原则。但在近代哲学的理论自觉中，个人主义、利己主义、功利主义等却一再得到系统地理论论证，以致后现代主义哲学家们将其称为"利益最大化的元叙事"。抛开种种本文和意识形态的障蔽，直接面向生活本身，我们不得不承认近代西方的现代化过程的主导原则就是利益最大化的原则。古希腊纯粹理论生活的理想因为其纯粹、高贵甚至具有神性而久已被人遗忘。

以主体的姿态、利益的原则面向自然、社会和世界，也就是以功利主义的态度面向世界，这首先使理性的对象发生了变化。古希腊哲学的知识论立场已经使事物和存在成为对象，海德格尔认为这已造成了人对存在的脱离。但以纯粹理论的态度面向事物和存在，后者作为对象是人理解、渴望认知的对象，这种态度还保留着人的爱智的热情以及与存在相亲相属的原始性统一。自然和世界是以自身之谜诱惑理性进入的主体，人以爱智的热情投入其中，自由的理性之思与自在的存在并未出现根本的分裂。但事物和存在如果不仅是思的对象，而且是价值或利益的对象，事物或存在就转化为属人的、以人的利益尺度计算、谋划的对象，对象的意义就是为人所用的价值，人给予对象的思维规定同时也就是价值规定，"存在成了价值。"[①] 所以，近代哲学的本体论实质就是价值本体，也就是使整个世界资源化、价值化的世界观。

海德格尔曾以轻蔑的语气提到各种价值理论，原因在于各种价值理论都奠基于人对存在的脱离，对事物和存在的功利主义态度，不仅使理性成为工具理性、技术理性，人以这种理性逼迫对象现出自身的可利用性价值。同时人自身的需要，热情和智慧也被对象的价值可能性所逼迫，作为价值尺度的人也被纳入价值增殖、价值或利益最大化的逻辑中。这就是海德格尔用"座架"这个词所表现的人与世界的"态势"。包括海德格尔在内的哲学家更多是从思维和理性的演变理解西方文明的动力，黑格尔就曾批判知性思维所造成的人与自然的僵死的对立，从思辨的思维看来，知性思维的主观性、僵死性、有限性，必然造成独断论

---

① [德] 海德格尔：《海德格尔选集》下卷，孙周兴编，上海三联书店1996年版，第810页。

的形而上学，亦即是以某种抽象的知性概念所指示的抽象实体作为世界的最终根据。这个抽象实体本质上是思维的抽象规定，它无法实现人与自然的和解或统一。海德格尔也从思维对存在的脱离进而以思维规定存在的思的历程理解人的历史此在的变化。但在我们看来，利益比一切思想更为根本地规定了人的在世状态，生存论的态度是一切哲学本体论的重要前提。从功利主义和知性思维的相互关系来说，前者具有更为根本的意义。从较为严格的意义上说，功利主义是人类利益最大化的主张，所谓大多数人的最大幸福是一切伦理实践和社会实践的最高原则。抛开近些年来罗尔斯等人对功利主义的质疑不谈，仅从功利主义与思维方式的关联说，它也是必须予以批判的哲学原则。在我们看来，功利主义所坚持的利益原则尽管超越了个人乃至社会集团的私利，但即使是以人类利益的名义去面对事物和存在，也不可避免地造成思维的重大偏差。简单说，利益的视野只能看到事物和存在对于人的利益，也就是只能理性地计算事物中可谋得的利益或价值，而事物自身的丰富的存在含义必然被遮蔽起来。为了在事物和存在中获取价值，事物和存在被有限的功利目的肢解开来，有限的事物又被抽象为可理性计算的属性和规定，又由于随着科学技术进入到事物的复杂结构和属性之中，事物价值的发现和利用必须经过复杂的思维推理，从而必须设定某些不变的理念和前提以及永真的推理程序等。这样，哲学家们所说的知性思维的主观性、僵死性、隔绝性、抽象性等成为它的必然的特征，功利主义的生存论态度决定了知性思维方式的本质特点。反之，知性思维方式或工具理性、技术理性也不断助长和强化功利主义的人生态度。

从生存论态度的视野去透视近代以来西方哲学的本体论，可以使我们对多样性的哲学本文形成新的理解。在我们看来，美国哲学家奎因提出的"本体论承诺"倒是说出了控方哲学本体论的实质。不是事实上何物存在，而是我们说何物存在。每一种话语方式都蕴含着某种本体的承诺，这承诺虽然不是主观任意的，而是具有逻辑必然性的，但每一种说话方式作为一种生活方式，其所承诺的本体都具有方便、实用的意义。奎因的新实用主义说出了近代以来西方哲学本体论作为价值本体的实质。

三 自然主义的态度与存在经验

按照海德格尔的看法，哲学是西方或欧洲人特有的东西，哲学就只是西方哲学，它是在希腊思想的伟大开端完结之时走出的一条思想道路，随着自然科学技术的兴起，哲学在此形态中得到完成从而终结了。但是，欧洲人同其他未曾有过哲学的民族一样，仍然面临"思的任务"。海德格尔对哲学的特殊限定大致是指柏拉图到黑格尔的哲学理论形态，其突出特征是把存在转变为理念，把存在变成由思想规定的范畴体系。而这也正是我们上文所分析的知识本体论、价值本体论的实质。因此，超越西方哲学本体论的理论形态，就不仅需要生存论态度的根本转变，而且需要思想的"跳跃"、视界的转移，乃至语言和说话方式的彻底转变。海德格尔多次讲到这需要耐心地等待。

如果说纯粹理论的生活态度还只是把事物和存在作为理解和思想规定的对象，那么，功利主义的态度已把事物和存在作为操作和控制的对象。我们强调了二者的本质区分，海德格尔则认为从思想规定到技术统治是必然的进程。我们认为纯粹理论的态度有助于矫正技术统治的弊病，海德格尔则认为前者正是后者的病根。所以，问题聚焦于如何超越功利主义的态度和技术理性的统治。胡塞尔和海德格尔可能是 20 世纪两位最深邃的思想家，他们都认为源于希腊的西方哲学是欧洲文明的实质，也都认为欧洲文明的模式正在征服世界。所以，包括我们在内的非欧洲人在席卷全球的现代化潮流中何以自处？我们应该顺应或是抗拒普遍的希腊理性精神？这些都是不能回避的现实问题。我在本文中对纯粹理论生活态度和希腊理性精神的认同和向往，难道是我们独特的生存论状态所给予的吗？不管怎样，从世界历史的大尺度说，海德格尔所说的控制论的思维方式终究是要被超越的，我们也需要追随他去思考这种可能性。

超越极治主义、功利主义和控制论的思维方式，也就是要超越"人类中心主义"，这是可能的吗？因为任何"主义"都是人的主张，都是人的自觉意识，或者说都是"属人"的主义，它如何能摆脱人这个中心呢？即便我们勉强使用"自然主义"的术语以标志以自然为中心的存在经验，它仍是人的意识和经验，严格的语义分析可能认为这也是一个自相悖谬的说法。幸好人的意识原本就具有超越自身的性质，在日常生活中我们本能地认定物在我们之外的实在性，所以，我们吃食物，喝饮料，而不是吃感觉，喝感觉。外部世界的客观实在性这种朴素的实在论信念，永远是唯我主义哲学不能克服的自然障碍。自然意识的超越性使我们有可能朴素地思考人在世界中的位置，也使自然主义的存在经验成为可能。

海德格尔在对"在"的词源学考察中，揭示出这个词指示的"在场""显现"等原始经验，他也强调理解存在问题时需要唤起的"朴素经验"。所以要使用存在"经验"的说法，一是强调它的初始性、本源性；二是要避免根深蒂固的西方哲学思维的理解前提对它的曲解，避免思想脱离存在并对存在加以规定的思维定势。这实质要求的是内在意识向意识中展现的存在的归属和"聚集"，是视界的转移，是脱离西方哲学思维方式的"跳跃"，是存在论视界的思。思而非对象之思，思而超出主体视域，直落到存在本身，在思中存在自身直接涌现而澄明，这是我们久已遗忘的思的经验。正是因为久已遗忘，它才显得陌生甚至有些神秘。听起来这种思之经验有些像梦中之思，没有了主体视界的思维规定和价值导向，思想必然飘忽不定，像梦游一般。但海德格尔认为存在自身的"在场"，存在自身的"逻各斯"（"采集"），将显现出真正的"澄明"之境，这是最透彻无蔽的真理之境。归属于存在的思之经验，并非取消主体和思的能动性，因为只有"思"才有"在"，思维和存在都归属于某种更为根本的共属一体性。①

海德格尔所说的这种思之经验，不同于自然态度思维的朴素实在论。在日常生活中，我们本能地认定外部世界的实在性，但这种超越的意识可能已受到西方哲学视界的规定，我们从外在的事物中看到的仍是事物的思想规定和价值规定。这种思的经验也不同于黑格尔的"思想客观性"，在黑格尔哲学中思维和存在同一的命题，恰是西方哲学的完成，即以思维规定存在的彻底的理念论形式。所以，要接近这种思之经验只能借助处于"思"的另一端的"诗的经验"。但在我们看来，这种思的跳跃和视界的转换，从根本上说仍需生存论态度的根本转变。

---

① ［德］海德格尔：《海德格尔选集》下卷，孙周兴译，上海三联书店1996年版，第810页。

纯粹理论的生活态度与诗的审美态度所以能较少遮蔽，其共同之处在于这种态度都是无功利的、无实用目的的视界的展开。在此视界中，事物与存在或者是审美经验中直观、鉴赏的对象，或者是理智经验中理解、探索的对象，而无实践的意志施之于对象。所以，事物和存在能够相对自如地展开。在经济理性、技术理性的视域中，一切对象都被赋予了价值的意义。人作为价值主体给予对象以价值，成本—报酬的理性计算，利益最大化的实践取向，使对象真正在属人的意义上得以存在，在经济合理性、技术合理性的计算中存在。事物和存在自身存在、自身显现的存在论视域已被彻底关闭，或者说是视而不见。

为克服功利主义态度形成的狭隘视野，我们也不妨像海德格尔那样听听中国语言的召唤。我国的一句成语叫"暴殄天物"，意思是挥霍浪费，糟践东西。但物品或某种生活资料何以叫做"天物"？它不是生产劳动所创造的使用价值吗？正是在这里我们看到了近代主体性的狂妄或佞妄。我们已经忘记了最基本的生活事实，劳动只能改变自然物质的形态，却不能凭空创造任何价值，没有自然的给予，没有自在的价值，劳动不会有任何成就。我们也忘记了古典经济学的格言：土地是财富之父，劳动是财富之母。所以，任何使用物品都是"天物"，自然或上天赐予之物，因而需要珍惜。应该珍惜到何种程度？还有一句有些贬义的成语叫"敝帚自珍"，一个磨损、破旧、难以再用的破笤帚主人仍舍不得弃掉，其使用价值已所存无几，其价值可能已呈负值，为什么他被主人珍惜？也许主人知道，它是"天物"，一年的雨露风霜，大地的供养，才长成做笤帚的高粱，又经劳作，才制成此物。其来不易，因而需要珍惜。或者主人长期使用它清扫居室，赶走鸡鸭，偶尔还用它打过儿子的屁股。此物铭记着主人的生存印记，它已有了些"文物"的价值。以这种朴素的生活经验去理解理性视野中的价值世界，我们通过"天物"、自在价值的领会走到了这个视界的边缘，如果再经一跳，也许就会进入自然主义态度中的存在经验。

然而在这个经济主义、消费主义的时代，即如上文的生存态度也被视作吝啬、小气，它也极不合乎时宜。跳向存在的视域，归属存在的思的经验必定更为遥远，所以海德格尔说要忍耐，要等待。所以需要等待不仅是西方哲学或思的迷误、耽搁，而且可能是人性使然。不然，为什么非西方哲学的历史民族或历史此在也都如此顺畅地接受了"利益最大化的元叙事"？这不能简单委之于哲学的命运。看来马克思的历史洞察力更为质朴而深邃，他在《1844年经济学哲学手稿》中提出彻底的自然主义与彻底的人道主义统一的理想，也就是他后来科学论证的共产主义理想。按照马克思的看法，不仅要在"人的必需品以及使人快乐安适的种种事物获得了以后"，而且要在平等、公正的社会关系获得了以后，劳动成为与哲理探索一样的自由活动，人以自由、游戏的态度参与自然的造化和运作，彻底的自然主义视域和存在经验才能开展出来，而这同时也就是彻底的人道主义。

（原载《社会科学战线》2001年第2期）

形而上学的转向：论海德格尔"思想的移居"

海德格尔在《哲学的终结和思的任务》一文的最后提出，"思的任务就应该是：放弃以往的思想，而去规定思的事情。"① 在其晚年讨论班中再次强调了他全新哲学的目标和使命，即"思想的移居"。他甚至不再使用哲学这一称谓，也不满意思维方式变革的说法，因为即使在柏拉图主义的视域中也有思维方式的变化，如康德的"哥白尼式的革命"（认识论的转向）、马克思对黑格尔唯心辩证法的"颠倒"等。然而对海德格尔来说，那仍然是在主体形而上学的视域中运思，而真正的"思想的移居"是在哲学终结之后，思想任务的重新确立，也是新的思想方向和视轨的开启。思想的移居是从柏拉图主义用思想规定存在进而控制、宰制存在的居所，转移到让思想倾听存在，回应存在的召唤进而归属存在的居所，亦即从主体形而上学的人的平面转到思之澄明的存在的平面。这是形而上学或形上思想的根本转向。

一 思之澄明的存在

按照传统的思维习惯，思想即是判断，判断就是规定，思维规定就是要给混沌的现象世界建立规则和秩序，才能有人的行为的规则和效率。如果舍弃这个思想的居所或家园，我们还能获得有意义的思想吗？即便是在传统西方哲学纯粹的形而上学致思中，也不可能离开判断和规定。柏拉图理念论的提出以及他对于此岸世界和彼岸世界的区分能离开判断和规定吗？亚里士多德对实体的界定、对时间的定义能离开判断和规定吗？更不

---

① ［德］海德格尔：《面向思的事情》，陈小文等译，商务印书馆1999年版，第89页。

必说，近代哲学把知识理解为对命题关系的判断，抑或是让内容自身运动的黑格尔的概念辩证法——离开判断和规定，概念何以可能？甚至是激烈反对主体形而上学、反对基础主义的所谓后现代哲学家，如德勒兹，其致思也是基于判断和规定，"从混沌到大脑"，归根到底还是要给混沌的现象世界建立规则和秩序。离开判断和规定或者说直观和逻辑推演，思想思什么，如何思？海德格尔却不这么认为，他将我们从主体形而上学的人的平面，拉到思之澄明的存在的平面。伴随着精神的没落，人被抛入技术座架的催逼之中。海德格尔把技术的本质称为"技术座架"。"座架的作用就在于：人被坐落在此，被一股力量安排着、要求着，这股力量是在技术的本质中显示出来的而又是人自己所不能控制的力量"①。人被连根拔起，"无家可归变成了一种世界命运"②。至此，技术已不再是人类实现目的的工具，它自身开始提出要求、发号施令，它不仅摆布着自然，更控制着人。自然、人以及人的生产都被技术架构起来，失去了自由和一切其他的可能。所以我们才能理解为何海德格尔辩解说，现代科学技术的滥用才是理性的疯狂，遗忘了存在意义的主体形而上学才是真正的虚无主义。以致他诘问道，"这难道不是全然虚幻的神秘玄想，甚或糟糕的神话吗？难道归根到底不是一种颓败的非理性主义，一种对理性的否定吗？"③ 对于海德格尔来说，"欧洲科学的危机"实则是西方精神的危机，而精神"既不是空空如也的机智，也不是无拘无束的诙谐，又不是无穷无尽的知性剖析，更不是什么世界精神。精神是向着在的本质的、原始地定调了的、有所知的决断。"④ 究其根本，精神的失落，技术座架对人的统治威胁，皆源自对存在的遗忘。如何应对虚无主义，找回人类生存的"根基"？海德格尔指出其基本路向在于"对在者整体本身的追问，对在的问题的追问，就是唤醒精神的本质性的基本条件之一，因而也是历史性的此在的源初世界得以成立、因而也是防止导致世界沉沦的危险，因而也是承担处于西方

---

① [德]海德格尔：《只还有一个上帝能救渡我们》，《熊译海德格尔》，王炜编，同济大学出版社2004年版，第285页。
② [德]海德格尔：《论人道主义》，《熊译海德格尔》，王炜编，同济大学出版社2004年版，第223页。
③ [德]海德格尔：《面向思的事情》，陈小文等译，商务印书馆1999年版，第87页。
④ [德]海德格尔：《形而上学导论》，熊伟、王庆节译，商务印书馆1996年版，第49页。

中心的我们这个民族的历史使命的本质性的基本条件之一。"[①] 对于海德格尔来说，倾听存在的召唤，让存在自身显现、绽放和持存，我们的存在之思才能进入疏明之境。海德格尔基于自己的"词源学"考据，认为逻各斯不是逻辑规定，而是"采集"；理论不是行动的规划而是凝视和盘桓；思想不是寻找本原和概念，而是询问的接纳。借此，海德格尔想改变传统西方哲学的那种规定、操控进而宰制的致思向度，以一种近乎"诗"的"思"来实现对存在的守护和澄明。他认为，原始的诗的命名即是存在的绽放着的持存，所以这个在存在平面上的思想比柏拉图主义的思想更实在、充盈、生动，因为它扎根于存在，因而面向事情本身。而以存在之思在世的此在是领会了存在意义的在者——他诗意地栖居在大地上。从宏观上分析海德格尔的哲学思想，可见他终生致力于追思存在。从一定意义上说，"思想的移居"正是思想从在者移到在本身，去思在本身。思本身成为追问，进而守护那个巴门尼德所劝谕的"无蔽之不动心脏"，这或许才是海德格尔心目中的纯粹思想。海德格尔力图在形而上学开端处的背后发问，试图实现思的惊人的"一跃"。为了实现这一跳跃，海德格尔早期试图建立基础本体论，而后期则寄希望于诗和语言，甚至还曾一度把目光转向古老的东方思想。海德格尔一以贯之的是求助于此在的生存领会，只有在人的平面上改变人们的生存领会，才能真正进入存在的平面，并让思想归属于存在。归属于存在的思想是回应存在召唤的思想，是"应合"来自存在之本质要求的思想，它让源于存在、出自于存在的物或事情本身显现、持存，守护着它的无蔽的真理。这种超越主客对立和理性形而上学的思的可能性，是海德格尔希望走出技术座架的田间小路，是使人类得以拯救的思想道路。

二 中国古老传统的觉醒

在海德格尔看来，思想移居的困难是不言而喻的。他常说要心怀感激地等待古老东方思想的到来。他对古老东方思想赋予较大期望："是不是有朝一日一种'思想'的一些古老传统将在俄国和中国醒来，帮助人能

---

① [德] 海德格尔：《形而上学导论》，熊伟、王庆节译，商务印书馆1996年版，第50页。

够对技术世界有一种自由的关系呢？我们之中有谁竟可对此作出断言吗？"[①] 海德格尔期待的在中国觉醒的古老传统思想为何物，它的觉醒会给我们带来哪些冲击，这都值得我们反思和分析。

　　首先我们想到的是中国的象形文字对思想移居的意义。德里达在他的书写本体论的视域中也关注中国象形文字的意味。各民族的超越的或抽象的观念都有赖于书写和文字，没有书面语言的"踪迹"就没有形上观念的感性存在，而中国汉字的象形特征使其存留的形上思想具有更生动的在场印象。同样作为语言符号，它不似西方字母语言的从一开始就内蕴着的那种逻辑规定性，它不是一种规定性的组合，而是对事物的直接呈现。这样的生动在场特性不仅仅反映在单个的汉字上，也决定了汉语的整个表达与言说。它仿佛真的就是海德格尔说的"大地的言说"，是一种存在论的语言。如后人赞扬苏轼《后赤壁赋》中"山高月小，水落石出"的话是"天然句法"。这种句法真的有如大自然在说话：山高了月自然小，水落了石自然出，自然而然，得天地灵气，应了王国维所说的"无我之境"。以这样的语言领会和存在领会我们可能接近了思想移居的境界。这样的语词是大地的赠予，或者说是我们语言的赠予，但究其实，还是作为诗人的苏轼的赠予——对于海德格尔来说，"诗人甚至能够达到这样一个地步，即：他必得把他在语言上取得的经验特别地亦即诗意的带向语言而表达出来。"[②] 如果按照海德格尔的说法，这样的一种言说就是面向事情本身的言说。面向事情本身对海德格尔来说，不是胡塞尔式的悬置前见的先验的意向性构造，而是让存在自身显现，是倾听、是澄明。以海德格尔的视域来看，"山高月小，水落石出"，正是存在的自身呈现，作为此在的诗人苏轼只是随同自然、大地，见证大地，把言词带向语言，而语言通过诗人进行道说。这是否意味着，我们古老的诗性的语言是海德格尔所期待醒来的传统？再者，唐人李绅有首脍炙人口的悯农诗《锄禾》："锄禾日当午，汗滴禾下土。谁知盘中餐，粒粒皆辛苦。"如果我们换一个角度，不从悯农的立意出发，而是以这首诗直面"盘中餐"，是不是也正合海德格尔

---

　　① ［德］海德格尔：《海德格尔选集》上卷，孙周兴编，上海三联书店1996年版，第1312页。

　　② ［德］海德格尔：《在通向语言的途中》，孙周兴译，商务印书馆2005年版，第149页。

"天地人神"这番感悟之意呢？农人依天时，就地利，付出自己的辛勤劳作，加上农神的佑护，这才有了丰收的喜悦，才有了这盘中之餐。在这个过程中，农人从来不是生产过程的主导者，而是守护大地、敬畏天神、辛勤劳作，这才有了这因缘际会的盘中餐，这与我们今天竭泽而渔式的"催逼"、对自然的巧取豪夺形成鲜明对比。我们今天眼中的食物更多的是商品、消费品，是我们购买到的应得之物，自然也不过是科学技术予以筹划、处置的对象。1946年夏天，海德格尔曾和中国学者萧师毅合作，试图把《老子》译成德文，最后不了了之，其间原委我们此处不做考察。老子的思想到底在何种程度上影响了海德格尔，我们不得而知，但是我们以海德格尔在20世纪50年代的演讲《物》中对"壶"的解读可以看出一些端倪。"当我们装满壶时，我们发觉这个器皿的容纳作用。显然，是壶底和壶壁承担着容纳作用。但别忙！当我们装满一壶酒时，难道是在把酒注入壶壁和壶底么？当我们灌满壶时，液体就在充灌时流入空的壶中。虚空乃是器皿的有容纳作用的东西。壶的虚空，壶的这种无，乃是壶作为容纳的器皿之所是。"[1] 这段论述充分说明了老子思想对海德格尔的影响——简直是老子在说话。"为什么在者在而无反倒不在？"无之在，无之存在论意义是中国道家思想的核心。海德格尔在西方文化的语境中只能诉诸人们某些特殊情境的感受唤醒这个"所有问题中的首要问题"。"譬如，在某种完全绝望之际，当万物消隐不见，诸义趋暗归无，这个问题就浮现出来了？在某种心花怒放之际，这个问题就来临了，因为这时，所有的一切都变了样，仿佛就像它们是第一次出现在我们周围。这时，仿佛我们更可能把握的是其所不是，而不是其所是及其如何是。在某种荒芜之际，这个问题就来临了。"[2] 海德格尔认为这个首要问题是最广泛、最深刻和最原始的问题，但在中国道家思想中已有广泛、深刻和原始的讨论，"凡真正地谈论无总是不同凡响的，这里没有通俗可言。"[3] 中国道家的不同凡响可能会使海德格尔感到震撼。

中国儒家传统思想作为积极入世的学说，同样保有对自然之道或者说

---

[1] [德] 海德格尔：《海德格尔选集》下卷，孙周兴编，上海三联书店1996年版，第1169页。

[2] [德] 海德格尔：《形而上学导论》，熊伟、王庆节译，商务印书馆1996年版，第3页。

[3] 同上书，第27页。

存在的敬畏和感悟，圣人、君子是源出于存在、扎根于存在的凝重、端的存在。《中庸》开篇就说"天命之谓性，率性之谓道，修道之谓教"，从一开始人之"性"就内孕于"天命"之中，人之为人就在于自我教化从而充分"证成"，或用海德格尔的说法，"守护"并"澄明"自己的"天命"，证成了天命才实现了天道，从而才能"参（赞）天地之化育"，孟子的说法则是"尽性知天"。"天命"的核心为"德性"，或者说"仁"，具体的实现原则是"极高明而道中庸"，《中庸》中把实现路向明确为"修齐治平"。这意味着儒家奉行的实际上是一种"可完成的形而上学"。孔子就说，"仁远乎哉？我欲仁，斯仁至矣。"（《论语·述而》）子夏甚而认为，"贤贤易色；事父母能竭其力；事君，能致其身；与朋友交，言而有信。虽曰未学，吾必谓之学矣。"（《论语·学而》）。儒家的"卫道"或说"成仁"实际上走的是一条不离生活日用的切己体察之路。用海德格尔的说法就是总是基于自己的生存领会，几无玄虚之处。不过，儒家的生存领会立意高绝，几乎没有海德格尔意义上的"烦""畏"与"操持"，而是"天行健，君子以自强不息；地势坤，君子以厚德载物"这样一种取法天地、"自性自行"的生生不息的进取之路。古老的《易经》智慧作为文化的源头，启发了儒家、道家两派深刻的思想。其所传递的是机体论的宇宙观，强调宇宙是内在相互影响、互相关联的有机体，用阴阳两极、八个经卦和六十四个重卦说明世间万物和人生百态，这与早期西方科学所强调的各自独立、可以重组的机械论是决然不同的。这种机体论的宇宙观强调宇宙的变化，强调变化的主动和被动，强调阴阳变化，强调天、地、人的统一。正是这三者的关系让我们充分认识到人类的局限性，提醒我们不要以有限能力与"天道"进行无谓的挣扎，要学会观"天道"而安"人道"。万物有规则，天道有要求。苹果的必然下落，印证了黑格尔"自然是必然的"论断。从这个角度看，《易经》、儒家、道家所传递的"天命"或"天道"是自然规律或超越界法则对人类的自显和呈现，是存在通过人的语言、思想或行为的展现。这些智慧的存在，时刻提醒我们要自省和自觉，鞭策我们要让思想听天道、观天命，从而寻找人生的方向，启发人生的安顿，进而实现孔子所说的"从心所欲不逾矩"。

总体上，从开端处，中国传统儒家就杜绝了从知识论的角度去"认识"天地自然大化，从而造成人与自然的疏离；而是以"人性的德性自觉",力图"返乎"天地,达至天人合一之境界。① 无论是中国传统道家思想,还是儒家思想都较少在人的主体平面上去规定和控制的意向,而是倾向于在思想对存在的根基处,虚灵的思想无遮蔽地向存在敞开,从而没有所谓"遗忘存在",能够始终保持着对"天""天道""天良"的敬畏,这或许正好避免了海德格尔所理解的"虚无主义"。按照我们的看法,中国古老的传统思想甚至可以避免海德格尔思想的偏颇。消除使他亲近纳粹的思想毒素,关键是此在的生命领会的差异。海德格尔在《形而上学导论》中借助索福克勒斯的一首合唱诗,把人或此在定义为"苍劲者""制胜者""强力行事者",它使在开动起来从而在者整体也敞开出来。② 这种对此在的苍劲有力的生命领会,可能是西方文化隐秘的基调。海德格尔和黑格尔都信奉赫拉克利特的名言:"战争是万物之王,它使一些人成为神,使一些人成为人,使一些人成为奴隶,使一些人成为自由人。"如此的强力和战争崇拜,难免与纳粹军国主义有些亲缘。老子讲,"人之生也柔弱,其死也坚强。万物草木之生也柔脆,其死也枯槁。故坚强者死之徒,柔弱者生之徒。"柔弱或柔韧的生命领会,必厌兵凶战危,喜好和平。儒家讲"天行健,君子以自强不息",其意在自我修缮的积极进取,也无制胜和强力行事之意。由于此在的生命领会不同,在的意义的开显和呈现也会不同。追问在的意义必使我们进入马克思的历史的本质的一度中。

三 马克思的批判和超越

海德格尔把思想的移居看作最根本的"决断",他断然舍弃两千多年的西方哲学传统。在海德格尔看来,传统哲学对存在意义的遗忘源自其将事物、对象当作存在者加以认识的思维方式。因而,这种"决断"最重要的启发来自于现象学方法,其首要的意义就在于改变西方2000年形而上学的思维方式。

现象学一个最根本的原则就是"面向事情本身",海德格尔批评黑格

---

① 孙利天、张岩磊:《哲学的人性自觉及其意义》,《长白学刊》2011年第1期。
② [德]海德格尔:《形而上学导论》,熊伟、王庆节译,商务印书馆1996年版,第147—167页。

尔和胡塞尔都没有真正做到这一点。虽然他认为"面向事情本身"最早是由黑格尔提出来的，但是对于黑格尔来说，"哲学之事情是什么，这自始就被认为是确定了的。作为形而上学的哲学之事情乃是存在者之存在，乃是以实体性和主体性为形态的存在者之在场状态。"① 后来胡塞尔重又提"面向事情本事"。胡塞尔致力于使哲学成为一门严密和可靠的科学从而挽救哲学，他反对心理主义试图以先验还原的现象学方法，"悬置"前见、中止判断，从而面向直接呈现的纯粹现象或严格的本质。但是胡塞尔的所谓"意向性构造"的纯粹现象或严格本质，对于海德格尔来说仍然是先验主体的构造物，胡塞尔并没有摆脱掉自笛卡尔和康德以来的主观唯心主义所必然遭遇的心理主义困境。所以对于海德格尔来说，虽然黑格尔和胡塞尔面向事情本身的方法大相径庭，但他们的事情本身是同一东西，"从黑格尔和胡塞尔的观点——而且不光是他们的观点——来看，哲学之事情就是主体性。"② 所以黑格尔和胡塞尔仍然在说着柏拉图的话语。那么在海德格尔看来，如何才是"面向事情本身"？"从今往后，人出—离地与那是某物自身的东西面对面地相处，而不再通过相对立的表象（按照其定义，表象是一种属于——关于存在着的东西的——影象之再现）"③，即不是通过理性的、逻辑的、计算的"表象"，而是通过此在这一出—离的本质为意向性建立根据。此在出—离地直接面对事物自身，即"思"。从意识转向此在，让此在回应存在的召唤，正是海德格尔意义上的"移居"。海德格尔试图通过思考这样一种非对象性的"思"来转向一种新的思想可能性。

在批判和颠倒西方传统哲学，开创新的思想道路上，海德格尔与马克思相遇了。我们知道，黑格尔以其无所不包的哲学体系在一定意义上完成了形而上学，而马克思实现了对黑格尔唯心主义辩证法体系的颠倒。海德格尔承认这一点，"马克思以他的方式颠倒了黑格尔的观念论，这样他就

---

① ［德］海德格尔：《面向思的事情》，陈小文等译，商务印书馆1999年版，第76页。
② 同上书，第78页。
③ ［法］F. 费迪耶等辑录：《晚期海德格尔的三天讨论班纪要》，丁耕摘译，《哲学译丛》2001年第3期。

要求给予存在先于意识的优先地位。"① 他高度评价了马克思,"因为马克思在体会到异化的时候深入到历史的本质性的一度中去了,所以马克思主义关于历史的观点比其余的历史学优越。但因为胡塞尔没有,据我看来萨特也没有在存在中认识到历史事物的本原性,所以现象学没有、存在主义也没有达到这样的一度中,在此一度中才有可能有资格和马克思主义交谈。"他还说,"但从存在的历史的意义看来,确定不移的是,一种对有世界历史意义的东西的基本经验在共产主义中自行道出来了。"② 海德格尔绝不是马克思主义者,他只是"从存在的历史的意义看",认为马克思说出了资本主义时代此在的历史的本质性,即"劳动的新时代的形而上学的本质","一切存在者都显现为劳动的材料",因此"唯物主义的本质隐藏在技术的本质中"。马克思主义恰恰是时下当令的理论,是推向极致的虚无主义。在晚期讨论班中,海德格尔认为马克思的存在论立足于黑格尔,只是把黑格尔的"生命过程"变为"生产过程"。马克思虽然提出"哲学家们只是用不同的方式解释世界,而问题在于改变世界"③,但对海德格尔来说,马克思改变世界的实践仍然基于某种关于人的理论前见,没有黑格尔,马克思是无法改变世界的。马克思的"理论"仍然只是一种对于存在者的"筹划"或者"强制",仍然脱不开"技术座架",从而无法实现对技术世界有一种自由的关系,因而最终仍无法摆脱"人的自身生产所带来的自身毁灭"的最终结局。

海德格尔的思想的移居缺少马克思现实的和真正历史本质性的维度。首先,思想的移居必须始于生命领会的改变,这只能从人的平面开始,而人的历史性此在,又只能是马克思在生产过程的历史维度中揭示的具体的、社会的存在。拒斥历史唯物主义的思想向度,思想的移居只能是少数人的觉悟和偏好,而不能成为人们普遍的存在方式。其次,海德格尔对马克思的劳动形而上学和技术本质的批判,仅仅看到马克思对资本主义时代本质的表达,而未深思马克思的批判和超越。早在《1844年经济学哲学

---

① [法] F. 费迪耶等辑录:《晚期海德格尔的三天讨论班纪要》,丁耕摘译,《哲学译丛》2001年第3期。
② [德] 海德格尔:《海德格尔选集》上卷,孙周兴编,上海三联书店1996年版,第383—384页。
③《马克思恩格斯选集》第1卷,人民出版社2012年版,第140页。

手稿》中，马克思不仅体会到异化这一历史的本质性一度，而且明确了克服异化、扬弃私有财产的历史目的。"这种共产主义，作为完成了的自然主义＝人道主义，而作为完成的人道主义＝自然主义，它是人和自然界之间、人和人之间的矛盾的真正解决，是存在和本质、对象化和自我确证、自由和必然、个体和类之间的斗争的真正的解决。它是历史之谜的解答"①。只有在扬弃了私有财产的共产主义社会中，海德格尔所寻求的存在的意义才能向所有人显现，此在才能空灵而凝重，自由而有家。海德格尔毕竟只是一位形而上学思想家，有人就称其哲学为"在场形而上学"。阿多尔诺也曾激烈地批评海德格尔的基础本体论，张一兵把阿多尔诺的批评归结为"存在：一个专横的学术暴君"。阿多尔诺认为海德格尔并没有超出胡塞尔，并且海德格尔给出的拯救之路只是一种不切实际的幻想，甚而认为海德格尔哲学只是一种保守的、反动的、怀旧的"不变性学说"②。与之相似，巴迪欧断言，"我们的时代既不是技术的时代（因为技术太过平庸），也不是虚无的时代（因为神圣关联的解体为真之类性敞开了大门）。"③ 海德格尔的技术追问只不过是马克思早已批判的"封建社会主义"的思乡愁绪。在我们看来，海德格尔对"思想移居"的呼唤，其真实意义在于人类文明如何保留几千年农业文明的存在经验和存在感受，使人能在大地上拥有"诗意的栖居"，从而体现其思想移居理论是20世纪人类最重要的哲学思想。但是何以实现此种移居的现实考量则是海德格尔致命的伤疤。非对象性的"思"如何可能？舍弃了思想的具体规定必使理论失去现实的力量，并在现实的艰难抉择中留下难以抹去的历史污点。

（原载《学术研究》2017年第5期）

---

① 马克思：《1844年经济学哲学手稿》，人民出版社2000年版，第81页。
② 张一兵：《存在：一个专横的学术暴君——评阿多尔诺对海德格尔基础本体论的批判》，《开放时代》2000年第11期。
③ ［法］阿兰·巴迪欧：《哲学宣言》，蓝江译，南京大学出版社2014年版，第35页。

我们如何走出人的自身生产带来的自身毁灭的危险

——回答海德格尔对马克思人的学说的评论

晚期海德格尔在讨论班中曾明确断言:"人的自身生产带来了自身毁灭的危险。"① 单就这一孤立的命题而言,并非是新颖的独特的判断。在大众传媒和多种专业语言中关于自然灾难、生态危机、社会风险、人类毁灭等的预言和警告我们已听得很多。我们关注海德格尔的讨论是因为他把这一危险和马克思人的学说联系起来,并且给出了一种虽然简略但有系统的对马克思哲学的批评。我们知道,海德格尔在《关于人道主义的书信》《哲学的终结和思的任务》等文本中都曾简略地提到马克思,我们的印象是他对马克思肯定、褒扬较多,其批评也曲折隐晦、语焉不详,但在晚期讨论班中可以看到海德格尔视野中马克思哲学的概貌,明确海德格尔和马克思哲学的原则区分。

我们必须认真思考:海德格尔正确地理解了马克思吗?海德格尔对马克思哲学的批评有何意义?我们今天应当如何走出人的自身生产带来的自身毁灭的危险?

一 海德格尔对马克思人的学说的评论

我们没有看到《四个讨论班》一书,仅从发表在《哲学译丛》2001年第3期的"晚期海德格尔的三天讨论班纪要"一文中,大致可以看到

---

① [法] F. 费迪耶等辑录:《晚期海德格尔的三天讨论班纪要》,丁耘摘译,《哲学译丛》2001年第3期。

海德格尔对马克思的相当确切的理论想法，相当明确的理论批评。他的批评主要有以下几点：

一是，马克思关于人的理论想法源于形而上学，特别是黑格尔的存在概念。我们知道，海德格尔认为一个哲学家只能提出和解决一个问题，他以毕生的精力解决存在问题。在他的晚期讨论班中他重新模糊了人们通常所说的前期和后期海德格尔思想的界限，《存在与时间》中的"存在领会"的重大意义再次得到强调和凸显。不知海德格尔自己是否意识到，他自己的这种唯一的、根本的哲学问题意识同样源自形而上学，难怪后现代哲学称他的哲学为"在场形而上学"。海德格尔对马克思的批评也是从存在概念开始。他从讨论马克思提出的哲学任务，即"哲学家们只是以不同的方式解释世界，而问题在于改变世界"始，不断追问，直至马克思思想的存在概念基础。他问道，"对世界的每一个改变不都把一种理论前见预设为工具吗？"① "在马克思那里谈到的是哪样一种改变世界呢？是生产关系中的改变。生产在哪里有其地位呢？在实践中。实践是通过什么被规定的呢？通过某种理论，这种理论将生产的概念塑造为对人的（通过他自身的）生产。因此马克思具有一个关于人的理论想法，一个相当确切的想法，这个想法作为基础包含在黑格尔哲学之中。"② "对于马克思来说，存在就是生产过程。这个想法是马克思从形而上学那里，从黑格尔的把生命解释为过程那里接受来的。生产之实践性概念只能立足在一种源于形而上学的存在概念上。"③ 我国学者很难接受海德格尔的上述思路，我们可能会同意他说的马克思生产过程的存在概念受到黑格尔把生命解释为过程的辩证法影响，但我们会强调马克思对黑格尔观念论或唯心论辩证法的颠倒，就如海德格尔所说像马尔库塞那样坚持马克思存在优先于意识的思想，从而在海德格尔那里读出某种马克思式的东西。真正的分歧可能在于马克思的生产过程的概念作为人的自身生产是否具有自然的、自在的、物质性的存在维度。所以，海德格尔对马克思的存在论基础的批评集中在下面一点。

---

① ［法］F. 费迪耶等辑录：《晚期海德格尔的三天讨论班纪要》，丁耘摘译，《哲学译丛》2001 年第 3 期。
② 同上。
③ 同上。

二是，马克思哲学是否放弃了人的优先性？海德格尔在晚期讨论班中概括了自己全部哲学的存在视野及其意义。他解释《存在与时间》中的此在的意思就是"此出—离地在"，在意识之外，贯穿意识的内在性，放弃意识的优先性及其后果——人的优先性，领会到"我们存在于一个其上主要有存在的平面上。"① 海德格尔在讨论班上打开马克思的早期文稿，念了下面的话："所谓彻底就是抓住事情的根本，而人的根本就是人本身。"海德格尔认为，全部马克思主义都以这个论题为依据。他认为"在存在之空明中被理解为此—在，理解为出—离渴求的人与马克思的命题陈述正相对立。"② 简单地说，是存在优先性还是人的优先性，是海德格尔自认为与马克思人的学说的根本分歧。按照我们对马克思人的学说的理解，我们能否从"人的根本就是人本身"的命题得出人的优先性的存在论判断呢？马克思的学说是人类自由解放的学说，在这样的意义上可以说是人的优先性学说。但马克思如海德格尔所指认的那样，把人的自由和解放奠基于生产过程的基础上，把生产关系的改变作为改变世界的主要目标，或者说马克思具体地考察了人类自由解放的物质性的历史条件。这就不仅使实践和生产过程中必然包含的物质的自然的存在要素进入马克思的理论视野，而且使马克思关于人的学说成为历史的唯物主义学说，成为超越意识内在性而达于自然的人道主义学说。进一步思考海德格尔对马克思的评论，我们发现海德格尔对马克思生产过程和人的自身生产的理解缺少马克思本人具有的历史意识和超越意识，海德格尔离开了他曾高度评价的马克思哲学"在体会到异化的时候深入到历史的本质性的一度中"③ 的那一度，即通过异化的扬弃超越生产过程本身，获得人的自由全面发展的新家园。所以，思考海德格尔对马克思的评论又必须推进一步，即马克思对人的理解的历史性维度。

三是，马克思哲学是否是当今之统治思想？在断定"人的根本就是人本身"为全部马克思主义的依据后，海德格尔认为："马克思主义把生

---

① [法] F. 费迪耶等辑录：《晚期海德格尔的三天讨论班纪要》，丁耘摘译，《哲学译丛》2001 年第 3 期。

② 同上。

③ [德] 海德格尔：《关于人道主义的书信》，孙周兴选编《海德格尔选集》，上海三联书店 1994 年版，第 383 页。

产设想为：社会之社会性生产——社会生产其自身——与人作为社会存在体的自身生产。既然马克思主义这么想，它就正是当今之思想，在当今进行统治的就是人的自身生产与社会的自身生产。"① "按照马克思，人，每一个人（他自身就是他自己的根本），正是这种生产以及隶属于生产的消费的人。这就是我们现时代的人。"② 海德格尔对马克思和马克思主义的当代性、现代性的论断，不是对马克思的褒扬，而是对马克思的批判，因为他断言人的自身生产已陷入自身毁灭的危险，而马克思人的自身生产的概念作为当今之统治思想正在推进这种自身毁灭的危险。在海德格尔的评论和批判中，我们会体会到人类思想史和哲学史发展中一个有趣的问题，即后继的思想家对前辈思想家的批评和否定往往是特殊的赞扬形式。其原因可能是后来的思想家或许自认为是独创的思想都有渊源，他必须努力划清与其思想渊源的界限，从而表明自己思想的独创性；或许是他自认为独创性的思想与思想史上已有的某种理论十分接近，他必须精细地标示出自己思想的特质，而这两种情况都包含着曲解前辈思想家的危险。海德格尔对马克思的解读可以作为哲学解释学的案例专门研究。海德格尔看似随意的评论，却是他精心打造自己思想时不能绕过的思想搏斗的记录。马尔库塞并非偶然地在马克思文本中读到海德格尔式的东西，我们也并非随意地在海德格尔文本中读出马克思式的东西。超越资本逻辑的马克思与超越技术"支架"的海德格尔，不可避免地思入超越主观主义形而上学的存在维度和"历史的本质性的一度中"。

二　马克思主义如何理解"人的自身生产"？

海德格尔对马克思哲学的评论绝非随意而为，与其形式上的轻描淡写相反，其思想的深度不容忽视。从他对《关于费尔巴哈的提纲》的评论到《黑格尔法哲学批判导言》中"人的根本就是人本身"的分析以及其他文本中对马克思异化理论的关注等等，表明海德格尔对马克思的学说有

---

① ［法］F. 费迪耶等辑录：《晚期海德格尔的三天讨论班纪要》，丁耘摘译，《哲学译丛》2001 年第 3 期。

② 同上。

过系统深入的理论思考，其中有些见解可能超越了专业的马克思主义研究者，值得我们认真思考和借鉴。仅就他把马克思的存在学说理解为"生产过程"和人本身的自身生产说，也显示出他深邃的理论洞见能力，以至于他的批评也可为我们的马克思主义研究提供强有力的思想刺激。在海德格尔的语境中为马克思辩护，即是把马克思放置在超越海德格尔的思想位置上。

海德格尔断定马克思的存在即生产过程，而生产过程的存在概念源自黑格尔把生命解释为过程的形而上学存在概念上。他似乎认为，尽管马克思颠倒了黑格尔的观念论，即存在优先于意识，生产过程作为社会存在决定了社会意识，但由于生产过程是人的自身生产，人是根本，所以马克思并未超出主观主义形而上学的视域，仍是人的优先性的理论。从海德格尔的存在视域看，只有把此在理解为出—离，贯穿意识的内在性，走出意识之外，并且"通过整个此在守护存在且持之不堕""守护在空明之中"，由此方可实现"思想之居所的革命"，把传统哲学"置于意识之中的东西迁移到另一处"。"从今以后，人出—离地与那是某物自身的东西面对面地相处，而不再通过相对立的表象"来理解某物自身。从海德格尔的存在视域看，把事物理解为过程的辩证法仍是内在于意识的思想，仍未出—离地与事物自身直接面对，他批评黑格尔"并未真正做到面向事情本身"[①]。马克思对黑格尔辩证法的颠倒必然有黑格尔形而上学存在概念的影响，作为感性物质活动的实践和物质生产过程需要黑格尔式的辩证范畴体系加以把握，如马克思《资本论》的范畴体系。以理论的形式把握作为存在的"生产过程"和"人的自身生产"难免使马克思哲学具有"存在论"或"本体论"的理论形态，中外马克思主义研究都有"社会存在本体论"等马克思主义哲学的理解。而在"存在论"或"本体论"的视域中，难以避免把存在概念化、把事物表象化的内在意识的形而上学。

海德格尔对马克思的批评的深刻在于他迫使我们必须澄清马克思思想中最细微难解的精妙之处，即"生产过程""人的自身生产"等概念的非概念式理解，也就是要思入非思想的"那是某物自身的东西"。按照这样

---

① ［德］海德格尔：《哲学的终结和思的任务》，孙周兴选编《海德格尔选集》，上海三联书店1994年版，第1248页。

的思想方式，马克思哲学的"实践""生产过程"等概念具有超越概念的意蕴，它不是指称或表象作为客体对象的外在过程，而是内在于特定物质活动过程的理论言说。也正是在这种物质活动过程中，内在意识、概念或思想的界限才真实地显现出来，"作为那是某物自身的东西"才自行到来。由此，我们似乎可以说，仅仅作为理论概念的"生产过程"未能超越形而上学存在概念基础，而作为物质活动的"生产过程"则真正走出了意识之外，瓦解和贯穿了内在性。这样理解的马克思与海德格尔相去不远。海德格尔对马克思思想的批评更现实地指向现代人的存在方式和自我理解。海德格尔认为马克思"生产过程"的存在概念也是"人的自身生产"的人的学说。"人的根本就是人本身"，人本身就是人的社会性的自身生产。这样的理解大致符合马克思的本意。马克思在《关于费尔巴哈的提纲》中断言，"在其现实性上，人的本质是社会关系的总和"，而生产关系是社会的基础性的物质性的关系，它决定了政治、意识形态等社会关系。人们在物质生产活动中规定和发展人本身，亦即生产人本身。这样的关于人的理论想法，在海德格尔看来仍是主观主义的形而上学，仍是人的优先性的学说，仍是如萨特那样认为"我们存在于一个其上只有人的平面上"的人道主义视野。而在现实性上，这样作为生产者、消费者的现代人在技术"支架"的催逼下只能把意识哲学的"对象"作为"消费品"，而不可能把它们作为"是某物自身的东西"。按照海德格尔的思路，即使我们把马克思的"生产过程"作非概念的实践活动过程的理解，在"生产过程"中遭遇的事物或外在性也非"物自身"。在现代性的或者说资本主义主导的"生产过程"中，海德格尔的诘难是正确的。而在海德格尔深思过的马克思的异化理论中，在马克思的共产主义学说中，正是要扬弃私有制下的生产劳动，只有深入马克思这一"历史的本质性的一度中"，才能真正理解马克思"生产过程"和"人的自身生产"理论内容的"一种对世界历史意义的东西的基本经验"。①

在马克思的早期文稿中，特别是在《1844年经济学哲学手稿》中，扬弃异化、扬弃私有财产的共产主义是马克思的核心主题。也许正是这一政治哲

---

① ［德］海德格尔：《关于人道主义的书信》，孙周兴选编《海德格尔选集》，上海三联书店1994年版，第384页。

学的立场或"居所"使马克思在存在论上与黑格尔的形而上学断然决裂。扬弃异化劳动和私有财产需要生产过程的充分发展，否则只能是"消极的"粗陋的共产主义幻想。但马克思设想的作为快乐的劳动、作为游戏的劳动、作为人的自由全面发展需要的劳动或生产过程，却是完成了的自然主义和完成了的人道主义的统一，"它是历史之谜的解答"[①]。我们也可以说，摆脱了生产强制或海德格尔所说技术"支架"强制的自由劳动，既是人的自由和解放，也是存在的自由和解放，是海德格尔之谜的解答。马克思倾注精力寻求人类解放的历史条件和现实道路，所以他比同时代的思想家更早更敏锐地把握到作为生产者和消费者的现代人的本质和生存逻辑。马克思用资本统治解释形而上学的抽象统治，用资本的人格化解释资本家的贪婪，用无产阶级的生存条件解释无产阶级革命的本性，用资本主义生产过程的内在矛盾运动论证共产主义的现实性，等等。这一方面使马克思成为现代性或现代社会最精准的诊断师，成为这个时代精神状况的代言人。在这样的意义上，海德格尔对马克思思想的评述，如说它是当今之统治思想，恰是对马克思学说作为现实的理论的肯定和赞扬。但另一方面，马克思又是现代性和现代社会最有力的批判者、超越者和革命家。马克思对资本主义社会的理论批判和武器的批判是海德格尔远远不能企及的。马克思认为，资本主义的生产关系和生产过程支配着现代社会的全部领域，资本自身增殖的逻辑渗透在全部社会关系中，哈贝马斯把这叫做生活世界的殖民化。资本逻辑作为一种客观的必然性的力量形成了现代社会的诸强制。海德格尔叫做技术"支架"的东西，在马克思主义的传统中可以看做是资本最大化自身的社会性的组织和技术手段的汇聚，从根本上说它是资本逻辑的具体化和技术化。马克思学说与各种现代性批判理论不同，它完全肯定资本主义生产的巨大历史功绩，肯定这一生产过程给人的自身生产带来的性质变化，"以物的依赖性为基础的人的独立性"是这一社会发展阶段的人的特征。人在这一片面的发展形式中虽未摆脱对商品、货币、资本的依赖，甚至形成了商品拜物教、货币拜物教、资本拜物教等异化的本质表现形式，但毕竟摆脱了对人的依赖关系，获得了广阔的形式自由空间。资本逻辑所到之处，科学、文化、教育、娱乐乃至人的身体都被经济理

---

① [德]海德格尔：《关于人道主义的书信》，孙周兴选编《海德格尔选集》，上海三联书店1994年版，第81页。

性和技术理性重新塑造和开发，使人的潜能或本质力量在精细的分工中得到畸形的高度发展。这在马克思看来，恰好为超越资本逻辑提供了必要的物质条件和精神条件。

在马克思主义的理论传统中，也有丰富的人和自然关系、人与环境关系和生态平衡等理论文献，从而才有当代活跃的生态马克思主义。恩格斯在《自然辩证法》中从马克思资本逻辑统治的根本原理出发，论述了我们今天面临的生态危机和环境危机的实质和出路。恩格斯这段话经常被人们引用，"我们不要过分陶醉于我们对自然的胜利。对于每一次这样的胜利，自然界都报复了我们"①。因为人们难以预料当下的生产行为所引起的比较远的自然影响，即便我们"渐渐学会了认清我们的生产活动的间接的比较远的社会影响，因而我们就有可能也去支配和调节这种影响"②。"但是要实行这种调节，单是依靠认识是不够的。这还需要对我们现有的生产方式，以及和这种生产方式连在一起的我们今天的整个社会制度实行完全的变革"，因为"支配着生产和交换的一个一个的资本家所能关心的，只是他们的行为的最直接的有益效果"③。"销售时可获得的利润成了唯一的动力"④。在我们看来，恩格斯的这些论述提供了一个完整的马克思主义生态哲学论纲。要避免人类自身生产带来的自身毁灭的危险，只有超越资本逻辑的支配，只有超越一般生产过程的存在视域，而这正是马克思思想的核心。

三　人是事情的根本

在1973年9月8日的讨论会上，海德格尔继续讨论他前一天对马克思"人的根本就是人本身"命题的分析和诘难。他把这一命题理解为形而上学命题，并从形而上学的历史中追溯马克思这一命题，认为"马克思达到了虚无主义的极致"，因为把人确定为自己的最高本质，"作为存在的存在对于人不再存在"。对照《哲学的终结和思的任务》一文中海德

---

① 《马克思恩格斯选集》第4卷，人民出版社1995年版，第383页。
② 同上书，第385页。
③ ［德］海德格尔：《哲学的终结和思的任务》，孙周兴选编《海德格尔选集》，上海三联书店1994年版，第385页。
④ 《马克思恩格斯选集》第4卷，人民出版社1995年版，第385页。

格尔的一段话：形而上学就是柏拉图主义，"随着这一已经由卡尔·马克思完成了的对形而上学的颠倒，哲学达到了最极端的可能性。哲学进入其终结阶段了"①。从中我们可以看出，海德格尔对马克思关于人的理论有着深思熟虑的相当确切的想法，而不是讨论中随意的即兴发挥。按照海德格尔的思路，西方形而上学就是柏拉图主义，柏拉图主义即是用思维规定存在进而宰制存在，从而也就是遗忘存在，而遗忘存在的形而上学的历史就是虚无主义的历史，虚无主义是"西方历史的根本运动"。马克思经由费尔巴哈颠倒了存在和意识的关系，把存在规定为人的自身生产过程，而人的根本是人本身，人是自己的最高本质，从而存在不仅被遗忘而且彻底不见了，马克思把形而上学推到了极端可能性，哲学作为柏拉图主义的形而上学进入了终结阶段。从西方形而上学的历史理解马克思及其人的学说，这本身可能就是一种形而上学的思维。马克思自己也曾讲过独立哲学的消失或哲学的扬弃，恩格斯也曾讲过马克思哲学不再是哲学而只是一种新世界观。仅从海德格尔关注的存在问题看，马克思的新世界观的真实意义恰是要从解释世界的理论哲学的存在视域走入改变世界的存在视域。就这一改变世界的过程说，在以私有制为基础的生产过程作为存在、作为人的自身本质时，马克思似乎遗忘了存在；但就改变世界的目标说，恰是要通过异化劳动和私有财产的扬弃使人类真正进入自由王国，结束人类的史前史，使人和自然的本性得到复活，真正进入人和自然统一的存在境界。海德格尔对马克思的虚无主义的指控说的应是贝克莱而不应是马克思。

在马克思看来，要扬弃异化劳动和私有财产必须经过资本主义生产的高度发展而自我否定，而不是人类的自我毁灭。问题的关键仍是人本身。海德格尔在讨论中追问马克思如何从事情的根本推论出人的根本就是人本身。他认为马克思推论中有一个"惊人的跳跃"，"马克思忽视了一个缺少的环节"，这个环节应是"人就是那个所关涉到的事情"。②"马克思一开始就确定的是：人，并且只有人（而并无别的）才是那个事情。"③海

---

① ［德］海德格尔：《哲学的终结和思的任务》，孙周兴选编《海德格尔选集》，上海三联书店1994年版，第1244页。
② ［法］F. 费迪耶等辑录：《晚期海德格尔的三天讨论班纪要》，丁耘摘译，《哲学译丛》2001年第3期。
③ 同上。

德格尔继续追问:"这是从哪里得到确定的?以什么方式被确定的?凭什么权利被确定的?被哪种权威确定的?"[①] 他把答案归结为西方形而上学的历史,也就是他所说的柏拉图主义、虚无主义的形而上学使马克思的命题得以可能。在一定意义上我们可以接受海德格尔的这些评论,马克思的推论中可以补充"人是那个事情"的环节,马克思对人是事情的论断也有形而上学历史的根源,正如海德格尔本人的思想是从反思形而上学的历史而获得的那样。同样,马克思和海德格尔尽管对西方形而上学的历史理解不同,但都共同具有超越形而上学的强烈哲学意识。马克思所以认定人是事情,人的根本是人本身,既有文艺复兴以来西方文化和西方哲学特别是黑格尔和费尔巴哈哲学的理论渊源,也有资本主义人的自身生产已使人的独立性显示出来的现实根源,更重要的是马克思改变世界的实践哲学必须诉诸批判的武器,以理论的彻底性唤醒无产阶级和全人类自觉行动的武器的批判,以实现共产主义的理想。简单地把马克思的命题归结为形而上学命题是对马克思思想的曲解。

海德格尔对马克思的批评似乎主要不在于形而上学之争,问题的关键是马克思关于人的理论及其规划的改变世界的实践,是否是把理论作为纲领,作为"规划的展示、预先确定和告知",而陷入"理论和实践的狭隘联系",陷入技术"支架"的结构中,从而造成人的自身生产带来的自我毁灭的危险?或者说马克思的人的理论是否是现代性的工具理性、技术理性,是否是思维宰制存在的现代理性?不必讳言,在国际共产主义运动的实践中确有这种马克思主义的倾向和表现,以致海德格尔早在1935年就说道:"这个欧罗巴,还蒙在鼓里,全然不知它总是处在千钧一发、岌岌可危的境地。如今,它遭遇来自俄国与美国的巨大的两面夹击,就形而上学的方面来看,俄国与美国二者其实是相同的,即相同的发了狂一般的运作技术和相同的肆无忌惮的民众组织。"[②] 这里海德格尔已露端倪的技术"支架"的想法及其对苏联社会主义形而上本质的判断,可能是他亲近纳粹和批判马克思的重要根源吧?但对马克思本人的思想与其历史实践后果

---

① [法] F. 费迪耶等辑录:《晚期海德格尔的三天讨论班纪要》,丁耘摘译,《哲学译丛》2001年第3期。

② [德] 海德格尔:《形而上学导论》,熊伟、王庆节译,商务印书馆1996年版,第38页。

仍需有必要的区分。写入《共产党宣言》的"每个人的自由发展,是一切人自由发展的条件"的命题应是马克思人的理论最重要的部分,人的自由全面发展是共产主义理想的核心。共产主义社会作为"自由人的联合体"得以可能的关键是超越资本主义生产方式,从而也超越人作为生产者和消费者的存在视域,终结生产逻辑支配的"史前史",进入人的自由王国。所以,马克思生产过程的存在论及其改变世界的理论规划,就其过程性的中间环节而言确实存在着理论作为"纲领""规划"的技术运作,但就其目标而言恰是要超越"理论和实践的狭隘联系",使人的自由能力全面发展,使存在得以自由绽放或自由呈现。

海德格尔和马克思的区别是否在于"人是事情"的理解呢?我们发现这里仍有理论和实践、过程和目的的复杂关系需要破解。就超越技术"支架"的现实选择说,海德格尔也不得不从人开始,人是最重要的事情本身。具体说,要实现思想居所的"移居",需要从"存在领会"开始,即从此在出发去思想,放弃意识优先性,使人投身于与存在息息相关的崭新境地。海德格尔认为,自己思想的意义在于"使人首先准备去呼应这样投身之可能性",这"将对当今现实产生作用"。很显然,从海德格尔哲学的目标说是要放弃人的优先性,达于存在的澄明之境;但从实现这一目标的起点说,仍需从人自身的存在领会的变革开始,人就是那个关涉到的事情。海德格尔对马克思"人的根本就是人本身"命题的激烈追问,倒是从形而上学的视域得到规定的。

从人的自身生产理解人本身是否会导致人的自我毁灭?问题的答案在于人能否在理论和实践上超越现实的人的自身生产的逻辑。马克思的资本批判和共产主义学说的实质正是要寻求走出资本逻辑统治的现实道路。海德格尔也力求让自己的思想"对当今现实产生作用",力求找到超越"支架"的新的思想的"居所"。尽管海德格尔自己也深知这种思想"移居"的艰难,他常说要"等待",自己的学说只是一种"准备"。但从马克思主义超越资本逻辑的历史任务看,他所强调的存在领会和思想的移居仍具有重大的意义,从人的存在领会和自身理解方面实现根本变革,至少是超越资本逻辑统治的重要的思想条件和精神前提。

(原载《吉林大学社会科学学报》2011年第2期)

多元与超越

——人类的理性信念和历史理解

随着现代科学技术的发展和教育的普及，人们的历史意识、历史理解和历史观都已发生了根本的改变。按照西方哲学的说法，随着"上帝之死"必然而来的"人之死"，不仅从根本上改变了当下人们的存在方式和自我意识，也必然改变对逝者的认识和理解，从而完成对历史的祛魅。在没有了超越的神性的历史视域中，古今中外那些曾名声显赫的历史人物被重新叙说、戏说或被冠以种种污名。借助发达的电视、网络等传媒工具，人们再现了一个自由多元的历史空间，而其代价则是历史观念的歧见纷呈，历史成了难以解开的一团乱麻。在历史观念急剧变化的背后，其实是人的自我意识的变化，从根本上说是人对自身理性的自我意识即理性信念的变化。我的两位老师高清海先生和邹化政先生都曾把"上帝人本化"看作是西方近代哲学的根本主题，经过自然神论、泛神论到德国古典哲学把上帝归结为意识原理和人的本质的对象化，在一种无限的理性信念中，超越的上帝成为属人的理性存在。海涅说康德杀死了上帝，黑格尔让哲学高于宗教，直观的形象化的绝对即上帝被概念化的绝对即绝对理念所扬弃。但按照施特劳斯的看法，否定了上帝的哲学的无限理性包含着相对主义、怀疑主义的后现代主义，"上帝之死"必然带来"人之死"，没有了神性的自由人必然只能是有限理性或没有理性的纵欲之徒。有限理性的自我意识或人性理解，是黑格尔和马克思之后的时代精神，是当代哲学社会科学的主导精神，自由主义经济学、政治学、社会学、管理学等自觉地把它作为自明性的公理。这一公理也必然改变人们的历史意识，自由地追求自身利益最大化的人的自我理解，投射到历史人物的理解之上，历史人物难免成为现代的侏儒。这再次表明一切历史都是当代史。

一　理性信念的改变与历史的祛魅

早在20世纪二三十年代，胡塞尔在他的系列演讲中即明确提出，欧洲科学危机的根源是希腊理性精神的丧失，怀疑主义的无信念的大火焚毁了欧洲文明的理性的根基。胡塞尔认为，只有一种严格科学的哲学才能为人类的全部认识和价值奠基，才能恢复希腊的理性精神，从而拯救欧洲诸民族。这位德国犹太哲学家此时可能已感受和预见到了纳粹主义的兴起和第二次世界大战的血雨腥风。然而哲学的号召难以阻挡历史的潮流，相反在灾难过后，许多哲学家反倒把奥斯维辛大屠杀的根源追溯到黑格尔的同一性哲学，即一种无限理性或绝对理性的哲学，形而上学成了哲学丑闻，成了哲学家唯恐沾染上的哲学毒菌。是同一性哲学必然带来的对"差异""非同一""异质性""多样性"等的压制、裁剪和专制制造了大屠杀的惨案，还是失去了希腊理性精神而造成纳粹党人的丧心病狂？或者如阿伦特分析的，这是现代科层组织所造成的"平庸的恶"？哲学与"二战"关系的反思曾是也还将是推动哲学思考的重大疑难，就像我们今天仍需要对法国大革命、中国的"文化大革命"进行哲学思考一样。

也许哲学与重大历史事件并没有直接的因果关系，因为哲学作为最抽象的理论若影响人们的观念和行为，需要诸多的经验环节和漫长的思想教化过程，只有在百年以上的大的历史尺度中才能显示出哲学影响民族历史命运的作用。如说"同一哲学是死亡哲学"，这如果不是意识形态的修辞，而是把同一作为哲学范畴严格考察，即有形式逻辑的同一、18世纪理智形而上学的同一和黑格尔辩证法的同一等的根本不同或实质差异。至少在康德和黑格尔明确地批判了理智形而上学之后，黑格尔辩证法的具体普遍性原则或具体同一性原则，恰恰把差异、否定看作是思想和事物自己运动的积极力量。所以，马克思赞扬黑格尔的"作为推动原则和创造原则的否定性"的辩证法。思辨逻辑或辩证法的同一是内在包含、吸取、扬弃差异和多样性的统一、同一，它不是僵死的逻辑枯骨，而是有现实活力和血肉丰满的具体真理。随便指出我们曾长期区分感性具体和理性具体，以为理性具体只是理性思维规定的具体而不包含感性具体，我认为这是对辩证法的误解。理性具体作为具体的真理，也应是感性具体的真理，也应包含着无限差异、多样的感性现象，从而才能照亮现象世界、解释现象世界、改变现象世界，否则就会有理性和感性的断裂和隔绝。按照我们对黑格尔辩证法同一性的理解，说这种同一哲学是死亡哲学，明显难以令人信服。这种说法也歪曲了黑格尔哲学让理性和现实和解，克服主体形而上学的客观主义精神。真正的问题可能在于黑格尔的无限理性信念是否会造成形而上学的恐怖？它关于世界精神发展依附的某一民族主体的说法是否会支持种族主义？

20世纪西方哲学是从叛离黑格尔开始的，除胡塞尔和海德格尔等少数形而上学哲学家之外，拒斥形而上学，反对哲学的基础主义、绝对主义成为哲学的主流。这实质是哲学对人类理性自我意识的改变，其原因是以实证科学研究中的理性典范和标准来定义人的理性，以市场经济中人的利益最大化原则来定义人性。以有限理性谋求自身利益最大化已不仅是经济学的人性假定，而且是我们时代普遍的人类自我意识，或者说是这个时代的形而上学。20世纪西方哲学鲜明地表达了新的时代精神，他们大都憎恶黑格尔"该死的绝对"，拒绝黑格尔对自然、历史和精神的逻辑化，当然也拒绝了黑格尔对重大历史事件和历史人物的逻辑化，无限理性内在包含的历史必然性信念也随之消解。哲学家们以谦虚的理性态度理解现代体制中的自己，黑格尔哲学中闪烁着的哲学家的伟大、崇高和尊严被视为形而上学的幻觉，取而代之的是职业学者的专业技术和所谓"零敲碎打"式的工匠的自我意识。按照黑格尔的看法，拿破仑只是"骑在马背上的世界精神"，他只是不自觉地承担了世界精神某一逻辑环节的任务，而一旦他完成了特定的精神使命，就如"脱却了果实的空壳"，失去了历史意义。我们常惊讶尼采式的直白的哲学傲慢，如说"我为什么这么聪明"，但黑格尔并未直接说出的哲学家的自诩更是震惊世界。合乎逻辑地说，黑格尔自认是自觉的、全体的、永恒的世界精神，也可以说自己是把上帝理性化、逻辑化的哲学家，或者干脆说自己就是哲学化的上帝。如此狂妄的形而上学真的是热昏的胡说，现代哲学有限理性的自我意识既是对传统形而上学的矫正，也可视为理性的诚实。但这种诚实也可能是当年黑格尔批评康德时所说的理性的"谦卑"。那么，哲学也许是我们所说的"关于绝对的相对真理"，哲学家自己不是"绝对"，但从事的是无限理性追求的绝对的事业。

现代西方哲学的有限理性的自我意识，卸掉了哲学家沉重的历史责任，获得了职业化、技术化、学院化的自我认知，古典的思想英雄消失于哲学舞台。但只有英雄惜英雄，"仆人眼中无英雄"。用平凡的目光看历史，历史就只能是平凡琐碎乃至腌臜的历史。西方史学合乎逻辑地经历了由哲学史学向实证主义史学的转变，完成了对历史的祛魅。以上这些都只是西方的故事，我们自己的国家在经历了思想解放运动以后，破除了诸多僵死的意识形态教条，不仅开拓了改革开放和中国特色社会主义建设的现实道路，也打开了广阔的历史空间，几乎所有重大的历史运动、历史事件和历史人物都有了重新解释和评价的自由讨论，历史面貌为之一新。这其中最根本的变化同样是由理性自我意识的改变而带来的历史观念的变化。我国是文明古国，有着无与伦比的丰富历史资源和史学传统，通常说五千年文明未曾断绝，根本原因是历史论述未曾断绝，从而使我们有连续统一的历史记忆。自近代以来，中国经历了千年未有之变局，而改革开放30多年的历史剧变尤为显著，古老中国向现代化转变的步伐从来未有今日之快，人们思想观念包括历史观念的变化可说是前所未有。我们的社会主义改革是由强大的政府借助强大的现代传媒工具所形成的强大舆论导向所推动的，普通群众思想观念的变化可能超过发达国家自然演进的数百年进程。在向社会主义市场经济转变的过程中，人们迅速获得了以有限理性谋求自身利益最大化的自我意识，传统的血缘伦理亲情，知识分子的成己成人的崇高理想，马克思主义的理想和信念等仍支撑着社会主义改革度过诸多艰难险阻。但从总体上说，英雄主义的时代已经过去，平凡、真实、快乐的生活成为普通大众的生活理想。以有限的理性信念去看待生活和历史，也就消解了历史的超越的神性维度，开国领袖毛泽东走下神坛是标志性的历史意识的转变。对重要历史人物生活细节的关注、记述和想象，也许能够部分地还原历史的真实，历史人物也是和我们一样有着基本物质生活需要、有人性弱点的生命存在，细节的真实有时甚至可以解开重要的历史谜团，实证主义的史学研究有不可否认的经验科学意义。但是历史人物又与我们不同，他们是重大历史过程、历史事件的主角，他们对历史进程有更大的影响，承载着更多的历史意义。宏观的、哲学的、思辨的历史认识和对历史人物概念化、范畴化的认识方式，也有自身存在的价值。而就哲学说，这是它把握历史的特有的思维方式和叙述方式。

二 多元的超越：哲学的历史认识

历史是被当代人记忆、叙述、思考的历史。按照哲学解释学的说法，理解和解释是"视界融合"，是作为历史性此在的人们与"文本"的意义相融合而产生的"历史效果"。作为历史性存在的人们只能在历史的视域中理解我们自己，反之，我们的自我理解也规定了我们如何理解历史，在所谓"解释学的循环"中历史得以延续，不断生成新的历史意义。伽达默尔的哲学解释学恢复了传统的权威，给予人们一种保守的、连续平滑的历史观念，受到德里达、哈贝马斯、福柯等后形而上学思想家的质疑，因为历史进程总有批判、革命、延异、断裂的时刻，这种结构性的变革可能具有更重要的历史意义。按照许多哲学家、社会科学家的看法，我们今天正处于历史转变的关口，我们的自我意识和历史理解正在经历一场革命性的转变，我们对历史的认识正呈现多元复杂的图景，每天都在更新的微博就足以让我们眼花缭乱，不知历史到底应该如何评说。

历史的复杂性首先根源于人的自我理解的复杂性，人的自我理解既受到当下生活状况、境遇的影响，也受到个人历史经历的影响，同时也与个人的价值观等密切相关。而按照哲学的宏大叙事，个人的自我理解又总是受到时代精神、历史潮流的决定。个人是时代的产儿，而我们今天的时代正是西方主流哲学所说的"后形而上学时代"。形而上学的终结也就是形而上学所理解的"人之死"。"非人化""碎片化"的说法可能有些极端，但自我认同的同一性缺失、"有限理性"的自我意识以及在市场逻辑中的理性计算等，确实是当代人共有的精神特征。失去了无限理性的形而上学信念之后，我们所能看到的历史也必是一个没有统一性，没有英雄人物，没有历史规律的碎片化、琐屑化、偶然性的历史。历史叙事的多元化、复杂化也在于历史本身。广义地说，一切人为的过去式都是人的历史。列宁在讲到学习辩证法的知识领域时，就讲到哲学史即整个认识的历史，"包括各门科学的历史、儿童智力发展的历史、动物智力发展的历史、语言的历史"[①] 等。马克思十分重视生产工具的历史、生产方式的历史，并以此

[①] 《列宁全集》38卷，人民出版社1959年版，第399页。

建立自己的唯物史观。无论是精神的还是物质的人类生产，也包括生产中对自然的改造和人化，都是历史的不同领域、不同问题。马克思由此认为，一切科学都是历史科学。面对如此复杂的历史对象，中外历史都曾出现"帝王将相"为主角的政治史、思想史，其必然性可能在于福柯所说的知识和权力共谋而形成的权威话语，也因为长期生产方式的停滞使普通人的活动难以具有引发历史事变的力量。只有工业革命之后，生产力和科学技术的快速发展才显示出决定历史的作用，区别于英雄史观的唯物史观才有了现实的基础。人民群众创造历史，使普通百姓的生活故事进入了历史，从而也使历史书写变得多元、复杂。

由于家庭摄像已很普及，每个家庭、每个个人都可以录制自己的生活故事，都可以用影像记录自己的历史，这似乎也正在颠覆传统的历史概念。这是詹明信所说的图像压抑文字，吉登斯所说的生活政治替代解放政治，历史变得更为细微和平淡。但历史由此也可能更加精深和准确，传统史学叙述的公式化、模式化、机械性等会为之一变。因为普通百姓的故事更可能触及时代和人性的细微的褶皱，生老病死、悲欢离合的心灵故事更深层地展示着人性的复杂和幽深。传统历史叙事的简单的"好人"和"坏人"，是非功过的二分，已成为过时的历史观念。马克思的唯物史观创立以来，历史的目光投向了物质生产的历史，经济史、社会史、民族史、习俗史乃至生产工具和器物的历史都具有了长足的发展，马克思为历史确定的物质性的客体使历史成为科学。按照和效仿精确自然科学方法建立客观的历史科学，是实证主义史学的追求。但由于历史客体的高度复杂和整体性，没有马克思所说的代替显微镜和化学试剂的思想的抽象力，即难以建立起理论和事实的关系，也难以找到合适的证实或证伪的思想单元，从而会使实证主义的科学追求陷于无意义的琐屑之中。在历史的研究中能否把所谓宏大叙事和微观叙事、整体研究与细节研究很好地结合起来，能否把理论抽象和经验研究结合起来？能否在多元的历史叙事中做出哲学的超越，从而使历史哲学具有合法性？这是对史学和哲学的双重挑战。

在实证主义史学之后，法国年鉴学派力求恢复对历史的总体性研究，作为史学的外行，我们难以评价这种努力的效果。但在一次偶然的阅读中，笔者曾对布罗代尔的一段描述留下深刻印象："在初级市场的层面上，组织得最令人惊讶的肯定是中国了，其布局几乎达到了数学般的准确。先假设一个镇子或一座小城。请在一张白纸上画一个点。点的周围坐落着六至十个村子，村子与镇的距离可使农民当天走个来回。这个几何体——十个点围着一个中心点——我们称之为乡，即一个镇子市场的辐射区。在实际运作中，镇上的市场形成了按片经营的局面，零售、放高利贷、代书人、小食品、茶馆、酒馆等各自的经营区。""镇子围绕着城市运转，与城市的距离适中，供应城市之需，并通过城市与远处沟通，得到本地不出产的商品。这一切形成一个完整的系统，有个事实就清楚地说明了这一点，即各镇与中心城市的集市日期安排得互不重复。""总之，互相联结的、皆受监督的定期集市组成的网络布满并活跃在中国大地。"这段描写在笔者童年的乡村集市经验中得到印证，读起来倍感亲切真实。随后我们也会想到一个法国学者，对中国初级市场的描述仿佛亲眼所见，如数家珍，这其中可能也利用了早期欧洲传教士的中国报道，我们感受到治史的认真、严肃和艰辛。更重要的是布罗代尔据此大胆推测，中国缺少商品交易会和证券交易所这些市场的高级配件，"或者政府反对这些高层次的交易形式，或者初级市场的毛细血管式的流通对于中国经济来说已经够用的了，不再需要动脉与静脉了"。"中国之（商品）交换是一方无峰无丘、削平了的地盘。这就是中国资本主义未能发展起来的重大原因。"[①]从无峰无丘的客观描述，到中国为什么未能发展起资本主义的重大论断，显示出历史学家的深刻洞察力和历史思辨，人们未必认同他的推断，但都会敬佩这种整体性把握历史的理论气魄。

如果说史学研究需要微观、中观和宏观不同视域的展开，需要经济史、社会史、政治史、文化史、思想史等不同层面的专门研究，如此多元的历史叙事各有其存在的价值，有助于我们去了解历史的全貌，那么哲学的历史研究却必须超越多元的历史叙事。按照德勒兹的说法，科学和哲学是不同的思想平面，历史科学的概念系统把混沌的历史纳入一个可理解的、有秩序的思想空间，历史哲学的概念系统则把混沌的历史置入另一个不同的思想平面。历史科学和历史哲学都是关于人的科学，历史学力求在

[①] ［法］布罗代尔：《资本主义的动力》，杨起译，生活·读书·新知三联书店1997年版，第21—22页。

人的活动所造成的历史运动、历史事件和文献记录、器物遗存等之中恢复历史的面目，解释历史变化和发展的原因，寻求历史发展中的普遍性、规律性的东西，这其中不可避免地要触及和揭示特定历史时期人们的精神活动。通常所说的"人心所向"即是"历史必然"。一个时期、一定人群的普遍的社会心理状态和实践意志，规定了历史的趋势和走向，用黑格尔的术语说，这是历史中的主观精神向对象化、制度化的客观精神的转变。历史总是人的活动的历史，人们如此活动的心灵的奥秘是解开历史之谜的关键。历史科学是历史哲学的科学前提，历史科学的知识、概念和历史的人性理解是历史哲学反思的对象，历史哲学相对摆脱了历史材料的物质纠缠，在更抽象的思想平面上通过概念的批判、反思和创造，构造出自己的历史叙事。

历史哲学是后现代主义所批评的宏大叙事，它可能需要以人类自我意识重大改变的漫长时段作为自己的思想单元，它是大尺度的历史。用黑格尔《精神现象学》所描述的意识形式，从"意识"到"自我意识"的完成，人类可能就要花费上千年的时间，历史哲学的范畴和概念凝缩着千百年的人类历史。历史哲学用高度抽象的范畴体系表现历史的发展，它要把纷乱的历史纳入范畴的发展中，并以此理解历史运动和历史人物的意义。历史上的千年伟人、世纪伟人在历史哲学的视野中关注的是他在历史范畴的进展中所具有的历史意义，而不是他在日常生活中的生活的意义。以好奇、闲谈的态度关注历史人物的生活秘闻可能会具有生活的意义，按照海德格尔的说法，我们就是在闲谈、好奇和模棱两可中形成非本真的生存领会，亦即平均化的流俗的生存领会。例如我们可以了解学习康熙皇帝的养生经验，以使我们活得长久些，这确有生活意义，但却不能领会"向死而生"的存在意义，也不能理解康熙的历史意义。从历史哲学的视野看，专注于重大历史事件、历史人物的细节的真实，可能丰富了甚至证实了某些历史事实，却遮蔽了事件和人物所具有的范畴意义和历史意义，因为历史哲学是一种特殊的把握历史的思维方式。按照德勒兹的看法，历史哲学的任务是创造新的历史概念，从而给予历史以新的解释力量和新的理性秩序。在我们看来，若创造新概念、新话语、新观念，并进而为人们带来新的理解方式和行为方式，仍必须持守哲学的无限理性信念，在有限之中的无限，不是有限之外的无限。按照黑格尔的说法，在有限之外的无限就是与有限并列,从而即是有限。真正的无限理性就在我们的有限理性之中,是我们这些普通的经常出错的个人心中对绝对和无限的向往和追求,是使我们的有限理性得以可能的无限性的根据,是任何具体的理性认识之中包含的无限性的哲学范畴或概念框架。

三 马克思的"历史必然性"信念

在哲学史上确有类似于经验科学重大发现的哲学发现,我们曾认为康德揭示的使人类认识得以可能的先天条件是重大的哲学的"先验发现"。同样,马克思的唯物史观揭示了使人类历史得以可能的物质生活条件,这也是恩格斯所说的重大科学发现或者如我们所说的哲学发现。唯物史观是历史哲学中的伟大的概念创造和观念变革,它带来了全新的历史解释和历史视野,以物质生活条件或物质生产方式为基础的历史客体可以自然科学的精确性加以定性和定量的研究,从此历史学成为科学。马克思至今作为哲学史上最重要的哲学家和千年伟人,本身具有了历史范畴的意义。

在20世纪西方哲学的后形而上学思潮中,马克思的唯物史观也受到种种质疑和批判。海德格尔从马克思哲学的存在论基础批评马克思:"对于马克思来说,存在就是生产过程。这个想法是马克思从形而上学那里,从黑格尔的把生命理解为过程那里接受的。生产之实践性概念只能立足在一种源于形而上学的存在概念上。"海德格尔认为,马克思的学说仍是人的优先性学说,而只有存在优先性的学说才能走出人类自身生产的危机。[①] 波普尔在《历史主义贫困论》和《开放社会及其敌人》两部著作中,批评马克思的历史主义亦即马克思的唯物史观,他认为马克思的唯物史观是"经济的历史主义",马克思认为历史运动有着不以人的意志为转移的客观规律,因而是历史决定论,是历史的形而上学。马克思的错误在于"相信历史的预言乃是研究社会问题的科学方式"。但历史是随着人的历史知识和认识而转移的,所以,历史的未来行程是不能预告的。马克思虽然提出"改变世界"和"行动主义"格言,但却与历史主义最重要的

---

① 参见孙利天、史清竹《我们如何走出人的自身生产带来的自身毁灭的危险》,《吉林大学社会科学学报》2011年第2期。

学说即历史规律不可改变相冲突。马克思的历史主义"仿佛是决定论的一种特殊的变种,一种有关历史趋势的定命论。"① 波普尔和马克思争论的焦点是历史发展是否有必然的客观规律。同样,另外一位美国哲学家伯恩斯坦也明确批评马克思"历史必然性"的信念,他一方面赞扬马克思实践哲学的观点;另一方面明确表示:"我们不再赞同马克思的理论确定性观点和革命者的自信,没有保证,没有必然性,没有'历史的逻辑'表明不可避免地会通向包含全人类的和在其内相互判断、实践言谈和理性说服的对话共同体。"② 以上这些批评都可归结为马克思唯物史观关于历史发展客观规律、历史发展必然性的信念是否仍是近代的形而上学?无限的理性信念和人的优先性学说是否必然带来理性设计、社会规划的极权主义和对自由的威胁?

如前文所述,两次世界大战的惨痛教训使西方哲学对形而上学极为敏感,从而改变了哲学对自身理性的自我意识,理性的自负转变为理性的谦卑。但哲学对人类历史和社会发展总要有所言说。波普尔按照他的证伪主义原则,只承认社会历史领域的局部可以作出理论的概括,而人类历史的整体至多只能说有某种趋势而没有必然性的规律。没有客观规律和历史必然性的设定,人们才可以自由地创造历史。然而,自由主义的学者们面对的一个难题是,自由的有限理性的个人毕竟是一种社会性的动物,人们的社会生活或者说社会共同体中的生活是不争的事实。自由追求自身利益最大化的个人如何能在理性的博弈和竞争中不至于同归于尽?最低限度的社会团结何以可能?当代政治哲学的主题聚焦于此。罗尔斯、哈贝马斯和上文提到的伯恩斯坦等都触及公共理性和社会共同体的问题。实践的言谈、对话、交往,这种来自马克思而被修正的实践理性似乎可以解决这个难题。在理想的交往情境中,人们可以在真诚平等的对话中获得团结的一致性。实践理性是具体的、历史的、有限的理性,它既可避免无限理性的自负和压制,又能使社会达成某种同一性,使共同体生活得以可能。哈贝马斯这种后形而上学思想受到来自不同方

---

① [英]波普尔:《历史主义贫困论》,何林等译,中国社会科学出版社1998年版。此段参看该书附录的《评波普尔和他的〈贫困〉》。

② [德]伯恩斯坦:《超越客观主义与相对主义》,郭小平等译,光明日报出版社1992年版,第288页。

面的批评。在罗蒂看来，实践理性仍留有形而上学的痕迹，人类团结的希望只能在于人的同情心，在于人们对残忍暴行的不忍之心。在我们看来，实践言谈和交往而达成的共识，仍是人们的主观意见，它必须客观化、制度化、对象化自身才能有维系社会团结的客观性和有效性。而这种普遍共识一旦成为客观有效的法则，就只能安置在承认客观规律和历史必然性的本体论体系中，否则它就永远是黑格尔所说的主观精神，而不能成为客观精神。

这里讨论的历史必然性信念问题看似是纯粹的哲学玄想，其实就是我们时代的根本问题。按照黑格尔精神哲学的逻辑，我们时代的问题应该是主观任性的自由问题，它表现为以民族国家这种马克思所说的"虚假共同体"的形式无限追逐自己利益的最大化，用习近平主席的说法是"为了一己之私把一个地区乃至世界搞乱"。[①] 搞乱世界。当代政治哲学关于"世界宪法"和"永久和平"的呼求，可以看作是对当代根本问题的理论自觉，是有很强现实意义的哲学问题。人们渴望自由，自由是人类的最高价值，按照西方哲学的说法，只有为了自由才能限制自由。问题恰恰在于我们如何理解和限制自由。在黑格尔看来，自由不是为所欲为的主观任性，由自然欲望驱动的生活是按照自然规律支配的动物式生活，是不自由的生活。按照康德的看法，人为自己立法，在自己为自己建立的法则中生活才是自由。黑格尔进一步认为，人为自己建立的法则不是主观的，而是以绝对精神为根据的客观精神，用我们的说法是只有建立在客观规律基础上的人的立法才是公平正义的立法，只有在这种法的定在中才有真正的自由生活。以民族国家等形式共同体而表现的主观任性是我们今天最危险的主体形而上学，它可能为一己之私，搞乱社会，搞乱世界，其克服只能在客观的国际法中实现民族国家利益和自由的定在。按照我们时代自由的、有限理性的人类自我意识，我们能走出这种人类自我毁灭的危险吗？海德格尔、罗尔斯、哈贝马斯等当代著名哲学家为此殚精竭虑，作出许多思考。在我们看来，只有不再担心形而上学的污染，只有回到黑格尔和马克思的无限理性信念和历史必然性的信念，我们才能为"世界宪法"和新的国际秩序提供一个绝对的哲学基础。罗尔斯的政治自由主义意识到当代

---

① 参见习近平2013年博鳌亚洲论坛年会开幕式上的讲话。

世界多元文化、多元世界观的事实，它以"无知之幕"的思辨设计推演政治正义的原则，力求给出公共理性的"重叠共识"。这种康德式的理性立法，是否仍有黑格尔所批评的主观主义、形式主义的弊端？我们是否需要在客观的、实质的历史规律基础上重写政治的正义原则？这取决于我们对历史必然性的重新思考。

第二次世界大战和东欧剧变，使马克思的历史必然性信念蒙上了许多污名，波普尔认为马克思的历史主义是和法西斯主义一样的极权主义，自由主义学者则把东欧剧变看作是马克思主义的终结，苏联模式社会主义的社会规划和理性设计是无限理性的自负，是通往奴役之路，因而必定失败。不能完全否定马克思关于历史发展客观规律和历史必然性的信念与苏联模式计划经济社会主义的关联，同样也不能完全否认计划经济社会主义在特定历史条件下的效率和合理性，问题的关键是苏东国家和我国的社会主义是在不同于马克思设想的社会基础上建设的，在经济、文化落后于资本主义国家的东方各国建设社会主义，不可避免地需要基于历史发展客观规律信念的强大意识形态力量动员和组织人民，也难免急功近利、急于求成，从而反倒违背了马克思所揭示的历史规律。我国社会主义改革的一个重大理论自觉就是重新认识社会主义，我们清醒地把社会主义初级阶段看作是漫长的历史进程，中国特色社会主义道路是基于中国国情而又坚持社会主义理想信念的道路，也可说是重新认识资本逻辑进而利用、驾驭和超越资本逻辑的道路。我们没有舍弃马克思历史必然性的信念，我们更自觉地在历史必然性的客观规律中去发展自己，壮大自己，实现中华民族的伟大复兴。这其中的关键转变是不再把马克思的社会主义和共产主义理想作为理性设计和社会规划的节目单，不再照单排练演出，也就避免了海德格尔对马克思的批评，即改变世界的实践仍是把某种理论预设作为工具，仍是对存在者的技术控制，也避免了自由主义对马克思主义必然带来极权、专制、自负和奴役的批评。从我们的实际国情出发，从人民群众过上好日子、好生活的愿望出发，在社会主义改革和建设的实践中内在生成中国特色社会主义的原则和原理，是社会主义改革取得巨大成就的原因。马克思主义和社会主义理想信念并未失去，仍作为主导的意识形态发挥着规范和引导的作用，但中国化的马克思主义和重新理解的社会主义是中国现实的理论表达，是内在于社会主义改革实践中的思想力量。经典马克思主义的理想和马克思历史必然性的无限理性信念,作为一种调节性的理想和信念仍有强大的生命力,为中国特色社会主义道路提供着客观规律的信念支撑。

(原载《社会科学战线》2013年第7期)

第五编

中国传统思想探索

中国哲学史研究的主体自觉

自近代西方哲学传入中国以来，数代中国哲学家就共有一个理想，即创造中华民族自己的哲学理论，并使中国哲学走向世界进而产生重大的世界影响。高清海先生的哲学遗嘱就是要"创造中华民族自己的哲学理论"[①]，李泽厚先生也于近两年出版了两本访谈录：《该中国哲学登场了？》《中国哲学如何登场？》，这体现了我们中国哲学界更加普遍的向往和憧憬以及日益增长的信心。我们认为，中国哲学要"走出去"也好，要登场也好，现在需要做的更真实的工作是如何去寻求、建构、凝练当代哲学的中国元素，找到那些具有世界意义的中国哲学思想和思维方式。为此，无论是对中国哲学史自身的研究还是要实现某种"创造性的转化"，首先要有对中国哲学的当代意义的主体自觉，更要有对我们研究者自身的主体自觉，而基于中国哲学自身特质对于中国哲学史的研究者来说也必然要求一种心灵的修养和实践。

一 中国哲学当代意义的主体自觉

改革开放以来，中华民族实现了伟大的复兴，创造了经济奇迹，综合国力大幅提升，而此时又值西方发达国家金融危机、经济不振之际，在西方又已有持续百年的拒斥形而上学、反思和批判现代性的哲学社会思潮，国内外风云际会，更加催生和强化我们哲学竞争的雄心壮志。构筑中国特色、中国风格和中国气派的当代中国哲学，让中国哲学走向世界，已成为

[①] 孙利天：《创造中华民族自己的哲学理论——高清海先生的哲学遗嘱》，《社会科学战线》2004年第6期。

中国哲学界的共同心声。

　　而按照恩格斯的看法，一个民族的理论思维能力决定了她能否站到科学的高峰；按照黑格尔的看法，只有哲学最先进的民族才能代表世界精神；胡塞尔十分明确地认为希腊理性精神的复兴才能拯救欧洲诸民族；海德格尔也说哲学长久地影响民族的历史命运。哲学家难免夸大哲学的历史作用，但各民族的哲学竞争肯定是综合国力和文化软实力竞争的一部分。在我国经济社会发展取得举世瞩目的伟大成就之时，中国哲学走向世界的冲动和渴望日益强烈，这是民族文化自觉中很自然的事情。但仅有空疏的热情和愿望，不能成就任何确定的理论。中国哲学走向世界其实已具备了比较充分的现实条件。按照马克思的思路，我国经济社会发展的伟大成就作为巨大的物质体系，就是客观化、对象化的精神力量，就是物质形态的中国哲学。即使从专门的理论哲学积累说，我国改革开放三十多年来也达到前所未有的高度，中国实际上早已是哲学人力资源大国，并正向哲学强国迈进。没有人会否认，我国哲学界对西方哲学的了解和研究远远超出西方对中国的了解。现代西方哲学的主要流派、作家和著作，中国几乎都有人研究，少数专家可能已不逊于西方专家的水平。更为重要的是在破除了教条化、公式化的马克思主义哲学理解之后，我国的马克思主义哲学、中国传统哲学和各种部门哲学的研究已经积累了许多本土化、原创性的理论成果，已经为世界哲学贡献出中国特有的思想资源。现在的一项重要工作是整理、翻译这些成果，以使国外学界了解和研究。

　　国内外的哲学交流固然要突破语言的障碍，各民族的哲学思想都是本民族在长期历史生活中创造的文明的灵魂和最高智慧，难以作出高低优劣的评价。但中外哲学史都表明，那些经过数代人艰苦精神劳作而创造的伟大哲学，总是能穿破语言的屏障，成为全人类的精神财富。所以，中国哲学走向世界的更根本的任务是构筑当代世界水平的中华民族自己的哲学理论，这需要我们付出更加艰苦的精神劳动，需要我们对当代中国人的生存状态、文化心灵和生命体验等作出更深邃、更精准、更细微的理论把握，这实质就是当代中华民族精神的自我意识。事实上，国内外一些学者都已经意识到西方国家率先实现的工业文明或现代性已经走到了尽头，一种新的文明形态、新的生活方式和引领、支撑新文明、新生活的新的哲学思想即将来临。德国哲学家海德格尔期待古老的中国传统被唤醒，以使人能够获得对技术的自由关系。① 我国学者吴晓明教授也指出当代中国创造新文明形态的可能性。② 但正如海德格尔多次讲到的那样，要实现"思想的移居"，还要做许多准备工作，要耐心等待。对中国哲学的当代意义的主体自觉的实质是要构筑中国风格、中国气派的当代中国哲学，需要我们耐心地寻求和凝练当代哲学的中国元素。随着这些新的思想元素的日益清晰，在它们的变化组合中也许会产生一种新的哲学思想，那将是中华民族为人类作出的最重大的贡献。

首先，我们需要真正读懂的是改革开放的伟大实践及其历史成就这部大书，这是马克思所说的打开的心理学。我国的社会主义改革既是党和政府领导和主导的伟大实践，也是亿万民众在自己所掌控的资源约束下的理性选择。每个人、每个家庭的希望和梦想、欢乐和忧伤、风险和收益等都融入这场民族复兴的历史过程中。无数人的意志和行为交织成恩格斯所说的"历史的合力"，使我国的社会主义改革既体现党和政府意志主导的理性规划特点，也表现出自然演进的特征。社会生活实践是哲学反思的最重要的对象，我们如何把握客观化、对象化的社会存在作为黑格尔所说的客观精神的意义，如何在急剧变化的经验中把握具有稳定性、具体普遍性的超验的哲学概念，如何在不同利益群体的诉求中倾听到普遍社会实践意志的声音，这是对当代中国哲学智慧的最大挑战。

回应这一挑战的第一选择当然是寻找中国传统的思想资源。不管生活怎样变化，毕竟是我们中国人自己的选择，也必然是在我们已有的思想观念、生活经验、处世方式等生存基础上的调整适应的结果。在学术层面上，海外新儒家已经有利用传统思想解释东亚经济社会发展的尝试。我们认为问题的关键不是传统学术思想与当下社会生活实践的对应、契合和经验解释，也不是某些超越的形而上学命题所具有的现实意义的学理阐释，而是要直面事情本身，即那些在当下中国人理解生活和应对生活变化的生活智慧中仍然存留着的传统思想资源，要寻求今天仍然在中国人的生活中发挥着作用的活着的哲学传统，这是凝练当代哲学中的中国元素最重要的

---

① [德] 海德格尔：《海德格尔选集》下卷，孙周兴选编，上海三联书店1996年版，第1312页。

② 吴晓明：《当代中国的精神建设及其思想资源》，《中国社会科学》2012年5期。

思想路径。

具体说来,我的想法实际跟余英时先生的一些想法有接近之处,那就是我们要从中国的现实的生活中,从中国人现存的文化心灵中去寻找仍然活着的传统。那些中国哲学的传统就在我们当下中国人的精神生活中,包括我们的感受方式,包括我们的情感体验,可能也包括我们的说话方式、行为方式,使我们仍然是中国人的那些传统的要素。前不久台湾大学黄俊杰教授在吉林大学有一次座谈,他认为中国的传统哲学、传统文化有复兴的现实基础,最典型的生活镜像就是春节期间的春运,在短短的时间内,几亿中国人为了回家过年,形成春运盛况,它确实是传统的,这可能仍然体现着中国人的情感寄托,我们家的情感,我们的血缘亲情的这样一种体验,也可以说,用余英时先生的说法,实际中国家庭也仍然是一种有效的当代中国社会建制。我们的家庭,虽然现在可能核心家庭占主导,大家庭越来越小,但是维系家庭的那种建制,那种情感的基础,还没有发生根本的变化。如果从这样一些角度去找我们自己,就是找我们今天当下的中国人心中的中国哲学传统,可能会为"游魂"找到一个"体",使"魂"能附"体"。

其次,语言是存在的家,活着的哲学传统存活于当下中国人的语言和言语之中。洪堡认为一种语言就是一种世界观[1],日常语言学派也曾尝试描述出人们理解世界的最基本的语词结构或概念方式。一方面,我国的社会主义改革可能也是一场语言的革命,这既表现为三十多年来汉语语汇的剧增,也表现为语言态度的深刻变化。如今人们对假话、空话、大话等话语方式的厌恶,对真话、实话、反讽、调侃和游戏化话语的热播,不能简单地看作是市场经济的实用理性的表现和要求,而且可能具有更为深刻的民主政治理性的意义。语言的变化也必然触及哲学和形而上学的层面,那些支撑人们组织经验、理解生活和领会自身生存的形上概念和形上情感,也必定有语词形态的存在和变迁;而另一方面,我们中国五千年文明从未断绝,我们今天还可以非常——大致只要以高中以上文化程度,就能够顺畅地读《论语》、读《老子》,我们今天的现代汉语和古汉语,仍然可以

---

[1] [德] 威廉·冯·洪堡:《论人类语言结构的差异及其对人类精神发展的影响》,姚小平译,商务印书馆1999年版,第71页。

说血脉贯通，在这样的意义上，我们的语言、我们的文字、我们的典籍，可能也在我们广泛的日常文化的形式中仍然存活。

总的来说，寻求、建构、凝练我们可以走向当代世界哲学的中国元素是我们构建当代中国哲学，使中国哲学走向当代世界哲学的一个学理切入点。我们不是需要社会学意义的社会心理调查，而是需要中国学者那种理论的洞察力和穿透力，把握住中国人仍然活生生存活着的中国哲学传统。

二 中国哲学史研究者的主体自觉

中国哲学的当代意义的主体自觉，是民族文化的自觉，是民族精神的自我意识，也可说是社会主体的自我意识。还有一个方面就是研究者主体自身的自觉，也就是我们这些研究者怎样去看待、去理解我们自己的问题。我们更多的研究者可能是面向文本、面向传统作为文本的集合、面向经典研究我们的中国哲学史；而另一方面的研究也同样重要，那就是我们自身的主体自觉，研究、反思我们自己。按照解释学的观点，我们这些研究者是历史性的此在，我们自身就是传统的承载者。传统的偏见既是我们要反思超越的界限，也是理解文本的前提和条件。在这样的意义上，活着的传统，首先是指我们研究者的心灵生活中还有多少活着的传统，这就需要对我们心灵中的那个活着的传统有一种自觉的反思和批判。

因为这里涉及——比如说——对于最近面对国学热也好，中国哲学走向世界这样一些呼声也好，自由主义给出一些很严厉的批评，认为我们是文化保守主义。有人甚至明确概括中国三大思潮为文化保守主义、文化激进主义和文化自由主义，而且认为文化保守主义和文化激进主义殊途同归，仍然体现着反自由主义的东方专制传统。对自由主义的这样一个严厉的批评，我们中国哲学史界也应该有所警觉、有所自省，也应该有所回应。我们认为，文化保守主义未必是一件坏事。按照美国著名的社会学家丹尼尔·贝尔的一个说法，他向往的是文化上的保守主义，经济上的社会主义，政治上的自由主义。因为文化作为一种历史的积淀、历史的遗传，有一种保守主义的自然倾向，这正是文化应有的价值维度，如果对文化采取一种激进的、乃至虚无主义的态度可能是违反文化本性的。在这样的意义上，文化保守主义可能并不一定错，但是问题就在于文化上的保守主义需要与现代文明的经济、政治价值相协调。如果把文化保守主义演变为一种经济的保守主义、政治的保守主义，那就是一种错误的保守主义。所以我们在今天，如何能够把传统文化的珍重和弘扬同现代文明的基本价值有机结合起来，我们如何把这不同领域的价值诉求有效地协调起来，这可能也是对当代人智慧的一个挑战。

在这样的意义上，当代中国哲学研究，特别是哲学史研究的价值取向，需要思考的一个前提问题就是什么是我们今天的"政治上的正确性"。"政治上的正确性"这本是西方学者的一个术语，在西方有着它特定的含义，比如说宗教问题、种族问题、女权问题等等这样一些非常敏感的、影响政治家选票的问题，如果在这些问题上说了错话，这就犯了政治上不正确的错误，这是在西方语境中的含义。那么在我们中国的语境中，我们的学术研究，也包括我们的马克思主义哲学研究都有这样一个难题，在今天，什么样的价值取向是我们应该坚持的？什么是我们今天应该坚守的政治正确性？和20世纪80年代不同，那时整个中国知识界、大多数中国老百姓有着普遍的价值共识——改革、开放、启蒙、思想解放——没有任何疑问。但是，90年代中期以后，改革进入攻关阶段，各种不同的利益群体出现了利益的博弈，在这样一个背景下，什么是我们应该有的政治选择？这些问题对我们今天从事学术研究，不管是搞哪个专业，马哲、中哲、外哲，还是经济、社会和政治，不管什么学科，可能都面临着这样一个考验。

几年前王蒙先生曾写过一篇文章叫"赵本山的'文化革命'"，他在这篇文章中提到，"新中国六十年了，改革开放三十年了，我们期待着这艰苦与伟大历程的全面总结与升华。同样，知识精英们从西方发达国家趸进了那么多知识观念，包括照搬不误的观念与用'西马'腔调批判西方直到怀念'文革'的腔调，却因中国与西方的多元制衡社会大异其趣，精英们便只能吞吞吐吐，磨磨唧唧，不能不令人觉得他们是没有找到感觉（如新自由主义）或找错了感觉（如新左派）。他们生活在情况全然不同的中国，却找不到自己，不知道自己到底要干什么，还不如赵本山"[①]。这段话中隐含着一个非常重要的提问——文化总要有对中国现实的正确感

---

① 王蒙：《赵本山的"文化革命"》，《读书》2009年第4期。

觉，既然新左派感觉错了，自由主义又没有感觉——那么什么是关于中国现实的正确的政治感觉？或者按照我们刚才的提法，什么是关于中国现实的政治正确性？我们认为这个问题对我们中国学术界，对整个中国知识分子是比"钱学森之问"更重要的问题。

这里我们只能试着给出一个粗略的回答。面对当今现实，政治上的正确性意味着，一方面，中国哲学史研究的主体，我们中国哲学史研究工作者可能也需要一种，要吸取当代文明，特别是西方文明的优秀成果，我们仍然需要对西方文化以一种开放的自由的心态，也可以说是对世界文明，特别是西方政治文明的优秀成果的尊重，如果没有这样一种尊重，我们可能会出现偏差。所以我们今天要警惕的是那种民族主义的、保守主义的、民粹主义的这种狭隘的、情绪性的民族文化自觉。我们认为这种自觉就是危险的自觉，可能新左派多少也有这种偏颇。另外，按照中国传统哲学，特别是儒学的自我意识，我们难免那种风行草偃的君子之风或者说是高高在上的那样一种教化的姿态，我们很难有这样一个警醒。我们的追问是，凭什么我们去教育别人？凭什么我们就认为自己是君子之德风，小人之德草，草上之风必偃（《论语·颜渊》）——我们有这样的一种教化的文化特权吗？是谁在当代的文明背景下赋予了我们这样的合法性？所以这些话题对于我们中国哲学史研究者自己的主体的自觉，主体的反思，主体的自我批判、自我矫正至少是一种自我警醒，可能也是我们应该关注的一个理论话题；但是另一方面，正如高清海先生所说："西方哲学是以西方人特有的生命形态和生存经验为基础的，它的问题意识和思想旨趣基本上生成于西方人特有的生命历程之中，它的审视和追问方向也主要是西方人特有的生命经验，我们不可能期望让他们代替中国人去理解、反思我们自己的生命境遇和生存意义，仰仗他们的理论具体解决中国的现实问题。中华民族的生命历程、生存命运和生存境遇具有我们的特殊性，我们的苦难和希望、伤痛和追求、挫折和梦想只有我们自己体会得最深，它是西方人难以领会的。"[①] 我们中国普通老百姓的希望是什么？我们过去说中国人就两个最重要的事，一个是肚子问题，一个是面子问题。改革开放我们基本解

---

① 高清海：《中华民族的未来发展需要有自己的哲学理论》，《吉林大学社会科学学报》2004年第2期。

决了温饱问题，解决了肚子问题。面子问题就是法兰克福学派霍耐特所说的"承认"的问题，它不容许体制性、系统性的蔑视，为承认而斗争就是为人的自由、平等的尊严而斗争。中国哲学史研究的主体，我们中国哲学史研究工作者要对最广大的老百姓、中国人民大众的那种希望和忧伤，希望和梦想，他的渴望，有一种准确地感知。在一定意义上，我们认为，"平凡、真实、快乐的生活"可能是我们中国百姓最为真实的问题和希望，也可能是当代中国哲学的起点。①

三 中国哲学史研究需要一种心灵的修养和实践

一定意义上，中国传统哲学把对人性的自觉归结为德性自觉，德性被视为人禽之辨的根本标准，人区别于动物就在于人有一种道德的能力，人能够过一种有道德的生活。中国传统哲学的这种德性自觉甚至决定了中国传统文化发展的一种切己体察的致思进路。②《大学》把德性的实现归为"三纲领"、"八条目"，而所谓"三纲领"、"八条目"的核心归结到一句就是"壹是皆以修身为本"。及至阳明，甚至明确地提出了"知行合一"说。钱穆先生则基于对宋学的解读明确地讲中国哲学是一种修养论。③

而这也正是中国哲学和西方哲学的一个重要的区分。高清海先生也曾经明确地把西方哲学视为理性哲学，把中国哲学视为心性之学。理性哲学是运用理性形成知识，心性哲学是通过义理的悟觉，去完善人性的修养。西方哲学的理性哲学是把心性理性化、逻辑化，把它形成为客观的知识形态，这才有西方的心理学，西方的思维科学、逻辑学。而中国传统哲学相对应的是把理性心性化、内在化，理性作为天道，作为良知、良能，它是一个内在化的理性。这个内在化的理性，如何去确认呢？只能是通过切己体察的明证性。中国哲学有一些说法，包括老百姓的一些说法，"天理昭昭，疏而不漏"，天理昭昭就是一种切己体察的明证性，明明白白地在那

---

① 孙利天：《朴素地追问我们自己的问题和希望：中国哲学、西方哲学和马克思主义哲学会通的基础》，《吉林大学社会科学学报》2005年第3期，《新华文摘》2005年第20期转摘。

② 孙利天、张岩磊：《哲学的人性自觉及其意义——中西马哲学会通的一个内在性平面》，《长白学刊》2011年第1期。

③ 钱穆：《阳明学述要》，九州出版社2010年版，第1页。

摆着。这种切己体察的明证性是我们叫理性内在化或者叫作为良知、良能的理性，作为一种心性的理性，它有它特有的清楚明白。

这种内在化的理性只能通过修养来习得。修养，我们过去用最简单的说法就是变化气质，陶冶性情。这种修养实际就是心性的实践，所以如果没有这种修养的意识，没有一种完善自己的意识，没有一种道德的真诚，我们就根本无法进入中国传统哲学的实质的思维方式。仅把它作为一种外在的知识，就不可能真正地体会到它的实践性意义。最简单的道理，"三人行必有我师"，这是我们从小就知道的，但是如果把它作为一种知识论，那么我们可能会无法理解这句话的真实意义。因为从知识论的视野评价，三人行，甚至是十人行，百人行也没有我师，因为他们未必有我的知识多，因而他们就没有值得我学习的地方。只能说从为人、修养论的视角说，我总能从别人身上学到应该学到的东西。只有基于这种内在修养的自觉，才能有《大学》中"苟日新，日日新"的所谓日新盛德。也才能有孟子所讲的"睟然见于面，盎于背，施于四体，四体不言而喻"（《孟子·尽心上》）那样一种状态。

对中国哲学的这样一种修养论的理解，我们也可以视其为一种实践论，或是一种成长论，或者说是成人论——使人成为人。高清海先生曾经说过，猫不用做猫，狗不用做狗，因为按照它的自然遗传、自然习性它就成为猫、成为狗，而只有人需要成为人。所以在这样的意义上，整个儒学也好，甚至更宽泛地说，整个中国传统哲学也好，儒释道各家，无非都是关于心灵成长的学问，而心灵成长的过程最重要的是修养和实践。在这样的意义上看中国传统哲学的价值，可能就在于它未必形成什么皇皇巨著，而是完善伟大的人格。在一定意义上，杰出人物的生活和传记，就是他的哲学。如果真的是按照中国传统哲学的要求去践履笃行，可能会造就一些杰出的伟大人格。而通过造就出一些杰出的伟大人格形成一种所谓君子之风，就有可能引领社会的道德风尚。需要指出的是，伟大人格或者说"内圣"才是能够示范或者教化的前提，这是我们今天的中国哲学史的研究者不能忽略的。这种示范的作用是巨大的，比如王阳明的"良知良能"这样一些概念在今天已成为我们心灵结构的固有组成部分。这固然因为这些概念直指人心，容易在人们的道德自觉中得到确定，另外，它也是数代圣人君子身体力行的榜样所确证的。通过一个漫长的历史过程，耳濡目染、一点一滴的春风化雨式的浸透和教化，类似天良、良心这样一些概念已经影响或者用李泽厚先生的说法，积淀为我们的心灵结构的一部分。

我们中国哲学界都喜欢强调对古代典籍、古代经典要有同情的了解。那么我们要问情何由来？我们对古人之情所以能通、能同，就要求我们自身也必须有相似的心灵实践，相似的心性的修养和相似的日常日用的道德实践。孟子讲，道就像大路一样，明明白白，只要是孝悌，这就是入道之口，孔子也讲，"道不远人"（《中庸》），在日常日用中的道德实践，或者说是心灵的修养，这正是中国文化的精髓，我们如果没有这样一种自觉的自身修养的精神维度，经典就仅会变成名言，经典就成为教条，经典就失去了它在生活中照亮生活的力量。用黑格尔的说法，那些具体普遍性的真理，只有在日常日用的生活中照亮生活，它才天理昭昭，它才能明朗无蔽。在这样的意义上，我们认为中国哲学史研究固然需要读经典、阐释经典，但是我们在读经典的时候也需要心灵上的修养和实践。

当然，我们很难做到像古人那样三省吾身，慎独，一言一行战战兢兢如履薄冰。但是正如高清海先生曾强调过的"为学做人，其道一也"，对于中国哲学史的研究者来说，心灵修养和实践的精神维度是不可或缺的。而且按照我们的看法，今日之中国儒学的希望就在这里。

（原载《吉林大学社会科学学报》2013年第1期）

实践理性的自然基础
——中国哲学对意识能动性的理解

意识能动性是人区别于动物的显著特点,人所特有的意识机能使人向整个世界开放,即把整个世界作为意识对象,从而使人成为世界性的存在。意识能动性也使人超越自然物种的局限,能够按照任何物种自身的规律和尺度去生产,使物与物相互作用以实现人的目的,从而使世界成为人化的自然或属人的世界。人类对自身意识能动性的自觉,是自然界和人类学最重要的事件。《圣经》说,亚当和夏娃偷吃了智慧之果,从此心明眼亮,能辨善恶美丑,几与上帝比肩,于是被逐出乐园。中国古代传说,仓颉造字,"天为雨粟,夜为鬼哭",这也是惊天地、泣鬼神的重大事件。意识能动性的自觉不仅是文明的开端,也是自然的断裂和巨变,人从此成为人,自然从此开始了人化或非自然化的过程。上帝震怒,天地惊变,这些古老的故事和传说似乎表达着人类祖先对自身意识能动性的自觉和骄傲,对未来的恐惧和忧虑。人类的一切文明成果,都是意识能动性的产物,现代人面对的一切全球性问题的困扰,也都根源于人的意识能动性。意识能动性是自然对人类的馈赠,是人类的天命,但对意识能动性的反思规定却是哲学的根本任务,而且哲学反思规定的不同方向,也从根本上决定了各民族的历史命运。所以,思考东西方哲学的特点,也需要从东西方哲学对意识能动性理解的差异入手。

一 对意识能动性的不同理解

人类的意识能动性是自然进化的产物,意识能动性的存在是一个自然事实;但人类对自身意识能动性的自觉,即自觉到、知道自己具有意识能动性却是个意识事实；进而对意识能动性的理论认识，则是哲学或文化事实。意识能动性是人所属物种的共有的机能和属性，在这一自然的层面上可能并不存在种族、民族的意识能动性差异，所谓人同此心，心同此理，即是意识作为心、能动性作为理的自然规律的同一性。但是，不同历史时期、不同文化传统对意识能动性的自觉和反思，则必然具有意识差别、哲学和文化差别。特别是哲学对意识能动性的反思规定，取代了意识能动性的自然实在性而成为文化的实在性，它从根本上规定了人们对意识能动性的理解，成为哲学解释学所说的合法的偏见或理解的前提，从根本上规定了一种文明的方向和命运。

经过现代西方哲学近百年对传统哲学的批判和反思，我们对西方哲学的起源、本质和特点有了更多的了解和认识，从而也对西方哲学对意识能动性反思规定的方向有了更清楚的认识。胡塞尔以绝对肯定的态度弘扬希腊的理性精神，认为作为一种文明形态的欧洲就基于希腊理性精神，现代欧洲的种种疾病，病根就是希腊理性精神的曲解和失落，使希腊理性精神的不死鸟重新站立起来，就是医治欧洲乃至整个人类疾病的唯一选择。海德格尔则从词源学的追寻，考察希腊哲学的衰变。他认为"存在""逻各斯"这些希腊语词意义的变化，是与西方哲学和西方民族命运的变化同步的，当西方哲学把"存在"当成了"在者"，把"逻各斯"作为逻辑的思维规定去规定在者时，由此就决定了西方文明技术统治时代的到来。根治现代西方文明的疾患，要找到超越西方哲学的思的道路，要找回被遗忘的存在经验。德里达则干脆认为，西方哲学即是"逻各斯中心主义"，"逻各斯"开始就是"聚集"之意，就是要把事物、存在聚集起来，并给予统一性的中心主义。超越西方哲学，就是要拆解、消解"逻各斯中心主义"。不管这几位哲学家对希腊理性精神和西方哲学的态度如何，有一点认识却是共同的，即西方哲学的主流是理性主义哲学，西方哲学对意识能动性的反思规定是理性能动性的规定。

古希腊哲学家对意识能动性的自觉，是理性能动性的自觉，更准确地说是理论理性的自觉。按照法国学者让-皮埃尔·韦尔南的研究，希腊思想的起源可以说是多种历史机缘风云际会的结果。在雅典等希腊移民城邦，本土的传统宗教的影响可能减弱，所以在公元前7—2世纪之间，在中国、印度等古代文明中传统的宗教世界发生深刻变化之时，"希腊的变化不是在宗教内部发生的，新的思想形态是在宗教的边缘和外部形成的，有时甚至与某些宗教信仰或官方礼仪公开对立。"①"希腊的独特性在于国家政权的特殊形式，在于古代城邦的建立，城邦意味着全体公民都参与公共事业的管理，所有集体活动都有完全的公开性"②。传统宗教影响的减弱，城邦民主制提供的自由，使"一种摆脱了任何仪式考虑的认知功能确立下来"，哲学带来的精神世界特点就是社会生活的世俗化和理性化。摆脱了任何仪式考虑的认知功能至柏拉图和亚里士多德，演变为摆脱了任何实用目的的纯粹理论兴趣。始于惊讶与好奇的单纯的认知渴望，为学术而学术的自由思考，成为哲学家的人生理想和希腊理性精神的特色。在这种时代精神或文化氛围中，哲学对意识能动性自觉和反思才有可能形成理论理性这种意识能动性的自觉。人是理性的动物，人性即理性；人的理论理性可以超越宗教、政治和任何实用目的的考虑，扬弃虚幻不实的感性世界，进入到一个永恒真理的王国。纯粹理论的兴趣、态度和追求，是希腊哲学对人性、意识能动性的独特体认，它打开了柏拉图所说的"灵魂的眼睛"，看到了一个由几何学式的理论、"逻各斯"所控制的新世界，为西方哲学的发展制定了方向。

在希腊哲学诞生的时刻，古老的东方世界也在发生着深刻的变化，其时我国正值百家争鸣的思想史上的黄金时代，多种多样不同程度的摆脱了传统束缚的世俗化、理性化思想大量涌现，中国哲学处于它的奠基时期。仅就摆脱仪式的考虑亦即哲学的世俗性而言，中国哲学较之希腊哲学可能毫不逊色。就社会生活的理性化而言，中国哲学可能也不逊于希腊哲学。我们认为，中西哲学的根本差别在于对理性的理解不同，即对人性作为意识能动性的反思规定不同。

中国哲学与希腊哲学一样，都以人与动物的本质区分即人的意识能动性作为哲学反思的起点。希腊哲学捕捉到理论理性的能动性，即超越感觉表象的理论认识达于理念世界和本质世界的理性能力；中国哲学则捕捉到实践理性的能动性，即超越人的自然需求而达于道德生活的理性行动的能

---

① [法]让-皮埃尔·韦尔南：《希腊思想的起源》，秦海鹰译，生活·读书·新知三联书店1996年版，第13页。

② [法]雅克·德里达：《书写与差异：访谈代序》，张宁译，生活·读书·新知三联书店2001年版，第14页。

力。从孔子的"仁"、孟子的"四端""良知""良能"到陆王心学的"良知",再到现代学者的"道德本体论""情感本体论",中国哲学可谓一脉相承,其根基就是对意识能动性作为实践理性的能动性或道德理性能动性的反思规定。

二 实践理性能动性的本质规定

海德格尔认为,看似无用的哲学其实却有巨大的威力,它从根本上关涉着民族的历史命运。中华民族五千年文明持久不衰,必有其深厚的哲学根基支撑。我们认为,中国哲学特别是儒家哲学对实践理性能动性的反思规定,是中国哲学的本质特点,是中国哲学对人类文明的重大贡献,其本质精神是永恒适用的,甚至也可以说它包含着一些永恒的真理。

中国哲学从开始就关注人禽之别,把人和动物从根本上区分开来的到底是什么?其实当人们反思这个问题的时候,就在事实上显示了这个根本区别,即人有自我意识。自我意识亦即人的意识能动性,人自知其所知,自觉其所觉,自知自觉的思考和行动,这就超越了其他物种,获得了超越自然决定的自由层次,开放了一个属人的、自由的或为为的广阔空间,文明由此开始,社会由此确立,道德礼仪,内外规范由此产生。从而也产生了自然和自由、自然和文明、自然和社会、生命本能和道德法律制度等多重矛盾。中国哲学素以整体性思维见长,它在人性反思的起点上就以中庸、平和的精神把握住意识能动性和自由的自然基础,把自然与自由,自然与社会思辨地统一起来。关键在于它抓住了自然倾向与社会规律即天道与人道的统一性。

人有自由思考和行动的能动性,反思这种能动性的哲学不仅要自觉,肯定这种能动性,还要反思规定能动性,亦即发现意识能动性的规律和规则。意识能动性的规律亦即人性规律,或者说是自由规律,自由且有规律和规则,这似乎是个语义悖论,问题的困难就在这里。从彻底的自然主义或决定论思维方式出发,必然认为人的能动性或自由,是自然进化的产物,它的活动规律也是自然因果法则决定的,因而没有自由,没有意识能动性。割裂意识能动性的自然前提,把理论理性的能动性看作是不依赖人的自然生活需求的来自神性的东西,就会把道德法则、社会规范乃至法律制度等看作是纯粹属人的,由人的理性能力自由建构的东西,这就把自然规律和社会规律割裂开来,把人的自然生命和社会生命对立起来,社会和社会规律就成为无中生有的理性奇迹。时至今日,西方伦理学、政治哲学和法哲学等,只是把人的自然需求看做是人的自然权利,它自身没有实现自己的社会规律,只能在理性的反思和设计中把它作为一个根本的要素安排在制度结构中。中国哲学的高明之处就在于它反思地规定了人的自然情欲需求并不是一个与兽性无异的单纯的生命冲动,而是内在包括实现自身的规则的系统。意识能动性不是一个单纯的理性能动性的形式原则或能动原理,它是人的自然情欲实现自身的实质性的实践理性的法则。在中国儒家哲学中,所谓"天命之为性""性即理",肯定了人的自然禀赋中就有实现社会道德生活的内在根据。实践理性的能动性即人的良知、良能,是一切社会规范的自然人性基础。社会关系、社会存在和社会制度乃至社会规律都是实践理性实现自身,并在对象化自身中自我制约的产物,在逻辑上和事实上实践理性的能动性都是先在的。[①]

中国哲学对实践理性能动性的自然主义理解,并不是自然因果决定论的理解,它并不否定人的自由、自律的道德价值,只是指出了道德理性,实践理性的自然基础。在现实生活中,人们有种种自觉的价值追求,孔子讲到的就有"好德""欲仁""好色""喻于利""喻于义"等君子和小人乃至乡原的差别,这种自觉的人生追求,都经过了人的意识能动性的作用,从而使一个时代的社会风尚,人们在社会生活中所处的社会关系和利益关系,及每个人不同的文化教养等多种因素都通过思维的能动作用影响了人们的价值选择和道德观念,在这样的意义上,可以说社会存在决定社会意识,社会生产关系决定了人们的道德观念和价值追求。但是,意识能动性,思维能动性对社会关系的反映是能动的,它以其固有的自然人性为基础或者说是人性的反映社会关系,所以其中的良知、良能、善本善根仍是本原性的力量。在现实生活的层面上,孔子也曾感叹少见好德如好色者,这似乎是对小人、女子、下愚者人性的悲观看法。但重要的在于,即使是小人对利益、美色的追求,也是人的追求,也有实现其追求的界限、法度和规划,并且遵循这些规范不是单纯

[①] 本段的主要观点来自作者大学本科时的老师邹化政教授的教学和手稿。

地对实现目的的理性计算的结果，亦即不能完全用功利主义的原则来解释人的遵守规则的行为，人的实践理性的自然基础之中就存在着实现自身的内在尺度和界限，这就是孟子所说的良知良能，至于孔子所说的"好德"者，"欲仁则得仁"者，"喻于义"者，不过是在实践理性的反思规定中，把良知良能涵养扩充，使之成为自觉的价值追求，成为道德的自觉者而已。就人的实践理性的自然基础或先天基础说，人之为人并没有本质的区别。

在与现代西方哲学的比照中，中国哲学的人性自觉的一个伟大洞见显示出来，这就是实践理性的能动性所以具有善端在于自然性中的人伦和群体性情感。孟子所说的恻隐之心、辞让之心、羞恶之心等，是先于反思的自然生命情感，人在实现自己的自然需求时早已存在的先天情感作为尺度和界限规定了它的方向和界限。从而人的自然情欲需求就不是盲目的生命冲动。中国哲学的人性自觉和反思，开始就是道德反思和道德自觉，它所达到的反思规定，既不是"对市民社会的单个人的直观"，也不是作为一切社会关系的总和的人的本质的认识，而是先于社会化的自然化的人类，而这种自然化的人类又从根本上区别于契约论者的自然状态，因为契约论者的自然状态正是按照马克思所批评的"市民"作为个人亦即原子式的理性个人所构想的。是原子式的理性个人，还是人伦性的自然情感？对人性和意识能动性反思规定的差别，从根本上区分了中西哲学的理论形态。原子式的理性个人，只有追求自身利益最大化的本能，而无实现自身利益的内在规范，一切规范都是理性实现自身利益的"狡计"；而具有人伦性自然情感的生命冲动，在其起点上即有恻隐心、同情心、辞让心的规范，亦即有与他人共在、共存、相关涉的自发意识，它可以在实现自身于某种文明和社会形式中形成自身要求的社会规范。因而，社会规范就不是个人利益最大化的理性选择，而是有自然情感基础的实践理性的能动性的实现。我们认为，中国哲学对人性，意识能动性的反思规定一旦得到人们的普遍认同，整个西方的哲学和社会科学可能都需要重新改写。这不是说西方的人性需要改变，而是说西方哲学和西方文化对人性的理解需要改变，从而这也真的会对西方现实的人生状态发生影响。

三 通达实践理性能动性的思想道路

中国哲学对实践理性能动性的自觉和反思规定，从根本上决定了中国哲学的特点和理论形态，也决定了它特有的思维方式。我们可以从中西哲学产生的具体历史条件如经济发展水平、政治制度、前哲学的文化传统等考察其差异产生的现实根源，如马克思在《关于费尔巴哈的提纲》中指出的那样，旧哲学包括旧唯物主义是立足于市民社会，所以只能把人的本质理解为个人化的市民；而马克思的新哲学则立足于人类社会或社会化了的人类，所以把人的本质理解为一切社会关系的总和。我们可以说，中国哲学立足于传统宗法社会，所以把人的本质理解为具有先天自然情感的实践理性的能动性。人的意识能动性或所谓一般人性是人这个生命物种的永恒规定性，如果它发生了改变人就成了非人。但哲学对意识能动性的反思规定却是历史的，可变的。西方哲学捕捉到的理论理性本质，中国哲学捕捉到的实践理性本质，马克思发现的社会本质，都是人性或意识能动性的固有规定，其中都有绝对真理的成分，都是人类宝贵的精神遗产。所以，仅就中国哲学产生的历史条件理解中国哲学的特点就是不够的，我们还必须进入中国哲学的思维方式之中，找到通达实践理性能动性理解的思想道路。

现代西方哲学的语言转向，启示我们可以从中国语言、文字的特点来理解中国哲学思维方式的特点。汉语和汉字没有拼音语言和文字的精细区分功能，特别是汉字的象形性特点，使语言、文字与其指称紧密地联系在一起，从索绪尔语言学关于语言的约定性和差异性原则不适合汉语来分析，在这两个原则基础上而形成的德里达的"延异"和解构，也不适于拆解中国的形而上学。对此，德里达也有明确的意识。物象性的汉字具有丰富的启示、联想功能，从而它使中国哲学弱于区分和论证，长于综合和直觉。汉字书写的艺术，也使诗、书、画、思、史等紧密地联系在一起，故有文、史、哲不分家的说法。从中国语言和文字的角度探索中国哲学思维的特点，是一个有待深入的研究领域。本文只是想强调指出，汉语和汉字的特点不利于精细的演绎逻辑的思维，它使中国哲学免于"逻各斯中心主义"，而有利于切己体察、内在体验的实践理性的反思。

至少《大学》《中庸》以来，中国儒家哲学已发展出一套成熟的哲学思维方法和哲学修养方法。这种哲学治学方法主要不是逻辑的训练而是一种心性的修养功夫。所谓"慎独""求其放心""正心""诚意""修身""自明诚""操存涵养""择善固执"等不仅是一种道德修养功夫，也是一种独特的哲学思维方式。在与西方哲学思维方式的比照中，其个性鲜明显现。概括说，就是适于实践理性能动性反思的内在体验的方法。内在体验是模糊、黏稠、流动的情感之流和生命之流，它无法像外部经验对象那样在可直观的空间关系中确定和摆放它的逻辑位置，因而它难以逻辑化。也许是因为中国的语言和文字更具有描画和表达内在体验的能力，中国哲学更早地作出了超越逻辑的而又是世俗化的内在体验的思的表达。

实践理性的能动性是有自然情感基础的能动性，以纯粹理论的态度和方法去规定和反思这个能动性，至多只能如康德确立起形式普遍性的道德原则，人的自由和自律，道德的绝对命令，只能是使道德生活成为可能的公设，而无"爱人""恻隐""辞让"等实质内容的道德规定。其根本原因在于，理论理性的反思无法规定实践理性的自然情感基础，无法从现象界反思到道德可能的情感根据。要把握这个情感根据，必须以内在体验的方式和方法进入人的情感世界，所谓"近求诸身""返身而诚"，都是要求哲学思维以真诚无伪的态度反观和体验本身的经验和情感，从而作为善本善根的良知良能亦即天理就会昭然若揭，朗然显现。而天道即人道，顺从天理良心的自觉实践意志，就是人伦之道。这并非说人的所有道德规范和原则都得之于天或自然，而是说每一时代具体的道德规范和原则并非简单是理性反映社会生活的要求而设计和构造的，其中都有先天的自然人性基础。反思和把握这个自然人性基础或自然情感基础，仅有理论理性的反思和直观是不够的，因为其中有理性和逻辑之外的"情感剩余"，对此只有用真诚的同情、通情才能把握。体验之思作为一种可能的形上之思是中国哲学的特质和对世界哲学的贡献。

当代西方哲学经过近百年对传统哲学的批判，使逻辑的界限、语言的界限乃至理论理性的界限日益清晰地显示出来。英美分析哲学把一切涉及价值的判断都作为无意义的形而上学命题予以拒斥，事实判断和价值判断的区分是经验论的新的教条。这也从反面说明西方哲学的逻辑无法把握价值问题和规范问题。然而，在逻辑和科学之外的问题仍是问题，维特根斯坦和石里克都曾讲到的生活问题、生活意义的问题都是人们不得不思想和言说的问题。超越逻辑的形上之思是否可能？如何可能？欧洲大陆哲学家海德格尔明确地提出"哲学的终结和思的任务"，认为西方特有的哲学已经终结或完成，而对"为什么在者在而无反倒不在"一类的存在问题仍需思去澄明或疏明。德里达也认为，"逻各斯中心主义"的哲学是西方特有的知识形态，东方无哲学，但有"思想"。[①] 中国哲学的体验之思能在西方哲学终结或拆解的语境中获得它的世界意义吗？

按照我们对意识能动性作为自然事实的理解，人同此心，心同此理，作为对意识能动性反思规定的哲学虽有文化和民族的差异，但因其自然基础的同一性必能获得普遍性的理解。东方国家和发展中国家的现代化进程表明，希腊的理性精神，"逻各斯中心主义"，功利主义的人性理解已成为世界性的主流哲学，东方人已经十分顺畅地吞咽下西方的"智慧之果"。经济和社会发展的渴望，现代通讯、传媒和教育手段的发展，使人们迅速地遗忘了中国哲学的传统智慧。任何哲学理论的存在和发展，都需要有它的生活世界之根，皮之不存，毛将焉附？中国哲学的意识能动性的反思规定及其思维方式，实际也是一种生活方式，人的存在方式。当人们的现实生活已被功利主义原则支配的时候，人们对自身的人性理解必然是经济人，理性人的理解，经济学取代哲学而成为人生的指南又有什么奇怪的呢？但我们对中国哲学特质的反思和弘扬又不是毫无意义的，它不仅是为了保存一个民族的集体记忆，同时也是对民族良知的召唤。而且，当所谓"后现代"社会、"后物质主义时代"已现端倪的时候，中国哲学对实践理论能动性的反思规定必将获得现实的世界意义。

（原载《吉林大学社会科学学报》2002年第5期）

---

① ［法］雅克·德里达：《书写与差异：访谈代序》，张宁译，生活·读书·新知三联书店2001年版，第10页。

向自然学习的智慧
——现代性遮蔽的精神维度

好生活愈益成为哲学的主题。甚至某种意义上我们可以认为,哲学就是探讨什么样的生活才是好生活以及如何才能过上这种好生活的理论。近代启蒙以来,哲学主张自由的理想生活,而现代性的进程则直接彰显了这种自由生活的理想,但是正如吉登斯、鲍德里亚、波曼等人所揭示的那样,现代性也给人们的生活带来了许多负面的影响。那么究竟如何看待现代性呢?

应该说,现代性以工具理性的高度发展,极大地拓展和深化了普通人的精神空间和精神生活。通过现代教育和科学技术的普及,世界各民族普通百姓的精神世界得到了极大地丰富和拓展,这是理解现代性的一个前提判断,否则我们可能就会犯厚古薄今或者某种消极浪漫主义的错误。但是现代性在西方学术话语中,实际是通过学者们对现代社会的反思和批判所建构起来的一个否定性概念,在西方话语系统中,现代性始终或者说主要是作为一个否定性的、批判性的反思而出现的。现代西方哲学和社会学等理论的最重要的贡献,就是不断揭示出当代西方社会诸多隐蔽的、抽象的或微观的乃至制度性的新的压制形式。这本身就表明在西方的精英文化中仍然保持着一种对自由和崇高的精神追求。

对于现代性存在或者说所带来的精神生活的问题,我们认为可能用这样一个判断比较准确——它是一种片面的发展,是一种丰富的贫乏。所谓片面的发展和丰富的贫乏,就是它丧失了或者说失去了几千年农业文明所积累的一些传统智慧的精神维度,其中包括像宗教信仰的虔诚和传统血缘伦理亲情的淡化,可能也包括海德格尔哲学所揭示的这样一个思想方向,那就是存在的遗忘。更根本的问题在于,自由是不是好生活的全部?在自由之外，好生活有没有其他的维度？海德格尔对于存在之遗忘的揭示又能给我们带来什么样的启示？

一 为什么要向自然学习

如何应对现代性所带来的片面性发展和丰富的贫乏？在自由之外是否有好生活更为重要的维度？或许海德格尔哲学尤其是他对于西方传统哲学对于存在的遗忘的揭示能够给我们带来一定的启示。纵观海德格尔哲学，虽然他研究的焦点发生过改变，但是正如他曾说的那样他所有的著作只关心唯一一个问题即存在的问题，可以说他终生都在致力于追思存在自身的意义。

如何应对现代性所带来的片面性发展和丰富的贫乏？在自由之外是否有好生活更为重要的维度？或许海德格尔哲学尤其是他对于西方传统哲学对于存在的遗忘的揭示能够给我们带来一定的启示。纵观海德格尔哲学，虽然他研究的焦点发生过改变，但是正如他曾说的那样他所有的著作只关心唯一一个问题即存在的问题，可以说他终生都在致力于追思存在自身的意义。

海德格尔哲学明确作出了存在与存在者的本体论区分，海德格尔认为，传统西方哲学或者说形而上学的根本问题就在于混淆了存在与存在者或者说遗忘了存在。在海德格尔看来，聚焦于存在者而遗忘了存在的历史正是科学发展的进程，而科学的充分发展则意味着哲学的终结。在《面向思的事情》一文中，海德格尔说："哲学之终结是这样一个位置，在那里哲学历史之整体把自身聚集到它的最极端的可能性中去了。"[1] 而这种可能性就是从开端处，哲学就蕴涵了科学性的致思模式——"早在希腊哲学时代，哲学的一个决定性特征就已经显露出来了：这就是科学在由哲学开启出来的世界内的发展。科学之发展同时即科学从哲学那里分离出来和科学的独立性的建立。这一进程属于哲学之完成。"[2] 而科学的充分发

---

[1] ［德］海德格尔：《面向思的事情》，陈小文、孙周兴译，商务印书馆2007年版，第70页。

[2] 同上。

展及其实现表现为以控制论为主要特征的科学最终的目的就在于"规定"存在者,进而宰制存在者。最后,"表象—计算性思维的操作性和模式特性获得了统治地位"①。这样的一种思维模式把自然规定为思想的对象,把它纳入一种逻辑的范畴之中,把自然用技术控制起来,最终完成了对存在者领域的区分、分割和控制。

基于这样的理解,海德格尔认为,对存在的遗忘是把形而上学引向歧路(虚无主义)的根本原因。这种虚无主义导致的是彻底的(自由)主体性形而上学或说彻底的人类中心主义。人凭借或者说任由技术座架(Gestell)不仅逼索自然甚至是人的生命自身,令一切都成为技术的对象和产品。遗忘了存在的哲学的完成最终彻底割裂了人与自然的那种原始的归属性,人被连根拔起。正是通过这种极端的理性主义,人使自身处于一种癫狂的状态。晚期海德格尔甚至认为,人的自身生产带来自身毁灭的危险。②

海德格尔力图通过存在和存在者的本体论区分,改变那种以思维规定存在的视轨,以他的非规定性的诗性之思来呼唤存在的意义,使人或思维扎根存在、归属存在,从而把人从技术的危险中拯救出来。为此,区别于传统西方哲学,海德格尔基于他自己的"词源学"考据,认为逻各斯不是逻辑规定,而是"采集"③;理论不是行动的规划而是"逗留、盘桓在对存在的观照之中"④;思想不是寻找本原和概念,而是一种讯问地接纳。⑤ 通过对传统形而上学这些核心范畴的重新注解,海德格尔力图表明,西方传统哲学的源头——古老的希腊哲学思想中已经蕴涵了那种归属于存在的思。海德格尔认为,原始的诗的命名即是存在的绽放着的持存,所以这个在存在平面上的思想比柏拉图主义的思想更实在、充盈、生动,

---

① [德]海德格尔:《面向思的事情》,陈小文、孙周兴译,商务印书馆2007年版,第72页。

② [法]F.费迪耶等辑录:《晚期海德格尔的三天讨论班纪要》,丁耘摘译,《哲学译丛》2001年第3期。

③ 参见[法]海德格尔《形而上学导论》,熊伟、王庆节译,商务印书馆1996年版,第124—125页。

④ [法]F.费迪耶等辑录:《晚期海德格尔的三天讨论班纪要》,丁耘摘译,《哲学译丛》2001年第3期。

⑤ 同上。

因为它扎根于存在，因而面向事情本身。而以存在之思在世的此在是领会了存在意义的在者——他诗意地栖居在大地上。

以我们中国的文化传统和话语体系作为参照或可较好地阐释海德格尔所追问的存在的意义，以及他所开启的哲学视域。事实上，海德格尔自己也说过"是不是有朝一日一种'思想'的一些古老传统将在俄国和中国醒来，帮助人们能够对技术世界有一种自由的关系呢？我们之中有谁竟可对此作出断言吗？"① 那么在我们中国的话语系统中，什么是存在的意义，如何获得存在的意义？我们认为可能其中很重要的一点就是向自然学习。农业文明中，人所表现出来的更多的就是那种植根于大地、自然的现身情态，以及思为存在所召唤的那种受动的态度。海德格尔重新理解逻各斯、理论、思这些核心范畴，实际从我们中国的传统经典中、从我们的语义直觉中都能很明确地感受到它对自然、对存在的那种倾听、接纳和敬畏。儒家的《易传》中的"大哉乾元，万物资始，乃统天""至哉坤元，万物资生，乃顺承天"（《易传·象传》）、"天地之大德曰生"（《易传·系辞传》），孔子的"天何言哉？四时行焉，百物生焉，天何言哉？"《中庸》里"唯天下至诚，为能尽其性；……可以赞天地之化育，则可以与天地参矣。"再到孟子，"尽其心者，知其性也。知其性，则知天矣"（《孟子·尽心上》）。至张载的"民胞物与"，以致王阳明的"天地万物本吾一体""致良知"等这样一些说法；道家老子的"人法地，地法天，天法道，道法自然"，庄子的"天地与我并生，而万物与我为一"（《庄子·齐物论》）的齐物论思想都充分体现出中国人"取法天地""天人合一"的致思取向。这样的一种致思取向，把天地、自然的大化流行视作人的德性自觉、国家治理甚至是人伦日用的终极参照，最终所达至的"各正性命"是"与天地参矣"的觉解和对天命敬畏的统一。与海德格尔所谓"倾听大地的声音""诗意地栖居"的主张一样，我们把中国传统思想的方向视为一种向自然学习的智慧。

需要指出的是，海德格尔为了让自己的逻辑一致，认为以柏拉图主义为代表的古典哲学用思规定存在必然导致用思去宰制存在，这里实际上存在非

---

① [德]海德格尔：《海德格尔选集》下卷，孙周兴选编，上海三联书店1996年版，第1312页。

法的僭越或说逻辑上的跳跃。古希腊哲学认为哲学始于惊异，追求的是一种没有任何实用目的的为学术而学术的纯粹生活理想。爱智是为了认识世界、理解存在，是出于一种纯粹思想的理论态度。① 纯粹理论的生活态度追求为学术而学术的自由，或者说是一种纯粹理性的自由。基于这种纯粹理性自由的追求，我们甚至认为西方传统哲学把理性视作人的本体规定性。② 实际上思规定存在到宰制存在的转变始于培根的"知识就是力量"和笛卡儿"我思故我在"的主体性的确立，更根本的原因则是工业革命所带来的人和自然关系的变化。当然这并不影响海德格尔的结论，那就是哲学终结于以自由为核心要旨的主体形而上学的完成，也即技术座架对于世界的统治地位，其结果是存在被价值化、世界被资源化，"自由"的人无所依归，从而陷于虚无主义的深渊。在这样的意义上，海德格尔甚至批评马克思达到了虚无主义的极致。③ 在哲学史上，也许海德格尔哲学的真实意义就在于区别于以往以自由为核心的主体形而上学，通过对存在和存在者的本体区分提出了一种归属于存在的思，提出思的移居。对于海德格尔来说，除却自由，人还有另外的精神维度，就是那种倾听存在的召唤、倾听大地的言说的存在感、根源感，在大地和自然的馈赠和恩宠下，人才能诗意地栖居。也即雅斯贝尔斯所说的那种人和宇宙交流的存在感。④ 而这种使思归属于存在的精神维度或许比自由更重要。而在我们看来，海德格尔这种寻求存在自身意义的致思进路向我们所昭示的就是一种向自然学习的智慧。

二 向自然学习什么

向自然学习，我们到底应该向自然学习什么？我们知道，现代自然科学，按照海德格尔的看法是柏拉图主义的完成即形而上学或哲学的终结，我们把

---

① 详见孙利天《生存论的态度和本体论的理解》，《社会科学战线》2001年第2期。
② 参见孙利天、张岩磊《哲学的人性自觉及其意义——中西马哲学会通的一个内在性平面》，《长白学刊》2011年第1期。
③ 参见［法］F.费迪耶等辑录《晚期海德格尔的三天讨论班纪要》，丁耘摘译，《哲学译丛》2001年第3期。
④ 参见［德］雅斯贝尔斯《智慧之路》，柯锦华、范进译，中国国际广播出版社1988年版，第16页。

自然规定为思想的对象，把它纳入一种逻辑的范畴之中，把自然用技术控制起来，海德格尔的说法是完成了对存在者领域的区分、分割和控制。在这个意义上，现代自然科学技术可以说最充分地实现了向自然的学习，最典型的是仿生学的技术成就。但正如上文中我们已经表明的那样，这种仅仅是单纯地向自然学习知识、学习技术的学习恰恰是海德格尔所批判的。

我们这里所说的向自然学习，包括海德格尔可能所认同的向自然学习，最为重要的一点就是向自然学习使我们获得一种更自然的生存领会的智慧，而绝不仅仅是向自然学习知识或者是技术。在这样的意义上，我们或可重新阐释《大学》的格物致知。这也是中国学术史上的一段悬案。向自然学习什么，也就是格物究竟致何知？朱熹讲，格物致知缺少相应的注释，"右传之五章，盖释'格物''致知'之义，而今亡矣。"然后他用二程——他老师的思想补充说，什么是格物致知呢？"即物而穷其理也"，即物穷理到什么程度——"众物之表里粗精无不到，而吾心之全体大用无不明"（朱熹：《四书集注》），这便是朱熹从二程那里学来的格物致知。而我们《现代汉语词典》解释格物致知，叫"穷究事物的原理法则而总结为理性知识"，这应该是最为典型的对古典的现代化解释，实际上完全是用我们今天的知识概念框架来解释格物致知。我们认为不单是这样的解释甚至包括朱熹、二程对格物致知的解释，有一个根本的欠缺——就是没有明确指出格物致知不仅要研究包含着生产生活的一些实用性的技能，更要从格物中获得诚意、正心、修身、齐家、治国、平天下的人生领会和治国之道，要从物理中悟出人生的道理。而这也符合所谓"八条目"的内在逻辑。王阳明龙场悟道的要义就在这里。对王阳明来说，格物致知首要的就是致德性之知、天理良心之知，是在对自然的领会中去体察人的道德生活得以可能的那种自然智慧、自然基础，进而才能致良知于万事万物。在这样的意义上，儒家所谓"大哉乾元""天地之大德曰生""天行健，君子以自强不息。地势坤，君子以厚德载物"（《周易·象传》）这样一些从对宇宙的那种静默的观察、体悟中得来的知才是格物应致之知。用规范的西方哲学的表述方式是，通过向自然学习，要为人的道德规律建立一个客观的本体论基础。而朱熹的格物致知实际上包含着后来经验科学、实证科学的方法来格物，从自然之中学习那种技术的、实证的知的倾向，它不能解决儒家最为关切的道德本体的问题。

把格物致知推演到国家治理、社会治理层面，我们的祖先从自然之中或是日常日用之中学习什么呢？老子说："治大国，如烹小鲜……夫两不相伤，故德交归焉。"（《老子·第六十章》）"天之道，其犹张弓欤？高者抑之，下者举之；有馀者损之，不足者补之。天之道，损有馀而补不足……"（《老子·第七十七章》）这是在物之理中参悟那种无为而治的治国道理。而对儒家来说，"为政以德，譬如北辰，居其所而众星共之。"（《论语·为政》）"君子先慎乎德。有德此有人，有人此有土，有土此有财，有财此有用。德者，本也；财者，末也。外本内末，争民施夺。"（《大学》）儒家的治国之道所看重的还是从自然之中所学到的那些道德规定性。

当然，我们的祖先从自然之中学到的智慧绝不止于此，同其他各民族一样，如果基于人的自然的模仿能力说，可以说从自然之中所获得的智慧不胜枚举。以水为例，古希腊第一位哲学家泰勒斯认为万物出于水，复归于水；老子讲"上善若水，水善利万物而不争"，孔子说"智者乐水，仁者乐山"，而兵家则说"兵无常势，水无常形"。在对水的静默的体悟中，学到了宇宙人生的诸多道理。我们这里所强调的是向自然学习的那种自觉体悟天人之道的思想的维度。总体上说，无论是道家还是儒家，不论是对于人性的觉解还是对于人伦之道的体悟都是基于对天地、宇宙、对自然万物的静默式的学习和比附，以至于最终追求的就是"与天地参矣"的那种天人合一的境界。甚至于我们的象形文字，还有被后人称作是"山高月小，水落石出"所达至的那种"天然句法"，可以说我们的语义直觉、感知模式、思维方式，无不体现出对自然的那种直接的觉解和学习。

需要强调的是，中国传统思想对于宇宙、天地或者说自然本身葆有的感恩和敬畏。对于我们的祖先来说，自然绝不仅仅是学习的对象，更是"性""命"的本体。我们上文中提到的"大哉乾元，万物资始，乃统天""至哉坤元，万物资生，乃顺承天""天地之大德曰生"这样一些表述，不仅仅体现出从自然那里寻找德性本体的致思取向，也体现出对于天地化生万物的感念。对于我们来说，"天"或说自然在一定意义上具有宗教的意义，类似于西方的上帝范畴。比如《论语》中有"获罪于天，无所祷也"的说法，甚至孔子发誓都要说"予所否者，天厌之，天厌之"，而悲恸时嗟叹"天丧予，天丧予"这样的话。后世百姓甚至一直到今天我们也有"天网恢恢"这样的说法。而《中庸》提到"子曰：鬼神之为德，其盛矣乎！视之而弗见，听之而弗闻，体物而不可遗……夫微之显，诚之不可掩如此夫！"再如"至诚之道，可以前知。国家将兴，必有祯祥；国家将亡，必有妖孽……故至诚如神"这样一些说法，则体现出对于神明的敬畏或者说对于自然的那种神秘感的体悟。再至于儒家礼仪所重视的祭天、占卜祭祀等仪式，甚至民间对山神、河伯的祈福以及求雨的祭典，无不所体现出对天地化生万物的感念与敬畏。

三 中国传统文化对于生命的领会

基于上面的分析，我们向自然学习，不仅仅是学习物之理以及物理之中所蕴含着的天理，可能更为重要的就是学习自然可能给予我们的生活教训、生命领会。那么中国传统文化怎样领会生命？进一步，对于构建我们当下的精神家园来说，突破那种片面的丰富性，又有哪些古老的生命领会需要被唤醒？

上文所说"天地之大德曰生""天行健，君子以自强不息；地势坤，君子以厚德载物"等，实际都反映出儒家对于自然和生命的特殊领会。而对自然的这样一种儒家的生命领会，成为中国儒家主流文化中刚健有为、积极进取的生命态度。那么道家如何从自然领会生命的本质呢？我们都知道老子的一些著名的话，比如说，"人之生也柔弱，其死也坚强"，小孩生下来很柔弱，到死了就成僵尸，僵尸就坚强，他比附的是"万物草木之生也柔脆，其死也枯槁"（《老子·第七十六章》），春天的草木欣欣向荣，很柔弱，很柔脆，到秋天，树木、草木枯槁，这是一种柔弱的生命领会。所以老子主张贵柔、善柔之道。

如果对照海德格尔哲学，我们认为对于生命自身的不同态度可以看作中西文化的一个关节点的区别。东西方文化对生命自身的理解有着一个原则性的分歧。海德格尔在《形而上学导论》中，把生命的本质领会为"苍劲"，甚而直接把生命定义为"苍劲者"。他引证索福克勒斯的一首长诗，开头第一句就是"莽苍万景，而无苍劲如人者"[1]，把人定义为苍劲

---

[1] [德]海德格尔：《形而上学导论》，熊伟、王庆节译，商务印书馆1996年版，第147页。

者，那么苍劲者的形象是"彼出奔怒潮。随冬之南风暴雨起伏于惊涛骇浪峰间。彼疲及诸神之至尊，疲及土地，疲及坚如磐石的无劳无虑者，年年岁岁勤翻耕，驱骏马往返运犁……"[1]，"苍劲"是一种宇宙中雄浑有力的生命领会，他也引证赫拉克利特这个大家都熟知的说法，"战争是万物（在场者）之父，也是万物之王。它使一些人成为神，使一些人成为人，使一些人成为奴隶，使一些人成为自由人"[2]。西方文化中对生命的那样一种雄浑苍劲的领会，是西方文化的一种精神气质或者说是一个深层的思想背景。在西方的文学作品中，如《约翰·克利斯朵夫》《简·爱》等文学作品中表达的那种现代的平民化的自我意识，实际都是一个个奋斗的苍劲者。

而基于中国传统道家、儒家对生命的领会，一定意义上可以认为，中国传统哲学就是修养论。一方面生命是一个自然成长的过程，另一方面它是一个自觉修养的成长过程。从自然成长的那种生命领会说，把生命理解为一种柔弱的力，只有柔弱才有活力，老子主张柔弱胜刚强，甚至说过"强梁者不得其死"（《老子·第四十二章》）这样的话。而从儒家的修养论说，主张"慎独""吾日三省吾身"，使人总是处于一种"战战兢兢，如临深渊，如履薄冰"的思想状态。实际上就是对所谓人心、欲望进行抑制，从而带有明显的禁欲色彩。我们可以用一个比喻，西方人对生命的领会是滚滚涛涛的长江大河。青年时期是泥沙俱下、汹涌澎湃，充满生命的青春激情，而到老年则可以获得一种浩瀚的大海般的平静；我们中国就不一样，一开始就让你是一条清澈的小溪，不能有杂质。它的好处就是确实是使个体的生命能够得到修养、得到净化，也使得这种文化能够有很"韧"的生命力，从而得到一种历史的传承。但是其弱点就是它肯定束缚、限制了生命的潜能，使生命的力量不能得到充分地张显，并且一定程度上削弱了生活本身的那种轻松、欢愉，用我们今天流行的说法是，令人们生活得很累，很难拥有较高的幸福感。而更为突出的问题在于，就儒家说，关于道德修养的陈义太高，普通人难以做到，易生伪。而就道家说，

---

[1] ［德］海德格尔：《形而上学导论》，熊伟、王庆节译，商务印书馆1996年版，第147页。

[2] 同上书，第61页。

王夫之的《庄子解》就指出,"老子知雄而守雌,知白而守黑,知者博大而守者卑弱……是以机而制天人者也……不至如老氏之流害于后世……"①老子的这种柔弱的生命领会衍生出"以机而制天人者",成为中国的兵法、权谋的思想渊源,也有一些负面的、阴暗的东西,不若庄子的思想光明正大。应该说,后世人时常表现出的那种阴沉、狡计、私利的一面,远没有达到"刚健有为,厚德载物"的境界。

但是总体上,无论道家还是儒家以至中国传统思想对生命的领会,毕竟始终秉承着那种对人性的德性自觉,②主张自在自为的那种自我成长的修养论,追求空明虚静的那种"我心光明,夫复何求"的思想本体。而且始终葆有对宇宙天地、自然大化的感念、敬畏和守护。海德格尔呼唤思想的移居,甚至试图从"苍劲者"身上揭示出那种"……强力行事,就把人从其总是最切身而惯常的本身状态中开动出来"③,从而实现那惊险的一跃。但是海德格尔也深知思的移居的艰难,说要等待上帝的再次降临并为此做好充分的准备。但事实上苍劲者毕竟太惯于对存在者意义上的自然动用他的强力了,如何才能让这种"强力行事"转向其自身,说白了,如何才能有一种非主体性的思?所以,对于应对当下现代性所带来的精神困顿,甚至是后现代哲学家也包括海德格尔所说的技术的危险,或许中国传统思想中那些积极正向的生命领会具有重大的现实思想意义。也或许,对于海德格尔来说,这正是我们需要唤醒的古老的东方思想。

综合上文,向自然学习的智慧,在我们今天的精神世界、精神生活中,至少有这样一些意义很重要:第一,按照儒家的领会,生命是和自然物一样的精神成长过程,我们要有自觉的精神成长的维度;第二,无论是海德格尔还是中国传统思想,他们都具有空明虚静的思想特点,我们甚至把它看作思想的本体论条件。如果说我们现代人的精神家园出现这样那样的问题,可能就是因为精神过于满、过于"有",缺少一个使精神得以拓展的自由的思想空间;第三,在中国的现代条件下,要使人们能有一个精

---

① 《船山全书》第13册,岳麓书社1996年版,第472—473页。
② 详见孙利天、张岩磊《哲学的人性自觉及其意义——中西马哲学会通的一个内在性平面》,《长白学刊》2011年第1期。
③ [德]海德格尔:《形而上学导论》,熊伟、王庆节译,商务印书馆1996年版,第168页。

神幸福的好生活，我们认为最重要的就是提倡儒家的所谓各正性命、各乐其业、各得其所、安分守己。但是这里需要前提性的社会条件，首先需要有基本的社会保障，也需要社会的正义和公平，才能有真正的价值多元，有了价值多元才有习近平主席提出的让每个人都能活出光彩、活出亮点。最后，无论是基于现实生态环境的考虑、还是基于现代性中自反的逻辑甚至是海德格尔对人的自身生产带来的自身毁灭的揭示，我们都要葆有对自然、对存在自身和对人的生命的敬重，葆有对自然、对存在的那种敬畏和感恩的生命态度。

（原载《社会科学战线》2014年第1期）

寻求根基性的存在经验

黑格尔认为，哲学是思想中的时代。而哲学以概念、范畴或理念来把握具体而普遍的时代精神，哲学概念、哲学理念不是抽象的普遍性，而是具体的普遍性，是内在地包含时代基本经验的具体普遍性。所以一个时代的哲学理念需要时代经验的支撑，一个民族的哲学理念需要该民族历史经验的支撑，在当代对存在意义的理解需要一种基本的存在经验的支持，这种哲学理念才能是在时代中、在民族中有着根源性或者说是扎了根的哲学理念，否则就只是一些抽象的学术化术语。在这样的意义上，在我们当下的时代进程中，要理解存在、把握现实进而创造有中国特色的属于中华民族自己的哲学理论，或许最为重要的就是要寻找我们自己具有根基性的存在经验。

一 现代人"无根"的精神状态

海德格尔终其一生都在研究存在问题。海德格尔说：一个哲学家一生只能研究一个问题。意思是说这一个问题可能就是哲学的所有问题。不同的哲学家选择不同的哲学问题，有的哲学家对世界、对生活、对存在有特殊领悟，但从根本说，这些问题也是他所处时代的问题。无论是海德格尔研究存在问题，还是我们今天讨论的"根基性存在经验"，都是针对工业文明之后的现代社会人们普遍精神状态的思考。海德格尔有一句和我们相关的话就是"人被连根拔起"，也就是说生活在现代社会的我们似乎失去了自己的"根"，没有了"根"的生活会是一种怎样的精神状态呢？

实际上，早在马克思和恩格斯发表《共产党宣言》的时候，对这样一种现象已经有所预言。马克思和恩格斯在《共产党宣言》中首先告诉我们:"资产阶级在它的不到一百年的阶级统治中所创造生产力,比过去一切世代创造的全部生产力还要多,还要大。"① 马克思和恩格斯继而指出,"资产阶级抹去了一切向来受人尊崇和令人敬畏的神圣光环","资产阶级撕下了罩在家庭关系上的温情脉脉的面纱,把这种关系变成了纯粹的金钱关系"②。在这个意义上,马克思和恩格斯认为资本主义生产关系出现之后,人类世界受到了一种强大的抽象力量的控制,这种抽象的力量就是资本。资本的直接表现形式是货币,从2008年美国爆发"次贷危机"到出现金融危机进而发展成为经济危机,我们看到了货币的巨大抽象力。货币作为一种抽象的符号,实际上却在影响着世界各个角落的人们的生活,我们被资本的力量、被货币的力量所催逼。

从亚当·斯密开始,西方经济学家对人有一个基本假设,他们把人理解为:第一,人有理性;第二,人是自私的,人追求自己利益的最大化。在这样的意义上,人运用自己的理性能力去实现自身利益的最大化,这是古典经济学对人性的一个基本看法。今天我们回过头再看这样的一个假设,它已经成为这个世界人们共有的信条,甚至可以说成为了当今世界的哲学,所以学术界有个名词叫"经济学帝国主义",意指我们这个时代是经济学统治的时代。经济学为什么能够统治这个时代?因为经济学研究资本和货币,研究人的利益最大化法则,而我们每个人都是按照成本—报酬这种计算的方式去寻求自己利益的最大化。问题在于,利益最大化到什么程度才算足够呢?实际上永远没够。美国有位学者有部著作的书名就叫《多少算够》③,我印象中那本书写的是美国一些大公司的高层主管,年薪都是在数十万美元至上百万美元不等,年薪百万在美国可能也是平均收入的十倍或者更高,而即使是这些人,却也在不断地抱怨自己的贫穷。他们为什么还觉得自己穷呢?道理很简单,因为在他周围都是些亿万富豪,相比较而言,他们感到自己穷困潦倒。在这一意义上,马克思在《资本论》中讨论了相对贫困的问题。如果说一个草房周围全部都是草房,我们可能并不觉得寒酸,但是当这座草房旁边就是一座华丽的高楼大厦时,我们不

---

① 《马克思恩格斯选集》第1卷,人民出版社1995年版,第277页。
② 同上书,第275页。
③ 参阅爱伦·杜宁《多少算够》,毕聿译,吉林人民出版社1997年版。

禁会感到穷困不堪,这是相对贫困的表现。因此,在这样一种相对的贫困和一种相对收入差距的逻辑驱使下,人们对利益最大化的奋斗永远没有止境,也就意味着永远在焦虑、紧张,永远生活在巨大压力之下。

从马克思对资本逻辑的分析来看,可以说他在一定程度上解释了现代工业社会生活的逻辑。此外,其他一些社会学家也对现代人们出现焦虑、紧张、压抑等社会情绪作出了不同的解释。有学者认为我们今天缺少幸福感的一个重要原因是缺少安全感,比如说药品安全、食品安全都是影响人们幸福感的重要因素,幸福感和安全感的缺失也就意味着我们面对着前人所没有面对过的新的社会风险。那么,这些风险是从哪来的呢?安东尼·吉登斯、乌尔里希·贝克和斯科特·拉什在他们合写的《自反性现代化》一书中分析了现代社会人们出现负面情绪的原因,最终得出的结论——人类很有可能毁灭于自己的成功。[1] 传统社会也有风险,各种自然灾害如地震、暴雨等天灾并非今天才有,但是传统社会之所以难于规避这些风险,是因为我们的科学技术还没有达到能够防范这些风险的程度。某种意义上,传统社会的很多风险是由于科学技术不发达所致,而现代社会却恰好相反,现代社会的风险是由于科学技术自身带来的。科学技术的高度发达,带来了一些传统社会所没有的风险,所以人们也把现代社会叫做高风险社会,自反性的现代社会。照此说法,如果说今天我们处在一个高风险的社会,我们也就处在一个缺少安全感的社会,自然会有更多的焦虑和紧张。

吉登斯对后发国家的现代化还有一个更清晰的解释,我认为这个解释可能更符合我们的生活经验。吉登斯在《现代性与自我认同》中指出,后发国家的现代化是一种跨时空的制度移植。后发国家的现代化开始的时间比欧美这些发达国家晚,因此叫后发。因为后发,所以需要借鉴,或者是移植西方发达国家的制度,也即跨越时间和空间的移植现代性制度。但是,由于移植的制度不是本土自然生长的,所以制度移植有两点问题:首先是需要本土化,其次是需要人们适应这些移植的制度。而在移植过程中不可避免地造成焦虑、紧张,吉登斯把这类情绪叫做本体安全的焦虑。[2]

---

[1] [德]乌尔里希·贝克等:《自反性现代化》,赵文书译,商务印书馆2001年版,第5页。
[2] 参阅[英]安东尼·吉登斯《现代性与自我认同》,赵旭东等译,上海三联书店1998年版。

本体安全这一概念已经接近我们所讲的根基性的存在经验，其中一个重要的要素就是自我认同——怎样认识、理解和发展自己，就是保持"我"成其为"我"的自我同一性。但是，后发国家在这种跨时空的制度移植中，人们受到新的制度规范和制约，很难运用原来熟悉的生活经验来应对新问题，从而丧失了传统的本土社会中的熟悉感和安全感，陷入了本体安全的焦虑。

二 海德格尔哲学语境中的根基性存在经验

按照海德格尔对现代性负面情绪的说法，现代性将人连根拔起。他用诗性的语言说，"世界趋向灰暗，诸神的逃遁，大地的毁灭"[1]，等等。他认为现代性是从希腊柏拉图主义哲学开始的，他甚至使用了这样的说法：现代科学技术是由希腊哲学开启的。海德格尔在20世纪60年代所写的一篇著名论文《哲学的终结和思的任务》，非常明确地断定：哲学已经终结。"哲学终结"不是说哲学死亡了，而是说哲学完成了。哲学在现代科学技术中得到完成，他认为柏拉图主义哲学可以概括为用思维规定存在的哲学，即用人的理念和思想或者说概念和范畴去规定世界，进而宰制世界。用我们的说法就是要认识世界，进而改变世界，在思想中规定了世界就要在行动中控制这个世界。海德格尔认为，随着科学技术的高度发展，西方哲学用思想规定存在，进而去控制存在的任务已经全部完成，我们已经把世界划分为不同的存在者领域，整个世界都存在于科学和技术的视野和逻辑中。[2] 海德格尔认为，经过技术座架宰制的世界，是价值化的世界，世界成为价值——人们把整个世界都变成了为我所用的价值，从而我们已经完成了对存在者领域的控制。在完成了对存在者领域的控制之后，一方面带来的是人们物质福利的迅速增长，但另一方面带来的是存在意义的遗忘。我们可以在每个人的利益最大化的逻辑中使自身福利最大化，我们可以用最小的成本获得最高的报酬，但是这种利益最大化的逻辑不能满

---

[1]　［德］海德格尔：《形而上学导论》，熊伟、王庆节译，商务印书馆1996年版，第38页。
[2]　［德］海德格尔：《面向思的事情》，陈小文、孙周兴译，商务印书馆1999年版，第70—71页。

足我们生命的情感需要。所以，我们仍然觉得没有了存在的根基，生活失去了意义。因此，海德格尔认为，哲学终结在现代科学技术中，我们在产业部门中完成了对这个世界的切割、区分和操纵，剩下的就是思的任务。那么，这个"思的任务"是要思什么呢？我认为海德格尔终其一生都在做一件事——改变人们的存在经验。

海德格尔通过对词源学的追寻，重新解释西方的一些哲学概念术语，他的做法是找到这个词的词源，然后通过这个词的最初含义去寻求人们最初的存在经验。比如说他把存在解释成庄园，存在是一种家园的存在经验。此外，他还把自然解释成自身的绽放，把我们熟悉的逻辑（logos）解释成"采集"。德里达也接受了海德格尔的这个解释，在其书中也是按照海德格尔的"采集"来解释逻各斯的。海德格尔对存在、逻各斯、自然、思想、理论都做过词源考察，他把理论解释成逗留、盘桓，一动不动地紧盯着看，所以在这个意义上他认为理论也是实践。这个解释出自海德格尔晚年的《晚期海德格尔的三天讨论班纪要》。

海德格尔通过对词源学的追溯，追寻到最初希腊人的存在经验，也即希腊人怎么理解存在，怎么理解自然，怎么理解逻各斯，怎么理解我们所说的理论和思想的，他进而谈到如何改变我们工业文明中的存在经验，这也是贯穿海德格尔早期和晚期的一个哲学主题。海德格尔认为如果要改变我们的存在经验，首先要重新理解我们自己，只有先重新理解自己，才能重新理解世界。从1927年的《存在与时间》开始，海德格尔一直在做这样一个工作：如何改变我们的生存领会。海德格尔的这种思路是正确的。毫无疑问，人和别的动物不一样，人是领会着自己生存的存在，通俗地说，我们不仅每天都在生存着，而且都在理解和感受着自己的生存和存在。在这一意义上，理解、领会成为海德格尔所说的基础本体论，如此一来也实现了解释学的转向。原来的解释学被当作一种人文方法和技术，但是到海德格尔一直到他的弟子伽达默尔，解释、理解、领会变成了人的存在方式——我们在理解、领会和解释中生存。我们每天不仅在活着，而且每天都在理解着自己的生活，而如何理解生活可能又会影响着我们的生活本身。所以解释和理解就不仅仅是一种人文科学的方法和技术，而是哲学，是基础的本体论哲学。

海德格尔到了晚年以后，在晚期讨论班中明确地提出了一个任务，要改变现代性的存在经验，摆脱现代性的焦虑、恐慌和抑郁，就要改变思想的居所，即"思的移居"。通俗地讲，"移居"就是搬家，思想的移居就是思想要搬家，那么思想如何移居呢？我们上文中提到，海德格尔认为，柏拉图主义以来的西方哲学完成了现代的西方科学技术，而现代科学技术造就了现代工业文明，因此可以说，用思维规定存在的柏拉图主义哲学就是现代工业文明的实质。我们用思想去规定世界、规定存在，把世界把握为概念、范畴、定理、原理和规律。柏拉图主义的思考方式带来了工业文明，但是海德格尔认为这种工业文明已经走到了尽头，我们需要一种新的思想方式，即把思想从主体、从人回归到存在，把我们的思想从我们的头脑归还给大地。如此一来，我们就能够理解海德格尔的一些说法了，他说：大地的言说，倾听存在的召唤，让思想归属存在。

以上我们探讨了海德格尔对于现代人生存境遇的揭示和批判，以及在海德格尔的哲学语境中，讨论了根基性存在经验的基本含义。但是我们更为关心的是：在我们强调中华民族的文化自觉、中国哲学社会科学要走向世界的时候，如何去寻找能够使我们的哲学走向世界的中国元素？或者说，如何在我们自身的历史文化中寻求根基性的存在经验从而去改变我们当下的现身情态？这当然要追溯中华民族几千年的传统文明。

三　中国传统文化中的根基性存在经验

1. 中国传统文化对自然、对存在的领会

前一段时间，莫言获得诺贝尔文学奖成为大家一个热议的话题。一定意义上，莫言是以一种奇异、扭曲，甚至是魔幻怪诞的手法批判地表达了中国传统文化中血腥和残暴的东西。这种东西一方面可能是我们传统文化确实存在的一种经验，只是我们的作家用夸张的魔幻的手法，表现出了艺术的震撼和冲击。

莫言的家乡是高密乡，有大片的红高粱。农村存在的那种生活经验或者说存在经验，可能是包含着中国文学、中国哲学走向世界的因素。无论用什么样的手法、立场和意念去表达它，它毕竟是中国特有的东西，这其中有我们中国人特有的根基性的存在经验。农业文明中，在空旷的乡野人们容易体会到那种独立苍茫，面对狂风暴雨，面对地老天荒的宇宙自然的

威力。这种类似的存在经验,在今天城市化下的现代生活中已经不可能再有了,但是它所带来的生命的意义,可能更为久远。我们在自然中的经历所带来的生命的勇气和力量,具有长久的意义。所以,我觉得莫言的作品有其积极的表现力,那就是那种原始的、野性的生命勇气和力量,这正是我们今天尤其是青少年需要充分汲取的一种根基性的经验。当然,这并非意味着要求我们经历那种狂风暴雨,月黑风高的恐怖,而是说我们要有这样一种人性固有的,在险恶的自然环境中能够生长的生命的勇气和力量。这种生命的勇气和力量可能是产生思想的勇敢、坚忍、独立以及创造性的不可或缺的根基性的存在经验。按照雨果的说法,文人有文人的勇敢,思想的独立解放,思想的创造,独立思想的尊严同样是一种勇气和力量。在这样的意义上,做哲学也需要一种勇气和力量。当然即便是在世俗生活中,作为一个普通人,我们在面对各种不利或险恶的生活处境的时候,也同样需要这种坚强、勇气、力量和坚忍。我觉得这是我们能够从几千年的民族文化中、从我们的先辈存在感受中、从我们的存在经验中吸取的一种生存经验,是能够给我们奠定根基性的经验。

此外,在中国传统农业文明中谈及我们的存在经验,还有一个维度可能比较重要,那就是海德格尔强调的"天、地、神、人四重奏"式的存在经验。海德格尔在"如当节日的时候……"中说,在节日的时候,一个农夫走过田野,看到绿油油的庄稼,他感受到神恩的庇护,神庇护着人的生存。[①] 这种对神恩的感念,对于几千年来过着男耕女织生活的中国农人来说,体会的可能更为深切。因为农业生产高度依赖自然,依赖天地的佑护,所以农业文明的存在经验中始终保持着对自然的敬畏。而现代工业文明的一个最重要问题,就是工业生产已经在很大程度上摆脱了自然的限制。也正是由于工业生产对自然束缚的相对摆脱,形成了海德格尔所谓的主体形而上学,造就了人性的猖狂。我们以为只有人有理性,而只要有理性就能控制、改变世界,但是我们需要知道自然的资源约束终究是人类增长之极限。自然还是不能被忘记,对自然葆有的那种敬畏和感恩,是人的理性所应具有的谦虚。我们需要这样一种理性的谦虚,人并不是无所不

---

① [德]海德格尔:《海德格尔选集》上卷,孙周兴选编,上海三联书店1996年版,第326—357页。

能，人类需要避免人性的猖狂。如果具体地说到每一个人，作为一个自然生命，不管我们如何理性、如何强大，终有一死，这就是人的自然界限。这些对存在、对自然的领会和理解，这些根基性的存在经验，可以在中国传统文明中寻求到。

2. 传统儒家文化中学习本体论

中国传统文明中，特别是儒家的文化传统中，又有哪些对于我们做人和理解自己有所帮助的、具有中国特色的根基性存在经验？近年来，国外也有人关注到儒家，他们用一个词叫"学习本体论"来描述儒家的思想主张，认为儒家学说，特别是孔子的学说所表达的是一种学习本体论。如何理解这种"学习本体论"？大家都知道，孔子关于学习的说法有很多，比如："学而时习之，不亦说乎？"（《论语·学而》）"敏而好学，不耻下问"（《论语·公治长》），"三人行，必有我师焉"（《论语·述而》）等等。这些话我们从小就耳熟能详，但是中国哲学和西方哲学不一样，中国哲学观念重点不在于是否知道，关键是要去践行，也就是知和行的统一。在这样的意义上我们可以把中国哲学理解为一种"修养论"或者"实践论"。现在的孩子都知道"三人行，必有我师焉"，但熟知非真知，我们真的有这样的一种学习态度么？一般说来每个人身上都有我们值得学习的优点，我们要是真有虚怀若谷的学习态度，真的可能把天下大美集于一身。如果我们真的学习了，到成年之后不敢说成为神人或者圣人，但是我们终究会是相对比较完美的。基于这种"学习本体论"或者说"修养论""实践论"的理解，我们就会发现儒家的传统思想有着异常丰富和深刻的内涵。比如说"敏而好学"的"敏"，可以理解为聪明，所谓"敏而好学"就是聪明又好学，但是基于修养论的修养或者说学习的前提说，聪敏的"敏"最重要的表现可能是对真知识、真学问、真善美的敏感。现代的学生在现代教育体制的影响下，已经到了不考试就不知道学什么的程度。但是真正的学习是要发现生活、周围的人群或者文献中那些真善美的东西，这种敏感和敏锐能达到何种境界，就决定了我们的学业和事业能达到怎样的高度。用现在的语言表述，我们事业的高度取决于我们的鉴赏力和判断力，也就是知道什么是好的，是值得学的，所以"敏而好学"是对那些值得学的东西的敏感。过去我们总认为只有古典文化才有对真善美的追求，实际上无论是在日常生活中，还是在我们的周围人群中，抑或在典籍文献中，应该说处处充满着值得我们鉴赏和吸取的美好的东西。鉴于对儒家"学习本体论"式的理解，我认为，我们的精神要从由小学—中学—大学这样一种教育体制所造成的那样一种迟钝和麻木中重新活泼起来，激活我们空灵的精神状态。如果我们都信奉利益最大化的逻辑，功利主义至上，就不可能有什么真善美的追求，也就不可能有超越性的存在经验。

孔子说过，"发愤忘食，乐以忘忧，不知老之将至云尔"（《论语·述而》）。孔子的这种精神也就是我们今天所说的终身学习。终身学习意味着什么？就是把生命理解为一个不断学习、成长的过程——生命就是学习成长的过程。已故哲学家邹化政先生有过一句话，叫"生命之树和知识之树是同一棵树"，他把自己生命的全部价值看作是知识的增长。按照《大学》的说法，这叫"苟日新，日日新，又日新"，新新不已。不断地使我们的思想、知识和经验新新不已，这就是生命之树长青。如果有这样的一种把学习作为生命的本质，或者把学习当作生命成长的基本过程的精神，把儒家思想理解为学习本体论是恰当的。海德格尔可以把理解、领会叫作生存论的本体，那么孔子所表达的这种终身学习的思想，实际也可以是一种学习的本体论。钱穆先生曾说中国传统哲学是修养论，他把它看作是一个漫长的精神修养过程，生命的过程就是一个精神修养的过程。

如果说西方哲学以一种普遍性的理念——柏拉图主义的理念造就了西方文明，那么中国哲学可能以这样一种修养论造就了一些杰出的伟大人格。孟子讲要养气，养君子浩然之气。真诚地践履笃行传统文化，它所能形成的强大的人格力量，可能是西方文化难以产生的。这种学习修养，真诚的践履笃行，是中国哲学可能贡献给世界哲学的一种思想财富，这种把理论和知识化作生命、化作自身修养的中国哲学，无论是对个人修养还是对世界哲学都会有所帮助。

3. 中国传统哲学对生命意义的领会

按照我们上面的理解，如果我们把自身的生命看作是一个不断地学习、成长和修养的过程，一定意义上可以回答年轻人可能最关心的问题——什么是生命的意义？《中庸》开篇："天命之谓性，率性之谓道，修道之谓教"。我用现代的哲学思想翻译这三句话，当然不一定是原意，但是也有一些契合之处，我觉得这三句话大致把人生的意义和社会的职能讲得很清楚了。

根据现代哲学的思想来理解，"天命之谓性"，意指我们每个人都遗传了各自的自然禀赋，这就是我们每个人的天命，而每个人获得的自然遗传各不相同，因此天命也各不相同。"率性之谓道"，意味着把我们的自然禀赋都充分地实现出来，这就是"道"。有的人可能天赋好一些，有的人天赋差一些，但是只要我们努力把各自天赋都充分地实现出来，这就是生命的完成，就是生命的意义。所以，我在有的文章里也把儒家的这种哲学叫作"可完成的形而上学"。说它"可以完成"，是因为它没有超越的神性维度，仅就生命自身来说，我们所说的瓜熟蒂落，生命的自身完成是可能的。这就有两种情况，一种是自己天命比较差，然后又所求很高，这就是中国人所说的非分之想。非分之想，就是妄求。妄求的结果就是焦虑和苦恼。第二种就是可能本来有很好的遗传禀赋，但是后天的社会环境没有给我们提供条件实现潜能，这可以看作是自然的浪费，资源的浪费。妄求是错的，浪费也是错的，究其原因在于第三句话"修道之谓教"。教育也好，国家社会也好，文明的真正作用是给每个人创造条件，使他"各正性命"，也可以说"各乐其业""各得其所"。如果社会给予这样一个公平的环境，使每个人各正性命，每个人率性为道，我想这个理想和马克思、恩格斯在《共产党宣言》中的想法基本一致——每个人的自由发展是一切人自由发展的条件，这也就是我们理想的人生和社会了。至少按照宾克莱的看法，除了宗教的、超越的理想，仅就世俗的理想而言，马克思的共产主义理想是不可超越的。天命谓性，率性谓道，修道谓教；各正性命，各得其所，各乐其业，我觉得这就是理想的人生和社会。问题就在于，"怎样知道我的天命是什么呢？"实际上孔子有过回答，"五十而知天命"。年轻的时候还不知道，就要努力去创造我们自己更大的可能生活的空间。

基于对传统儒家"可完成的形而上学"的界定，我们或可更好地理解钱穆先生对于王阳明的"千古大议论"的评论。曾经有人问王阳明："历史上那些伟大人物，像周公、文王、叔齐、伯夷，像这样一些流芳千古的人物，他们谁贡献大？"王阳明说："人到纯乎天理方是圣，金到足色方是精",钱穆先生认为这是千古大议论。一个人由于天赋和自然禀赋的不同,那么他最后所能做成的事业也各不相同。但是不管这个人是文王、周公,建立丰功伟绩,还是叔齐、伯夷,保持自身的道德纯洁,都同样是圣贤。"金到足色方是精",成色根本上决定了金子的属性。这和毛泽东在《纪念白求恩》中的说法是一个道理:"一个人能力有大小,但只要有这点精神,就是一个高尚的人,一个纯粹的人,一个有道德的人,一个脱离了低级趣味的人,一个有益于人民的人。"每代人都是如此,每个人所获得的先天禀赋不同,每个人可能成就的事业大小不同,但是只要自己尽到力——率性之谓道,把我们自己的禀赋充分地实践出来,都同样具有人生的意义和价值。在这样的意义上,就每个个体而言,对于生命的意义和价值来说,我们的责任很简单,就是把自然给予我们的禀赋,不要浪费,不要糟蹋,充分地实现出来。这就是我们生命的意义,也是生命的完成。

(原载《社会科学辑刊》2014年第3期)

自发自觉的辩证法：论中国传统文化的现代转化

中国传统文化的现代转化或创造性转化，是近代以来我国思想文化界长期思考的理论话题。如今随着我国综合国力的提升，我们不仅增强了道路自信、理论自信和制度自信，也必然增强了文化自信和文化自觉。高度重视和弘扬中国传统文化，使其继续成为中华民族生生不息、发展壮大的丰厚滋养，是人们的广泛共识。但在今日这个高度全球化、信息化的现代社会，人们的衣食住行的日常生活日益趋同，文化日益商品化、市场化、娱乐化。我们如何能使传统文化在现代社会中得到传承和弘扬，如何使其在现代性转化中永葆青春？一百多年来的思考和争论难有广泛共识的解决方案。按照我们的想法，可能仍需重提文化自发和自觉统一的辩证法。从自然的观点看，一方面，任何民族的文化都是一个自发的自然演进的过程，类似于生物基因的文化基因在自然演进中造就了文化的多样性，因此应尊重文化自然演进的客观性，不能拔苗助长；另一方面，文化的自然演进是通过人自觉的文化活动实现的，任何民族都会在不同的历史时期和历史境遇中自觉地反思自己的民族文化，尝试以不同的文化形式如神学的、哲学的、社会学的等形成某种统一的文化自觉，借以实现对民族文化的调整和再造。中国传统文化的现代转化，大致仍不能离开这种文化自发自觉统一的辩证法思考框架，只是需要面向事情本身的真切的思想内容。

一 后哲学文化的自然主义的文化观

中国传统文化的自觉反思，始于近代以来列强入侵、中国落后挨打的全面危机，从而西方文化特别是西方哲学的视域就是反思中国传统文化的既定前提。无论是坚守传统还是反传统，都只能在中西比较的框架中言说，这似已是历史的定命。但从20世纪以来，西方哲学自身变移了它的现代视界，从反叛黑格尔开始的现代西方哲学在拒斥形而上学的努力中不断宣告哲学的终结。尽管各学派对哲学终结的理解不同，如分析哲学和科学哲学认为形而上学不够科学而终结，海德格尔认为哲学的终结恰是在当代科学技术中得到实现和完成，阿多诺和利奥塔等从哲学同一性所造成的死亡和屠杀指责中宣告其终结，罗蒂则从一种自由主义的文化观谴责哲学的文化霸权和学科帝国主义。所有这些论调都在宣告后形而上学时代的到来，或如罗蒂所说的后哲学文化的到来。

按照黑格尔和胡塞尔等哲学家的看法，西方文化或者说欧洲文化是源自于希腊理性精神的哲学文化，我们也可以说理性、逻各斯、哲学等关键词是理解西方文化的文化基因。黑格尔在《哲学史讲演录》中说："一提到希腊这个名字，在有教养的欧洲人心中，尤其在我们德国人心中，自然会引起一种家园之感。""然而今生，现世，科学与艺术，凡是满足我们精神生活，使精神生活有价值、有光辉的东西，我们知道都是从希腊直接或间接传来的。"[①] 胡塞尔也明确地说："欧洲并不是从地理学上，按照地图理解的"，而是指"欧洲的精神形态"，"精神的欧洲有其诞生地"即希腊。"哲学，科学，是一种特殊种类的文化构成物的称号。"[②] 源于希腊的哲学就是精神的欧洲或文化的欧洲的精神标识。哲学家们对欧洲文化和哲学的理解，是一种哲学文化的理解，即把哲学理解为文明和文化的灵魂和中心。黑格尔在其精神哲学中把哲学作为绝对理念的最高意识形式，道德、法律、国家、文学、艺术和宗教等构成了哲学运动的不同文化等级，在哲学中达到自我理解并找到自己的文化位置。如当代哲学家们所批判的那样，哲学文化是一种绝对理性主义的文化，是逻各斯中心主义的文化，是要把一切文化形式都哲学化的学科帝国主义，是一种形而上学恐怖的文化。而罗蒂所说的后哲学文化或后形而上学文化，则取消了哲学的文化霸权，多种不同的文化形式具有平等的价值和意义。而从根本上说则是改变了绝对主义的理性信念和目的论的历史观。哈贝马斯的"后形而上学思

---

① ［德］黑格尔：《哲学史讲演录》，贺麟等译，商务印书馆1959年版，第157页。
② ［德］胡塞尔：《欧洲科学的危机与超越论的现象学》，王炳文译，商务印书馆2001年版，第272、275页。

想"，罗蒂的"后形而上学希望"，都表达了一种有限理性的哲学观和文化观。

以一种后哲学文化的文化观看近代以来的中国传统文化反思，就会发现其大都是以一种哲学文化的文化观来反思中国传统文化和求其改进的。或者说我们是不自觉地以西方的哲学、科学作为尺度和标准来研判中国传统文化的。所以，如何从中国传统文化中转化出科学精神和民主精神，如何把中国思想史改写成哲学史，乃至中国有无哲学的争论等等，都表现出一种哲学文化的致思取向。而在一种后哲学文化的视野中，文化反思的焦虑和文化哲学化、理性化的向往就会淡化一些。这首先是我们可看到文化自发生长、自然演进的重要维度。从一种朴素的生活观点看，文化无非是特定地域的人群为适应环境所做出的生产和生活方式的选择。笔者是第七代移居东北的汉族人，近年知道如南北炕、拉幔帐、穿靰鞡、孩子睡摇车等是满族习俗，而这与自己的童年记忆完全一致。我们可以说东北汉族人接受了满族习俗，但认真想想，这种生活方式之所以能被汉族人接受，可能就是因为它是适应东北寒冷气候、最有效取暖的生活形式。实用、简捷、方便是经济原理，也是生活原理，可能也是文化自然发展的原理。古人说，"衣食足，知荣辱"，在基本的生存和生活需要得到保证后，高阶的精神生活需要随之产生。在我的童年记忆中，奶奶的烹饪、刺绣、剪纸等都十分精巧，用今天的说法可能已达到很专业的水平，原以为她是心灵手巧，无师自通。长大后知道奶奶的妹妹也有这些本领，我推想这是她们幼时已有很规范的家教。东北移民，草创初定，即已开始重视家政教育，这表明精神文化也有其自然生长的强大生命力。

文化自然生长的力量可以说根源于人类固有的能力，抽象地说人是文化动物，卡西尔的文化哲学用统一的符号化能力解释人所创造的文化扇面。法国当代哲学家德勒兹也认为哲学、科学、艺术是给混沌的世界以秩序的不同的概念平面。马克思强调，人的生产是全面的，人自由地对待自己的产品，"人也按照美的规律来构造"[①]。他也曾指出，哲学的、艺术的、宗教的、实践—精神的多种不同的掌握世界方式。如果我们不执着于对不同文化形式力求给出统一解释的文化哲学视角，而以后哲学文化的自

---

① 马克思：《1844年经济学哲学手稿》，人民出版社2000年版，第58页。

然观点看诸多文化形式，文化的人性根源也是多维度的、实用的、娱乐的、探索的认知和自由的想象等等，都是人类特有的物质和精神需要，它必然产生多彩多姿的多元文化。在世界各民族所创造的多样文化形式中，在一定的时段上可能某一文化形式达到了发展的最高水平，如唐诗、宋词或德国古典哲学，发展到极致可能成为不可超越的经典，后人只得另辟蹊径，以一种新的文化形式取而代之，否则只能做到海德格尔所说的模仿性的复兴。元人创造元曲，马克思创立实践哲学，海德格尔提出哲学终结后的思的任务等，都是力求在一种高度发达的文化形式的边缘上重建新的文化形式，开启新的文化创造。一种经典性的文化具有很大的传播能力，它如风行草上，化成天下。就文化自身的传播说，它是时尚、风尚、潮流，但按照法国哲学家福柯的看法，它也可能成为一种权威话语，成为一种规训和惩罚的权力，一种高度发达的经典性文化，一方面可能是人的智能、技能、情感等所达到的不可超越的极致，是人类共享的宝贵的精神财富；但另一方面却可能成为后现代哲学家们所说的中心主义，成为压抑其他文化形式、破坏文化自然生态的否定性力量。

以后哲学文化的自然观点去看中国传统文化及近代以来的反思，我们会有更宽容的视野和态度。各民族文化没有等级，没有一成不变的中心，没有某种文化形式一统天下的合理霸权。各民族文化的传播和相互影响也不必然带来文化的冲突和对抗，那些经济、方便、实用、有趣的生活方式和文化形式很容易成为时尚或潮流，在经济全球化和信息化的时代更是如此。真正的困难和问题是文化的自觉层面。文化不仅仅是自发的、自然而然的演进过程，同时也是各民族国家自觉建构的综合国力的重要组成部分，是国家意识形态和价值观激烈竞争的战场。各民族文化中总有某些不同的民族基本精神标识，总有某些基本的信念和观念触及人们的根本以致不惜用生命去守护和捍卫。我曾用"信仰的对话"来表达这一文化自觉层面的冲突[①]，它需要我们对自己的文化传统作出更切实的体验和认知。

---

① 孙利天：《信仰的对话：辩证法的当代任务和形态》，《社会科学战线》2003年第6期。

二　寻找中国传统文化活着的本体

自近代以来，中华民族遭遇了"三千年未有之巨变"，新文化运动、五四运动激烈地反叛传统，马克思主义的广泛传播和中华人民共和国的成立，终于把古老的中国带入当代世界的政治话语和政治制度之中，中国传统文化赖以存在的制度条件和政治生态均已不复存在。学者们以"魂不附体"的"游魂"表达中国传统文化的现实处境。不能否认，与科举制度相关的官僚制度是中国传统文化特别是精英文化的政治制度基础。在长达一千多年的历史中，无数寒门子弟萤窗雪案，刻苦攻读，为的就是出仕入相，治国平天下。"道德文章"的取士标准，不仅造就了绵延千年一代代优秀的官僚队伍，也使普通百姓形成了对文化的敬仰和崇拜。按照社会学的观点，文化也成为社会分层的主要机制，成为民间社会治理的主要资源。少时我们都曾熟读范仲淹的《岳阳楼记》，其中说"滕子京谪守巴陵郡，越明年，政通人和，百废具（俱）兴"。我们相信范仲淹虽受好友请托写记，但不会无中生有，信口胡说。那么，滕子京如何能在短短的一年时间改变一个地方的社会面貌？当时他所能调动的组织资源、财政资源等可能很有限，他如何做到百废俱兴？我们只能推想，可能是滕子京的"道德文章"真的很好，受到地方官员特别是地方乡绅的真心爱戴，所以他凭借自己的文化优势和影响力做到政通人和，进而靠一种文化执行力取得杰出的社会治理效果。果真如此，"道德文章"就不仅是科举取士的标准，而且是与官僚制度的统治效率密切相关的"官魂""国魂"，这种魂体统一的政治制度和政治文化曾经造就了中华文明的辉煌。但如今体已不在，魂归何处？

如果不是在实体本体论的意义上寻找中国传统文化的本体，而是在更宽广的视野中寻找活着的传统，我们可以在制度之外寻找行为文化和观念文化中传统文化的实存。按照黑格尔精神哲学的分类，政治国家制度是他所说的客观精神，而在国家制度之外尚有伦理习俗中的客观精神，有社会心理、民族精神一类的主观精神，还有在哲学、宗教、艺术中的绝对精神。所以我们至少可以在人们的伦理生活中，在人们的社会心理状态中，在哲学、文学等经典文本中，寻找中国传统文化的当下存在。特别有意思的是，在长达几千年的文化传播中，表达黑格尔所说的绝对精神的经典文本已融入大众的普遍的社会心理之中，成为心理学所说的"集体无意识"，或者说成为中华民族的文化基因和精神标识。如果有兴趣可以统计一下今天我们仍常用的汉语成语、习语，有多少出自《论语》《老子》等经典文本，结果会令人吃惊。在一定的意义上，我们仍言说在雅斯贝尔斯所说的轴心时代思想家们所规定的话语中，我们可能仍一定程度上思在他们的视轨中。因此，在几千年传统的政治制度已发生根本变革的今天，我们仍可有意义地说寻找中国传统文化活着的本体。

观察当下中国人的生活，年轻一代的衣食住行已经高度全球化了。全世界的青年人穿一样的T恤，吃一样的麦当劳、肯德基，手拿一样的苹果手机，看一样的娱乐节目，收入高的可能开一样的汽车，住一样的洋房。由此有的学者惊问，我们在什么意义上还是中国人？也许每年一次的春运高峰场景会给出一个答案。这不仅因为春节是中国传统节日，也不仅因为中国社会的城乡结构所造成的几亿农民工的流动，而是中国人仍存留着传统的对家和亲人团圆的独特理解。一千多年前的唐人诗句"每逢佳节倍思亲"，仍是今天中国人的情感体验，与家人亲人佳节团圆的渴望，使人们不畏旅途遥远艰难，一定回家看看。中国百年巨变，革故鼎新，中国人的家庭结构、家庭伦理乃至家的观念也都已发生重大变化，但变易之中仍有不变，对血缘伦理亲情的血浓于水的特殊体验，仍有鲜明的中国特色。如果从经济学和社会学的视野去看中国家庭在改革开放三十多年来的经济和社会作用，我的一些朴素直观的看法是，中国式家庭的观念和行为是创造中国经济奇迹的重要力量。中国经济奇迹首先是改革开放政策的结果，其次，张五常先生所说的"县域竞争"可能起了重要作用。而从微观层面的经济行为考察，我们还可说包括几亿农民工在内的人们对利益最大化的追求，也是不容忽视的经济动力。第一代农民工在自己的资源约束下，在缺少资金、技术和社会资本的情况下，选择了进城打工以便收益最大化。他们用勤劳的双手建设了城市的高楼大厦，很多人也用他们打工的收入建造了更好的家居。表面看按市场经济的原理很容易解释农民工的经济行为，即个人利益最大化的理性选择，但再做细致一点的思考，农民工在城里付出的包括情感成本在内的代价，仅是为了个人的利益最大化吗？我们很容易想到他们的经济动机可能更多地是为了自己的家人能过上更好、更体面的生活。为了家人特别是为了孩子过上好日子的考虑，可能远远超出了为了自己个人收益的计算，这也是他们坚忍、坚强的精神动力。用哲学的术语说，即使在市场经济条件下，他们仍不是西方的原子式个人，他们仍保留着中国传统的群体性的自我意识。

改革开放中的中国家庭，不仅是经济增长的原细胞、原动力，也是承载社会保障功能的重要基础单元。从饱受诟病的"啃老"现象看，人们大都认为父母对子女的娇惯溺爱，使一些青年人无所事事、懒惰任性，完全或部分依赖父母生活，这是社会生产力的浪费，是中国家庭教育的失败，是需要解决的社会问题。这种看法无疑是正确的。但我们也应想到，在我国社会主义市场经济的改革中，由于城乡结构、产业结构和经济体制的变化，必然带来劳动力市场供求关系的不断变化，部分人一段时间内的失业或待业是不可避免的。而此时来自父母的经济支持或"啃老"就不再仅仅是一种消极的经济行为，而是承担一定社会保障和经济安全作用的家庭保障，它可部分地缓解政府部门的社会保障压力。由"啃老"现象拓展开去思考家庭和亲属成员之间的经济互助，也可想到类似的社会功能和社会作用。中国民间说，"有三个富亲戚再穷不算穷，有三个穷亲戚再富不算富"，当然也有"穷在街头无人问，富在深山有远亲"的说法。但是可以肯定，即便在中国家庭结构已发生重大变化的今天，亲戚之间的扶贫济弱和在发生一些重大家庭灾祸时的亲属救助仍是普遍存在的现象。我们无法准确估量发生在家庭和亲属成员之间的这种转移支付的经济总量，但它总会在一定程度上缩小基尼系数，也会在一定程度上发挥社会保险和社会保障功能。从经济和社会功能的角度看，我们可以肯定"家庭是个好东西"。而从中国传统文化的传承和弘扬说，中国的家庭观念和行为方式也许是最重要的有生命力的活着的本体。

家庭成员和亲戚之间的亲情，是中国人高度重视的生命价值，也可以说是具有民族文化标识意义的中国价值。两千多年前的孟子，就把"父母俱存，兄弟无故"视为人生的快乐或幸福。时至今日，这可能仍是一个中年人的基本幸福指标。对亲人特别是对子女的舐犊之情，可能远远超出个人利益和幸福的谋划，几乎成为为人父母者最关切的生命意义和生活价值。由此，李泽厚先生曾用"情本体"表达中国哲学的特点。在中国传统文化中，思想家们把基于自然血缘的亲情推己及人，构造了一个由近及远的伦理世界,修身齐家治国平天下的文化理想和政治想象,都以仁者爱人的人伦之爱作为具有本体意义的文化基点。我曾指出由父子推君臣的伦理推理有其虚假性和欺骗性。因为爱父亲有自然血缘伦理的情感基础,而君臣则是陌生人之间的关系,它可能更需要现在所说的公共理性或法的规范来调节。但在我们所说的"道德文章"的精英政治文化传统中,爱民如子和关注民间疾苦的政治情怀在优秀的政治家身上或许并不是虚情假意。由爱自己的亲人到爱民、爱众,已是一种经过文化教养的理性之爱,是一种区别于人的自然天性的高度社会化的情感。通常所说的家国情怀在今天可能仍是需要传承和弘扬的优秀政治品格。

在中国传统文化特别是儒家的文化传统中,开始即把人理解为与亲人共在、与家国共在的群体中的人,人的自我意识是群体性的自我意识,人所理解的世界是"四海之内皆兄弟"的情感世界和人伦世界。人生的使命和意义是在伦理世界中修养自己、完成自己,而人生修养只能在承担道德责任的实践中,亦即在成己成物中实现。我曾认为,儒家的世界观是道德世界观,儒家的人生观是道德完成的修养论,儒家的价值观是克尽人伦责任的道德实践论。按照儒家的世界观理解,人伦世界是可以通过文化和教化"化成天下"的文化世界。儒家提供了一种文化中国、文化天下的世界政治想象。在今天这个日益全球化的时代,这可能是十分宝贵的具有世界意义的文化遗产。值得注意的是,罗蒂在《后形而上学希望》一书中,批评了哈贝马斯以交往理性重建文化、社会同一性的公共理性设想,认为只有对人类苦难的"同情"才是人类团结的希望。[①] 这在当代西方政治哲学的讨论中,是对康德主义、理性主义世界内政或世界宪法的想象的一个挑战。问题的关键是,理性总是被某种世界观或文化传统定义的理性,如果按照西方人的看法,阿拉伯人毫无理性,中国人有点实用理性,那么就不可能有真诚平等的对话和交往。所以,西方人的理性概念和理性对话,已有了先验的情感定向,对不同于自己文化的"理性"必看作是非理性。这种西方中心主义的傲慢,可能需要情感的改变才会有更宽容的理性态度。

---

① [美]理查德·罗蒂:《后形而上学希望》,张国清译,上海译文出版社2009年版,第311页。

近年来，习近平主席提出"亲、诚、惠、容"的中国周边外交的新理念。他在许多不同场合多次讲相邻国家要常见面、多走动，远亲不如近邻，邻居有好事要到场等。这种质朴的、接地气的中国传统的人伦关系理解，可能正是当代国际关系和世界政治哲学讨论中最缺少的文化元素，它将为西方政治哲学中抽象的普遍理性主义思维，注入亲、诚等真切的情感体验，使国际关系和规范体系合情合理地健康发展。从基于血缘关系的自然亲情，到常见面、多走动的邻里亲情，再到国际交往中的人类情感，这是中国传统文化理解人和世界的特有思维方式。讲情义、重担当，以一种群体性的自我意识亦即家国天下的自觉使命，努力践行人伦社会中的世俗责任，从而达到个体生命的文化完成，这是我们特别需要珍视和传承的活的传统。

三　自觉的文化批判和理解的同一性

五千年的中国传统文化，是自发和自觉统一的发展过程，"道德文章"的主流政治文化作为福柯所理解的知识和权力密切交织的权威话语，是一种类似西方文化哲学中心主义的政治中心主义文化，在现代多元文化的发展中也不可避免地受到冲击和消解。马克思和恩格斯早在《共产党宣言》中就敏锐而深刻地指出："资产阶级在它已经取得统治的地方把一切封建的、宗法的和田园诗般的关系都破坏了。它无情地斩断了把人们束缚于天然尊长的形形色色的封建羁绊，它使人和人之间除了赤裸裸的利害关系，除了冷酷无情的'现金交易'，就再也没有任何别的联系了。""资产阶级撕下了罩在家庭关系上的温情脉脉的面纱，把这种关系变成了纯粹的金钱关系。"[①] 我国自近代以来的现代化求索过程，也不可避免地受到资本逻辑的强烈冲击，即使在社会主义市场经济建设中，利己主义、拜金主义的意识形态也难免有所兴起。作为我们所说的中国传统文化活的传统的家庭观念，也难免利害关系、金钱关系的侵蚀。资本逻辑批判，是马克思以来一直延续到现在的哲学、社会学、文化学等最重要的主题，资本也许可以说是比形而上学、政治中心主义更强大、更实在的新的中心主义，

[①] 《马克思恩格斯选集》第1卷，人民出版社1995年版，第274—275页。

伴之而兴的商业文化、品牌经济、符号经济等是我们今天所要面对的新的霸权文化形态。

中国传统文化的传承、弘扬和复兴，必须面对马克思所说的"商品拜物教"的挤压，面对市场原则对"生活世界的殖民化"，面对商业文化在强大利益驱动下所追求的低俗化和过度娱乐化等。这其中的一个重要方面就是要善于利用文化自发增长的自然力量。这样说似乎是自相悖谬，但事实上文化基因的多样性，可能确有自然生长的强大力量。前文所说春运高峰场景所显示的中国人的亲情和家庭观念，不同民族、地域的特色文化，草根诗人、民间艺术在新的网络平台上的展示等等，显示出文化固有的生命力。而主流的意识形态和政府导向，需要尽量营造一个多元文化生长的文化生态，当然也可能需要某些必要的扶持和保护。古语说"礼失而求诸野"。由于我国历史悠久，幅员辽阔，民族众多和文化多样，在民间文化中有着丰厚的传统文化积淀。由于乡村现代化的发展相对较慢和发展的不平衡，在一些地方的乡风民俗和方言土语中，都有大量的传统文化元素仍在呈现和自然生长。这需要我们做好文化调查、文化保护等工作。

按照罗蒂的后哲学文化观，哲学已不再是享有文化特权的学科和文化形式，人类的知识并没有由低到高的等级，哲学不是最高级的真理。但罗蒂并未否定哲学存在的合法性，他把哲学的作用理解为一种广义的文化批评，即在不同的文化形式之间建立沟通和联系。而在我们看来，哲学的任务并不仅仅是这种文化联络，作为有几千年历史的哲学，其培育和教化的理论思维能力，仍有更积极更重大的使命，即自觉的文化批判。恩格斯认为，通过学习以往的哲学史而获得的理论思维，是一个民族站在科学高峰的必要条件。哲学不能代替科学，也不能代替文学、艺术等其他文化形式。但哲学作为一种特殊的理论思维方式却能理解、反思和批判其他文化形式，用当代美国哲学家布兰顿的说法是"使之清晰"。比如，在许多民族中，由于民族之间的战争等而引发了民族仇恨，出现了诸如"德国鬼子""日本鬼子""美国鬼子"等语词。这些带有强烈情感色彩的语词也许在特殊的语境中有其恰当地使用，但却不能作为普遍化的概念来使用。因为有许多优秀的德国人、日本人或美国人，并不具有"鬼子"的属性。哲学分析并不能取消这种积淀着历史情感的语词，但却能理解它、解释它，从而明确其使用的界限，避免其滥用而造成的情感效应。"使之清晰"或"说理""讲理",是哲学因其特殊的传统和训练而获得的文化优势,即使在后哲学文化的理解中,它仍有其特殊重要的文化功能。

按照我们对文化自发自觉统一发展的看法,自然演进和生长的文化,也是作为人的自觉活动的产物,自然生长的文化也是人自觉追求和调节的文化。所以,主流文化、精英文化和诸如哲学、宗教、科学等优势文化形式不可避免地对大众文化、民间文化起到引导、规范等作用。仅就哲学对文化的反思和批判说,其历史作用也极为明显。从"五四"新文化运动以来,中国文化发生了"三千年未有之巨变",马克思主义哲学和许多西方哲学理论都对中国传统文化的巨变起到了催化的作用。无论是五四运动激烈地否定传统,还是"文革"时期的破"四旧",乃至我们多年秉持的"批判继承"和"古为今用"的方针,其中哲学的反思和批判都起到了某种核心作用。回顾和总结近代以来中国文化的巨变,其经验教训、功过是非不可避免地与哲学息息相关。从后哲学的文化观点看,我国的文化变革可能会被指责存在"哲学的帝国主义",哲学对传统文化及其多样形式可能过度地哲学化了,我们可能在一些时候用哲学的教条和标准对传统文化做了简单的评判和剪裁,甚至予以取缔和消灭。即使如我们所坚持的哲学对文化的反思和批判,可能也超过了其合理的界限,以致造成对传统文化中优秀东西的压制和扼杀。比如我们强调对传统文化取其精华、弃其糟粕的批判继承,但如果盲目地相信哲学的优越,就会以教条化的哲学尺度和标准,以精英化的俯视目光,自上而下地剔除掉与自己标准不符的东西。这可能造成对传统文化中何为精华、何为糟粕的误判,从而造成对传统文化的伤害。

历史的教训告诉我们,哲学对传统文化的反思和批判,需要哲学对自身的反思和批判,需要哲学改变自己的理性信念和态度。哲学是真理的追求,但还不是真理本身,哲学是爱智,也不是智慧本身,哲学要说理、讲理,但哲学的道理也有自己的界限。有限理性的信念和态度是哲学作为多种文化形式之一,参与多元文化的对话和批评的前提。哲学理性的谦逊和克制不是哲学功能的削弱,而是哲学恰当发挥作用的条件。哲学对其他文化形式和传统文化的审视、批判和反思,有其自己的思维方式、概念方式和说话方式,或者说有自己的前见和偏见,有解释学所说的理解的地平线或视域,更直白地说,是哲学所看到的非哲学文化,而不是该文化所理解的这种文化本身。所以，哲学的文化批判的实质是哲学与其他文化形式的对话。按照现代性的民主意识，对话的前提是真诚、平等的理性态度，而不能再是居高临下的教化和规范。赵汀阳曾敏锐地指出，对话不能保证接受，我们也可说"使之清晰"不能"使之成为"。哲学与传统文化的对话，能够一定程度上使传统文化发生创造性地转化，但其前提是传统文化自身即有这种现代转化的自然生长的能力。或者说它仍是现实中持存的活着的传统。在哲学的反思和分析中，这些百姓日用而不知的活传统获得了自觉的文化形式，从而作为一种显性文化更易传播和继承。在这样的意义上，不仅哲学反思和批判不能改变和造成其他文化形式，即是以弘扬中国传统文化为旨归的国学也是如此。国学的思维方式和话语方式不同于外来的西方哲学，作为中国传统文化的经典文献研究，显然国学更贴近中国传统文化本身，但它至少不是传统文化的全体。国学研究同样需要放下身段，面向中国现实的事情本身，在寻求和发现的活的传统中才能使典籍的义理得到经验的充实和活化，使其获得鲜活的文化生命。如果把国学作为抽象的义理，特别是作为"应当"的僵死规范，同样是以居高临下的教化姿态去指导现实生活，我们可以说这种国学中心主义与哲学中心主义一样，是一种理性的狂妄和傲慢，它同样会受到现实生活的嘲弄。

哲学也包括国学的反思和文化批判，不能让其他文化形式哲学化、同质化。阿多诺和利奥塔等批评同一哲学是死亡哲学。哲学与某种权力结盟而强力使现实同一化、均质化，这是后现代思想家所说的形而上学的恐怖。这种同一哲学或形而上学必须拒斥。但与抽象的知性同一不同，黑格尔即已把同一理解为内在包含差异的同一，这是一种具体的普遍性和同一性。在哲学的文化批判中，我们可以说是一种理解的同一性。一方面，哲学要用自己的概念方式理解其他文化形式，从而使自己的概念体系获得新的文化内容，使哲学理论更加具体，达到更高水平的具体普遍性，也就是包容了更为丰富的差异性、异质性、多样性，甚至某些不规则性，这是从抽象到具体的思想运动；另一方面，其他文化形式在哲学的反思和对话中，也引入了自我理解的另一视野。哲学的概念规定对宗教、艺术乃至日常习俗等文化形式的自我意识提升，是重要的推动力，有时也可能成为该文化形式自身发展的助力。比如，黑格尔从哲学的观点看宗教，认为基督教是"绝对宗教"，是对绝对理念的形象的自我意识。这种哲学理解的宗教当然不是宗教本身，因为宗教内含的情感体验等难以用概念表达，但却可成为宗教神学部分吸取的理论论证。非哲学文化形式在哲学反思中的自我理解和自我意识提升，是由具体向普遍的思想运动。在这种理解、对话的双向运动中，哲学与非哲学文化不能相互替代，不能相互还原为某种知性的同一性，但却各自拓展了理解的视野，我们称之为理解的同一性。

哲学对中国传统文化的反思和理解，是一种广义的文化批评和文化对话，其目的不是规范和接受，而是要拓展不同文化的相互理解。这对中西文化的对话也是适用的。通常说的"古为今用，洋为中用"，在不同的情况下，古的、洋的可以直接或间接地为我所用。坚船利炮、科学技术乃至某些制度文明成果，都可借鉴和利用。中国古典的"道德文章"、格言警句所蕴含的生活智慧等也可转化利用，但其前提是文化理解。至于古今中西涉及世界观层面的全整论说，其对话的意义和效果又有不同，我曾把这叫做"信仰的对话"。两种不同的世界观和信仰体系的对话，只能以理解为目的。理解意味着进入对方信仰体系的根本性的情感关怀、价值信念和逻辑论证，这必须调整我们自己的某些根本性的体验和观念。所以在理解中，我们不仅在拓展自己的视野，同时可能也在潜移默化地改变着自身。学界常说对传统文化要有同情地了解，这意味着我们多少要有对古仁人之心的近似的体验。理解的更重要的意义在于它是宽容的前提。在古今中外的文化冲突中，理解的可能性是不同文化和文明对话的前提性预设，从可理解性进而设定人的同质性，是对话逻辑的必然的先验设定。如果认为对方毫无理性，没有可理解性，就不可能有文化的对话。在可理解性前提下展开的文明对话，在后验的人类文化发展中不断获得实现和证明。不同文明、不同文化传统的交流、对话虽然难免有暴力和血腥，但却在不断提升作为一种高度文明教养的宽容意识，它是康德设想的永久和平和世界内政的最宝贵的文化资源。

（原载《吉林大学社会科学学报》2015年第4期）

第六编

中西马哲学会通的基础和方法

21世纪哲学：体验的时代？

至少自工业革命以来，随着社会生活的急剧变化，人类的历史意识日益敏锐和深刻。古老的永恒真理的哲学理想逐渐为历史的、时代的真理信念所替代，从而，"哲学与时代"经常成为哲学讨论的话题。在世纪更替之时更是如此。在20世纪50年代，美国"新美世界文库"出版社出版了《导师哲学家丛书》，分别以《信仰的时代》（中世纪哲学家）、《冒险的时代》（文艺复兴时期哲学家）、《理性的时代》（17世纪哲学家）、《思想体系的时代》（19世纪哲学家）、《分析的时代》（20世纪哲学家）为题，概略地介绍了一千多年中西方著名哲学家的主要思想。哲学史总是哲学家所理解的历史，如果编写这套丛书的哲学家是欧洲大陆哲学家，相信他们不会以"分析的"标识20世纪西方哲学的特征。如何理解以往每个世纪的哲学，如何展望21世纪哲学的主体和趋势，取决于人们当下的哲学立场和观点。如果由我们续写这套丛书，21世纪的哲学家将会怎样命名才能表达其总体特点呢？21世纪哲学将是怎样的哲学？人们对此会有多种不同的回答。本文试用"体验的时代"揣测新世纪的哲学走向，希望能对未来的哲学运思有些启发。

一 理性的还原

鉴往而知来，探索21世纪哲学的特点和趋势，必须从回顾和理解哲学史开始，特别是需要对20世纪后半叶现代西方哲学的主要趋向有较为准确的体认。对大多数哲学工作者来说，我们很自然地相信21世纪哲学将是20世纪哲学的发展和延续，20世纪后半叶的哲学问题、趋向、派别、主义乃至风格等，都将在新的世纪继续得到拓展和深化，并将在很大程度上决定新世纪哲学的面貌。即便是按照福柯对知识史、科学史和思想史的看法，哲学没有连续、统一的历史，哲学知识作为一种话语体系是非连续的、断裂的结构，我们仍然相信相邻两个世纪的哲学较之其他时代可能更为相似。这也许是福柯难以颠覆的现代人的历史意识，而这种历史意识作为哲学工作者的"前见"或"合法的偏见"，从根本上规定了哲学工作者的致思趋向，从而也就规定了新世纪哲学的基本构架。

按照《导师哲学家丛书》的历史线索，我们发现西方近代哲学的一个最为重要的主题词即"理性"。从17世纪的"理性的时代"到20世纪的"分析的时代"，四百年的西方哲学归结为"理性哲学"。按照康德对"什么是启蒙"的回答，启蒙即是勇敢地运用自己的理性。[①] 因而，"启蒙的时代"可以说是"批判理性的时代"；以黑格尔哲学为代表的19世纪哲学以思辨的理性构造宏大的思想体系，所以"思想体系的时代"可以说是"思辨理性的时代"；20世纪的英美分析哲学以逻辑分析、语言分析的方法，寻求思想和知识的确定性、真理性、明晰性，按照《理性的对话》一书作者的看法，分析哲学仍是对合理性的寻求。[②] 因此，"分析的时代"可以说是"分析理性的时代"。总之，自笛卡儿以来西方哲学的主流即是理性主义，近四百年的西方现代哲学都可以称为"理性的时代"。

同任何西方哲学的抽象概念或语词一样，"理性"这个概念或语词只有在与"非理性""反理性"的区分中才能确定它的意义。所以，理性主义哲学的视野内在地包含着"非理性主义""反理性主义"的哲学因素，否则它就无法确立其自身。在意识的内在结构中，理性区别于欲望、情感、意志等非理性因素，理性主义哲学把这些非理性因素看作是由理性所主导、统摄、支配的心理因素，进而在理性的反思中使其逻辑化、理性化，从而哲学必然是理性的知识系统。但现代理性主义哲学对理性中心地位的确立，不断受到怀疑主义、生命哲学、意志哲学等的挑战和冲击。这些非理性主义、反理性主义哲学流派虽然也必须用理性写作和思考，也必须诉诸读者的理性以传播自己的哲学观点，但他们反对理性中心地位的观点确实表达了一种对人性、对意识乃至对人类知识和哲学本身的不同理解。人们经常

---

① ［德］康德：《历史理性批判文集》，何兆武译，商务印书馆1996年版，第22页。
② 参见［英］科恩《理性的对话》，邱仁宗译，社会科学文献出版社1998年版。

对非理性主义哲学和反理性主义哲学提出一种机智的反驳,即它必须是用理性反对理性,从而它也仍然是理性主义的。这种机智的辩难意味着哲学总是或必然是理性的思考方式和写作方式。其实,这是一个理性主义哲学的成见,遗憾的是上述哲学流派并未觉察到这个思想陷阱。

哲学理论研究和思考有许多奇异的悖谬和循环,反理性主义必须用理性去反对理性只是一种形式的悖谬。进一步思考就会发现更为难解的哲学的自我缠绕。哲学理论要思考整个世界,而思考世界的头脑或哲学家就在这个世界之中,哲学家又总是在自己所处时代的文化氛围中或者说在自己生活世界的基础上做理论思考,所以,哲学关于世界的理论恰是由世界本身所规定或制约的。哲学理论的自我缠绕,结下了许多有待开释的纽结,也为各种相互冲突的哲学理论提供了自我论证的可能性和合理性。因此,独断地说出某个世纪哲学的本质特点,都要冒以偏概全的风险。我们所以说西方四百年现代哲学的主流是理性主义,这几个世纪的西方哲学是理性的时代,其中最重要的理由也许是在哲学理论之外的生活世界最直接而鲜明地标识出了这个时代的特点。

西方现代理性主义哲学区别于古希腊的理性主义哲学,其中一个最为显著的特征即在于对生活世界的理性设计、规划和修整。古希腊的理性主义基于纯粹的理论兴趣和认知的渴望,而现代理性主义则饱含着解放的旨趣和实践的意向。被后现代主义哲学家称为"解放的元叙事"贯穿西方四百年的哲学史,用马克思的说法是,"人的自我异化的神圣形象被揭穿以后,揭露非神圣形象中的自我异化,就成了为历史服务的哲学的迫切任务。"[①] 从宗教幻想中、政治压迫中、传统的偏见中以及自然的奴役中解放出来,确立人的理性的现实性,这就是理性主义哲学的主题。在人们获得作为理性人的现实性的过程中,必然包含着对属人世界的理性设计,亦即使世界理性化。自然科学为人们提供了为自然立法的规则内容和技术手段;经济学为理性经济人规定了利益最大化的行动法则;马克思的科学社会主义为无产阶级和全人类指明了最终解放的现实道路;弗洛伊德的精神分析学说甚至为最隐秘、幽深的无意识提供了理性疏导的可能。使一切现实理性化,使人们的全部生活理性化,确是现代社会的主要任务,也是现

[①] 《马克思恩格斯选集》第 1 卷,人民出版社 1972 年版,第 2 页。

代哲学的主要特点。

一般认为，至少从费尔巴哈以来，西方哲学即已开始消解理性主义的哲学传统。费尔巴哈以感性直观、马克思以实践的感性物质活动、尼采以权力意志、弗洛伊德以无意识、存在哲学以人的存在对抗哲学中的抽象理性，消解理性在人性或意识性中的中心地位。但在我们看来，这些对理性的反叛和抗争仍未超越现代性的视野，因而也并未能动摇理性在哲学中的中心地位。这些哲学革命虽然各自凸显了人类意识或人类活动中某些非理性因素的中心地位，但其哲学思维方式仍是某种中心主义的理性主义。并且由于对某种非理性因素的中心化，也就把它理性化，从而强化了理性主义哲学。

我们认为，20世纪中叶以来西方哲学的一种新的思维方式出现了，它标志着一个新的哲学时代的到来，它也预示着21世纪乃至今后几个世纪哲学的根本特点。这种新的思维方式用海德格尔的术语说即是所谓"非规定性的思"，用维特根斯坦的术语说是从生活形式的观点看，用后结构主义的术语说是拆解或解构。这些不同的表述虽然哲学观点大异其趣，却有一种区别于理性主义哲学的共同倾向，即不再以肯定性、规定性的思维方式确立任何理论的中心，而是以否定性、非规定性的思维显示那些多样性、差异性、非同一性、不规则性的理性的边缘，或是思入使一切思维规定得以可能的而自身却不可规定的有无之境。此种新的思维方式绕开了理性主义哲学预设的思想陷阱，即肯定或否定某种理性中心都必然强化理性中心的理性主义必然性，开辟了或者说是回溯到了古代哲学直觉体悟的运思道路。

二 体验与思维规定

现代西方哲学家对理性主义哲学有许多反思和批判，但大多难以逃出理性主义的陷阱。原因在于反思和批判总要借助于理性的论证或思维的规定，如此即便否定了理性在意识结构中的中心地位，仍然规定了某种新的理性中心，从而哲学理论的性质和形态并没有根本改变。20世纪中叶以来，我们称之为后现代主义的哲学思潮终于冲垮了现代理性主义的樊篱，诸多思想的可能性和思想的道路显露出来，后期海德格尔关于"什么是思"的顽强探索，显示了一种非规定性之思的可能性。

按照海德格尔的看法，从柏拉图以来的西方形而上学特别是自笛卡儿以来的现代西方哲学，是思维规定存在、宰制存在的主体形而上学，其思维方式是控制论式的思维方式，其实践后果是技术时代的全面危机。海德格尔所说的主体形而上学至少包含以下几点看法：一是这种哲学是建立在主客二元对立的基础上，主体以思维去规定存在，把原本主客统一的存在经验规定为外在于主体的经验对象；二是思维规定是在经验对象的相互区分中建立的，它确立了存在者的界限及其相互关系，但存在本身或存在的意义则被遗忘了；三是被思维规定的存在者或事物仅具有属人或为人所用的意义和价值，其自在的意义消失了；四是人把世界价值化、工具化，人也就把自身价值化工具化了。所以在技术"座架"中人和世界相互逼索，世界陷入了没有灵性的黑暗之中。在海德格尔看来，人类走出危机的出路就是寻找一种非规定性的思或称为存在之思，这样才能从根本上改变人类的历史命运。

非规定性的思消除了主体与客体主观与客观的二元对立，用现象学的观点看世界，存在经验即是原初的主客统一性，它从根本上区别于知识论立场的外在经验。这也就是说，所有的思维规定都建立在主客二分的根本规定基础上，有了主客二分的规定，进而才有经验对象的具体规定。如果改变知识论、认识论的理解视域，我们就会看到一个具有不同性质的世界。其中的经验对象不再是在人之外、与人对立、为人所认识和改造的对象，而是人的存在经验、人的生活方式的一部分、与人不可分割的或者说是人的肉身形态的存在，这种内在于人的身体并改变人的身体存在形态的经验，我们把它叫作"体验"。

体验区别于经验。经验是为人所显现的外在对象，它在知识论的视域中可以为逻辑关系所规定，进而在价值论的视域中可以为人的需要所规定。前者被叫作事实判断，后者被叫作价值判断，二者的共同特点是思维规定对象、裁剪对象，使其具有某种整齐的逻辑形式或可以精准测量的使用价值，以备人们现实的或延缓的消费和使用。海德格尔用最简洁的一句话"存在成了价值"[①]来概括现代理性主义哲学的必然结果，思维规定存

---

① [德]海德格尔：《海德格尔选集》下卷，孙周兴编，上海三联书店1996年版，第810页。

在，终究是为了控制、宰制存在。与此种经验不同，体验不单纯是为人所显现的经验，它同时是给予性的经验，它是我们在某种生活方式中世界赐予我们的赠品，是我们不得不接受的馈赠。它或者使我们欣喜，或者使我们战栗，或者使我们若有所思。一方面，体验使我们的身体、我们的存在和生活发生确定性的改变，这种改变在我们的生命过程和时间意识中留下了痕迹，但却不能测量和规定它的准确意义；另一方面，体验给予我们的周围世界以一种深度的模糊、自在的奥秘、理性或思维规定边缘的不规则性、异质性、流变性，都使意义的世界难以中心化、理性化。体验是非规定性的思，从而也是非统治、非宰制存在的思，它倾听着、感受着、领悟着，在主客统一中经历着生命过程和周遭世界的变化。体验着的人当然在生活、在行动，但他已没有理性主体的轻狂和傲慢，却具有了自然赠予的厚重和丰富。

海德格尔认为，思维规定的思成就了西方特有的哲学，这种哲学由现代科学技术所完成，至今它已经或应该结束终结了。而非规定性的思却担负起人类的历史命运，它将引领人类走出世界的午夜。海德格尔深知现代人类沉浸于主体形而上学太久了，我们已太习惯用思维规定存在进而控制、改造存在的思维方式了，如果让人们放弃这种思考，我们就会茫然失措，头脑就会出现一片空白。

海德格尔劝告人们要忍耐，要等待，或者有朝一日我们的思想会发生惊险的一跳，跳入一种全新却又极其古老的思维方式中。其实，非规定性的思并不神奇和玄奥，也不是我们全然陌生的东西。后期海德格尔对荷尔德林的诗情有独钟，仔细倾听和领会诗中所宣告的生活的真理和存在的真理。哲学解释学大师伽达默尔也从艺术分析入手，寻求解释学的真理和方法。艺术经验和诗化思维也是每个普通人都曾有过的经验和思想，如果回想起一次真正使我们感动的审美经验，我们所说的非规定性的思或体验之思就会来到我们的身边。真正的问题似乎并不是哲学出现了偏差，而是哲学的生活世界之根出了问题。

理性主义哲学以思维规定存在进而控制存在的思维方式，就是所谓现代思维方式，也可以说是工具理性和经济理性的思维方式，它造就了现代社会的繁荣，也造成了现代世界的种种危机。从根本上说，被后现代主义者称为"利益最大化的元叙事"是现代社会的最高的统一性原理，它把思维规定、艺术体验、道德沉思全部纳入利益的计算之中。从而，作为人类思维固有机能的反思规定失去了它纯粹理论认识的功能，成为利益最大化的手段和工具，并且成为主导支配甚至吞噬一切意识活动的思维方式。正是在这种技术统治的时代，人们原本具有的非规定性的体验之思才成为陌生化的东西，体验和思维规定的区分才有了时代的意义。

三　生活世界的改变

自20世纪20年代胡塞尔提出"生活世界"这一陌生的词开始，现代西方哲学出现了重大的转变。哲学家们开始关注这个先于科学世界、哲学世界的本原性视域，思维规定或反思建构的科学世界、哲学世界早已受到生活世界的先验定向。如前文所说，后期维特根斯坦改变了早期从逻辑的观点看世界的先验视域，转而从生活形式的观点去揭示生活方式、说话方式和思维方式的密切关联，并指出每一生活方式作为不同的"语言游戏"不可归约和还原的独特性质及其包含的先验因素。人们参与其中也可部分改变其规则的诸多生活形式是一切人类理解、认识和思考的前提。后现代主义哲学家则以语言的约定性、区分性破解思维规定的僵死性和凝固性，任何理性反思确立的"中心"都被颠覆和消解。奔腾不息的语言之流既是生命过程、意识过程，也是社会历史过程，在其中的历史的幽灵、无意识的结构、权力的话语颠覆了一切客观知识的虚假的统一性，理性主义哲学濒临崩溃。

刚刚发生不久的这场哲学叛乱究竟意味着什么？21世纪的哲学究竟将会是个什么样子？就第一个问题我们认为，这场哲学变革表达了生活世界的改变。近年来英国社会学家吉登斯的一些著作对此有较为充分的讨论，这里我们仅就他使用的两个概念作简要的分析。在《第三条道路》一书中，吉登斯引用了"后物质主义"的概念来分析发达国家人们价值观的变化及其对当代政治生活的影响。他引证政治学家罗纳德、英格哈特的看法说：随着社会的日趋繁荣，经济成就和经济增长的价值已经不像以前那样光彩照人了。自我表现和对有意义的工作的渴望已经取代了经济收入的最大化。选民们在达到一定的富裕程度之后，开始不太关心经济问题而关系自己的生活质量。① 吉登斯并未以此完全否定马克思主义"解放政治"在今天发达国家的意义，但"富裕的大多数"果真已临近马克思设想的共产主义的门槛了吗？他们真的开始超越现代社会"利益最大化的元叙事"了吗？即便它有几分真实，也意味着生活世界的重大改变，意味着哲学的性质和理论形态的重大改变。

吉登斯更多地谈到"生活政治"的概念，在他看来，发达国家政治生活的根本变化是生活政治的兴起，这可能与"富裕的大多数"价值观念的变化互为因果。因为人们已不太关心经济问题，转而关心生活质量的问题，所以政治因素的基础不再是利益的共同体，而是价值观念的共同体，政治要求和政治表达也不再是经济利益，而是生活质量和生活方式的要求。生态组织、女权组织乃至同性恋组织等成为当代政治生活的活跃的群体，传统的正规的组织如政府、政党、企业等都必须对这些群体的呼声作出恰当的反应。对生活质量和生活方式的关注，一方面使思维规定的知识体系难以给出肯定或否定的理论回答，使理性主义的权威受到了怀疑和挑战；另一方面，因为生活质量和生活方式更多地以个人感受为基础，使私人化的经验或体验成为价值判断和政治表达的核心内容。这是我们以"体验的时代"揣测21世纪哲学的生活世界的基础。

随着生活世界的变化，哲学的理论性质、理论形态乃至表达方式等也要发生重大的改变。我们以体验之思区别于思维规定的理性主义哲学，如果这种体验之思仍勉强称为哲学，它将是个什么样子？我们首先想到是古老的东方哲学形态。

体验之思的哲学仍然要区别于日常生活中的生活体验，或者说它要拓展和深化日常生活体验。在中国古代哲学中，在后期海德格尔的思之探索中，形而上的道或使一切思维规定得以显现的无规定，仍是思的根本指向。这种形上之思拓展了人类精神和生活的可能空间，丰富了人类精神和生活的维度，加厚了人类精神和生活的根基，它也将改变人们的生活态度和情感。但由于这种形上之思是非规定性的思，它不再具有客观知识的理论形态，因而它也不再有学科帝国主义的话语霸权，不再有操作、控制的

---

① [英]安东尼·吉登斯：《第三条道路——社会民主主义的复兴》，郑戈译，北京大学出版社2000年版，第20、22页。

工具理性功能。形上之思是对生活体验的自然延展，由于形上之道的不可名、不可说，所以，它只能内在于个体的体验世界之中，哲学已成为纯粹的个人的精神的事务。从马克思主义的观点看，体验的形上之思成为每个人全面的自由发展的基本方面，每个人有了从自己生活体验中领悟到的形上之思，才有了自己的精神生活的自由。总之，在体验的时代，哲学的性质和功能都已发生了根本的改变。

随着哲学性质和功能的改变，哲学的理论形态和表达方式也必然发生改变。虽然形上之道难以言传，人们仍可能要把对它的领悟用隐喻、象征、类比等方式加以传达，哲学的对话、交流和阅读仍是可能的。但哲学的理论形态已不再是系统的理论论证，如果需要理论论证，也可能是否定性的、消解性的，或者是通过可规定的肯定性论证去显示不可规定的边缘和界限。如维特根斯坦所做的那样。体验之思或形上之思可能更多地用直觉的概念、格言式的句子、类比式的、联想式的段落来表达，就像古代东方哲学的表达方式和风格。形上之思是生活体验的拓展和升华，因而其表达也必然以鲜活的生活体验的形式。孔子所谓道不远人、远人非道，不离日用常行的形上体验，将以更平实、庸常的形态说出极其高明的智慧。总之，哲学可能更像诗。思与诗的界限或许在于思仍是人类探索真理的努力，当然这已不是知识论所探求的真理，而是本真生活的真理、存在的真理。

（原载《长白学刊》2001年第2期）

朴素地追问我们自己的问题和希望

——中国哲学、西方哲学和马克思主义哲学会通的基础

马克思主义哲学与中国传统哲学、西方哲学融会贯通,创造有中国特色、中国风格和中国气派的哲学理论,是近些年来中国哲学工作者共同努力的方向,一些学兼中西的学者为此做了很多的工作,取得了一大批真正有突破意义的理论成果。其中获得的一个基本共识重复了现象学"面向事情本身"的号召,即中国哲学必须面向我们自己的问题,表达中国人自己的体验和希望。在这样的意义上,当下的中国传统哲学研究是当代的中国哲学,中国学者的西方哲学研究也是当代的中国哲学,马克思主义哲学的中国化研究同样是当代的中国哲学。面向我们自己的事情和问题,在不同的学术传统、文本的视域中会有不同的事情和问题呈现,海德格尔所说的思想的方向和视轨会把我们引向不同的关注和期待。中国传统哲学、西方哲学和马克思主义哲学各自积累的浩瀚文献也许会使我们失去自我,从而也就没有了我们自己的问题和抉择。面向事情本身需要文本的悬搁,让我们放下手中的巨著,在自己的日常生活感觉中朴素地追问:什么是我们的痛苦和忧伤?什么是我们的光荣和梦想?我们真实地希望怎样的生活?这些来自胡塞尔所谓生活世界的问题,隐含着更为原始的意向性构造,隐含着更深层的意识奥秘、语言奥秘和哲学奥秘。准确地把握住我们自己的真实问题,中国哲学、西方哲学、马克思主义哲学和其他哲学有了共同的关切,对话、互动和会通就有了现实基础。

一 我们能否平凡、真实和快乐地生活

思考和追问我们自己的事情和问题,仍难以摆脱既有理论和意识形态

的先入之见，舍弃意识社会历史内容的先验还原，可能得到的是单纯的意识机能冲动，而难以获得意识的原理和最终基础。在我看来，我们能否或者说我们为什么不能平凡、真实和快乐地生活？这个提问应是较为原始具有普遍性的问题。

首先，对于平凡的渴望是每个普通、平凡的人对自身解放的吁求，对平凡的正义性、道义性、合理性的肯定。说平凡的要求是解放的要求，意味着卓越、伟大、崇高的文化规范和意识形态话语已经是我们难以承受的意义负担，它让每个普通人在自己的生活中超凡入圣，让每个人背负起无限理性、无限意义、无限责任和义务的崇高使命，致使每个人都只能在羞愧中、罪感中谴责自己的懒惰、无能和渺小。我们总是觉得自己活得太累，即便已做了很大努力，却仍觉愧对父母、子女、亲朋乃至国家和社会。这种永远难以消除的精神负担，永远不能完成的使命，从根本上剥夺了我们的幸福感，从而使我们看到了一个后现代者所说的压制性的权威话语系统，一个文化和社会的合谋或圈套。对于社会、道德等的这种欺骗性，中国道家看得透彻，老子说，"圣人以百姓为刍狗"。伟大、崇高的高义宏词，或者是后现代所说的"宏大叙事"，往往是君王之策、霸主之谋。拒绝崇高，并非是对精神创造的放弃，而是对欺骗的解构、拆穿。也许平凡才能真正伟大，因为我们是有限理性的个人，我们只能承担有限的责任和义务，我们的日常生活也只有有限的意义和价值，真实地面对我们的有限性、平凡性才能有人性而非神性的骄傲和伟大。

其次，是真实地生活或者是本真地生活。由于我们的文化传统陈义太高，对人的期待和要求太高，事实上即便个人竭尽全力也不能真的践履笃行，这就不可避免地弄虚作假，造成虚伪的两面人格。孔子对虚伪的"乡愿"加以痛斥，而"伪君子"成为中国历史和现实中大批量生产的典型人格。即使是如孔子一样的圣人，以及流芳千载的忠臣、孝子、贞妇、烈女，也常有好事者揭其短处，大曝其丑。自海德格尔以来本真的生活和生活的真理已成为哲学思考的重要方面，如何才算过得上真实的生活，已是重大的哲学疑难。按照孔子的想法，言必信、行必果的言行一致和由衷之言，应是真实生活的重要标准。而在我们的公共话语空间却充斥着假话、空话、大话，这种人们习以为常不觉怪异的说话方式，实际上是一种虚假的生活方式，是不真的生活。从科学理性和经验科学的标准看，假话、空话、大话是无法被经验证实或证伪的废话，它没有经验科学的意义。从生活的观点看，假话、空话、大话虽然没有科学意义却有生活意义、意向意义，它是某种现实存在却是不真的生活方式的必然形式。自改革开放以来，实事求是、求真务实的风气得到倡导，假、大、空的说话方式受到人们的普遍厌恶，但却难以从根本上消除和杜绝，体制的、文化传统的、现实利益的诸多因素是这种话语方式的生存基础。过一种真实的生活或仅仅是说真话的生活，必定是多方面的深刻变革，当代中国哲学于此有不可推卸的责任和必须的自我反思。

最后是我们为什么难以快乐地生活？趋乐避苦是包括人在内的所有动物固有的生命本能，也可以说是生命的基本原理。快乐也许不等于幸福，但肯定是幸福的基本条件。快乐需要欲望的满足，需要自由和安全的保障，需要此时此地的沉迷和流连。无限的责任和无限的意义将使任何美好的时刻变成只有目的论意义或者否定意义的东西，快乐需要断裂和遗忘。用后现代眼光看，以儒家为主体的中国传统文化也是一个宏大叙事，经过数千年的精致化它已把衣食住行的全部日常生活纳入到伦理意义的宏大结构中，一言一行、一颦一笑，无不具有伦理的标准和尺度。源自自然生命的激情和欢乐本有自己的自然节律，它不可能无休止地持续和疯狂，否则将导致物种的毁灭。但我们的传统文化基于对欲望和欢乐的恐惧逐渐把本能的生命欢乐锁上文化的链枷，把自然的节律赋予伦理的意义。中国传统文化也可以说是泛伦理主义，至新中国的左的思潮又出现了泛政治主义。海德格尔曾沉思荷尔德林的诗"如当节日的时候"，节日本应是自然节律和人的劳作的周期的契合，节日的欢乐就是本真的生活。节日是大自然对人类的馈赠，我们却把它文化化、伦理化、政治化，幸好我们缺少黑格尔的思辨能力还难以把它逻辑化。

平凡、真实、快乐的生活是我们对生活真理的正确直觉吗？它似乎是社会生活世俗化以来或者如韦伯所说社会生活祛魅化以来人们共同的向往和渴望。我们难以获得平凡、真实、快乐的生活，说明我国的精神文化中尚有许多神圣的、虚灵的幻象需要消解，启蒙和现代性是未竟的事业。这样的判断明显有西方话语主权的嫌疑，它似乎是用西方现代性的尺度批评我们的生活，从而平凡、真实、快乐的生活就是西方话语对我们的生活意向的建构，而不是我们自己生活的本真要求。但是，在中国传统文化和普通大众的内在渴望中,我们能够感受到这种生活向往。"农夫荷锄立,相见语依依"的自然和亲切,"桑柘影斜春社散,家家扶得醉人归"的沉醉和欢乐,多种流传至今的民间艺术和民间节日的火爆、热烈的激情渲染,都在诉说着我们祖祖辈辈对平凡、真实、快乐生活的追求。思考这个简单的生活真理,将使马克思主义哲学、西方哲学和中国传统哲学经历一番艰难的考验和拷问,各种哲学为中国老百姓的生活幸福做了什么?还能做些什么?这无疑也会为中、西、马哲学的相互交流、相互对话和相互理解找到一个相对牢靠的生活基点。

二 为什么现代哲学的主题是批判和拆解

东西方哲学都是人类文化、人类智能极致化的精巧建构,它和埃及金字塔、中国长城等文化奇迹一样显示着人类能力的极限和高峰,热爱哲学就是热爱人类自己的智能、智慧和伟大。从苏格拉底以来的西方哲学,发现了人类理性能力的高贵和伟大,他们把理性看作是人所具有的接近神性的东西,而理性能力的充分实现就是人的目的和幸福。所以,实现理性能力的哲学就是自由人自我实现的最好生活方式,就是自由人真实和快乐的生活。而东方的智者则发现了人区别于动物的道德能力,人所具有的爱人之心、恻隐之心、是非之心等良知良能是伟大高贵的根源,充分实现人的道德能力成为生活目的和最好的生活方式,也是君子们生活快乐的源泉。孔子多处讲到君子的快乐,如学而时习之、有朋自远方来;仁者乐山、智者乐水;赞扬颜回不为贫困而改其乐,等等。总之,古希腊哲学和中国儒家学说最初都是源自生活、更好生活的快乐哲学,都是发现、实现人的积极能力的建设性哲学,其中较少否定、压制的话语霸权。但有一点也是共同的,即希腊的自由人和古代中国的君子都是社会中的少数群体,他们或富或穷(如苏格拉底和颜回)都不直接或主要不是以生产劳动为生,他们所示范和追求的幸福生活方式不能成为普遍的生活样式。

马克思的哲学变革具有丰富的历史意义,其中最重要的是马克思对哲学阶级性的揭示,哲学作为占统治地位阶级的思想不仅是该阶级生活理想的表达,也是该阶级意识形态统治的工具。原本鲜活的生命意识和自身发展的冲动和渴望,在漫长的演变中与政治权利交织、合谋,成为福柯所说的权威话语系统，成为压制他者、阶级统治的霸权话语。在我看来，马克思哲学变革更深层的意义在于他不仅揭示了哲学的阶级性和意识形态性质，而且还指出了哲学实现自身的现实基础和道路。在工业革命带来的巨大生产力中，马克思看到了哲学世界化、世界哲学化的可能性，即以合理的生产关系和社会关系适应生产力发展的要求，就可以满足全社会成员的基本物质生活需要，并且随着工业革命而来的教育的普及，全体社会成员中每个人的自由发展有了现实的基础，从而表达古希腊自由人生活理想的哲学有可能成为所有人共享的哲学。在这样的意义上马克思对传统哲学的颠倒既是对它的批判和否定，也是对它的超越和完成。每个人的全面的自由发展，是全人类共同的美好生活理想，它超越了东方和西方、阶级和民族，成为人类有史以来最美好的理想。

为了实现无产阶级和人类解放的理想，马克思的理论工作首先是批判，是继费尔巴哈宗教批判之后的社会批判。黑格尔法哲学批判，德意志意识形态批判，资产阶级政治经济学批判等，最重要的是诉诸实践和无产阶级革命斗争的武器的批判。在一定意义上可以说马克思的批判规划了现代哲学的思想方向，批判、否定和拆解一直是现代哲学包括后现代主义哲学的主流和主要形态。从根本上说，批判的主题是无产阶级和劳动人民现实生活幸福的要求，是每个人全面自由发展的要求，是平凡、真实、快乐地生活的要求。马克思之后的西方哲学家虽然较少自觉地从无产阶级和劳动人民的立场出发，其中也有如海德格尔一类的哲学家在对现实的批判中缅怀已经衰落的古典的贵族生活理想，但总体说来，西方现代哲学是对真实、自由和快乐生活的追求，是对虚假的崇高、等级的压制和边缘群体痛苦生活的揭示，其哲学主题是在马克思所开辟的思想视野之中。

20世纪西方哲学继续着马克思对以黑格尔为代表的传统哲学的批判，拒斥形而上学、叛离黑格尔、不断地宣告哲学的终结，成为这个世纪一些最响亮的哲学号召。这不能简单地看作是哲学创新的宣传性的招数和广告，而是确有真实社会历史内容的利益的斗争。20世纪特别是"二战"以后是资本不断扩张走向全球统治的时代，资本自身增殖的逻辑是一切哲学话语的深层语法。资本扩张、增殖的要求定义了高等教育的学科体系和知识形态及知识权力，科学技术成为资本增殖的强大动力，从而为自然科学带来话语主权。以自然科学为典范的理性形式成为理性的标准，以科学理性、技术理性的尺度重新审视传统哲学,其舛错、谬误和丑陋一览无遗。现代科学技术以经验的标准、操作的效用重新定义了真理和真实,从而也定义了生活的真理和真实。在资本的逻辑展开中,以专门化的知识和技能获得优厚的薪酬,过上高质量、高消费的物质生活,这就是发达国家中产阶级的真实、快乐的生活。以历史乐观主义的信念反思西方现代哲学的科学主义,我们仍然可以认为今天的中产阶级生活样式较之马克思时代产业工业阶级的处境有了历史的进步;科学理性、科学的真实和真理较之思辨理性、形而上学的美好谎言更加接近生活的真理和真实。中产阶级的消费主义也给广大社会成员带来了花样翻新的快乐,但这肯定不是马克思设想的真实、快乐的生活。

哲学的批判不能休止,种种受到马克思影响的哲学流派仍坚守着对资本的批判,寻找着抵制资本逻辑的现实力量。这并非仅仅因为对理想信念的忠诚,也是因为西方中产阶级的太平盛世存在着难以弥合的裂痕和难以消除的危机。首先是资源、环境、生态不能长久支持资本主义生产的不断扩张;其次是资本自身增殖的逻辑不能支持长久的高水平的社会福利,不能进入中产阶级行列的边缘群体享受不到资本增殖的好处;再次是高度专业化的职业生活在资本的压力下紧张、单调,马克思所批判的劳动异化并未克服;最后是资本全球化的扩张必然导致资本之间、资本和劳动之间、民族之间、不同文化传统之间的对抗和斗争,使世界不能太平。现代和所谓后现代西方哲学不可避免地延续着批判、拆解的哲学主题,科学理性、技术理性的充分发展,也同时训练了哲学家思想的精细和锐利,在自反性的现代性中,生态主义、女权主义、各种马克思主义、各种后现代主义和民族主义等以科学理性和技术理性的精巧,瓦解着科学理性、技术理性的同一性,种种隐蔽的暴力和压制,种种意识形态的幻象和欺骗,更为根本的是资本统治的真实逻辑,使哲学批判仍然保持着思想的活力和激情,保持着哲学的尊严和骄傲。

近些年来出现的历史终结、意识形态终结、哲学终结等终结论者的判断和宣言,表现出对无休止的批判的厌倦。然而,自苏格拉底以来哲学就是主流文化讨厌的东西,它讽刺、批判、诘难,经常使自我感觉良好的人当众出丑,惟此哲学才保留着对更好的可能生活的向往和追求。反思我们中国人自己的问题和困惑,追问我们自己的生活体验和希望,马克思以来的西方哲学给我们的根本教益是，要永不厌倦地批判思考，这也包括对我们自己哲学的不倦的反思和批判。

三 为什么是马克思主义哲学的中国化

俄国"十月革命"胜利之后，中国人选择了马克思主义。在中国共产党的领导下，经过艰苦卓绝的革命斗争，中国人民获得了国家独立和民族解放，开始了有中国特色的社会主义现代化建设，至今已取得了举世瞩目的伟大成就。近百年的历史充分显示了马克思主义哲学中国化的理论力量，而中国革命和建设的挫折和失误也同样引发人们对中国化马克思主义哲学的反思和疑问。特别是近些年来随着各种现代西方哲学日益成为显学，中国传统哲学研究也逐渐有了更深厚的学术积累，马克思主义哲学的学术地位和学术声望受到质疑和挑战。简单地说马克思主义是中国人民的历史选择不能消解这些疑问，因为历史选择总是可以重新开始，如东欧剧变；没有哲学反思的宣称马克思主义哲学是科学也于事无补，因为几乎所有重要的哲学流派都认为哲学存在的理由恰是它区别于经验科学；通过意识形态强化马克思主义哲学的指导地位可以起到重大作用，但也需要学理的论证和支撑。在通常所说的中、西、马哲学的互动和交流中，以真诚和平等的态度和追求真理的学术精神探索中国化马克思主义哲学的价值、意义和发展方向，对马克思主义哲学工作者是不能回避的任务。

按照伽达默尔的说法，马克思的哲学是学院外的世界观哲学。同康德、黑格尔以及马克思之后的胡塞尔、海德格尔等学院内的职业哲学家相比，马克思在专门哲学研究中投入的时间、花费的劳动和写出的文献肯定大为不及，以学院化的尺度和标准难免厚此薄彼，造成对马克思哲学的轻视。但按照马克思的思维逻辑，学院化体制的哲学就是需要追问的：它或者只是解释世界的哲学，而问题在于改变世界；或者它已是受到资本逻辑的规定和驱使，从而失去了对资本逻辑批判的能力；或者它已远离了真实的生活世界，所以不得不一再提出回到事情本身的号召，等等。由于哲学理论作为世界观学说的特点，每一种重要的哲学都已包含着评价哲学的哲学观，所以不能获得一种超越具体哲学理论的一般哲学评价尺度。从归根结底的意义上说，哲学终究是人的理论，理论的彻底性取决于对人本身的问题提出和解决的程度。某种理论的学术积累是提问和解决问题深度的重要前提，无学术积累的哲学理论很难有多大价值；但仅有学术积累、文献研究的基础却不能保证出现好的哲学，特别是不能保证有"政治上"正确的哲学。关键是对自己时代人民生活根本关切的理论洞察，这是产生好哲学的首要条件。

为什么马克思主义哲学的中国化或中国化的马克思主义哲学是当代中国哲学的主流？为什么中、西、马哲学的融会贯通应以中国化马克思主义哲学为基础？在我看来，原因在于它是中国人平凡、真实和快乐生活的最优理论。马克思哲学的伟大洞见如前所述，一是看到了哲学现实化、世界化、人民化的历史条件，即工业革命的巨大生产力使每个人全面发展成为可能；二是看到了改造资本逻辑使巨大生产力造福于所有人，使人人都能"从事批判"的现实性。马克思对资本主义的批判是"元逻辑""元问题"的根本批判。在资本最大化自身的资本主义逻辑没有终止其有效性之前，马克思哲学从根本上是不可超越的。近代以来中国人的现实苦难并不仅仅是资本造成的，但帝国主义列强的侵略却是古老中国受到的最大创伤，是中国被迫进入世界历史、进入资本逻辑的起点。从此以后，每个中国人要平凡、真实、快乐地生活，就必须在反抗和屈从资本统治中作出抉择，就必须认真地对待马克思资本主义批判的理论学说。中国的五千年文明、辽阔的国土、世界第一的人口等所形成的民族自豪感，使中国人难以快乐地成为西方发达资本主义国家的附庸，难以驯服于资本的逻辑而过上愉快的白领生活（实际上中国作为后发展国家和中国的巨大人口数量，如走资本主义道路则大多数人不能成为白领），那就必须选择自己的道路，从而也就必须在马克思哲学、中国传统哲学和一些西方哲学理论中寻求对抗资本逻辑的理论资源，中、西、马哲学的互动交流只能在系统批判资本主义的马克思学说中找到理论的基础。

马克思主义哲学的中国化是中国人民的历史选择，也是建设有中国特色社会主义的现实选择，中国化马克思主义哲学应该是中国人反思和解决自己生活问题的最优哲学理论。马克思主义哲学的中国化同时也是中国传统思想和传统哲学的现代化。在中国传统哲学中虽然没有直接批判资本主义的理论资源，但是却有反抗强权、压迫、专制的理论传统，特别是有反抗外族侵略的爱国主义传统，这无疑是中国人接受马克思主义的思想基础。马克思主义哲学中国化与中国传统思想现代化的互动过程，肯定不是一帆风顺、只有积极实践后果的理想过程，我们也必须为此付出昂贵的代价甚至是惨痛的教训。中国悠久的封建传统会使马克思主义在中国化过程中沾染封建专制思想的毒菌，中国革命和中国建设的艰难和危机要求理论的统一性、齐一性，也有可能助长中国化马克思主义哲学的教条化、公式化的倾向。马克思主义哲学的批判精神、探索精神和自我批评的原则被弱化，而教条式的理解、实用主义、机械主义的套用乃至不同程度的曲解，损害了马克思主义哲学的声誉。此外，马克思主义哲学是西方哲学和西方文明高度发达的产物，它虽然力求使哲学世界化、人民化，却只有在生产力高度发展、人民教育水平极大提高的条件下才能成为现实。在我国的马克思主义哲学普及教育中，一方面同时宣传普及了许多马克思主义哲学内含的科学知识和文明观念；另一方面也难以避免使马克思主义哲学简单化、庸俗化。

经过改革开放以来三十多年的学术积累，我国的学院化哲学、论坛哲学突破了传统教科书哲学的束缚，学术水平有了很大提高，对马克思主义哲学、中国传统哲学和西方哲学的学理、道理及其政治含义有了更充分的理解，我们可以更有信心地选择各派哲学的积极成果，尝试创造我们中华民族自己的哲学理论。朴素地追问我们自己的问题和希望，我们是否渴望平凡、真实、快乐的生活？在拒绝了西方发达国家中产阶级的幸福模式之后，我们如何在小康生活水平上努力实现马克思每个人自由发展的理想？这些朴素、简单的生活提问，有可能是评判、选择中、西、马各种哲学的有效视域。

首先，必须对传统教科书哲学进行改革，此项工作虽已历时多年，其中如高清海先生的工作取得了重大成就，但高校的哲学原理教学大致依然如故。我们期待着"马克思主义理论研究和建设工程"能有较大的进展。哲学原理教科书改革的必要性从根本上说是它严重脱离了中国的现实生活，它不能促进反而阻碍人们获得健康、真实、积极向上的生活观念。它不是以有限理性的人的眼光看世界，而是以所谓"神目观"构造世界，它让人成为神，而又让"客观规律"的自然之神主宰人。按照一些学者的看法，它在哲学原则上基本是前康德哲学的机械唯物主义。这样的马克思主义哲学自然要受到西方哲学背景学者的轻视和嘲笑。

其次，按照我们自己的生活感受追求我们自己的快乐和幸福，就不能期待西方哲学给出现成的答案或拯救之道。在经济全球化的时代，各民族确实面对许多共同的全球性问题，但对这些全球问题的感受和解决方式却很难有"普世伦理"或"重叠共识"。各种哲学的对话、信仰的对话是必要的，目的是增加理解、扩展视野，却不能接受某种惟一的哲学、宗教或其他世界观理论。套用阿多诺和利奥塔的说法，如果只有一种惟一的哲学，它必是恐怖的形而上学或死亡哲学。

最后，追求我们自己的平凡、真实和快乐的生活，需要从自己的思想传统中汲取智慧，但更需要对中国传统思想的无情批判。汉唐盛世之后，中国人可能没有多少真正快乐的日子。其中泛伦理主义或伦理中心主义的文化禁锢负有一定责任。作为中国哲学史的外行，我曾提出海德格尔式的中国哲学史解读，即回到尚未被伦理规范僵死化的思想源头，寻找我们自己文化最初的鲜活的生命感受和存在经验，找回民族思想的活力。

（原载《吉林大学社会科学学报》2005年第3期）

哲学的人性自觉及其意义

——中西马哲学会通的一个内在性平面

自黑格尔之后，一种致力于构建可包罗万象的大全式的体系化的哲学工作已无可能，但是正如马克思所揭示的，任何真正的哲学都是其时代精神的精华，要构建当今时代属于中华民族自己的哲学，或者说要构建真正有中国特色的可以走向世界的马克思主义哲学，那么，中、西、马哲学的会通问题就是一个不可规避的问题。本文尝试从人性自觉的维度或者用德勒兹式的话说，从人性自觉这样一个内在性的平面切入中西马哲学会通这样一个等同于哲学自身的"混沌"，让思想沿着这个切面飞掠，希望从中寻找创造新概念、构建新哲学的灵感。

一 西方古典哲学的理性自觉

西方哲学诞生在古希腊，一直到今天，人们公认希腊哲学是欧洲文化的摇篮。按照德国哲学家胡塞尔的说法，普遍的希腊理性精神是欧洲文明的根本，是欧洲文明的标志。这表明在古爱琴海那样一些小岛屿上，一些小的城邦国家，诞生了影响数千年，甚而影响到我们今天当下中国的希腊哲学。那么，希腊哲学到底有什么特点能够对人类文明产生如此重大的根本性的影响？

按照西塞罗的理解，苏格拉底是第一个把哲学从天上拉回人间的人。对苏格拉底来说，"认识你自己"远比认识天上的事情重要得多。借助"精神助产术"，在一种近乎诘难的对话中，苏格拉底试图帮助人们以反思的形式寻找内在于心灵抑或灵魂之中的外部事物的普遍真理或原则。而对苏格拉底来说，这里的真理或原则就是德性，而德性就是知识，由此，认识自己就是认识内在于自我之中的普遍的德性。

按照黑格尔的解读,"苏格拉底的原则就是:人必须从他自己去找到他的天职、他的目的、世界的最终目的、真理、自在自为的东西,必须通过他自己而达到真理。这就是意识复归于自己。"① 正是在这个意义上,"未经反省的人生是无意义的",苏格拉底明确地倡导人们过一种明明白白的、自觉的、理性的、德性的从而就是有意义的伦理生活。这种通过自我自觉地对真理的"反省"或者如柏拉图所说的"回忆"以获得生活的规范进而从外在的神谕、传统、习俗、乃至道德法律等盲从中解放出来,正是对人性的理性自觉和体认,也即是一种理论或说理性生活和自由生活的理想。

苏格拉底之后,柏拉图以其"理念论"把苏格拉底内在于心灵之中的原则提升出来,成为不仅仅是德性原理而且是万事万物——宇宙的原始、永恒的原理。理念成为思想也即理性的真正对象。理念不仅具有认识的目的也具有生活的目的,这样一来,理念不仅是价值论意义上的"善"并且是认识论意义上的"真",而更为根本的成为本体论意义上的真正的"存在"。"在柏拉图看来,哲学给予个人以他所必须遵循的方向,以便认识个别事物;但是柏拉图一般的把对于神圣对象的考察(在生活中)当做绝对幸福或幸福生活的本身"② 这里的"神圣对象"即是"理念",而理念是万事万物永恒的真理。柏拉图把哲学家定义为"渴欲观赏真理的人",那么对一个哲人来说,通过灵魂的不断"回忆"、通过"死亡练习"他得以走出洞穴,获得永恒而神圣的理性生活。从而"纯粹理论生活的理想具有了超凡脱俗的神圣光辉,而人的理性本身也具有了实在性的存在论意义。"③

那么,至少从苏格拉底开始一直到柏拉图再到亚里士多德,都表明了一个看法,那就是人应该爱智慧,这也是哲学这个词的词源——爱智。亚里士多德在《形而上学》这部名篇中,开篇就对智慧有一个经典式的说

---

① [德]黑格尔:《哲学史演讲录》第 2 卷,贺麟、王太庆译,商务印书馆 1960 年版,第 41 页。

② 同上书,第 223 页。

③ 孙利天:《纯粹理论生活的理想》,《吉林大学社会科学学报》2000 年第 6 期。

法。按照亚里士多德的理解，智慧应该是为学术而学术的自由①。不为任何功利目的，没有任何实用目的，为学术而学术。这种始于惊讶和好奇的纯粹的求知欲望，正是亚里士多德所说的，它是人的自由的最高实现——为学术而学术的自由。在生活实践领域中，人们渴望自由，但是人们处处不自由，我们总是受到现实的各种条件的制约，只有在为学术而学术的，没有任何实用目的的，那个纯粹的知识领域中，思想才是真正自由的。黑格尔定位苏格拉底是"哲学史中极其重要的人物——古代哲学中最饶有趣味的人物——而且是具有世界史意义的人物"。抛开他的精神辩证法式的解读不说，单就亚里士多德对智慧、对自由生活的理解来说，的确如此。苏格拉底不仅自觉到了人性中的理性，而且把追求这种理性视为神的召唤，视为天命。他以一种极端的理性主义态度，不惜以生命为代价昭示出"知识与生命的绝对统一"。在这个意义上说，苏格拉底是一位真正的存在哲学家：自在自为、自由自觉地选择自己的生活——更为根本的——真诚地知行合一地把理论与生活内在的统一起来。

  黑格尔把对于人性的理性自觉发展到了极致。在这个意义上说，他与柏拉图是一致的，理性不仅仅是人性的内在规定而且是世界、宇宙、历史的内在规定。人不过是用自己的理性认识存在于事物中的思想，而这种思想是没有经验内容的，不仅仅是没有实用目的，且把一切具象、具体的、经验的思想内容都抽象掉，最后获得的一个纯粹的思维。这种唯心式的论调不免使人觉得神秘。而马克思在《哲学的贫困》中对黑格尔的这样一个纯粹抽象、最高抽象作了一个揭示，人们都觉得黑格尔哲学很神秘②，马克思认为没有什么神秘的，对一切事物进行最高抽象，之后获得的就是纯粹思想范畴，对具体的所有运动形式进行最高抽象就是纯粹的逻辑运动，所以，黑格尔的逻辑学就是纯粹（思想）范畴的自己运动。这样黑格尔就以其大全的哲学体系不仅揭示出了人性中理性的纯粹性也揭示出了其普遍性。源自古希腊的理性精神：巴门尼德的纯粹思想，赫拉克利特的纯粹逻辑，加上阿那克萨戈拉的努斯精神在黑格尔这里合流成为思维与存在的辩证统一。

---

① ［古希腊］亚里士多德：《形而上学》，吴寿彭译，商务印书馆1981年版，第5页。
② 《马克思恩格斯全集》第2卷，人民出版社1995年版，第138—139页。

历史证明，正是源自古希腊的这种纯粹的普遍的理性精神，创生出了西方的科学和民主精神，从而成为现代欧洲文明的母体。然而理性精神、理性生活不可避免的要以理论为中介并且要以具体的生活世界为基础。亚里士多德在说明哲学探索本身是为学术而学术的同时就指出"可以说，只有在生活必需品全部齐备之后，人们为了娱乐消遣才开始进行这样的思考。"[1] 马克思更是明确地指出物质生活是精神生活的基础，现实生活世界从根本上制约着人们的理论生活。而且，人们很难单纯的为惊异而求知从而仅仅是停留在致知上，在其历史的演变过程之中，智慧之果在使人们摆脱愚昧之余不免像塞壬之歌一样诱使人们凭借着努斯精神去设计并宰制这个世界，进而理性为功利所蒙蔽，科学沦为技术。"希腊哲学特别是柏拉图的理念论哲学成为基督教的理论来源，基督教作为黑格尔所说的'绝对宗教'，只能奠基于普遍理性或绝对理性之上；另一方面，希腊哲学的理性视野正是现代科学技术运作于中的视野，海德格尔认为现代科学技术是希腊哲学的完成。"[2] 终结于黑格尔的世界精神一方面满足于解释世界后的欣喜而继续躺在睡帽之中，另一方面，思存凝固成绝对的抽象同一性从而规范甚而宰制着世界。

但是在这里我们更为强调的是，始自古希腊的西方古典哲学对人性的理性自觉毕竟创生出西方的科学和民主精神，绝对凝固化的同一性思维和技术座架只是纯粹理性精神的某种异化状态。两千年以来的西方古典哲学的这种为学术而学术的纯粹理性精神毕竟以路标或范例的形式表征出人类的精神可能达到的高度，这为我们留下了最宝贵的精神遗产。"坚守这一看似狭小实则无限的精神领域，将使人类的精神生活和现实生活更有灵性、更有尊严、更有自由和欢乐，也将使人类保留应付挑战和劫难的更为丰富的理论资源。"[3]

二 中国传统哲学的德性自觉

两千年的西方哲学，作为一种为学术而学术的纯粹理论，或者说纯粹

---

[1] [古希腊] 亚里士多德：《形而上学》，吴寿彭译，商务印书馆1981年版，第5页。
[2] [德] 海德格尔：《海德格尔选集》下卷，孙周兴选编，上海三联书店1996年版，第1244页。
[3] 孙利天：《纯粹理论生活的理想》，《吉林大学社会科学学报》2000年第6期。

理论态度的思维、纯粹思想，实际它表达着一种对人性的理解和自觉。在希腊哲学家看来，人区别于动物就在于人有理性思维，所以去充分实现人的理性思维能力的理论生活就是理想的人生，这就是纯粹理论生活的理想。

那么与之相对应的，中国哲学达到了对人性的什么样的自觉呢？在中国哲学家，特别是在中国儒家看来，那就是所谓人禽之辨，即人之所以区别于动物就在于人具有德性。孔子回答什么是人，"仁者爱人"，能爱人就是仁，从而也就是人。人区别于动物在于人有一种道德能力，人能过一种道德的生活。到孟子，把这种人性理解进一步具体化，如众所周知的"四端"说，恻隐之心，辞让之心，羞恶之心，是非之心。以恻隐之心为例：看到邻居家的一个小孩掉到井里，马上义无反顾地都去救这个孩子。孺子落井把他救出来，是不是为了讨好他的家人呢？是不是为了救上来以后获得一点馈赠呢？是不是为了在乡亲中获得好名声？孟子回答都不是，因为在最初的一念之间，仅仅就是恻隐之心，不忍人之心，不能眼看着一个生命无辜地丧失。所以孟子认为人人都具有的这个恻隐之心，我们用前面类似于对希腊哲学的表述，可以把它叫做纯粹的道德意志，也即没有任何功利目的的纯粹的道德意志。孔子对于这种纯粹的道德意志还有一些经典的具体化规定，比如，"己所不欲，勿施于人""己欲立而立人，己欲达而达人"等等。这样一些说法，实际都表明中国儒家对人性的道德自觉。希腊哲学家们看到人区别于动物是人有理性，中国哲学家们看到的人区别于动物是人有德性。这是中西哲学起点上的差异，由此也带来了两种不同的文化。

对人性中德性的发现决定了中国文化的一个根本的致思进路。到《大学》，儒家已经提出了系统的旨在发扬人的德性的教育理念。《大学》开篇开宗明义："大学之道在明明德，在亲民，在止于至善"。"明明德""亲民""止于至善"即我们通常所说"三纲领"。"明德"也即阐明、发明、弘扬人类的德性，"亲民""止于至善"则是"明德"的进路或落脚点。而如何实现这样的三个纲领？通过"格物、致知、正心、诚意、修身、齐家、治国、平天下"，此为"八条目"。"三纲领""八条目"不仅明确的表征出儒家伦理、政治、哲学的基本纲领，并且业已形成一种系统的教育理念。正是在这样的意义上，朱子把《大学》

视为"初学入德之门"。《中庸》开篇,"天命之谓性,率性之谓道,修道之谓教。""性"即德性,在此,儒家把人性中德性自觉上升到"天命"的高度。"人类一切束缚皆可求解放,只有自性自行那一种最大的自由,他在束缚人,人不该再向它求解放。中国古人则指说此一种再无从解放者曰命。"① 按照钱穆先生对"命"的这种理解,对于"德性"的自觉即是人自性自行的最大自由,"德性"成为人的生命的最高原则,自为地去发明、扩充自己的"德性",这就是人的"天命"。与《大学》的"八条目"一样,《中庸》提出"博学之,审问之,慎思之,明辨之"这样明确的系统的达致"中庸"之德的修行功夫。这其中的伟大之处在于,对于人性的自觉以致"自性自行"并不单纯的是康德意义上的"人为自己立法",从而导致自然与社会之间的鸿沟;对于中国传统思想来说,人的"德性"不仅是人的伦理规范,同样也是自然本身的规范,人之德行本身就是源自于"天"——"性即理"。在这样的意义上,我们才能理解孟子的"万物皆备于我"、宋明理学的"宇宙即是吾心,吾心即是宇宙"。自然与人的世界同样都是伦理的世界,从而对人性的德性自觉之中就内在的包含了实现这种自性自行的根据。这样,传统儒家就从对人性的德性理解中,得出一种理想的社会秩序,并且形成了达成这种理想社会秩序的教育途径。

同样,与古希腊"为学术而学术"的纯粹理性导致一种关注语言、逻各斯进而关注"纯思"的进路不同,在对人性德性的自觉的界定下,中国哲学一开始就采用了一种所谓切己体察的哲学进路:它先从人,每个人自身能够感受到的经验直觉开始,然后一点一滴地把内在于这种经验直觉中的德性发明、弘扬出来。所谓切己体察就是从每个人的本心,自己领会开始,我们自己领会自己的本心,进而推己及人。这是一种典型的存在之思,思维与生活从未稍离。爱人也好,恻隐之心也好,还是孟子讲的其他四端也好,我们都能够在自己的内心生活中真实地发现德性的根据。在这样的意义上,我们可以说"体验之思作为一种可能的形上之思是中国哲学的特质和对世界哲学的贡献"。② 在几千年的历史时空中,中国哲学

---

① 钱穆:《中国思想通俗讲话》,上海三联书店1982年版,第31页。
② 孙利天:《纯粹理论生活的理想》,《吉林大学社会科学学报》2000年第6期。

的"发明本心""养浩然之气"式的德性自觉的进路造就出一个个璀璨的人格范例：孔子、颜回、孟子、颜真卿、韩愈、文天祥……为德性所支撑的文人的操持、文人的豪情，文人的风骨向我们表征出人性中德性的力量、德性的魅力以及德性可以达致的高度。同时，这也为我们今天真实地提供了一种造就杰出人格的修养道路。

当然，中国传统哲学的这种纯粹的德性自觉的缺欠也是很明显的，其一，它对道德的标准陈义太高，以致有时不合人情，容易生"伪"。其二，中国哲学缺少希腊理性的传统，缺少为学术而学术的自由精神，缺少这种理性精神也就缺少相应的批判精神，所以很难为现代民主奠基。其三，中国哲学重视"悟觉""体验"，轻视精致的逻辑分析，以致从中很难生发出科学精神。但是，正如上文所说，中国哲学对于人性的德性自觉向我们标示出人类的德性可能达到的力量和高度；体验之思作为一种可能的形上之思在现代与后现代纠缠的语境中可能会为我们打开新的视域；德性的生活范式也会为我们今天追问生活意义问题提供某种生存论意义上的解答。

三 马克思和后现代主义的社会性自觉

一般认为，西方哲学到黑格尔达至顶峰，黑格尔把希腊哲学所开启的为学术而学术的纯粹理论态度推向极致。他把既不是为实用的功利目的的思想，也不是包含感性经验的纯粹思想，加以思辨逻辑的把握，这可以看作是希腊哲学的完成。

在黑格尔把希腊理性的精神推向极端或者说达到完成之后，当时的西方青年知识分子，特别是德国的知识分子普遍的感受是，从解释世界来看，黑格尔哲学已经尽善尽美，穷尽了能够想到的方方面面。至于他人，几乎无事可做了。所以整个青年黑格尔派出现一种强烈的改变世界的冲动：因为仅仅用思想来把握世界，不管我们对这个世界的理解如何准确，如何深奥，但是终究不能影响人们的现实生活，要让哲学影响人们的现实生活就必须让黑格尔哲学成为现实，也就是改变世界。这就是马克思在《关于费尔巴哈的提纲》中所说的那个著名的十一条"以往的哲学家只是在解释世界，而问题在于改变世界"。① 更早的时候，1842 年，在《第179 号科伦日报社论》中，马克思非常明确地提出口号，"让哲学成为世界的哲学，让世界成为哲学的世界。"②

改变世界，为什么要改变世界呢？因为马克思已经有了对人的人性的新的理论自觉，这就是《关于费尔巴哈的提纲》中的那一段话，"人的本质，在其现实性上是一切社会关系的总和"，③ 扩展说，到马克思以至到今天的西方的各种后现代主义哲学，他们怎么看待人呢？第一，人确实是有惊讶好奇、有理论思维能力；第二，也得承认人有区别于动物的道德能力，这些都是对人的基本规定。但是马克思已经看到，人的理性、人的德性首先是社会性，是历史性的。没有一个纯粹的脱离历史、脱离社会的纯粹理性，也没有一个脱离历史、脱离社会的纯粹德性。道德理性也好，理论理性也好，都是社会历史的产物。马克思的这样一个看法，实际可以看作是开启了我们今天各种后现代主义哲学的起点。正是在这个意义上，法国哲学家利科把马克思哲学叫做怀疑主义的解释学，他怀疑纯粹理性的人性理解，疑纯粹德性的人性理解，因为人的道德也好，理论能力也好，终究是在历史的特定时代中才能形成、才能存在。马克思的这样一个看法，后来引向人的解放——人的自由只有通过改变世界改变现存的社会关系才能做到。所以对人性的自觉，并不再是一个纯粹理性能力的实现，也不再是纯粹德性的培育和发展，而是社会批判。

这种社会批判到 20 世纪六七十年代，出现了以法国几位哲学家为代表的后现代主义哲学思潮，其中最有名的大致是德里达、福柯、德勒兹、利奥塔等。这些人的理论可谓五花八门，之所以把他们和马克思的人性理解联系起来，因为他们的哲学中有一个共同的特点，那就是，按照德里达的看法，没有一个不受污染的纯粹思想，我们甚至也可以推广说没有一个不受污染的纯粹道德的源头。德里达在《书写与差异》的访谈代序中，曾对什么是形而上学有一个界定："哲学姿态的那种同一性或持续性，我认为就在我称之为'逻各斯中心主义'的那种东西之中，及那种将在者

---

① 《马克思恩格斯选集》第 1 卷，人民出版社 1995 年版，第 57 页。
② 《马克思恩格斯全集》第 1 卷，人民出版社 2002 年版，第 121 页。
③ 同上书，第 56 页。

整体、存在整体，以逻各斯的权威面对着它，或作为它的一极、它的相关项聚集在在场形式中的东西。"相应地，对于中国哲学："在中国文化或其他文化中，赋予并非就是逻各斯中心主义的声音某种特殊地位也是完全可能的。"[①] 无论是西方哲学的"逻各斯中心主义"还是中国哲学的"德性本体论"都试图找到并确定这样的可以生发出一切的"源头"。德里达认为这是整个传统哲学犯的一个最大的毛病，事实上根本没有一个不受污染的思想源头——并没有纯粹的理性源头，也不存在纯粹的德性源头——这同马克思对于人性的社会性理解是一致的。后来几乎所有的后现代主义哲学家都把这样的一种寻求纯粹思想源头的学说叫作形而上学，他们在提出了拒斥形而上学的基础上形成了种种的后形而上学的思想，所以我们通常把他们叫作后现代主义哲学家。

这些后现代主义哲学家提供了怎样的智慧呢？福柯在其《知识考古学》中指出，并没有一个西方传统哲学能思考出那种统一性的历史，科学史也好，哲学史也好，文明史也好，统一性是后来的学者编出来的东西，而实际的历史是一些断裂的考古学层面，每一个断层按照他后来的分析都是知识和权力相交织构成的历史断层。福柯进一步认为，这种知识和权力相互交织的现代化社会，渗透在一切的生活领域中。所以有人把福柯看作是尼采之后最重要的权力哲学家，他着重分析了无处不在的各种微观权力，特别是社会文化中所形成的那种无形的文化建构所带来的这种权威和权力。德里达发展了一种非常精巧的拆解主义，他拆解一切指向意义统一性的源头。没有那个纯粹理论的统一性，没有纯粹德性的统一性，在他这样一种阅读和分析策略中，一切意义的统一性都被拆解和炸裂。美国哲学家罗蒂，他在《后形而上学希望》中强调的则是：后形而上学没有了这种统一性，那这个社会团结如何可能，这个社会怎么还能团结凝聚在一起？根本的困难在于：如果有这个统一性往往带来的是压制，是福柯所提示的那种无处不在的惩罚的权力，而要没有这个统一性人类社会就要解体。所以现代哲学的一个最重要的问题，那就是在后形而上学的时代，团结如何可能，一致性、统一性如何可能？罗蒂也试图给出某种回答，他寄希望于人类的同情心。实际这等于放弃了哲学。对同一性无处不在的现代

---

① ［法］德里达：《书写与差异》，张宁译，上海三联书店2001年版，第11页。

社会，德里达看到了语言的这种暴力，德勒兹看到现代工业化社会对人们的欲望的控制和配置。德勒兹也好，波曼也好，还有其他一些人，都揭示出现代商品经济社会，市场经济的暴力和压制。一个典型的例子，什么是我们今天典型的现代生活，那就是超市。一进超市，只要有钱，我们可以随意选购——这多自由啊？但是按照后现代主义哲学家的看法，这种表面的自由已经受到广告、厂商铺天盖地的媒体的操纵。表面是我自己的购买欲望，实际可能是被广告刺激的欲望，是被生产出来的欲望。在这个意义上，后形而上学，或后现代主义哲学教给我们的是对这种欲望的控制，对这样一种规训的敏感和反思批判。

四 结语

在人性自觉这个内在性平面上，我们对两千多年以来的中、西传统哲学和马克思及西方后现代哲学思想进行了一个简单的勾勒，得出一个概略的哲学地图。哲学从人性的"混沌"中开展出不同向度的理性平面，为人们带来了自我理解的观念框架。作为一种文化形式的哲学，它的人性理解也引导和规范各民族文化达到崇高的地步。在今天这个据说是后形而上学时代，我们仍要对哲学和哲学史保持敬意。

西方古典哲学对人性的理性自觉，中国传统哲学对人性的德性自觉，马克思和后现代哲学对人性的社会性自觉，等等，既都有自然人性的客观依据，也都是自觉判断，是规划和引导人类文明的希望和理想。从一种文化演进和文化教养的观点看，充满异质性、对抗性的各派哲学百川归海，共同指向人类更好生活的理想。从马克思每个人自由全面发展的理想说，自觉到理论理性的神奇和高贵，我们就有可能成为配得上人间高上之物的思想家；自觉到道德理性的纯洁和高尚，我们就有可能真诚地践履笃行成为一个高尚的人；自觉到社会性的强制和压抑，我们就有可能成为敏锐的批判家、革命家。总之，哲学是人性的自觉，哲学引导我们更深刻地体验我们的本性，更全面地发展我们丰富的人性。

（原载《长白学刊》2011年第1期）

生命领会和精神自觉

——中西马哲学会通的辩证本体基础

两年前,我在《朴素地追问我们自己的问题和希望:中国哲学、西方哲学和马克思主义哲学会通的基础》一文中认为,我们能否平凡、真实、快乐地生活,是我们本己的问题和希望,是我国中西马哲学研究和理论创造所要共同指向的目标,它成为中西马哲学会通的问题基础。[①] 进一步深入思考,我认为平凡、真实、快乐的生活是一种心安理得、自在自足的生活,是一种在生命领会和精神自觉中达到本体实在的生活。用海德格尔的说法,是"诗意地栖居在大地上",用儒家的说法,是"读圣贤书,所学何事?而今而后,庶几无愧"的"得道"的生活。这种心灵的安居和德性的自信是如何可能的?它必定是漫长的生命历程和精神追寻的结果,而不可能是抽象的理智信念。孔子、孟子都讲年龄与修养和心灵境界的关联,这既是他们为学做人的真实感言,也是个体生命达到哲学本体自觉的普遍过程。黑格尔在阐述逻辑的具体普遍性时表达了相同的看法:"只是由于对其他科学有了较深刻的知识以后,逻辑的东西,对主观精神说来,才提高为一种不仅仅是抽象的共相:正像同一句格言,在完全理解了它的青年人口中,总没有阅世很深的成年人的精神中那样的意义和范围,要在成年人那里,这句格言所包含的内容的全部力量才会表达出来。"[②] 对于每一个人作为主观精神说,生命领会和精神自觉的本体性获得离不开日用常行的生活,这是生命和精神成长的过程,也是现实生活的

[①] 孙利天:《朴素地追问我们自己的问题和希望:中国哲学、西方哲学和马克思主义哲学会通的基础》,《吉林大学社会科学学报》2005年第3期,《新华文摘》2005年第20期转摘。

[②] [德]黑格尔:《逻辑学》上卷,杨一之译,商务印书馆1991年版,第41页。

过程。哲学既是生活哲学，也是成长哲学，而生活、成长就是主观精神自身中介、自身发展、自我觉解的辩证运动，精神自我运动的辩证法是中西马哲学会通的辩证本体基础。

一 主观精神对生活和世界的精神化

哲学是人自我意识的理论，起点是人的主观精神对生命、生活和精神的自觉，它首先要在自然态度的生活中寻找和发现精神、意义的存在，并进而把生活和世界精神化。哲学思想的这种特点，根源于高清海先生所说的"人的奥秘"或人的双重生命：一方面，人是和其他动物一样的自然生命，趋利避害、物种繁衍的生命本能支配着人的生存；另一方面，人又是与自然的断裂，人的意识和文化生活规定和支配自然，出现了人与世界的否定性统一关系，基督教中"失乐园"的神话、中国仓颉造字天地惊变的传说，都表达了这一"原始创伤"的意识。[①] 哲学是人的精神生命的自觉意识，从产生之日起，就作为区别于自然态度生活、自然态度思维的自觉反思追问生命、生活和世界的精神意义。

苏格拉底的名言"未经反思的生活是不值得过的生活"表达了西方哲学的生命自觉，人必须认识自己，必须弄清如此生活的根据和理由，必须把遵守伦理和法律规范的伦理生活转变为自觉这些规范根据的道德生活。苏格拉底的追问和讽刺的辩证法暴露了人的无知，这不是习俗、规则的无知，而是对精神生命缺少领会的无知。在柏拉图的对话中，苏格拉底既有对什么是勇敢等这些美德和规范的追问，也有从共相无穷倒退到自身悖谬的高度思辨，黑格尔所说的纯粹思想的精神本体开始显露出来。按照海德格尔的看法，苏格拉底之后的柏拉图主义哲学，走上了用思维规定存在，进而用思维宰制存在的思想道路，柏拉图主义的这种视域和方向在现代科学技术中得到完成。存在与世界在技术座架中被分割、控制，计算的、控制论的思维方式笼罩了世界，人归属存在、扎根于存在的经验被遗忘了，这就是两千多年的西方的主体形而上学。在我们看来，这种主观精神对生活和世界的精神化是哲学必须经历的主观性环节，是生命领会和精

[①] 高清海：《哲学的秘密在于人——哲学的憧憬》前言，吉林大学出版社1993年版。

神自觉的精神本体自我规定的第一阶段。

与西方哲学不同，中国哲学在原初的生命领会和精神自觉中感受到的不是理论理性的能动性，而是道德理性或实践理性的能动性。① 哲学的任务不是用思维规定存在，而是发明本心固有的良知良能，仁民爱物，使人与人、人与天无所隔碍，处于彼此通达的和谐境界中。孔子所说的"仁"，孟子所说的"良知""良能"，固然是人心所自有的，但必须存养、发明、习练等才能由微而显，不断成长，乃至浩然充沛。孔子是中国最好的学者典范。他十五岁志于学，从此学而不厌，诲人不倦，以致在学习中乐而忘忧，不知老之将至。自觉地表达了一种精神成长的"学习本体论"。生命在学习中增长，境界在学习中提升，从"不惑"到"知天命"，再到"耳顺"和"从心所欲不逾矩"，孔子体验和领悟到的是主观精神在客观性中的自由境界。孟子哲学过去被我们称之为"主观唯心主义"，他较孔子更加鲜明地突出了心的能动性，所谓"万物皆备于我"，"尽心、知性、知天"，这既是日常生活中自觉的道德践履，也是反思生活中的精心集义和存养。孟子自称"我四十不动心""我知言，我善养吾浩然之气"。孟子解释"浩然之气"是与"义"和"道"相配的，是"集义所生者"，它是靠长期的道德实践和自觉反思存养而成的。孟子对"知言"的说明尤有现代哲学的意味，"诐辞知其所蔽，淫辞知其所陷，邪辞知其所离，遁辞知其所穷"（《孟子·公孙丑》上），认为这些不当的言辞生于心，害于正，进而害于事。这可能是中外文献中最早的语言分析：片面的话知道它为什么所遮蔽，反复多余的话知道它陷入了什么偏好或思想的怪圈，偏颇邪恶的话知道它从哪里离开了正道，掩饰、逃避的话知道它的道理走不通的地方。如此敏锐和透彻的语言穿透力，必是如黑格尔所说阅世很深、历经沧桑的老人才能具有的成熟智慧。孟子所说自己的两点优长即"养气"和"知言"都是漫长的精神修养过程的结果，也都是主观精神充分发展的成就。

西方哲学在近代达到了自觉的主观性原则，世界是对人显现的意识世界、表象世界，"我思"和"纯思"的确定性是世界唯一可靠的基

---

① 孙利天：《实践理性的自然基础——中国哲学对意识能动性的理解》，《吉林大学社会科学学报》2002年第5期。

点，生命、生活和世界只有在纯粹思想的逻辑或内在包含世界的意识原理中才能有最终的确定性和存在意义。这无疑是一种唯心主义哲学，但却是有充分理论论证、是有历史必然性和重大历史贡献的唯心主义，套用列宁的说法，这是比较接近马克思唯物主义的唯心主义。从学理的根据说，人们在日常生活行为中本能地感受到物在我之外的实在性，朴素的实在论信念是日常生活乃至经验科学的基础。但用黑格尔的说法这是物质的思维和知性思维，用胡塞尔的说法是自然态度的思维。从他们所说的思辨思维和理论态度的思维看，哲学正是以不同于常识和经验科学的思维方式看世界，哲学才有自身存在的理由和价值。按照近代哲学的主观性原则看世界，世界尽可能是自身存在的自在世界，但为人意识到或对人显现的世界却是倚赖人所固有的意识机能或主观精神的能力，也依赖于人的身体。近代唯心主义的主观性原则是有充分学理根据的原则，即使是贝克莱的赤裸裸的主观唯心主义，在学理上也不易反驳，这使康德、狄德罗乃至列宁等都不同程度地受到困扰。从主观性原则的历史必然性和历史贡献说，比其他哲学更多地强调了意识的能动方面，它对主观精神的自觉和弘扬宣告了工业化时代的到来。工业化时代也是马克斯·韦伯所说的"祛魅"的时代，不仅生活和世界被精神化，就是古老的基督教信仰的上帝作为超越的客观精神，也逐渐被人本化、主观化，上帝原理被还原为人性原理、人的意识原理。总之，人所面对的整个世界，无论是自然存在，还是历史存在，都必须从人的意识和思维的原理去理解和说明。"人为自然立法"，人也为自己建立规范和规则。用康德的说法，启蒙的实质是每个人大胆地运用自己的理性，这样主观精神成为一种理性规则、理性实践、理性控制的精神，它推动了现代科学技术和工业生产的发展。

黑格尔对"精神"概念的使用，超越了个体自我意识的"我们"的精神，单纯自我意识的本质是欲望，而只有通过个个不同自我意识的斗争使人们彼此"承认"，从而才有"我们"和"精神"。因此，主观精神较个体自我意识具有更多的客观性，主观精神、主体性原则和主观思想只是对哲学史发展的主导原则的抽象，每个哲学家具体的哲学思想很少有片面的、绝对的主观主义，他们总是要思考主观精神的客观性和主观与客观的统一。精神的本性就是要在对象化、客观化中确证自身。

二 精神的对象化与客观性

客观精神的直接表现是超越个体欲望的普遍的社会心理动态和趋向，就是我们常说的"人心所向"，它表现为一定时期、一定人群普遍的实践意志。在哲学反思的规定中，它是尚未对象化、制度化的精神。但精神固有的辩证法使它必然超出自身、对象化自身为某种客观知识、客观制度和客观物质的形态，成为某种"可见"的客观精神。

西方哲学在对意识能动性、主观能动性的反思中至少做出了两个最重要的历史贡献：一是发展了有关人性、意识能动性原理的客观知识的形而上学；二是发展了有关公共生活、政治生活制度建设的政治哲学。在中西马哲学的比较研究和吸取、借鉴中，这是我们最需要留意和吸取的哲学资源。首先是对意识能动性的客观知识化。从近代以来，西方哲学就自觉到人性即意识性，人性原理即意识原理，意识和思维的规律是认识和理解世界规律的前提，至黑格尔建立了包含思想内容即世界和存在的思辨逻辑，完成了逻辑学与形而上学、思维规律与存在规律的统一。上述学说自觉地采取了概念、范畴、命题和原理的客观知识形态，把内在的意识活动表达为外在的客观知识，把似乎是有关心理学对象的知识转变为形式的和内容的逻辑学，把经验科学提升为哲学。有关意识能动性的原理和知识，作为先验的、超验的知识，虽然不能像经验科学知识那样具有经验的校准与经验的检验、证明方式，但它毕竟有系统的范畴形式，可在思辨的思想中传承、批判、改进和发展，从而有类似经验科学知识的客观进展。如，黑格尔对康德的先验逻辑的批判和变革，可以清晰地看到思辨逻辑的根据、理由、论证。这些反驳和论证不能用经验判定，但可以依据经验的类推和联想获得一定程度的理性理解。把主观能动性、意识能动性在内涵逻辑、先验逻辑、思辨逻辑中表达出来，在不同的逻辑视野、逻辑原则中批判、构建出一种知识系统，是最根本的主观精神的客观化、对象化，它以超越历史时代的形式表达了自己时代最紧迫的精神要求，是近代哲学特别是德国古典哲学留给我们的宝贵的哲学遗产。

其次是近代哲学对主观精神的制度化。在生命领会和精神自觉中，哲学自觉到宗教、法律、伦理和习俗等作为客观思想规范的体系原本是主观精神的对象化，它必须在主观精神的内在要求中重新理解和建构。康德认为自己的时代是批判的时代，宗教不能因为其神圣，法律不能因为其权威而免受理性法庭的批判和审查。① 启蒙的理性法庭和理性信念具有至上的权威，它以"天赋人权""契约论""自由、平等、博爱"等理论原则，以"普选制""代议制""权力制衡"等制度设计，奠定了现代民主政治制度的主导精神和制度框架，开辟了一个新的历史时代。一个国家和民族基本政治经济制度的形成，是多种社会力量斗争的结果，按照马克思主义的看法，是在经济上占统治地位的阶级意志的体现。但在东西方的多数国家中，统治阶级的意志却被披上了神秘的外衣，政治权利和制度体系被幻化成神的意志和安排。启蒙哲学的理性批判终结了神权政治的历史，完成了政治的祛魅。世俗化的政治思想把基本政治、经济和制度看作是主观精神的客观化，看作是公共理性选择或阶级意志的体现。不管怎样，它不再是神秘的天意，而是需要理性思考、批判、规划和设计的对象。从此，政治生活虽然仍然有许多谋略、狡诈、欺骗和秘密，但却日益公开、理性和规范。我们所说的"政治文明"确实是人类历史上了不起的进步和成就。

中国哲学曾被说成是"早熟的智慧"，孔子、老子等伟大的哲人依据自己的阅历和经验，直觉地领悟到许多人生的真谛和高明的哲理，达到了很高的哲学境界。他们也留下了见诸文字的经典文本，这也可说是客观化的精神。但由于中国先哲对生命的领悟侧重于人的道德意识的能动性，而"仁心""良知""良能"的实现必得在具体道德情境中才有其正当性和客观性，而难以形成先验的、纯粹实践理性的知识系统。这就使他们的道德格言必须在不同的情境中体会、领悟，亦即停留在主观精神的环节上，而没有发展出客观化的、知识形态的形而上学。② 后学者要贴近圣人之心、"古仁人之心"，必须依据自己的阅历和经验，切己体察，努力践履，其天资纯厚、颖悟者或许接近圣人境界，从而使道统存续。但终究难有哲学知识的系统性的积累和明显的历史进步。也许印度佛学传入之后，中国的形而上学语言和范畴有了极大的丰富和拓展，逻辑学、知识论、存在论等领域的分析性的概念在研究者中开始使用，但佛学的宗教旨趣和悟觉修

---

① ［德］康德：《纯粹理性批判》第一版序，邓晓芒译，人民出版社2004年版，第3页。
② 王天成：《形而上学与形上境界》，《天津社会科学》，1997年第5期。

炼的途径，仍没超出直觉体悟的主观性精神环节。

　　中国哲学对意识能动性的自觉，是道德理性和道德能力的自觉，它也必须使其对象化、客观化成为可见的制度和规则，在儒家的思想中这大致是"礼"的体系。"礼"作为国家法律和道德规范的总和，是人所具有的仁爱之心的对象化，是人们在一定的社会发展水平上对人与人、人与社会相互关系合理性的普遍共识，是内在的、主观的普遍道德实践意识的对象化和制度化，是建立良好的和谐的社会秩序的精神基础。从理想性上说，因为"礼"是"仁"的客观化，具有仁心、良知的人在尊"礼"、行"礼"的过程中，就是在实现自己的规律和原理，亦即自己的道德实践意志，因而是自由的。但在孔子的时代，社会现实已是"礼崩乐坏"，"仁"与"礼"、内在的道德意识与外在的道德规范已经分裂和离异，即使是人们仍在沿袭某些"礼"的规范，也已缺少内在的敬重和真诚，所以孔子问道："人而不仁，如礼何？"从今天的立场看，中国儒家"内仁外礼"的道德思想不仅因为历史的变化而难以实现，就其自身而言也有根本性的缺陷。首先是它缺少西方哲学对生命和精神的自由本质的意识，不仅缺少个体自由的原则，也缺少对精神生命普遍的自由本质的自觉，从而使礼法规范系统的内在的精神本体只能是人的社会性生活的自然倾向，即仁爱之心、恻隐之心等。所以，李泽厚先生说中国传统哲学是"情感本体论"。[①]没有自由本体的客观伦理规范体系，不仅不能把自由作为自己的原则和目标，也失去了正义的基础和前提。所以，从中国道家指控"圣人不仁，以百姓为刍狗"，到五四时期人们说"以礼杀人"，几千年来，儒家的道德哲学一直不能得到充分的合理性论证；其次，儒家的客观伦理规范体系缺少系统的理性证明。由于缺少纯粹理论的态度和人性作为理论理性的自觉，中国传统哲学没有系统的知识形态的形而上学，没有思辨的、理性的证明方法，儒家的道德推理只能直接诉诸情感体验和隐喻的论证。比如，儒家伦理的一个重要特征是由"家"及"国"、家国同构，以父子喻君臣，以家庭伦理关系构造国家法律关系。如果说父子之间确有基于血缘关系而具有的自然亲近倾向，而让人们对高居庙堂之上的君王也同样亲爱，则明显是牵强附会、生拉硬扯。外在的、客观化的制度规范和伦理规范缺

[①] 李泽厚：《美学四讲》，生活·读书·新知三联书店1989年版。

少内在的、主观精神的根据，用马克思的说法是精神的异化，从后现代的权力分析看则是暴力和恐惧；最后，由于缺少理性的根据和证明，儒家的客观伦理规范体系必定成为封建专制的意识形态。如果多少唤醒其内在的主观精神的依据，只能发展和实施一种教化统治者的教化哲学。孔子、孟子周游列国，苦心孤诣地规劝君主们施仁政、爱人民、保社稷，尽管有时也用功利主义的诱导，如说"仁者寿""仁者无敌"等，但鲜有成效。我们今天说孔子是"丧家狗"，他丧失的是由内在主观精神充实的客观精神家园。

三　精神的自觉与生命的完成

东西方哲学虽然旨趣、方法和理论形态各不相同，但从根本上说皆出自对生命的领会和精神的自觉，特别是他们共同意识到的精神生命的自觉和完成，构成了东西方哲学共同的存在论基础。精神生命固有的自己规定自己、自己发展自己和自己完成自己的辩证运动，是东西方哲学会通的本体论视域，也是我们今天重新理解马克思主义哲学当代意义的一个重要维度。

生命领会与精神自觉始自主观精神。按照黑格尔的看法，从个体生命欲望的自然生命形式进展到"我们"的精神生命形式，已经是有些客观性的理性，而普遍的精神生命的自觉必然发展出客观制度、伦理的客观精神形式以及宗教、艺术和哲学等逐渐达到精神自我意识的主客统一的绝对精神形式。在国内外黑格尔哲学研究中，人们往往更加关注黑格尔辩证法的逻辑本体论和历史哲学的辩证法，而较少思考黑格尔辩证法作为个人精神生命自我实现和完成的生存论意义或者说人生哲学的意义。孙正聿教授最近的一篇论文弥补了这方面的缺憾。[①] 只要我们认真阅读黑格尔的《精神现象学》《小逻辑》《法哲学原理》等著作，随处可见黑格尔哲学的这一系统的理论见解。比如，在《小逻辑》中，黑格尔明确地提出人作为能思普遍者的普遍者，其使命就是从自在的自然存在达到自为的存在。"就人作为精神来说，他不是一个自然存在。但当他作出自然的行为，顺

---

① 孙正聿：《辩证法：黑格尔、马克思与后形而上学》，《中国社会科学》2008 年第 8 期。

从其私欲要求时,他便志愿作一个自然存在""自然人本身即是个别人""只要人老是停留在自然状态的阶段",他便会受到规律和普遍原则的反对,"他会就成为这种规律的奴隶"。① 人若在社会生活中获得自由,就必须经过漫长的精神教养和思想的努力,使自己摆脱自然状态,成为普遍性的精神,与自然的理念和社会的规律与原则相统一。自在自为的生活就是精神自由的生活,这也是精神生命自我实现和自我完成的生活,也可以说就是人生的使命和意义。

中国儒家哲学的直接理论形态就是人生哲学。它始于人的实践理性的自觉,即人心固有的良知良能的自我意识。人之异于禽兽在于人有恻隐之心、不忍人之心等"善端"或者说是"道心",尽管有一种说法"道心惟微",但人却可以在真诚的道德践履中,择善固执,操存涵养,逐渐使其充实扩大,直至成为浩然之气。致良知良能于万事万物,廓然而公,达到道德生命的自我完成。孔子、孟子等都深知"内圣外王""致君尧舜"的困难。道德生命的完成需要自然生命的成长,需要在漫长的道德实践中体验、省思、学习,从而才能获得具体而微的情境性的实践智慧,也才能逐渐获得普遍原理的明证性和坚定性。孟子所说"四十不动心",不是道德生命的终止,而是如孔子所说"不惑"于外物、人言的内在坚定,是"收其放心"的"不动心"。孔子至七十岁才说"从心所欲不逾矩",这不是圣人的谦虚,而是真实的道德感言。道德生命领会的自觉最初只能是主观性的精神环节,虽然"求仁在己""吾欲仁斯仁至矣",主观道德的意欲较易实现,但仍要在具体的道德情境中客观化、对象化,要与外在的礼法规范相统一。至于内在与外在、主观与客观的契合自如,以及道德自由的境界可能真的需要毕生的努力。如果说"内圣"是可期的,"外王"则就是儒家两千多年的一个梦想。历代帝王"望之不似人君者"有多少不好说,但真正能以民为本、以道治国者是太少了。总之,儒家道德生命自我完成的生命领会和精神自觉,是一种超越的道德形而上学。它虽没有黑格尔式的理性形而上学的逻辑形态,却同是区别于个别化的自然生命的普遍化的精神生命作为本体的领会和自觉。

按照后现代主义哲学的思路,中西哲学都根源于人与自然的断裂,即

---

① [德]黑格尔:《小逻辑》,贺麟译,商务印书馆1980年版,第92页。

人的自我意识的出现。黑格尔在许多著作中强调通过思想的努力重新回到人与自然统一、和谐的天真状态，中国哲学也有"夫大人者，不失其赤子之心"的说法。我们可以说，中西哲学的生命领会和精神自觉都指向"天人合一"的绝对目标，都力求达到自在自为的统一。但无论是西方哲学对理论理性能动性的自觉，还是中国哲学对道德理性能动性的自觉，都是一种精神的觉解，或者说都是观念论的、唯心论的精神自觉，用海德格尔的说法，中西哲学所开启的思想方向、打开的思想视域注定无法完成弥合人与自然分裂的"原始创伤"。这其中最根本的原因是对人的自然状态、物质生命的否定、漠视或淡化。即使如黑格尔这样最思辨的学者，也仍然在自然与精神、自在与自为、个体与普遍的区分中，把自然、自在和个体的欲望作为低级的意识而扬弃。中国哲学也在人心与道心、人欲与天理的区分中，否定了人的自然欲望的道德意义。中西哲学对精神生命的自觉与提升是哲学的历史贡献，但对自然生命的贬抑则使其难以成为普通大众的精神自觉，从而受到历史的惩罚。在工业革命之后，人类历史开始进入到一个物质主义时代，高贵的形而上学的人的自我意识，被世俗的纵欲主义的狂欢所淹没。学理上的形而上学终结、后形而上学等说法，无非是我们时代个体自然欲望当权的理论表现而已。正是在这样的时代背景下，马克思的哲学革命才是必然的，马克思哲学才成为有特殊历史意义和当代价值的理论学说。

  按照海德格尔的看法，马克思哲学用"生产过程"取代了黑格尔"生命过程"的存在论，用"人的优先性"取代了"意识优先性"，马克思没有超出"主体形而上学"的视域。[①]"生产过程"恰是人的自然生命和精神生命，人的自在存在和自为存在统一的过程。物质生产过程既是满足人的自然欲望的过程，也是人的精神创造和精神提升的过程。"生产过程"的存在论真正克服了传统哲学中人和自然的分裂，是对人的自然生命和精神生命真正辩证的整体觉解。在马克思的思想中，满足人的物质生活需要的生产劳动是历史存在的前提，因此，作为自然存在的个体的欲望不是应使人害羞的动物本能，而是人性固有的并且是推动历史前进的力

---

① [法] F. 费迪耶等辑录：《晚期海德格尔的三天讨论班纪要》，丁耘摘译，《哲学译丛》2001年第3期。

量。只有在满足了人的基本物质生活需要之后，才能有人的精神生命包括理论理性能力和道德理性能力的自由发展。马克思并未否定希腊自由民纯粹理论生活的理想，而是认为工业革命创造的巨大生产力已经具备了或者说应进一步创造条件使社会具备每个人自由全面发展的条件，每个人都可以而且应该成为全面发展的希腊式公民。同样我们也可以推论说，马克思并未否定中国儒家道德生命自我完成的理想，而是认为只有在物质生产力高度发展、基本社会制度是正义的前提下，"内圣外王"才是可能的。马克思唯物史观的生命领会和精神自觉，是对中西哲学精神本体的内在超越，是一种新的存在视域的开放。按照马克思的理想，人类社会将进入"后物质主义"的时代，在共产主义的"自由王国"中，劳动成为游戏，人是自然的朋友，人的自由全面发展也是存在的自身绽放、自身显现。自由的人才能给自然以自由。海德格尔晚期苦苦寻求的超越"主体形而上学"的存在感受也许只能在马克思设想的共产主义社会中才能真正获得。

（原载《社会科学战线》2008年第1期）

信仰的对话：辩证法的当代任务和形态

谁也不会否认，辩证法这个哲学术语是与黑格尔的名字联系在一起的。只是通过黑格尔，辩证法这个希腊语词才清洗掉了论辩、诡辩的主观色彩，获得了思辨真理的必然性和确定性。海德格尔认为西方思想用了两千年的时间才达到"自身中介"的思想[①]，正是黑格尔用自身中介、自我意识的具体同一性代替了希腊哲学对话结构的他者性、非同一性，使辩证法成为了世界自我意识的绝对真理。因此，可以说黑格尔的辩证法是希腊思想的完成，同时也是西方辩证法的终结。

20世纪以来的现代西方哲学大都是从反叛黑格尔开始的，甚至可以说拒斥、批判、拆解黑格尔的辩证法，是一百年来西方哲学的根本任务。人们说，这是对黑格尔的特殊尊重，也可以说黑格尔的辩证法是一切后来哲学话语的深层语法。这个难以驱除的哲学幽灵，以尖锐的形式在提问：辩证法之后能否有新的哲学思维？

现代西方哲学对辩证法的批判似乎集中在两个主题上，一是拒绝接受有区别于科学真理的哲学真理、理性真理或思辨真理，拒绝接受有区别于形式逻辑、知性逻辑的思辨逻辑、理性逻辑；二是以差异性、非同一性、他者性拆解辩证法的同一性、自我意识或自我学。黑格尔自觉地区分了表象思维、形式思维或知性思维与理性思维，区分了经验科学和哲学科学。用黑格尔喜爱的表达方式，可以说后者是前者的本质和真理。只有理性思维或思辨思维所达到的哲学真理才是真正的科学。现代西方哲学拒斥这种知识、科学、真理的等级表，并以经验科学的逻辑和有效性尺度取消了哲

[①] ［德］海德格尔：《海德格尔选集》上卷，孙周兴选编，上海三联书店1996年版，第648页。

学的科学资格。众所周知,逻辑经验主义科学划界的尺度是双重的,一个是形式逻辑或形式科学的逻辑一致性即无矛盾性,一个是可以诉诸经验的可检验性。黑格尔的辩证法恰恰是一种思想内容自己运动的逻辑,是所谓的内涵逻辑。它要把经验上升为逻辑,把逻辑实现为经验或作为经验的本质。这种特殊的逻辑和真理如果真的存在,它的性质和验证方法也必然不同于经验科学。

黑格尔的辩证法要统一逻辑和经验、形式和内容、主体与实体等矛盾,从而达到具体同一的绝对知识或绝对真理。黑格尔所说的"绝对"主要是非对象性的意思,亦即思想以思想为对象的自我意识,也就是普遍精神在世界中的自我意识。自康德开始的德国古典哲学已把笛卡儿的"我思"转变为"纯思",即普遍的纯粹思维,用马克思的说法是"无人身的理性"。因此,黑格尔的精神自我意识已取消了经验主体之间的差异性、多样性,从而也消除了对话辩证法的结构。黑格尔在《精神现象学》中虽然也考察过主人和奴隶意识的辩证法,但却只是把它作为精神发展的一个意识形态环节,作为理性达到自我意识的中间驿站或所谓消逝的环节,它自身并没有终极的确定性和真理性。黑格尔的辩证法是大写的、人类的自我学,现代哲学所关注的个体的自我、经验的自我,只是普遍的理性或精神实现自身的环节和工具。黑格尔认为,个体的死亡是对共体或精神的最大贡献,因为人们在忆念死者时唤起了普遍的伦理意识。[①]

黑格尔的辩证法作为理性自我意识的绝对真理和方法,是区别于经验科学的哲学真理,是人类自我意识的自我学,也可以说是一种理论态度的世界观。这种特殊的真理和方法如何证明自己的真理性?黑格尔似乎诉诸一种历史的证明。他的《精神现象学》提供了一种意识形式或形态的历史证明;《哲学史讲演录》提供了哲学史的证明;他的"精神哲学"提供了世界史、文明史的证明。黑格尔的名言"密涅瓦的猫头鹰要在夜幕降临以后才觉醒",意味着黑格尔把自己的哲学智慧看作是历史的总结和真理。但如人们指出的那样,历史主义埋藏着怀疑主义的黑色野兽,历史的开放性、未完成性使所有的历史真理都成为相对的、可疑的。随着经验科

---

① [德]黑格尔:《精神现象学》下卷,贺麟、王玖兴译,商务印书馆1979年版,第10—12页。

学通天彻地的辉煌成功，随着个体自我、经验自我对感性快乐的痴迷和执着，黑格尔理性自我意识的辩证法与它所欲证明自身的时代精神格格不入。辩证法只是作为黑格尔所欲克服的机智、主观任性乃至诡辩的机巧而存留于世。

辩证法真的"终结"或成为"死狗"了吗？仔细思考上述现代西方哲学对辩证法的两点批判，我们能否开启辩证法研究的新视界？我们可以肯定，第一，辩证法不是经验科学意义的真理，它是一种罗尔斯所说的"全整论说"或我们所说的世界观理论，其中包含着超越经验的思辨设定或信仰，因此它不可能完全由经验检验或证明；第二，黑格尔的辩证法是希腊哲学或柏拉图主义的完成，它对纯粹思维或理性自己运动逻辑的揭示，已经受到了柏拉图主义的先行定向。思维、理性已经被预设为具有绝对同一性、统一性的力量，辩证运动的全部历程不过是证明这种同一性的历史材料而已。因此，黑格尔思维和存在同一的辩证法缺少真正的异质性、他者性，亦即缺少真正的矛盾和差异，特别是缺少其他"全整论说"的对抗和限制。综合以上两点，我们能否在今天这个所谓全球化的时代，也是各种不同的宗教、哲学、文化相互冲突的时代，打开辩证法的一个潜在视界，即信仰对话的辩证法？

不能否认黑格尔是一个具有世界视野的哲学家，他在自己的时代力求把握整个世界的世界精神。但是，黑格尔用哲学的方式把握世界，在海德格尔和德里达等人看来就是用西方特有的思维方式把握世界，因此他只能用西方的理性标准编排民族精神的等级表，并从中构造世界精神转移、升华的历史神话。在黑格尔看来，古代中国因为只有一个人有自由，所以也就没有理性和哲学，古代印度也只是达到了"无"这样一种初始的逻辑学环节。这种对东方的蔑视，不仅是历史材料和历史知识限制的结果，更为根本的原因是德里达所说的"逻各斯中心主义"所必然导致的西方中心主义。我在最近的一篇文章中认为，后现代主义哲学的最大贡献是开启了思的视域，从而为各种不同的"全整论说"或思的视域进行平等的对话提供了可能。[1]

把辩证法的当代任务和形态规定为信仰的对话，并非是应对全球化过

---

[1] 孙利天：《后现代主义哲学与东方思想》，《社会科学战线》，2003 年第 5 期。

程中宗教、文化冲突的权宜之计，而是辩证法、哲学或形上之思的演化和拓展。如前文所述，德国古典哲学对普遍的纯粹思维的反思和规定，是伟大的人类精神遗产，是具有永恒意义的科学真理。因为人类一切科学、文化和文明的创造，都是思维能动作用的产物，反思和规定思维能动作用的规律和原理，确实是为人类文明奠基的伟大事业。但是，哲学家反思这个绝对基础的思维仍是有前提的、历史的、文化的因而是相对的，它所获得的仍是有限的科学真理而非绝对真理。我喜欢把辩证法或哲学称为"关于绝对的相对真理"。这意味着，对思维能动作用的反思有区别于西方哲学视域的思的可能性。在"实践理性的自然基础——中国哲学对意识能动性的理解"一文中我认为，中国哲学对意识能动性或思维能动性的理解是实践理性的能动性，即人有在自然情欲需要中自觉中节、中道的理性能力，并且这种能动性即在情欲需求中有着内在根基。这种意识能动性的理解，不仅一般地区别于西方哲学的理论理性，也区别于康德的实践理性。[①] 对思维能动作用的不同反思规定，即是对人性理解的根本差异，这种根本差异才是哲学的、宗教的矛盾，才是哲学对话的居所。

　　信仰的对话、哲学的对话仍需某种同一性的设定，否则，对话即成为自言自语的哲学独白。在我看来，这种同一性即是人性的自然统一性，这是哲学对话的先验形而上学前提。所谓人性自然统一性不是经验事实上的人的同质性，因而也不能用自然科学的方法如基因测序的方法来证明。人性自然统一性是人类共同生活、和平相处的逻辑前提，因而是一种先验的承诺和设定。赵汀阳在《"天下体系"：帝国与世界制度》这篇精彩的长篇论文中，论证了古代中国"天下"理念作为一种世界理论和世界理念的意义，并强调"在中国的帝国理论中，'天下'是个具有先验合法性的政治/文化单位，是关于世界社会的绝对必要的思想范畴"。[②] 借用中国古代的范畴，我们可以说人性自然统一性即是"天民"的统一性。《诗》云："天生烝民，有物有则。"如果说"天下"是关于文化、制度的世界想象，那么"天民"则是关于人性的文化统一性的想象，我们所以不使用人性

[①] 孙利天：《实践理性的自然基础——中国哲学对意识能动性的理解》，《吉林大学社会科学学报》2002 年第 5 期。

[②] 赵汀阳：《"天下体系"：帝国与世界制度》，《世界哲学》2003 年第 5 期。

的文化统一性范畴,意在强调人性统一性的先验的文化设定,因而称之为自然统一性。它也可以说是关于"天民"或"世界公民"的绝对必要的思想范畴。

"人同此心,心同此理"的人性自然统一性的设定,是不同种族、民族和国家的人们相互承认、相互交往乃至相互合作的先验前提,是世界公民概念的固有内涵,因而也可以说是一个分析的真理。但由于世界公民、人性等概念的历史性和复杂性,人性统一性的具体规定,或者说人心是什么、心之理是什么的反思认识,却有不可还原的多样性和差异性。每种不同的宗教、文化和哲学的人性理解,规定了一个民族和文化的精神特质,用海德格尔的说法,它规定了一种思的视域和方向,甚至决定了民族的历史命运。我们还可以补充说,它规定了人们对世界的感受方式、体验方式和情感态度。总之,对人性自然统一性的思辨的或超越的设定,作为一种精神奠基,高度地凝聚着一个民族、一种文化的智慧、体验和情感。不同宗教、哲学、道德传统的形上差异,虽然可以在生活世界的交往中、在功用的经验层面上得到某种程度的调整和弥合,而一旦自觉地进入信仰的或形上的对话领域,这势必触及人们的根本激动,它将是一场比"生或死"的选择更为深刻、尖锐的精神戏剧的冲突。

美国哲学家奎因曾以野外语言学家的思想实验论证了翻译的不确定性,否定了意义的同一性。赵汀阳以"理解不能保证接受"和"对话上的时间投资会导致利益上的损失"为由,宣告了"对话哲学"的破产。[①]显然,我们这里设想的信仰的对话、哲学的对话,是属于"无论经过什么样的理性对话仍然是不可互相接受的"这类问题。但是,形上理念的对话也许可以超越哲学解释学、哈贝马斯的对话伦理学的视域,获得自身可能性、合法性的基础。首先,形上理念的对话是超越现实利益从而是绝对利益的对话,它或许可以不受时间成本的限制,而展开为漫长的话语的斗争,表现为一种新的辩证法的无限进展;其次,哲学解释学、对话伦理学所理解的理性对话,从根本上说仍是西方的理性视野,它缺少莱维纳和利奥塔等人所强调的"他者"和异质性,从而使理性对话或者成为一个传统的自身延续,或者成为启蒙理性普世化自身的环节和过程。而信仰的

---

① 赵汀阳:《"天下体系":帝国与世界制度》,《世界哲学》2003年第5期。

对话应是异质性的传统、"他者"之间的思的视域的碰撞，是海德格尔所说的思的"前视轨"之间的跳跃、游移和相互往来。它允许一种不同于西方理性的话语进入对话、展示自身，显明自己的真理和逻辑。

信仰的对话所以可能，在于各种不同传统对人性自然统一性的理解都是理性的，尽管其理性的方式各有不同。没有不可理解的信仰，是信仰对话的预设前提。各种不同的信仰体系，其信仰的对象、信仰的情感态度和信仰的论证方式可能千差万别，但信仰都有某种可以解说、传授的可理解性，亦即有进入公共话语的通道，否则，它就不能成为公众的信仰，而只能是某种神秘的私人"记号"。在我们看来，信仰体系中的超越对象或超验本体千差万别，而且似是信仰的核心，但如康德已揭示的那样，支持各种形上证明的意识机能，却是理性固有的超越倾向，或所谓"幻象的逻辑"。这意味着一种对信仰体系的超验本体进行先验还原的批判思路。对人性自然统一性的先验理解，是理解任何一种信仰体系或"全整论说"的可能进路。如何理解人性，就如何想象神性。或者相反，如何想象神性，就蕴含着某种人性理解的先验前提。

从关于人性自然统一性的先验设定进入信仰的对话，是解决超验形而上学对抗和冲突的可能路径。而且这是一种相对平静、理性和学院化式的相遇，较之充满激情的宗教辩论乃至宗教战争肯定会有更大的相互理解的可能性。对人性自然统一性的理解和设定，也是每一文化传统乃至每一个体更为亲切和熟悉的东西，所谓天道远，人道近，人们可以从自身生活的切近处，直接体验作为"他者"的文化传统关于人性设定的合情或合理之处，从而拓展自己本有的人性想象。比如，西方哲学自柏拉图以来，即从人与动物的根本区分中规定了人性作为意识性和理论理性的实在性，从而形成了一种纯粹理论态度的生活理想，这不能说有什么错误，而且对其他非西方民族也提供了一个重要的理想生活维度。但如果把理性实体化、绝对化，这就不仅遮蔽了人性作为道德理性或实践理性、人性的语言性、身体性等多种可能的理解，而且必然导致西方中心主义乃至各种形式的霸权主义。自工业革命以来，由于西方经济、军事等的优势地位，已逼迫东方特别是他的知识分子充分理解了西方的人性体验，以致很多学者比西方人更希腊化、西方化。这至少表明，信仰的对话、人性自然统一性的不同理解的沟通是完全可能的。

对其他宗教、哲学等信仰体系的接受或皈依，未必都是充分理解的结果。理解不能保证接受，接受未必归于理解。但信仰的对话却不应以接受为宗旨。完成于黑格尔的西方辩证法作为同一性哲学已被阿多尔诺、利奥塔等指控为"死亡哲学"。"奥斯维辛"之后，惟一的理性、惟一的人性理解，都潜含着形而上学的恐怖。信仰对话的辩证法也不是多样性、差异性、"他者性"的简单并存，甚至也不是抽象的"和而不同"。人们不会忘记，当年的日本皇军正是高喊着"东亚共荣""日满亲善"之类的东方话语血腥地屠杀着我们的同胞。这不仅因为任何美好的形而上学话语都有被盗用、污秽的可能，而且也因为中国哲学这些美好的理念自身缺少确定性。"同则不继，和实生物"的和谐原则，表达了一种充满生机、活力的宇宙理解。夫妇和、家和、阴阳和、五味和、五音和等等，既有形上的"和谐"理念，也有形下的经验知识，但似乎缺少先验的证明和论说，较之西方哲学的逻辑同一律，和谐原则或规律如作为抽象的形式法则，应该说有所不及。它可能使经验层面的"掺和"、暴力的介入获得形式的合法性。在我看来，"和"的理念应与儒家的"仁""良知""良能"等相互论证，形成先验的观念体系，亦即一种确定性的先验人性理解。莱维纳的"他者"的无限责任的伦理学，似乎也接近这种人性理解。

信仰对话的辩证法，是关于人性自然统一性不同理解的对话，是各种关于绝对的相对真理之间的批判考察，它仍是绝对真理的追求。与黑格尔自我意识的辩证法不同，它是在真正的世界视野亦即各种不同的思的视野之间追寻那使一切人类文明得以可能的先验条件，那个绝对的基础。信仰的对话所获得的不是一种思的视界可能达致的绝对真理，而是多元互补的开放的真理体系，这其中有差异，有和谐，有永无止境的辩难和探索，各个不同的思的视域在对话中拓展自己对绝对的理解，当然也有可能在批判的反思中转换视域，出现新的哲学形态。这不意味着任何关于人性自然统一性的理解都有同等的价值，先验的人性设定也总要受到经验的矫正。比如，就一种纯粹理论态度生活的可能性而言，希腊哲学关于人性即为理论理性的理解是充分的；就一种道德生活的可能性而言，中国哲学关于人性即为"良知""良能"的理解是充分的。如果用理论理性的利益计算或所谓理性选择解释道德生活，则既不经济，也不充分。自由主义经济学的形而上学，从根本上说基于理论理性的人性假定，它只能部分地解释人类经济生活的可能性，而不是充分的解释。能否把人类生活的所有领域都还原为一个先验的解释原则？这意味着对一种超越人类视域的神的视域的期待。按照莱维纳，人只能从他人的面孔、他人的视域超越自己、走向无限，永恒的、漫长的对话，特别是各种"全整论说"或信仰的对话，可能就是辩证法或当代哲学惟一能够接近的真理的道路。

（原载《社会科学战线》2003 年第 6 期）

从现象学看中国传统智慧

对中国传统智慧,我们强调一种"修养论"为核心的理解,钱穆先生有类似概念的使用①。包括号称现代三圣之一的马一浮先生,也主张读书之终极目的在于明理践性、成就圣贤人格。高清海先生对中国哲学的理解简明直观,他认为中国哲学就是做人的学问。在这样的意义上,我们说中国哲学的存在论、宇宙论是一种道德世界观。而中国哲学格物致知的意义其实应该是一种格物致何知的精神态度。根本说来,致的不是竹子的分子、原子、遗传基因密码等那样一些知识,而是诸如良知、良能这样的一些道德知识。这就是整个中国文化的一个鲜明的特质。从这个意义上看,郑板桥就格出了竹子的气节。《中庸》说:"喜怒哀乐之未发谓之中,发而皆中节谓之和。"竹子上面的竹节,在中国文化中就具有着丰富的内涵,比如:节操、气节等。而中国知识分子最强调的就是气节,特别是在民族危难的时候。然而,从格物到气节再到道德,类似"龙场悟道"这样的一种思维方式不免神秘,再如禅宗的机锋、禅机等内容,则更显虚幻、神秘。中国传统智慧时常以这种神秘主义的姿态被人所理解。本文运用现象学的有关知识,获得一些对中国传统智慧特点的新认识。

一 来自现象学的启示

整个 20 世纪西方有三大哲学运动:分析哲学运动、现象学运动和马克思主义。从《逻辑研究》开始的现象学运动,之后有代表性的哲学家很多,流派很多,思想倾向也不尽相同,但是构成现象学运动的共同性的

---

① 钱穆:《老庄通辨》,上海三联出版社 2007 年版,第 273 页。

东西，我们认为可以用一句话来概括："面向事情本身的本质直观"。这实际上涉及了现象学的两个经典命题，一个是"面向事情本身"，面向事情就要看到事情的本质；另一个则是构成现象学最重要的方法即"本质直观"（现象学还原）。把这两个口号合并一起，就构成了现象学的一个主导精神。如何去直观本质？

胡塞尔本人至少有三种不同的本质直观或者说三条不同的现象学还原的道路。第一是以《逻辑研究》为代表的描述现象学；第二是以《纯粹现象学通论》为代表的先验现象学；第三是以他去世前出版的最后一本书《欧洲科学的危机和超越论的现象学》为代表的生活世界的现象学还原。根本说来，胡塞尔现象学方法能够成立的一个前提性基础，即推论的知识或规律不是最高的，因为推论是有前提的，最高的知识或规律只能是本质直观到的知识或规律。这是胡塞尔批判实证主义，也包括康德批判哲学在内的认识论中的心理主义倾向的必然结果。胡塞尔在《观念》中强调了这一根本原则，"一切原则的原则"："每一种原初地给与的直观是认识的正当的源泉，一切在直觉中原初地（在某种程度上可以说，在活生生的呈现中）提供给我们的东西，都应干脆地接受为自身呈现的东西，而这仅仅是就在它自身呈现的范围内而言的。"[①] 按照这样一种看法，现象学给予我们的第一个启示就是这个所谓一切原则的原则：本质直观的知识的有效性在于它是最高的知识，也可以说知识的奠基是直观的。这就为理解中国传统智慧作为一种本质直观的思维特点提供了有效性的基础。中国传统哲学缺少西方哲学中的这种推论性知识，它的很多知识都是本质直观的知识。

我们从现象学中得到的另一个启示来自海德格尔，即怎样把存在的真理引入并唤起在场域之中。在西方的知识论、逻辑学和认识论视野中，现象学所考察的核心其实是认识的真理性问题。而这种认识真理的主体性条件特别是在本质直观方面，却只能是一种具体的、一次性的、当下的认识行为，这显然是与西方逻辑学方法有所不同。按照胡塞尔，本质直观首先强调直观的主体，并且认为直观的过程本身又是一种具体的认识行为，进而将这种具体的认识行为普遍化和逻辑化。所以，本质直观一方面强调了

[①] ［德］胡塞尔：《纯粹现象学通论》，李幼蒸译，商务印书馆1997年版，第84页。

直观的重要性意义；另一方面也强调这种直观必须是符合西方认识论和逻辑学传统的直观。然而在西方的知识论传统中，想要把这种具体的、一次性的认识行为逻辑化其实是很难完成的，这也正是胡塞尔的艰难之处。对于直观主体来说，包括康德在内的西方学术传统往往把它当作是一种主观演绎，并且通常把它理解为是一个心理学的问题。但事实上由于本质直观是涉及主体的具体认识行为问题，所以这种直观主体内在的认识条件就显得尤为重要。然而一直以来，西方的学术传统都缺少这种关于本质直观的主体性条件的思想维度。正如胡塞尔所揭示的，原因在于包括康德在纯粹理性批判中，都是把这种对主体性条件的分析当作是一种主观演绎、心理机制或心理机能，而并不具有在逻辑学中的那种推论性知识性意义。而本质直观恰恰需要这种直观的主体性前提，即主体的前提性条件。从近代哲学的认识论路向看，胡塞尔的先验自我和先验意识很难成立，而这也正是海德格尔不同于胡塞尔，转向生存论的地方。

在海德格尔那里，对于直观主体的前提性条件，首先应当确定的是主体所具有的直观只能是在特定场域中的直观，海德格尔称之为"在场"，也可以说是一种"意识的原始涌现"。进一步说，在场即怎样把存在的真理引入并唤起在场域之中。伽达默尔曾经评价海德格尔，海德格尔经常使名词动词化，然后唤起生动的在场的印象。"在场"正是海德格尔的这样一个关键性术语。一旦名词动词化，那么这个场景就动了起来。当然海德格尔做了很多考证，至少这里我们可以说明，这种生动的在场，是直观的条件。不在场看不到，就无法直观。怎样把存在的真理引入到场域之中，把它唤起在在场之中。这是理解中国传统智慧的又一个现象学背景。这一背景还关乎海德格尔对真理的理解。海德格尔所理解的真理，即无蔽，自在的显露，没有遮蔽。[①] 如果真理是无蔽，是在一个场域中的澄明，那么就意味着真理有着自身的涌现。真理是自身涌现出来并可以被直观到。用中国古典的话说就是"天理昭昭"，就是自身显露的。天理昭昭恰好可以显示海德格尔的无蔽、澄明。

不同的主体所在场域是不同的，这也是中国哲学一直以来所强调的"气度"和"格局"，而按照西方哲学的话语来说就是"视野"或"前理

---

① ［德］海德格尔：《形而上学导论》，熊伟、王庆节译，商务印书馆1996年版，第103页。

解条件"。这种由不同的气度和格局即不同的场域和不同的精神高度所带来的对事情本身的本质直观也是截然不同的。比如普通百姓日常所直观到的是衣食住行；政治家所直观的是政治格局；哲学家直观的是世界观问题；军事家直观的则是军事格局等。而在不同的场域和境界格局中，如果直观的事情本身想要能够进入主题化，则需要事情本身无蔽地敞开。这种没有遮蔽地敞开实际上也是海德格尔所说的"澄明之境"。但是这种"澄明之境"如何可能？以及怎样才能达到无蔽的状态？这些问题都需要对主体性条件进行追溯后得出。而对于本质直观的能力是否可以通过训练得到提升，按照胡塞尔的看法是不可以的。胡塞尔通过"直观红的本质"认为本质直观是一种天赋的哲学能力，换句话说是不可以训练的。而按照中国传统哲学的修养论的思路来看，恰恰是一个综合胡塞尔和海德格尔的思想进路：本质直观其实是可以训练的，实际上就是如何为一个澄明之境的敞开提供一个最优的主体性条件的问题。

二　达到澄明之境的主体的前提性条件

如果我们在上文中这样一些现象学背景下，去理解中国传统智慧特点，对中国传统智慧的把握可能就不是一种神秘的，而是变成可以说的了。如果把本质直观理解为是在一个场域中的真理自身显现，那么中国传统哲学的修养论是如何实现的？网上经常有类似这样的表述说："习近平主席在下一盘大棋。"这里的大棋就是当代的世界政治经济格局，如果按照中国传统文化说，就是天地似棋局，甚至整个宇宙都可以作为棋局。在这样一个场域所引入的概念就是气度与格局。气度、格局如何称之为大？孟子有很好的回答："吾善养吾浩然之气。"只有不断地养成那种博大的浩然之气，我们才能进入到那种博大的世界格局之中。在这个意义上，古代知识分子修身、养气实际上都是在培养自己的气度和格局。有了这种气度和格局，才有抽象的智慧得以落实的"主题化"。人必须要有气度和格局，有了这样一个与众不同的大气度和大格局，比如说在《隆中对》中，诸葛亮那种"未出茅庐，三分天下"的中国大局观。我们也可以把整个当代世界政治经济作为格局。在这个格局中，比如说当代经济发展，这是一个主题，那么就这样一个主题，有什么样的可直观出来的真理，某种意义上，提出"一带一路"就可以是这样一种主题化的能力。而诸葛亮的主题就是怎样在当时的中国格局中去争夺一种政治军事的存在和统一中国的任务。基于前文中我们分析的来自现象学的启示，从格局和主题化说，要达到这种澄明之境的主体的前提性条件，我们有以下几点要求，而这几点要求同时也是我国传统思想家所具备的思想特质。

首先，博学。马一浮先生称之为"博闻"。想要达到"澄明之境"，提高自身直观的能力和主体性条件的修养，修养主体需要的首先是具备相关的知识。没有相关的知识和信息格局的构成就无从谈起，更无法形成主题化的能力。在这一点上，"博学"就是本质直观主体的一个知识论意义上的前提。孔子可谓儒家博闻的典范，就连当年反对孔子思想的墨子也不得不称赞他"博于诗书，察于礼乐，祥于万物"[1]。孔子是如何做到博闻的呢？"敏而好学，不耻下问"、"每事问"，并且孔子主张学无常师："三人行必有我师焉"。荀子则在《劝学篇》开篇就说"君子曰：学不可以已。"在为学的方法上主张"虚壹而静"。这种博学的追求一度达到南齐陶弘景"读书万卷余，一事不知，以为深耻"[2] 的地步。正是在这样的意义上，有学者把儒家的这种治学目标和态度视作"学习本体论"。把学习视作生命的意义和价值所在。

其次，则是上文中提到的孟子的"养心""养气"。孔子说"四十不惑"，而孟子说"四十不动心"。如何做到不惑抑或不动心？孟子通过"养勇""养浩然之气"。中国哲学实际特别讲"养气"，甚至可以说，从孟子的"浩然之气"一直到文天祥的《正气歌》，构成了几千年中国知识分子的一种精神命脉。朱熹解释这个"养气"时说，"养气，则有以配夫道义，而于天下之事无所惧。此其所以当大任而不动心也"[3] 有了这种浩然之气，才能有"富贵不能淫，贫贱不能移，威武不能屈，"[4] 的大智大勇的大丈夫，而这样的大丈夫才能有"仰不愧于天，俯不怍于人"的君子之乐。一定意义上，作为整个中国儒家知识分子的一种精神标识，就是这种浩然正气。今天如果我们没有这样一种浩然正气，我们就不可能拥有

---

[1] 《墨子·公孟》。
[2] （唐）李延寿：《南史》，中华书局1974年版，第1897页。
[3] （宋）朱熹：《四书集注》，凤凰出版社2005年版，第249页。
[4] 《孟子·滕文公下》。

大的格局，也不可能有讨论任何宏大主题的理论。

最后，就是孟子提及的"知言"。在孟子那里，不动心的另一个前提是"我知言"。何谓知言？孟子认为，"诐辞知其所蔽，淫辞知其所陷，邪辞知其所离，遁词知其所穷"。按照朱熹的理解"知言者，尽心知性，于凡天下之言，无不有以穷极之理而识其是非得失之所以然也。"① 又说，"人之有言皆本于心。其心明乎正理而无蔽，然后其言平正通达而无病。"而后朱子又进一步引证程子的话说，"心通乎道，然后能辨是非，如持权衡以较轻重，孟子所谓'知言'是也。"②

根据海德格尔的启示，这里我们要特殊强调的是语词或说语言本身的工夫。如果没有对于语言本身的高度修养，即便真理在那里发亮、澄明，也无法被捕捉并完全理解。真理总得进入语言之中，才能被语言所显露。今天看来，这种语言的功夫和语言的训练，则构成了智慧的外在条件。苏轼形容语言可以像姑娘手中的绣花针一样，"纤毫毕现"。这就是讲语言的精准，任何最精微的东西都能够用语言准确地把它呈现出来。苏轼在谈到他的散文写作时说"行其所当行，止其所当止。"（《东坡志林·答谢民师书》）。他在《赤壁赋》里面的那两句"山高月小，水落石出。"（《后赤壁赋》）形容山势高显得月亮小，河水回落石头就露出来。后人曾评价说这是一种天然句法。这样的一些杰出的语言能力，把孔子所说的"不悱不发"中的"悱"，即想要说而又说不出来的困惑，启发出来，行之于人，从而真理才进入语言。

三　中国传统智慧的修养方法及其现象学分析

胡塞尔把中止判断、本质还原、先验还原作为现象学通达严格科学之哲学的基本方法，而海德格尔部分地继承了老师的现象学方法（海德格尔不接受胡塞尔的先验还原），把哲学的焦点从人的认识转向人的存在，按照伽达默尔的说法，他的诠释学"按本体论的目的发展理解的前结

---

① （宋）朱熹：《四书集注》，凤凰出版社2005年版，第249页。
② 同上书，第250—251页。

构"①，力图实现一种"思想的移居"。不过无论是胡塞尔还是海德格尔都把自己看作一个探索者，一个旨在探索建立严格的科学的哲学的可能性，一个旨在尝试一种新的思的可能性。基于近代以来的认识论哲学，他们理解的哲学或者"思"终究是不可完成的形而上学。而基于万物一体的本体论，最终旨在明心见性落实为变化气质的修养论的中国传统哲学的定位就是一种可完成的形而上学。这就决定了中国传统智慧的修养功夫或说修养方法总体上具体而非抽象的特点。典型的表述如孔子的"如切如磋如琢如磨"王阳明的"事上磨练"，禅宗的"劈柴担水，无非妙道，行住坐卧，皆在道场。"

具体说来，儒家经典众多，但基本经典为"四书"，而《大学》为初学入德之门。《大学》开章明确三纲领：明明德、新民、止于至善。又说"知止而后有定、定而后能静，静而后能安，安而后能虑，虑而后能得"遂得所谓"八条目"：格物、致知、诚意、正心、修身、齐家、治国、平天下。这八条目中"一是皆以修身为本"。而修身的根本在于格物致知。对格物致知不同理解则开出理学和心学的不同路向。如朱熹的理解"穷至事物之理，欲其极处无不到也"②主张"持敬为穷理之本"，认为持敬是"圣学始终之要"。而阳明则"从自己心上体认"开出"致良知"说，工夫上，主张"知行合一""诚意""谨独""立志"和"事上磨练"。《中庸》开篇"天命之谓性，率性之谓道，修道之谓教。"为"致中和"从工夫上讲"自明诚谓之性，自诚明谓之教。诚则明矣，明则诚矣。"把"诚"作为内圣外王即"成己成物甚而与天地参"的核心功夫。而最早在《论语》，孔子提出他的仁学思想，以"能行五者于天下，为仁矣"(《阳货》)此五者为"恭、宽、信、敏、惠"。就修养功夫说，《论语》俯仰皆是，如"爱人""克己复礼""忠恕""温良恭俭让""先行其言而后从之""修己以敬"等。对于学习的主体，他则强调"勿意、勿必、勿固、勿我"。而对于施教，他主张"不愤不启，不悱不发"。及至《孟子》，孟子诉求"仁义礼智圣""五德"(孟子主要强调前四者，尤以仁义为主)则提出"存心养性"，方法上主张"反求诸己""养心""养气""养勇"

---

① [德] 伽达默尔：《真理与方法》上卷，洪汉鼎译，商务印书馆2007年版，第362页。
② (宋) 朱熹：《四书集注》，凤凰出版社2005年版，第5页。

"集义""知言"等等。

道家和佛家的修身功夫。老子以"道""德"为思想根基,主张"自然无为""柔弱不争""致虚极、守静笃""知雄守雌""知子守母"等。并明确讲"为学日益,为道日损,损之又损以至于无为。"而庄子主张"无待""逍遥游"式的人生观,为此,他主张"坐忘"即"堕肢体,黜聪明,离形去知,同于大通"。通过"虚""坐忘"等,老庄追求一种个人精神绝对自由的境界。而佛家的修身功夫,一个基本的说法叫"依定发慧"。佛家讲"三学":戒、定、慧。戒为入道之门,功德之本,严守戒律,始能身心清净。定指"止心于一境、不使散动曰定,定而后能静虑、得妙语,即所谓禅定。""入定则心境安寂,方能生慧"①

简要说,除开具体条目的表述,总体上从修养的根本方法上看,儒释道都强调:定—静—虑—得(德)—慧。这给我们的启示就是如果被过于强大的、现实的功利逻辑所驱使,我们就不可能具有智慧。按照这个说法,定生慧,没有定力就没有智慧。所以定力的修炼就是智慧本身。在现象学的意义上,只有安定下来,宁静下来,我们才可能有本质的直观。否则即便直观到了,那也仅仅是一种感性的直观,真理不会向我们敞开。按道家的说法就是"静""空""虚",荀子引用这个词"虚壹而静"。有了这种"虚"才能接物,这个"虚"与现象学可以直接关联起来。海德格尔的"林中路"便是虚,如果没有虚,就不会有真理地显现。从本体论意义上看,邹化政老师认为世界就是一个连续和间断的统一。这个"虚"就是间断,是本体论的间断。如果世界是绝对充实的实体,也就没有了海德格尔的"林中路"。通俗地说,理性之光只有照入虚境的场域,才能使真理显现。这里所说的虚境,马一浮先生称之为虚以接物。虚才能虚怀若谷,拥有虚怀若谷的胸怀,才能让物进来,进而让物的真理得以显现。任何场域、任何主题都无法进入一个被琐碎充满着的心灵,还怎么能有大的格局和大的主题化的真理。

所以中国传统智慧完全和修养、修身连接在一起。智慧的高度和人的精神修养的高度,正气、格局、主题,心灵的定力、心灵的虚怀都连接在一起。修身绝非仅仅是一种道德上的践履笃行。程颢《秋日》诗

---

① 周绍贤:《佛学概论》,世界图书出版公司2013年版,第38页。

云:"闲来无事不从容,睡觉东窗日已红。万物静观皆自得,四时佳兴与人同。道通天地有形外,思入风云变态中。富贵不淫贫贱乐,男儿到此是豪雄。"首先是要闲,"闲来无事不从容";"万物静观皆自得",得有静、有格局和气象。主题就是道,道就是形上之道。"富贵不淫贫乐在"这种操守,富贵不能淫、贫贱不能移,这就是定力和操守。如果一个人真的能够生活到这种境界,那么应该说就是智慧的人生、道德的人生。在这样一种心灵境界中,那种直观的真理才能够得以显现。按照儒家对道的理解,道不远人,远人非道,不离日用常行。就在日常日用中,道随处都朗然显现。

按照现象学这样一种本质直观的背景我们去体验与接近中国传统智慧,一开始也是一种经验性的态度。即阳明所说的"事上磨练"。新华网"追寻习近平书记的初心·梁家河篇"中提及了当年习近平主席所遭遇的那些苦难。艰苦生活的磨练所带来的是在任何场合下能"定""静"的这样一些能力。以及在漫长的生活中所形成的自信,还有由这种自信所带来的那种气场。陆游的说法:"汝果欲学诗,功夫在诗外。"(《示子遹》)按照中国传统对智慧的理解,上山下乡所遭遇的一些苦难,是一种全部人生阅历的凝结。人生阅历的磨练用现代心理学的说法叫意志品质,如果用儒家说法则叫作定力、虚静。经过充分修养具备相当定力的主体,在虚静的场域中,理性之光、智慧之光才能够得以显现,从而形成这样从生活阅历中修炼出来的一种浩然之气,正义在肩的自信。

就主体修养而言,这样一些自我调节、控制的能力,我们可以用儒家的说法说它是一个全身心的、统一的智慧。这就与梅洛庞蒂的直觉现象学所强调的躯体的智慧相关联,即人的智慧是全身心的统一智慧。我们的身体也是智慧的一部分,这种智慧在儒家看来是既玄奥,实际又是真切的。比如说孟子讲,"君子所性,仁义礼智根于心,其生色也,睟然见于面,盎于背,施于四体,四体不言而喻。"(《孟子·尽心上》)这样作为一种全身心的智慧在一个主题化的场域中(法国哲学家如巴丢、齐泽克等人更喜欢使用"事件"这一概念),事件作为一个本体在场域中被直观,直观的条件即正气、定力、虚静、自信,那么真理可能会朗然得以显现。

四 中国传统哲学道德修养的知识论意义

这个问题与我们过去对中国传统哲学的理解密切相关。中国传统哲学对知识和真理概念的理解，与西方哲学意义的知识范畴的是不同的。中国传统哲学认为的知识和真理是道德知识，而这种知识与西方符合论中的知识和真理有着不同的标准。用王阳明在《传习录》中话说"知之真切笃实处即是行，行之明觉精察处即是知。知行功夫，本不可离。"[①] 这里所说的知和行，也说明了道德知识的性质其实是实践，所以知和行必然是合一的。而正是因为中国哲学对知识和真理的独特理解，它才能够使它成为一种具体情境的知识和真理，也就是说它是在具体道德情境中的本质直观。比如诸葛亮未出茅庐三分天下，是对当时中国政治、经济、军事格局的直观；毛泽东的《论持久战》是对抗日战争初期的中日战争格局的本质直观等等，这种直观性的真理很多情况下是一种带有情境性和博弈性的最优选择。

而关于对"天理"的形而上学直观，也就是说为什么具体的、个别的道德知识需要一个形而上学的、最高的道德原理来引领。那是因为中国传统智慧如果作为一种具体情境中的本质直观，它只能是在特定情境中直观出最恰切的知识和真理，而恰恰因为每一种具体情境都是不尽相同的，所以最后直观得到的其实就是个别、具体性的本质真理。如《论语》中孔子对"仁""孝"等针对不同的学生不同的回答。这些个别、具体的本质真理需要通过某种形式逻辑地连接起来进而形成一个完备的知识体系。这就与西方哲学的知识论体系有所区别，因为中国传统智慧中的知识和真理不是一个包含着各个层级和逻辑的演绎体系，而是一个平面化的、并列的直观真理。所以，中国哲学所谓形而上学的、"天道"的天理实际可以理解为一个把这些个别的、具体的直观真理和道德原理串联起来的整体。中国哲学对形而上学层面真理实质的理解就是彼此贯通、彼此通达的道理。个别的直观真理之间相互能够融会贯通，否则即不是真理。在这样的意义上，所谓"道理"其实就是各个道路之间的彼此通达，也就是中国

---

① （明）王阳明：《传习录》中卷，《答顾东桥书篇》。

哲学所强调的形上的、直观的知识和真理。

反之，在包括黑格尔辩证法在内的西方哲学所强调的逻辑真理体系当中的每一个环节其实也需要相应的直观。比如就几何学知识来说，欧几里得几何学是一个公理体系，如果想让人们理解和把握这个体系，就需要在从公理到定理的每一个环节上提供几何学的直观。而这只有通过具体的题目例证和几何学证明的直观，才会被人们所理解。在这个意义上也就意味着即便是西方逻辑的真理，也需要相对应的直观的环境。黑格尔最大的问题则在于：为了与谢林等人区别开来，黑格尔并不提及直观的层面，而是单纯强调他所谓逻辑的整齐与单纯。但是在黑格尔的逻辑学的范畴和进展中，这种逻辑的整齐与纯粹实际上都需要类似于欧几里得几何学体系中那样的经验性的直观，否则将无法被人们所理解。黑格尔从存在论到本质论到概念论中的每个环节，例如他提到生命这个范畴的时候，实际上必须依靠人们用生命的现象来理解这个范畴。

正如胡塞尔"一切原则的原则"所揭示的，西方知识论和逻辑学的体系性真理，实际上也是离不开直观的。相应的，中国传统的直观知识和真理其实也需要相应的逻辑化和体系化。很明显，过去老子和孔子所处的应当是一个完全是直观性真理的时代，而这样的知识发展到了战国时期开始出现系统化和体系化，儒家的荀子和道家的庄子都开始对知识进行系统化和体系化的工作。而到了荀子和庄子期间，儒家学说和道家学说都开始了相对条理化和系统化的过程，试图达致相互通达和贯通。及至宋明，中国传统哲学道德修养论已然表现出较为自觉地体系化哲学倾向，开始显露知识论的意义。前面我们讲，一直以来，西方的学术传统就缺少那种关于本质直观的主体性条件的思想维度。而本质直观恰恰需要这种直观的主体性前提，即主体的前提性条件。而这正是中国传统哲学的优常所在。尤其是经过现象学特别是海德格尔的视轨理解之后的中国传统哲学，就不再是黑格尔眼中的格言或仅仅是生活智慧，如果我们再进一步加以逻辑化、体系化，那么中国传统哲学必将具备基础性的知识论意义。这或许也是海德格尔一度把目光转向古老的东方的原因。

综合上文，中国传统智慧到底是什么，我们通过现象学的背景和分析，可以使我们多少更接近它的轮廓。当然我们可以从心理学、逻辑学、语言学等角度去理解中国传统智慧。但是现象学给予我们这样一个知识背景：直观是知识的奠基。直观必须在一个场域中直观，这个场域可大可小，关乎气度和格局。大的气度与格局成就大的主题化。面向这样事情本身的真理直观、本质直观，需要我们所说的儒家的、道家的、佛家的这样一些相应的心性修炼和修养。最后，这些真理需要进入语言之中。尽管真理是无蔽，是自身的敞开，但还得由人来说。我们倾听存在的召唤，倾听大地的言说，但前提是使它进入到语言之中。

（原载《求是学刊》2018 年第 3 期）